MW00818047

# BUON GIORNO A TUTTI!
*First-Year Italian*

# BUON GIORNO A TUTTI!

## First-Year Italian

*Edoardo A. Lèbano*
*Indiana University*

*Pier Raimondo Baldini*
*Arizona State University*

*Second Edition*

WILEY
*John Wiley & Sons*
*New York Chichester Brisbane Toronto Singapore*

*Cover: Photo by Marty Loken/Aperture PhotoBank*

Copyright © 1983, 1989, by John Wiley & Sons, Inc.

All rights reserved. Published simultaneously in Canada.

Reproduction or translation of any part of
this work beyond that permitted by Sections
107 and 108 of the 1976 United States Copyright
Act without the permission of the copyright
owner is unlawful. Requests for permission
or further information should be addressed to
the Permissions Department, John Wiley & Sons.

***Library of Congress Cataloging in Publication Data:***

Lèbano, Edoardo A., 1934–
Buon giorno a tutti!

English and Italian.
Bibliography: p.
Includes index.
1. Italian language—Textbooks for foreign speakers
—English. I. Baldini, Pier Raimondo. II. Title.

PC1128.L42 1989 458.2'421 88-33973
ISBN 0-471-63129-9

Printed in the United States of America

10 9 8 7 6 5 4 3 2 1

# PREFACE

The primary aim of *Buon giorno a tutti!* is to provide students with a general, yet not superficial, knowledge of the Italian language, as it is spoken and written today, and of the culture of which the language is the most direct and natural expression. We have tried to achieve this double goal through practical use of the language, meticulous and systematic presentation of grammar, application of the grammar in the written and oral exercises, and inclusion of many cultural notes and readings.

This second edition of *Buon giorno a tutti* is based on reviews, suggestions from users of the first edition, and our own classroom experience. Numerous changes have been made both in the text and in its presentation.

Textual changes were made to enhance the comprehension of structures and to facilitate their application, both oral and written, by the student. Structural explanations have been clarified and simplified, and many activity-oriented exercises have been added, often replacing mechanical drills. Some of the longer lessons in the first half of the first edition have been shortened in order to distribute more evenly, according to level of difficulty, the number of grammatical points contained in each lesson. Some cultural notes have been added and existing ones revised. A new feature of this edition of *Buon giorno a tutti!* is the graphics, which have been designed to aid in vocabulary retention and to foster conversation. Another is the addition, at the beginning of every lesson, of a list of the "communication skills" that are the goal of the lesson, as well as the structural and cultural matters covered.

*Buon giorno a tutti!* consists of an introductory lesson, twenty regular lessons, four review lessons, an appendix of regular and irregular verb paradigms, and an Italian-English vocabulary. The text is complemented by a Student Workbook, an Instructor's Manual, and a laboratory tape program.

The introductory lesson is divided into three parts. In order to give students the feeling that they are "speaking" Italian from the first day of class, each part begins with brief dialog dealing with formal and informal greetings, formal and informal introductions, and such basic questions as "Where are you from?" and "Where do you live?" The dialogs are followed by general instructions on the standard pronunciation of Italian vowels and consonants and on those groups of consonants and vowels that are usually difficult for English-speakers. Brief pronunciation exercises are also provided, as well as notes of cultural and linguistic nature. The pronunciation material is designed to be presented to students only after they have learned to pronounce and use the sentences given in the basic dialogs. There are no additional pronunciation instructions or exercises in the following lessons, but exercises are provided in the Student Workbook.

The first fifteen regular lessons in *Buon giorno a tutti!* are divided into two equal sections. Each section begins with a dialog or a narrative (in all, twenty-two dialogs and thirteen narratives) portraying events, situations, or problems of everyday life. These set the framework for the grammar, vocabulary, and cultural material in the lesson. The first section ends with a list of *Parole utili,* additional vocabulary related to the topic of the dialog or narrative.

Each section of these lessons presents explanations of points of grammar or of idiomatic usage. The explanations are introduced by sentences or phrases taken directly from the dialogs and narratives. Reference to English grammar is made wherever it was deemed necessary or helpful. Rules of grammar are explained economically, simply, and at the same time, thoroughly, with numerous charts and examples. As to verb sequence, the present indicative is presented in lessons one to three, the future in lesson four, the present perfect in lesson six, the imperative in lesson nine, the imperfect in lesson eleven, and the conditional in lesson thirteen. The subjunctive and the past absolute appear in the last five lessons. This text acquaints students with a greater number of commonly used irregular verbs than is usually found in introductory language texts.

Exercises immediately follow explanations of individual points of grammar, thus providing immediate reinforcement and practice. Comprehension questions immediately follow the dialogs and the narratives. In addition to the conversational and communicative exercises within the lessons, a section of conversational exercises on a variety of suggested topics appears at the end of each lesson.

Lessons eleven through twenty contain two additional features: The first is commonly used idiomatic expressions (already encountered in the text of the lesson); the second is a reading that offers informative insights into the cultural fabric of contemporary Italy. These readings discuss a broad range of topics: festivities, the organization of the Italian state, music, sports, industry, cinema, emigration, women's role in today's world, and food.

In lessons one through fifteen, all grammatical explanations and all cultural notes are given in English. In lessons sixteen through twenty, grammatical explanations and cultural notes are entirely written in Italian, a unique feature of *Buon giorno a tutti!* The authors believe that, by this point in their study, students have acquired enough knowledge of the structure of Italian, as well as enough vocabulary, to be able to handle this material. (For programs that present introductory Italian in, say, three semesters, lessons sixteen through twenty could certainly be reserved for the third semester.) The last five lessons, which are not divided into two sections, have only one dialog or narrative and one section of grammar, and there is no list of *Parole utili.*

Each lesson in *Buon giorno a tutti!* ends with a vocabulary list, divided into nouns, adjectives, verbs, other words, cognates, and idioms. All words encountered in the text are also listed in the Italian-English vocabulary at the very end of the book. This is preceded by an Appendix giving the entire conjugation of the auxiliary verbs *avere* and *essere* as well as that of regular verbs ending in *-are, -ere,* and *-ire.* It also lists all irregular forms of the irregular verbs encountered in the text.

The four Review lessons, containing additional exercises, follow lessons five, ten, fifteen, and twenty.

The Instructor's Manual provides detailed suggestions on how to approach and use the material and also on how it can be divided for different course situations.

The Student Workbook, which is fully integrated into the program, contains not only additional exercises, but also pronunciation and comprehension drills as well as tests. It contains the English equivalents of the dialogs and narratives in the text. It also contains brief summaries, in English, of the grammar material presented, in Italian, in lessons sixteen through twenty. The Workbook was prepared by Ugo Skubikowski of Middlebury College.

The audio cassettes include dialogs, narratives, and readings for listening comprehension, drills on the grammatical points presented in each lesson, and additional speaking and listening practice. A printed tapescript is available from the publisher.

The authors wish to thank Ms. Rosa Bellino Giordano of Lyons Township High School in La Grange (Illinois) for her assistance in the preparation of the new exercises. The authors and publisher also wish to thank the following professors for their reviews and suggestions for the revision: Dolores Buttry, Moorhead State University; Rocco Capozzi, University of Toronto; Robert W. Bernard, Iowa State University; Anthony Pellegrini, State University of New York-Binghamton; Brian O'Connor, Boston College; and Michael Paden, University of Iowa.

# CONTENTS

Incontro fra due vecchi amici.

Ragazze e motorini davanti a una boutique di Armani.

# GLI ITALIANI

Bambini e piccioni in Piazza del Duomo a Milano.

Animata conversazione fra tre signore di Bari.

Un signore legge il giornale in Piazza Navona a Roma.

In una grande libreria di Milano.

Coppia de giovani studenti a Milano.

Scambio di vedute fra un vecchio e un giovane.

## TO THE STUDENT

Learning a language is a bit like building a house: one brick at a time, until the whole house is finished and the whole structure of the language is learned. Children learn their native language through imitation of the sounds they hear from their parents and people around them. Similarly, you will have to imitate as closely as possible the pronunciation of your instructor. Language learning is enhanced considerably by frequent practice of new vocabulary and expressions, and that is why many exercises of this text are devised to encourage interaction among students. These will help you develop your communication skills in Italian—and, we hope, enliven your classroom experience. Each chapter also contains dialogues and readings in Italian designed to be read aloud to strengthen your pronunciation and to enhance your understanding of the subject matter. The lists of *Parole utili* (Useful Words) found in each lesson will help to broaden your vocabulary.

Memorization is an essential ingredient in learning a language, and you will have to memorize words and grammatical structures, such as conjugations of verbs (you will find a useful reference chart of them at the end of the textbook). These provide a foundation on which to build your functional use of Italian. To speak a language fluently, however, you will have to go a step further and make the culture of that country and the customs of its people become a part of yourself. You will have to try to think in the language as an Italian would. In order to facilitate this, we have included a considerable amount of information in cultural notes throughout the text, from the origin of the word *ciao* to Italian vacation habits. Read them: you too can become Italian!

ITALIA
SVIZZERA
AUSTRIA
FRANCIA
IUGOSLAVIA
AFRICA
ALPI
Lago Maggiore
Lago di Como
Lago di Garda
TRENTINO-ALTO ADIGE
Bolzano
Cortina
FRIULI-VENEZIA GIULIA
VAL D'AOSTA
Milano
Torino
LOMBARDIA
VENETO
Verona
Padova
Venezia
Trieste
Adige
Po
PIEMONTE
LIGURIA
Genova
La Spezia
APPENNINI
EMILIA-ROMAGNA
Ferrara
Bologna
Ravenna
Rimini
SAN MARINO
Lucca
Prato
Pisa
Arno
Firenze
Livorno
Siena
TOSCANA
MARE LIGURE
Elba
CORSICA (Francia)
MARCHE
Ancona
Perugia
UMBRIA
Tevere
Pescara
ABRUZZI
Roma
LAZIO
MOLISE
MARE ADRIATICO
CAMPANIA
Napoli
Ischia
Vesuvio
Capri
Salerno
Potenza
PUGLIE
Bari
Brindisi
Taranto
BASILCATA
Golfo di Taranto
SARDEGNA
Cagliari
MARE TIRRENO
CALABRIA
Catanzaro
MARE IONIO
Palermo
Messina
Reggio Calabria
SICILIA
Etna
Catania
Siracusa
MARE MEDITERRANEO
Chilometri
0 50 100 200
Miglia
0 50 100 150 200

# INTRODUCTORY LESSON

| COMMUNICATION SKILLS | CULTURE |
|---|---|
| Greeting people | Bologna |
| Saying good-bye | Pạdova |
| Making introductions | Ferrara |
| Asking questions | The Italian language |
| Pronouncing Italian | |

## MEETING PEOPLE, INTRODUCTIONS, ASKING QUESTIONS: I

*Listen to your teacher; then repeat, imitating what you hear as well as you can.*

A

*Oggi è il primo giorno di lezione all'Università di Bologna. Carlo e Giovanna sono in classe. Aspẹttano il professore.*

CARLO Buon giorno, Giovanna. Come stai?
GIOVANNA Sto bene, grazie. E tu?
CARLO Non c'è male, grazie.
GIOVANNA Ecco il professore.

B

*Il professore arriva in classe. Parla a Carlo e a Giovanna.*

| | |
|---|---|
| PROFESSORE | Io sono il professor Berni. Chi è Lei? |
| CARLO | Sono Carlo Cecchi. Sono studente. |
| PROFESSORE | Piacere. *(Stringe la mano a Carlo.)* E Lei, signorina, come si chiama? |
| GIOVANNA | Mi chiamo Giovanna Rosselli. Sono studentessa. |
| PROFESSORE | Molto piacere. *(Stringe la mano a Giovanna.)* |

### CONVERSATION PRACTICE

*Once you have learned the standard phrases in Dialogues A and B, do the following exercises.*

A. With the help of the Table of Names that follows, find the first name, in Italian, of each of your classmates; be prepared to say good morning to each of them and ask how they are (as Carlo and Giovanna do in Dialogue A).

B. Introduce yourself to your instructor and to your classmates, using your full name (as in Dialogue B).

**BOLOGNA.** The Northern Italian city of Bologna, with a population of nearly a half million, traces its origin to pre-Roman times. It is the capital of the region of Emilia, one of the richest agricultural areas in Italy. Bologna is known as **la dotta** *(the learned one)* because of its famed Università, the oldest in Europe, founded in 1076. Another nickname, **la grassa** *(the fat one),* is due to its celebrated cuisine.

Veduta di Bologna e della Chiesa di San Petronio in Piazza Maggiore.

**TABLE OF NAMES**

Below are the Italian equivalents of eighty common American names. If you do not find or are unable to recognize your name in this list, ask your instructor to tell you what it is in Italian. Such names as Alice, Angela, Claudia, Diana, Laura, Pamela, and Rebecca have the same spelling in Italian as in English. The pronunciation, however, may differ, as your teacher will point out to you. There are also many first names for which there is no equivalent in the Italian language (e.g., Bonnie, Brenda, Cheryl, Karen, Nancy, Tracy, Brian, Douglas, Lloyd, Marvin, Wayne. . . .)

| FEMININE | | MASCULINE | |
|---|---|---|---|
| Anna | Giulia | Alberto | Giuseppe |
| Antonietta | Giuliana | Alessandro | Gregọrio |
| Carlotta | Giuseppina | Alfonso | Guglielmo |
| Carolina | Luisa | Alfredo | Lorenzo |
| Caterina | Margherita | Andrea | Luigi |
| Cinzia | Maria | Antọnio | Marco |
| Costanza | Marianna | Arturo | Matteo |
| Cristina | Marta | Beniamino | Nicọla |
| Dẹbora | Melạnia | Carlo | Paolo |
| Editta | Michelina | Cristọforo | Pietro |
| Elena | Natạlia | Daniele | Raimondo |
| Eleonora | Paola | Dạvide | Riccardo |
| Elisabetta | Patrịzia | Edoardo | Roberto |
| Emilia | Porzia | Enrico | Rodolfo |
| Ester(ina) | Rosa | Filippo | Ruggiero |
| Francesca | Sandra | Francesco | Samuele |
| Geraldina | Sịlvia | Franco | Stẹfano |
| Gina | Susanna | Giạcomo | Tommaso |
| Giovanna | Valẹria | Giorgio | Vincenzo |
| Giuditta | Vittoria | Giovanni | Vittọrio |

# PRONUNCIATION OF ITALIAN: 1

In order to be understood when you speak a European language with native speakers, it is not enough for you to know the vocabulary and the grammatical structures of the language. To communicate adequately, your pronunciation of the foreign words must be as close as possible to that of the native speakers. Since you are learning a foreign language in a classroom, the most effective way of acquiring good pronunciation and intonation is to listen carefully to the sounds your instructor makes and to try to reproduce them. The laboratory tape program has been devised to help you in this process. To be sure, correct pronunciation and intonation are the result of a constant process of imitation, and the less self-conscious it is, the better. You must, therefore, make a special effort to repeat what you hear, trying to articulate all sounds as clearly as possible. Each sound should be clear, but not uttered by itself. Remember that Italian is a musical, flowing language; related groups of words and phrases should be pronounced as if they were all linked together.

## Helpful Hints

1. Most Italian words are formed in the forward section of the mouth.
2. Guttural and nasal sounds are never as strong as those in French and German.

Guttural sounds are produced by the combination of *g* with *o, a, u,* or a consonant. Examples include **gonna**, **pagare**, and **gusto**. Nasal sounds are produced by *m* or *n*. Examples include **nonno**, **penna**, and **campagna**.

3. There are no aspirated sounds in standard Italian. Examples of aspirated sounds in English are found in such words as *hell, him, hotel.*
4. All vowels, diphthongs,[1] and double consonants must be pronounced clearly, regardless of stress and/or position.
5. Italian words end with a vowel, except for words of foreign origin (**ạutobus**, **bar**, **film**, **sport**).
6. The voice usually drops at the end of a sentence, except when posing a question, in which case it normally rises.

## Syllabication

Words are divided into sound units called syllables. Italian words must have at least one syllable. A syllable is formed by a vowel or by a diphthong, which can stand either alone or combined with one or more consonants. Words are divided into syllables according to the rules given below.

1. A single consonant forms a syllable with the following vowel or diphthong.

   **Ẹ-le-na** **le-zio-ne** **so-no**

2. Double consonants are always divided.

   **ec-co** **Ros-sel-li** **piz-za**

3. A combination of two different consonants forms a syllable with the following vowel.

   **gra-zie** **pro-fes-so-re** **si-gno-ri-na**

   When, however, the first of a two-consonant combination is either **l**, **m**, **n**, or **r**, only the second consonant belongs to the following vowel.

   **Al-ber-to** **gior-no** **pre-sen-ta-zio-ni**

4. With a group of three consonants, the first belongs to the preceding vowel, while the other two form a syllable with the following vowel.

   **en-tra** **in-con-tro** **sem-pre**

5. When *s* is followed by one or two other consonants, it forms a syllable with them.

   **a-spet-ta-no** **strin-ge** **stu-den-te**

## Stress

In the great majority of Italian words, the stress is on the next-to-the-last syllable (**gio̲rno**, **piace̲re**, **signo̲ra**). Several words end with a stressed vowel (**caffè̲**, **così̲**, **università̲**). These require a written accent, normally a grave accent (`). This is the only accent used throughout this book. A written accent is also necessary on some

[1] A diphthong is a combination of vowel sounds pronounced together as one syllable without a pause, like the *o* and *u* of *out* in English. English is full of diphthongs. The only diphthongs in Italian are formed by combining an unstressed *i* or *u* with another vowel, which may be stressed or unstressed (**a̲utobus**, **lezio̲ne**, **famiglia̲**). Diphthongs count as one syllable.

monosyllabic words to distinguish them from other words with the same spelling but different meaning: **è** *(is)* from **e** *(and)*, **sì** *(yes)* from **si** *(yourself)*. Many words are stressed on the second-from-the-last syllable, not the next-to-the-last syllable. To help you pronounce them, in the text of the lessons as well as in the vocabulary lists, we have placed a dot below the vowel that should be stressed (**ạutobus**, **sạbato**). (After you've seen the words enough to be familiar with them, the dots are not repeated.) There are also several words (for the most part, verb forms) that are stressed on the third-from-the-last syllable. We have also indicated their correct pronunciation by dots (**ạbitano**, **desịderano**). We have also placed a dot under a number of other words that may present pronunciation problems.

## The Italian Alphabet

The Italian alphabet consists of 21 letters. Learn their correct pronunciation from your instructor.

**a** (a)
**b** (bi)
**c** (ci)
**d** (di)
**e** (e)
**f** (effe)
**g** (gi)
**h** (acca)
**i** (i)
**l** (elle)
**m** (emme)
**n** (enne)
**o** (o)
**p** (pi)
**q** (cu)
**r** (erre)
**s** (esse)
**t** (ti)
**u** (u)
**v** (vu)
**z** (zeta)

Italian also uses five other letters borrowed from other languages:

**j** (i lunga)
**k** (cappa)
**w** (doppia vu)
**x** (ics)
**y** (ipsilon or i greca)

### *PRONUNCIATION EXERCISES*

A. *Repeat after your instructor:*

1. *Words stressed on the next-to-the-last syllable:*

casa libro esercịzio classe professore Bologna
lezione quaderno matita pronụncia

2. *Words stressed on the last syllable:*

bontà tassì virtù università caffè oblò menù
perchè città lunedì

3. *Words stressed on the second-from-the-last syllable:*

ạutobus cạmera sạbato cịnema automọbile lẹttera
domẹnica fạcile sạndalo ạbito

B. *Read aloud the following letters of the alphabet:*

o, f, m, p, r, e, l, g, a, x, u, z, w, i, h, s, y, t, j, d, b, k, c, n, q, v

C. *Divide the following words into syllables.*

primo Giovanna domande studentessa mano piacere
chiamo parla introduttiva Roberto pronuncia italiano
parte conversazione oggi

# MEETING PEOPLE, INTRODUCTIONS, ASKING QUESTIONS: 2

C

*Il signor Fanti saluta la signora Laudisi. La signora Laudisi non è sola; è con la signorina Betti. La signora Laudisi presenta l'amica al signor Fanti.*

FANTI Buona sera, signora Laudisi.
LAUDISI Buona sera, signor Fanti. Come sta?
FANTI Così, così. E Lei?
LAUDISI Benino, grazie. Signor Fanti, conosce la signorina Betti?
FANTI Non ho il piacere . . . .
LAUDISI Signor Fanti, la signorina Betti.
BETTI Molto lieta. *(Stringe la mano al signor Fanti.)*
FANTI Molto lieto.

## Meaning and Use of *Signorina, Signora, Signore,* and *Professore*

1. The word **signorina** followed by a family name means *Miss.* When used by itself it means *young lady* or *unmarried woman.*
2. **Signora** followed by a family name means *Mrs.* Used alone it means *lady* or *married woman.*
3. When **signore** is used with a man's last name, it becomes **signor** and means *Mr.* Used alone it means *man, gentleman,* or *sir.*
4. Before a person's last name the title **professore** becomes **professor**, just as **signore** becomes **signor**. The rule applies to other professional titles ending in **-ore** (such as **dottore**) and in **-ere** (such as **ingegnere**). Note that with the exception of elementary school teachers, any teacher in Italy is called **professore**.

Due amici si incontrano e si stringono la mano.

5. The words **signore**, **signora**, and **signorina** should be used when addressing a person whom you do not know.
6. When you are directly addressing someone, use **signor(e)**, **signora**, **signorina**, **professor(e)**, or **professoressa** (female professor), as well as other professional titles. When you are referring to someone using the family name, use **il signor**, **la signora**, **la signorina**, **il professor**, **la professoressa** (e.g. **la signorina Betti**).

## Meeting People

1. How should you address a woman whose marital status is unknown (and you can't see whether she is wearing a wedding band)? It's really a matter of personal preference. Some people would address her as **signora** (particularly if she appears to be over 30), while others prefer to use the word **signorina**, regardless of age. Whatever form you decide to use, if you are mistaken you will surely be corrected.
2. When introduced formally to a person of either sex, a man should reply **molto lieto**, a woman **molto lieta**. The choice between the forms **piacere** and **molto piacere** (see Dialogue B) is only one of emphasis or personal preference.
3. Italians shake hands not only when they meet someone for the first time but also when they greet friends or acquaintances, even after short separations. Shaking hands is a very common practice in Italy.

### *CONVERSATION EXERCISES*

A. *(Activity for two students) While walking on campus, you meet one of your classmates. Using Dialogues A and C as models, greet your friend, then ask how he or she is doing. Change roles and repeat.*

B. *(Activity for four students) It is evening. You are in downtown Bologna with a friend when you meet two acquaintances, Mrs. Fossi and Mr. Lucani. You stop briefly to greet them, then introduce your friend. Change roles and repeat.*

# PRONUNCIATION OF ITALIAN: 2

## Vowels

Italian uses five letters—*a, e, i, o, u*—to represent seven sounds. While *a, i*, and *u* are pronounced in the same way throughout Italy, the letters *e* and *o* may each represent two somewhat different sounds: closed /e/ and /o/ and open /ɛ/ and /ɔ/. See the discussion of vowel sounds below.

Some speakers distinguish the closed and open sounds.[2] This distinction, however, is normally so slight that even many Italians either do not make it or are unaware of it, except, perhaps, in those few instances when two equally spelled and stressed words acquire different meanings if pronounced with a closed or an open *ɛ* or *ɔ*, as in **pesca** *(fishing)* and **pɛsca** *(peach)* or **tocco** *(touch)* and **tɔcco** *(piece)*.

**a**: has a sound more or less like that of *a* in the English word *father*.

**Anna** **amica** **casa** **matita**

[2] Since the pronunciation of *e* and *o* in stressed position varies from one region of the Italian peninsula to another, no attempt to differentiate between closed and open sounds has been made in this book.

e: (1) closed—may resemble the sound of *e* in the English word *they,* but without the glide.

**fede** **sera** **sete** **verde**

(2) open—may resemble the sound of *e* in the English words *set* and *get.* (represented as /ɛ/ in phonetic symbols)

**bene** **festa** **sette** **verbo**

i: has a sound like that of *i* in the English word *machine* or that of *ee* in *see,* but without any glide sound.

**mi** **incontri** **libro** **primo**

When an unstressed *i* is combined with another vowel, it has a sound similar to that of *y* in the English word *yet.*

**chiama** **lieto** **fiore** **più**

o: (1) closed—has a sound similar to that of *o* in the English *cold* and *so,* but without a glide.

**conto** **molto** **pronto** **solo**

(2) open—it resembles the sound of *a* in *salt* and that of *ou* in *bought.* (represented as /ɔ/ in phonetic symbols)

**come** **gonna** **oggi** **posta**

u: has a sound similar to that of *u* in *rude,* that of *oo* in *choose* or *o* in *do,* but without the glide.

**studente** **università** **uno** **virtù**

When an unstressed *u* is combined with another vowel, it has a sound similar to that of *w* in the English words *was* and *wind.*

**buono** **guida** **quaderno** **Samuele**

Listen to your instructor pronounce these examples and repeat.

## The Consonants *c, g, h, r, s, z*

Most consonants have more or less the same sound in Italian as they have in English. The pronunciation of several, however, differs considerably in the two languages. The consonants may be single, double, or combined with one or two more consonants. Double consonants are pronounced with more force than single consonants, and the preceding accented vowel is shortened. The reverse is true for single consonants: **fato/fatto, dona/donna.** Following are some general pronunciation rules. Listen to your instructor pronounce the examples and repeat.

c: when it is followed by the vowels *e* and *i,* it has the same soft sound of *ch* in the English words *chill* and *chapel.*

**centro** **ciao** **esercizio** **cappuccino** **faccia**

In all other cases, it has the hard sound that *c* has in the English words *car* and *class.*

**amica** **classe** **cucina** **ecco** **tabacco**

g: when it is followed by the vowels *e* and *i*, it has the same soft sound of *g* in such English words as *general* and *giant.*

**giorno** **generale** **oggi** **stringe** **viaggio**

In all other cases, it has the same hard sound of *g* in the English words *gas* and *glory.*

**gas** **guanto** **gloria** **leggo** **agguato**

h: is always silent, whether at the beginning or at the end of a word or when it occurs between vowels.

**hanno** **hotel** **ah!** **ehi!** **ohimè!**

The use of *h* in combination with certain other consonants will be presented in Part III of this lesson.

r: is trilled; in pronouncing it, you should point the tip of your tongue toward the gum behind the upper front teeth.

**ragione** **Roma** **professore** **signorina** **treno**

When double, the trill is longer.

**arrivederci** **carriera** **Ferrara** **terra** **torre**

Note the difference between single and double *r* in the pronunciation of the following words (they all have different meanings).

| | |
|---|---|
| **caro** | **carro** |
| **coro** | **corro** |
| **ero** | **erro** |
| **poro** | **porro** |
| **sera** | **serra** |

s: has two sounds.

(1) It is pronounced like the English *s* in *rose* when *s* is between two vowels or when it begins a word in combination with *b, d, g, l, m, n, r,* and *v.*

**sbaglio** **sdegno** **così** **presenta** **rosa**

(2) In all other cases it is pronounced like *s* in the English word *sea.*

| | |
|---|---|
| **saluta** | **sasso** |
| **sera** | **benissimo** |
| **signorina** | **classe** |
| **sola** | **rosso** |
| **subito** | **studentessa** |

z: has two sounds depending on its position in a word.

(1) In the initial position it sounds like *ds* in *fads.*[3]

**zaino** **zeta** **zio** **zona** **zucchero**

(2) In any other position, when followed by *-ia, -ie,* or *-io, z* is pronounced like the English words *cats* and *pets.*

**dizionario** **grazie** **marziano** **negozio** **pazienza**

[3] In some parts of Italy, particularly in Tuscany, the *z* in **zio** and **zucchero** has the same sound as the *z* in **grazie** and **negozio**.

When it is not followed by *-ia, -ie,* or *-io,* noninitial *z* is pronounced in some words like *ts,* in others like *ds.*

| *ts* | *ds* |
|---|---|
| **abbastanza** | **manzo** |
| **Firenze** | **romanzo** |
| **vacanza** | **pranzo** |

Double *z* is generally pronounced like *ts.* In some words, however, it is pronounced like *ds.*

| *ts* | *ds* |
|---|---|
| **indirizzo** | **azzurro** |
| **palazzo** | **gazzetta** |
| **piazza** | **mezzogiorno** |
| **pizza** | **razzo** |
| **ragazza** | **rozzo** |

There are no precise rules about the *ts* and *ds* sounds. For this reason, you have to learn the pronunciation of each word individually.

# MEETING PEOPLE, INTRODUCTIONS, ASKING QUESTIONS: 3

D

*Dopo la lezione, Carlo domanda a Giovanna dove ạbita.*

| | |
|---|---|
| CARLO | Dove ạbiti, Giovanna? |
| GIOVANNA | Ạbito in centro. |
| CARLO | In centro, dove? |
| GIOVANNA | In via D'Azẹglio. E tu? |
| CARLO | Io ạbito in Piazza Malpighi. |

E

*Carlo è con Giovanna; aspetta l'ạutobus all'Università. Passa il professor Berni e domanda a Giovanna e a Carlo di dove sono. Quando arriva l'ạutobus, Carlo saluta il professor Berni e Giovanna.*

| | |
|---|---|
| PROFESSORE | Signorina Rosselli, è di Bologna Lei? |
| GIOVANNA | No, professore. Io sono di Pạdova. |
| PROFESSORE | E Lei, signor Cecchi, di dov'è? Dove ạbita? |
| CARLO | Sono di Ferrara. Ma ora ạbito a Bologna. *(L'ạutobus arriva.)* |
| GIOVANNA | Carlo, ecco l'ạutobus. |
| CARLO | ArrivederLa, professore. |
| PROFESSORE | Arrivederci, signor Cecchi. |
| CARLO | Ciao, Giovanna. |
| GIOVANNA | Ciao, Carlo; a domani. |

### CONVERSATION PRACTICE

*(three students) Assuming the role of Carlo, Giovanna, and the professore, practice asking each other the questions in the above dialogue.*

## Some Expressions for Meeting and Parting

1. **Ciao** *(Hello, Hi, Bye)* is a very familiar salutation, used on meeting or parting. It is generally used in addressing one person. It derives from the Venetian expression **s-ciao**, which means *I am your slave.*
2. **ArrivederLa** *(Good-bye)* is a very formal salutation; it too is addressed to one person at a time.
3. **Arrivederci** *(Good-bye)* is a less formal salutation than **arrivederLa**. It can be used with one or with several people, and it can serve as the plural form of **arrivederLa**. It can sometimes be replaced with **ciao**.

***PẠDOVA.*** Situated south of Venice, Pạdova (Padua in English) with less than 230,000 inhabitants, is a very important agricultural, industrial, and commercial center in the region of Vẹneto. It is a city rich in history and in art; among its artistic treasures are the great Basilica of St. Anthony and the Cappella degli Scrovegni, built in 1305, where some of Giotto's most celebrated frescos are to be found. The Università di Pạdova founded in 1222, is one of the oldest and most prestigious in Italy.

***FERRARA.*** Ferrara is a small but beautiful city in the region of Emilia (population over 140,000); it is situated a few miles northeast of Bologna. During the Renaissance it was ruled by the powerful Este family, and it was one of Europe's leading cultural centers. In Ferrara lived and worked two of Italy's greatest poets: Ludovico Ariosto (1474–1533) and Torquato Tasso (1544–1595).

Veduta di Padova. Sullo sfondo, la famosa Basilica di Sant'Antonio.

Ferrara: Il Castello Estense.

# REVIEW

Once you have thoroughly learned the pronunciation and content of Dialogues A, B, C, D, and E, you should be able to ask the following questions and to provide one of several possible answers.

(a) *Addressing a friend with whom you are on a first-name basis:*

| QUESTIONS | POSSIBLE REPLIES |
|---|---|
| Come stai?<br>Come stai *[+ first name]*? | Sto bene, grazie.<br>Benino, grazie.<br>Non c'è male.<br>Così, così. |
| Dove ạbiti?<br>Dove ạbiti *[+ first name]*? | Ạbito in centro.<br>Ạbito in piazza Malpighi.<br>Ạbito in via d'Azẹglio.<br>Ạbito a Bologna.<br>Ạbito a Ferrara.<br>Ạbito a Pạdova. |

(b) *Addressing a person formally:*

| QUESTIONS | POSSIBLE REPLIES |
|---|---|
| Come sta?<br>Come sta Lei?<br>Come sta Lei, signor *[+ last name]*?<br>Come sta Lei, signorina *[+ last name]*?<br>Come sta Lei, professore?<br>Come sta Lei, professor *[+ last name]*? | Sto bene, grazie.<br>Benino, grazie.<br>Non c'è male.<br>Così, così. |

| QUESTIONS | POSSIBLE REPLIES |
|---|---|
| Come si chiama Lei? | Mi chiamo [+ *first name*].<br>Mi chiamo [+ *first and last name*]. |
| Chi è Lei? | Sono [+ *first name*].<br>Sono [+ *first and last name*].<br>Sono il signor [+ *last name*].<br>Sono la signora [+ *last name*].<br>Sono la signorina [+ *last name*].<br>Sono il professor [+ *last name*]. |
| Dove abita Lei? | Ạbito in centro.<br>Ạbito in via D'Azẹglio.<br>Ạbito in piazza Malpighi.<br>Ạbito a Bologna.<br>Ạbito a Ferrara.<br>Ạbito a Pạdova. |
| Di dov'è Lei? | Sono di Bologna.<br>Sono di Ferrara.<br>Sono di Pạdova. |

(c) *Being introduced formally, before shaking hands:*

| QUESTIONS | POSSIBLE REPLIES |
|---|---|
| Conosce il signor [+ *last name*]? | Non ho il piacere. |
| Conosce la signora [+ *last name*]? | Piacere. |
| Conosce la signorina [+ *last name*]? | Molto piacere. |
| Conosce il professor [+ *last name*]? | Molto lieto./Molto lieta. |

Using as models the sentences studied so far, you can make up other, longer dialogues, such as the one given below. This will give you an idea of what you can say with the material you already know.

| | |
|---|---|
| PROFESSOR ROSSI | Chi è Lei, signorina? |
| SIGNORINA PEI | Sono la signorina Pei. Sono studentessa all'Università di Pạdova. |
| PROFESSOR ROSSI | Piacere, signorina Pei. *(Stringe la mano alla signorina Pei.)* E Lei, signore, come si chiama? |
| SIGNOR MATTEI | Mi chiamo Antonio Mattei. |
| PROFESSOR ROSSI | Molto Lieto. *(Stringe la mano al signor Mattei.)* Di dov'è Lei, signor Mattei? |
| SIGNOR MATTEI | Sono di Ferrara. |
| PROFESSOR ROSSI | Dove ạbita? |
| SIGNOR MATTEI | Ora ạbito a Bologna, in via D'Azẹglio. |
| PROFESSOR ROSSI | E Lei, signorina Pei, di dov'è? Di Pạdova? |
| SIGNORINA PEI | Sì, sono di Pạdova. Ma Lei, signore, chi è? Come si chiama? |
| PROFESSOR ROSSI | Mi chiamo Vittorio Rossi. Sono professore all'Università di Bologna. |

### *CONVERSATION EXERCISE*

*(three students) Assuming the role of Signor Mattei, Signorina Pei, and Professor Rossi practice asking each other the questions in the above dialogue.*

# PRONUNCIATION OF ITALIAN: 3

## Combines Consonants

ch + e, i: is pronounced like *k* in the English words *kill* and *kerosene.*

**Cecchi** **chi** **chilọmetro** **forchetta** **macchia**

gh + e, i: has the same sound of *g* in *girl* and *get.*

**cinghia** **ghetto** **ghiaccio** **agghiaccio** **Malpighi**

gli: has a sound similar to that of *lli* in the English word *million,* when in medial or terminal position in a word or when used as a word in itself.

**gli** **biglietto** **famiglia** **figli** **moglie**

gn: has a sound similar to that of *ni* in the English word *onion.*

**bagno** **Bologna** **cognome** **signore** **gnomo**

sc + e, i: has more or less the same sound of *sh* in the English words *shield* and *shell.*

**scemo** **scimmia** **sciọpero** **pesce** **prosciutto**

sch + e, i: has the same sound of *sk* in the English words *skim* and *sketch.*

**mạschera** **moschetto** **scherzo** **schiaffo** **schiena**

### *PRONUNCIATION EXERCISE*

*Repeat after your instructor.*

cappello
orolọgio
scarpa
vẹcchio
magnịfico
mossa
zạzzera
spẹcchio
occhiali
bagno
sicurezza
civiltà
svẹglia
camicetta
panciotto
caffè
stạdio
pạglia

pescivẹndolo
settembre
zebra
architetto
chiụdere
sprezzante
certo
illustrazione
pazzo
espresso
Frạncia
incontro
mercoledì
pastịccio
coltello
chiesa
assai

forchetta
sciupare
lozione
asciugare
ọbbligo
sciare
profumo
tappeto
mattiniero
nonno
bisogno
tradizione
fọglio
ghigno
differenza
attualità
coraggiosamente

***ORIGIN AND DEVELOPMENT OF THE ITALIAN LANGUAGE.*** The Latin spoken at the Curia—even in the times of Cicero and Virgil—differed considerably from the language spoken in the streets and marketplaces of Rome. This difference between official and colloquial became more striking the farther one traveled from the capital. After all, the Latin language had been imposed in the various regions of the Empire, often by force, on local idioms. This fact contributed, to various degrees, to the diversification of Latin.

Nevertheless, as long as Rome was able to maintain strict control over all its provinces, Latin remained the undisputed, official administrative language of the Empire. When Rome's political unity began to crumble, however, so did its linguistic unity. In time, the local idioms, freed from the dominance of Latin, though still affected by it, began to develop independently, eventually giving birth to some of the major European languages as we know them today. French, Italian, Rumanian, Portuguese, and Spanish are called **lingue neolatine** or Romance languages because they all stem from Latin.

In Italy, especially in the sixth and seventh centuries A.D., when communications between the regions of the peninsula were almost nonexistent and people were even afraid to travel the few miles that separated them from the next town, local idioms and dialects of Latin flourished. As economic and social situations improved and intellectual exchanges resumed, differences among dialects, at least within the same region, diminished. Eventually, in the thirteenth and fourteenth centuries, the dialect of Florence emerged as the literary language of the peninsula, primarily because three of the greatest authors of the age—Dante, Petrarca, and Boccaccio— wrote in Tuscan, the Florentine tongue.

The standard Italian language of today—which you are learning—is a combination of expressions derived from Florentine and other Italian dialects. But its structure, its sounds, the way its words are formed, and its vocabulary remain fundamentally Tuscan. In spite of television, dialects are still alive and well in many sections of Italy. Indeed, many Italians are practically bilingual, having learned standard Italian in school and a dialect at home.

# USEFUL EXPRESSIONS

**Buon giorno a tutti!** Good day (Hello), everyone!
**Come va?** How is it going?
**Bene, grazie.** OK, thanks.
**Va bene?** Is it OK?
**Sì, va bene.** Yes, it is OK.
**D'accordo** Do you agree?/Do you understand?
**Che cos'è?** What is it?
**Mi dispiace.** I am sorry.
**Mi dispiace, non lo so.** I am sorry, I don't know.
**Per favore . . .** Please . . .
**Attenzione per favore!** Attention, please!
**Come si scrive . . .** How do spell . . . (*Lit.* How do you write . . .)
**Ripeta per favore!** Please repeat!
**Come si dice . . . in italiano?** How does one say . . . in Italian?
**Scusi!** Excuse me!

***EXERCISE***

A. *Match the words in the first column with those in the second.*

| | |
|---|---|
| 1. scrivaṇia | a. student's desk |
| 2. lavagna | b. clock |
| 3. borsa | c. book |
| 4. porta | d. window |
| 5. sedia | e. teacher's desk |
| 6. orologio | f. blackboard |
| 7. cancellino | g. briefcase |
| 8. finestra | h. door |
| 9. libro | i. eraser |
| 10. banco | l. chair |

B. *(two students) One student asks "**che cos'è?**" and points to an object, while the other gives the proper answer. Try to use some of the Useful Expressions in your answers.*

# VOCABOLARIO

All words presented in this lesson are listed below, divided into sections for nouns, adjectives, verbs, other words, cognates (words in two languages that are derived from a common ancestor and look and usually mean the same), and idiomatic expressions.

NOUNS

**amica** *friend* (f)
**giorno** *day*
**mano** *hand*
**piazza** *square, plaza*
**signor(e)** *Mr., sir, man, gentleman*
**signora** *Mrs., lady, married woman*
**signorina** *Miss, young lady, unmarried woman*
**via** *street, road*

## ADJECTIVES

| | |
|---|---|
| **buona, buon(o)** | *good* |
| **male** | *bad* |
| **primo, a** | *first* |
| **solo, a** | *alone* |

## VERBS

| | |
|---|---|
| **ạbita, ạbiti, ạbito** | *you live* (formal), *you live* (familiar), *I live* |
| **arriva** | *he, she, it arrives* |
| **aspetta, aspẹttano** | *he, she, they wait(s) for* |
| **c'è** | *there is* |
| **conosce** | *you know* (formal) |
| **domanda** | *he, she asks* |
| **è** | *he, she, it is* |
| **ho** | *I have* |
| **mi chiamo** | *my name is* |
| **parla** | *he, she speaks* |
| **passa** | *he, she, it passes by* |
| **presenta** | *he, she introduces* |
| **saluta** | *he, she greets* |
| **si chiama** | *your name is* (formal) |
| **sono** | *I am, they are* |
| **sta** | *you are* (formal) |
| **stai** | *you are* (familiar) |
| **sto** | *I am* |

## OTHER WORDS

| | |
|---|---|
| **a** | *to* |
| **al, all'** | *to the* |
| **bene** | *well, fine* |
| **benino** | *pretty well* |
| **come** | *how* |
| **con** | *with* |
| **così** | *so* |
| **di** | *of, from* |
| **domani** | *tomorrow* |
| **dopo** | *after* |
| **dove** | *where* |
| **il, l', la** | *the* |
| **io** | *I* |
| **Lei** | *you* (formal singular) |
| **ma** | *but* |
| **male** | *bad, badly* |
| **oggi** | *today* |
| **ora** | *now* |
| **quando** | *when* |
| **sì** | *yes* |
| **tu** | *you* (familiar singular) |

## COGNATES

| | |
|---|---|
| **centro, in centro** | *center, downtown* |
| **classe** | *class* |
| **in** | *in* |
| **lezione** | *lesson* |
| **no, non** | *no, not* |
| **professor(e)** | *professor* |
| **studente** | *studente* (m) |
| **studentessa** | *student* (f) |
| **università** | *university* |
| **vocabolario** | *vocabulary* |

## IDIOMS

| | |
|---|---|
| **a domani** | *see you tomorrow* |
| **arrivederci** | *good-bye* (fam. or pl.) |
| **arrivederLa** | *good-bye* (form.) |
| **ciao** | *bye, hello, hi* |
| **dov'è . . . ?** | *where is . . . ?* |
| **ecco** | *here is* |
| **grazie** | *thank you, thanks* |
| **molto lieta, molto lieto** | *very pleased (to meet you)* |
| **piacere** | *pleased (to meet you)* |
| **stringe la mano** | *he, she shakes hands* |

# LESSON 1

| COMMUNICATION SKILLS | STRUCTURES | CULTURE |
|---|---|---|
| Learning to make simple statements about things | 1. Nouns | Bars |
| The names of articles of clothing | 2. Indefinite articles | Shopping |
| Days of the week | 3. Definite articles | |
| Numbers | 4. Subject pronouns | |
| More on asking questions | 5. Verbs ending in *-are, -ere, -ire* | |
| | 6. Days of the week | |
| | 7. Numbers from 0 to 100 | |
| | 8. Questions | |

## DIALOGO A

***ALLA STANDA***

*Riccardo domanda a un signore dov'è la Standa.*

RICCARDO Scusi, signore, dov'è la Standa?
SIGNORE È in centro. In via Rizzoli.
RICCARDO È lontano il centro?
SIGNORE No, non è lontano. È qui vicino.
RICCARDO Grazie mille.
SIGNORE Prego.

Una vetrina della Standa — jeans in vendita al 10% disconto. *(Standa is one of Italy's largest department stores. You can buy almost anything at Standa, including food.)*

*Riccardo incontra Giuliana e Anna alla Standa.*

| | |
|---|---|
| RICCARDO | Buon giorno, ragazze. Come va? |
| GIULIANA | Va bene, grazie. E tu, Riccardo, come stai? |
| RICCARDO | Abbastanza bene, grazie. Che cosa compri, Giuliana, un ombrello? |
| GIULIANA | No, ho già due ombrelli a casa. Compro un vestito e una borsa. |
| ANNA | Io compro una camicetta. E tu Riccardo? |
| RICCARDO | Uno zạino, tre quaderni e sei matite. |

***COMPREHENSION QUESTIONS***

*One student asks the question, another answers in complete statements. Take turns.*

1. Che cosa domanda Riccardo a un signore?
2. Dov'è la Standa?
3. È lontano il centro?
4. Chi incontra Riccardo alla Standa?
5. Come sta Riccardo?
6. Cosa compra Giuliana?
7. Chi compra una camicetta?
8. Compra una borsa Riccardo?

# STRUTTURA E FUNZIONE[1]

Compro un vestito e una borsa.

## 1. Nouns

A noun is a word that names a person, thing, place, or idea. Italian nouns have two main parts, a *stem* and an *ending:*

| STEM | ENDING |
|---|---|
| vestit- | **o** |
| bors- | **a** |

[1] Structure and Function

A stem never changes; the ending usually changes to indicate the *gender* and the *number* of the noun.

## Gender

All nouns in Italian are either masculine or feminine in gender.

| MASCULINE | | FEMININE | |
|---|---|---|---|
| ombrello | *umbrella* | borsa | *pocketbook, purse* |
| vestito | *dress, suit* | camicetta | *blouse* |
| quaderno | *notebook* | matita | *pencil* |

Most Italian nouns end in a vowel. Those ending in **-o** are usually masculine. Those ending in **-a** are usually feminine. Those ending in **-e** are either masculine or feminine. These nouns are discussed in Lesson 2.

## Number

tre quaderni e sei matite

Most Italian nouns have different forms for singular and plural number.

| MASCULINE | | FEMININE | |
|---|---|---|---|
| SINGULAR | PLURAL | SINGULAR | PLURAL |
| ombrell**o** | ombrell**i** | bors**a** | bors**e** |
| quadern**o** | quadern**i** | matit**a** | matit**e** |

To form the plural of nouns ending in **-o** change the **-o** to **-i**, of nouns ending in **-a** change the **-a** to **-e**.

### *EXERCISE*

A *Give the plurals.*

1. signorina 2. giorno 3. piazza 4. via 5. camicetta 6. casa
7. ragazza 8. vestito 9. studentessa 10. zạino 11. signora 12. centro

Aspetta l'**ạutobus** all'**università**.

A number of Italian nouns end in a consonant or in an accented vowel. These keep the same ending in the plural.

1. Nouns that end in a consonant in the singular, unless otherwise indicated, are masculine. Most of them are of foreign origin. The following need no translation:

| SINGULAR | PLURAL |
|---|---|
| ạutobus | ạutobus |
| bar | bar |
| film | film |
| gas | gas |
| sport | sport |

2. Nouns ending in an accented vowel:

| SINGULAR | PLURAL |
|---|---|
| caffè | caffè |
| falò *(bonfire)* | falò |
| tassì | tassì |
| università | università |
| virtù | virtù |

Unless otherwise indicated, nouns ending in -à and -ù are feminine; those ending in -è, -ì, -ò are masculine.

| MASCULINE | FEMININE |
|---|---|
| caffè | università |
| falò | virtù |
| tassì | |

## PAROLE ỤTILI[2]

### In vendita alla Standa *(On Sale at Standa)*

| | | | |
|---|---|---|---|
| **ạbito** | *suit* | **sạndalo** | *sandal* |
| **pantaloni, calzoni** | *pants* | **zọccolo** | *wooden sandal, clog* |
| **camịcia** | *shirt* | **lạmpada** | *lamp* |
| **cravatta** | *tie* | **bottịglia** | *bottle* |
| **cịnghia** | *belt* | **libro** | *book* |
| **cappotto** | *overcoat* | **penna** | *pen* |
| **cappello** | *hat* | **svẹglia** | *alarm clock* |
| **nụmero** | *number* | **scarpa** | *shoe* |

***PRACTICE***

*Identify each drawing, specifying the gender of each word.*

[2] Useful Words

Veduta interna d'un altro grande magazzino, "La Rinascente" di Roma.

***EXERCISES***

B. *Complete the following nouns with the appropriate vowels for the singular, then give the plural.*

1. ragazz______ 2. bors______ 3. matit______ 4. ombrell______
5. universit______ 6. signorin______ 7. tass______ 8. piazz______
9. vi______ 10. centr______ 11. vestit______ 12. giorn______

C. *Give the plural of the following masculine and feminine nouns.*

1. ạbito 2. sveglia 3. zọccolo 4. lạmpada 5. cappello 6. libro
7. sạndalo 8. bottiglia 9. cịnghia 10. penna 11. cappotto 12. camicia
13. scarpa 14. cravatta

un vestito, una borsa e uno zaino

## 2. Indefinite Articles

The forms of the indefinite article in English are *a* and *an*. In Italian, the indefinite article has four forms:

| MASCULINE | FEMININE |
|---|---|
| **un** | **un'** |
| **uno** | **una** |

The correct use of these forms is governed by two factors: the gender and the beginning letter of the word immediately following the indefinite article.

(a) With masculine words, use:

**un** before a vowel or a consonant (except as shown for **uno**)

**un artịcolo** **un giorno** **un profumo**

**uno** before *s* + consonant or *z*[3]

**uno studente** **uno zạino**

(b) With feminine words, use:

**un'** before a vowel

**un'università**

**una** before a consonant.

**una ragazza** **una studentessa**

### *EXERCISES*

D. *Give the correct indefinite article for the following words.*

1. ạbito 2. svẹglia 3. tassì 4. via 5. ạutobus 6. scarpa 7. zọccolo 8. libro 9. cravatta 10. sport 11. penna 12. amica 13. falò 14. ombrello 15. cappello

E. *Using sets of various **Parole Utili**, one student will ask a question using the first vocabulary word while the other will reply negatively using the second vocabulary word. Follow the example.*

EXAMPLE: **ombrello/cravatta**
Compri un **ombrello**?
No, compro una **cravatta**.

1. camicia/lạmpada
2. cịnghia/cappotto
3. libro/cravatta
4. svẹglia/ạbito
5. cappello/penna

## Omission of the Indefinite Article

The indefinite article is omitted before the name of a person's occupation, profession, nationality, or religion. When there is an adjective modifying the name, the indefinite article is retained.

Il signor Berni è professore. — *Mr. Berni is a professor.*
Il signor Berni è **un buon** professore. — *Mr. Berni is a good professor.*
Giovanna è studentessa. — *Giovanna is a student.*
Giovanna è **una buona** studentessa. — *Giovanna is a good student.*

[3] The indefinite article **uno** is also required before those few words beginning with **gn** and **ps**, such as **gnomo** *(gnome)* and **psicọlogo** *(psychologist)*.

il centro l'autobus lo zaino la casa

## 3. Definite Articles

The definite article in English has only one form: *the*. In Italian the definite article has seven forms.

| SINGULAR | PLURAL |
|---|---|
| il | i |
| l', lo | gli |
| la | le |

Correct use of the forms of the definite article is determined by the:

gender, beginning letter, number } of the word immediately following the definite article.

The following chart outlines the correct use of the definite article.

| GENDER | MASCULINE | | | FEMININE | |
|---|---|---|---|---|---|
| BEGINNING LETTER | most consonants | vowel | s + consonant<br>z | consonant | vowel |
| NUMBER | | | | | |
| singular | il | l' | lo | la | l' |
| plural | i | gli | gli | le | le |

With masculine words, use:

(a) il (s.) and i (pl.) before a word beginning with a consonant, except as shown for lo.

**il vestito** **i vestiti**

(b) l' (s.) and **gli** (pl.) before a word beginning with a vowel.

**l'abito** **gli ạbiti**

(c) lo (s.) and **gli** (pl.) before a word beginning with *s* + consonant or *z*.[4]

**lo studente** **gli studenti**
**lo zọccolo** **gli zọccoli**

(d) gl' (pl.) may be used only before a word beginning with *i*.

**gl'Italiani** **gl'Inglesi**

With feminine words, use:

(a) la (s.) and le (pl.) before a word beginning with a consonant.

**la signora** **le signore**

(b) l' (s.) and le (pl.) before a word beginning with a vowel.

**l'università** **le università**

[4] The definite article lo (s.) and **gli** (pl.) is also required before those few words beginning with *gn* and *ps*, such as **lo gnomo, gli gnomi** and **lo psicọlogo, gli psicọlogi**.

(c) l' (pl.) may be used only before words beginning with *e*.

**l'estati**

***EXERCISES***

F. *Give the correct definite article for each of the following singular nouns.*

1. svẹglia 2. cappotto 3. tassì 4. via 5. sạndalo 6. cravatta 7. film 8. ragazza 9. gas 10. amica 11. ombrello 12. bar 13. caffè

G. *Give the plural form of each of the following.*

1. lo zọccolo 2. la bottiglia 3. lo sport 4. la piazza 5. l'ạbito 6. il centro 7. la matita 8. il giorno 9. lo zạino 10. la virtù

H. *Change the nouns in boldface to the plural. One student will give the first sentence, another will complete the second sentence giving the plural forms of the nouns.*

| | |
|---|---|
| 1. Ecco la **signorina**! | No, ecco ______. |
| 2. Compro il **sạndalo**. | No, compro ______. |
| 3. Io ho la **borsa**, e tu? | Io ho ______. |
| 4. Ecco l'**ạutobus**! | No, ecco ______. |
| 5. Compri il **vestito**? | No, compro ______. |
| 6. Il professore incontra lo **studente**? | No, il professore incontra ______. |

# DIALOGO B

***AL BAR PAOLO***

*Riccardo Ferri incontra l'amica Giuliana Battisti al bar Paolo. Il bar Paolo è vicino alla pensione dove ạbita il signor Ferri.*

RICCARDO Buon giorno, Giuliana. Sei mattiniera oggi.
GIULIANA Ho una lezione fra venti minuti.

RICCARDO Cosa prendi? Offro io.
GIULIANA Grazie, Riccardo. Prendo un cappuccino e una pasta.
RICCARDO Paolo, un cappuccino e una pasta per la signorina, per piacere.
PAOLO E Lei, signor Ferri, che cosa prende?
RICCARDO Io prendo un espresso.
PAOLO Il cappuccino e l'espresso sono pronti; ecco la pasta e lo zụcchero.
RICCARDO Grazie, Paolo.
GIULIANA *(Guarda l'orologio.)* È l'ora di andare. Ciao Riccardo e grazie di nuovo.
RICCARDO Ciao Giuliana, a più tardi.

### COMPREHENSION QUESTIONS

*One student asks a question, another answers. Take turns.*

1. Chi incontra Riccardo al bar Paolo?
2. Dov'è il bar Paolo?
3. Che cosa prende Giuliana?
4. Che cosa prende il signor Ferri?
5. Chi guarda l'orologio?

### EXERCISE

I. *Complete the following sentences with an appropriate word. Use Dịalogo B as a guide.*

1. Il bar Paolo è ______ alla pensione.
2. Ho una ______ fra venti minuti.
3. Grazie, Riccardo. Prendo un ______ e una ______ .
4. Paolo, un cappuccino e una pasta per la signorina, ______ .
5. E Lei, signor Ferri, che cosa ______ ?
6. ______ la pasta e lo zụcchero!
7. Ciao, Giuliana, a più ______ !

**AT A BAR.** The English word **bar** is widely used in Italy with reference to a coffee shop where coffee, beverages (alcoholic or not), and snacks are served. Patrons usually stand or sit at small tables close to one another. A **bar** is normally less expensive than a **caffè**, a larger coffee shop with ample seating space.

**CAPPUCCINO.** This beverage, a mixture of hot black coffee and steamed milk, is so called because its dark brown color resembles that of the frocks of the Capuchins, a branch of the Franciscan Order of the Minor Friars, established in the sixteenth century.

**ESPRESSO.** This is the name of a hot black coffee, so called because it is prepared immediately upon customer request. Note that **espresso** may also mean *special delivery letter* and *express train.*

Gruppo di giọvani in un bar-caffè all'aperto del centro.

# STRUTTURA E FUNZIONE

Ecco la pasta e lo zụcchero.

### Use of the Definite Article

In English the definite article is often omitted before a noun. But in Italian, the definite article is (with two exceptions) required before every noun.

Ecco **la** pasta e **lo** zụcchero. — *Here are the pastry and sugar.*

There are two areas in which the Italian use of the definite article is often confusing to English speakers.

1. Names of languages. These are all masculine and take the masculine articles **il**, **l'**, or **lo**. In English the article is never used. In Italian it is usually used.

   Carlo scrive **lo** spagnolo. — *Carlo writes Spanish.*

   If, however, the name of the language immediately follows the verb **parlare** *(to speak, to talk)*, the article is not used.

   Carlo parla spagnolo. — *Carlo speaks Spanish.*

2. Titles (such as **signora** and **professore**). The article is required in referring to a person.

Ecco **il** professor Serni e **la** signora Laudisi. — *Here are Professor Berni and Mrs. Laudisi.*

But Italians omit the article when they use a title in speaking to a person.

Buona sera, signora Laudisi. — *Good evening, Mrs. Laudisi.*

Io prendo un espresso, e **Lei** che cosa prende?

## 4. Subject Pronouns

In both English and Italian, pronouns are words that are used as substitutes for nouns and noun phrases.[5] They normally denote a person or thing that is the subject of an action. The forms of the subject pronouns used in speaking are:

| PERSON | NUMBER | | | |
|---|---|---|---|---|
| | SINGULAR | | PLURAL | |
| First | **io** | *I* | **noi** | *we* |
| Second | **tu** | *you* | **voi** | *you* |
| Third | **lui** | *he* | **loro** | *they* |
| | **lei** | *she* | | |
| Formal | **Lei** | *you* | **Loro** | *you* |

In speaking and in writing, the equivalent of the English *you* (s. and pl.) is expressed differently according to the degree of familiarity between speakers. **Tu, voi** are the familiar forms to use when addressing relatives, friends, and children.[6] **Lei, Loro**[7] are the formal forms to use when addressing anyone else.

comprare prẹndere offrire

## 5. Verbs Ending in *-are, -ere, -ire*

**L'infinito** is the basic form of the verb that is listed in dictionaries. It is equivalent to the "to" form of English verbs. Italian verbs, like nouns, consist of a stem[8] and an ending.

[5] In writing, the pronouns **egli** (m.) and **ella** (f.) replace **lui** and **lei**. Equivalent to English *it*, **esso** (m.) and **essa** (f.), sometimes replaces **lui** and **lei**, in reference to animals or inanimate objects. The plural forms are **essi** and **esse** respectively, not **loro**.

[6] Some people also use the form **voi** when addressing service people. In Southern Italy **voi** is often used instead of **Lei**, e.g. **Siete americano *voi*, signor Smith?**

[7] In writing, **Lei** and **Loro** are often capitalized. In this book they are always capitalized to distinguish them from **lei** *(she)* and **loro** *(they)*.

[8] Verbs whose stems never change in conjugation are called "regular verbs"; these constitute the majority. Those whose stem occasionally changes are called "irregular verbs." Some of the most commonly used verbs are irregular, and you need to memorize their forms when you encounter them.

Conversazione in un bar del centro.

| INFINITIVE | STEM | ENDING |
|---|---|---|
| comprare *(to buy)* | compr- | **are** |
| prẹndere *(to take)* | prend- | **ere** |
| offrire *(to offer)* | offr- | **ire** |

Italian verbs are divided into three conjugations, based on infinitive endings.

1st conjugation verbs: infinitive ending is **-are**
2nd conjugation verbs: infinitive ending is **-ere**
3rd conjugation verbs: infinitive ending is **-ire**

In conjugating a verb, the form of the infinitive is altered by adding different endings to the infinitive stem. These endings show the person and number of the subject as well as the tense (the time of the action). In fact, there is normally no need to express a subject pronoun (since it is already indicated by the verb ending), except when it is required for clarity, contrast, or emphasis.

Ạbita in via Rizzoli Giovanna?
*Does Giovanna live on Rizzoli street?*

Sì, ạbita in via Rizzoli.
*Yes, she lives on Rizzoli street.*

Ạbita in via Rizzoli anche Lei?
*Do you also live on Rizzoli street?*

No, **io** ạbito in via D'Azeglio.
*No, I live on D'Azeglio street.*

The indicative is a verb form (called a mood) used to express an action or condition as an objective fact. The Italian indicative has a total of eight tenses to indicate present, future, and past actions. The tenses will be explained as they are encountered.

## Present Indicative of Verbs Ending in *-are, -ere, -ire*

Here are the regular endings for all three conjugations.

| PERSON | **comprare** *(to buy)* | |
|---|---|---|
| io | compr**o** | *I buy, am buying, do buy* |
| tu | compr**i** | *you buy, are buying, do buy* (fam.) |
| lui, lei, Lei | compr**a** | *he, she, it buys, is buying, does buy*<br>*you buy, are buying, do buy* (form.) |
| noi | compr**iamo** | *we buy, are buying, do buy* |
| voi | compr**ate** | *you buy, are buying, do buy* (fam.) |
| loro, Loro | cọmpr**ano** | *they buy, are buying, do buy*<br>*you buy, are buying, do buy* (form.) |

| | **prẹndere** *(to take)* | |
|---|---|---|
| io | prend**o** | *I take, am taking, do take* |
| tu | prend**i** | *you take, are taking, do take* (fam.) |
| lui, lei, Lei | prend**e** | *he, she, it takes, is taking, does take*<br>*you take, are taking, do take* (form.) |
| noi | prend**iamo** | *we take, are taking, do take* |
| voi | prend**ete** | *you take, are taking, do take* (fam.) |
| loro, Loro | prẹnd**ono** | *they take, are taking, do take*<br>*you take, are taking, do take* (form.) |

| | **offrire** *(to offer)* | |
|---|---|---|
| io | offr**o** | *I offer, am offering, do offer* |
| tu | offr**i** | *you offer, are offering, do offer* (fam.) |
| lui, lei, Lei | offr**e** | *he, she, it offers, is offering, does offer*<br>*you offer, are offering, do offer* (form.) |
| noi | offr**iamo** | *we offer, are offering, do offer* |
| voi | offr**ite** | *you offer, are offering, do offer* (fam.) |
| loro, Loro | ọffr**ono** | *you offer, are offering, do offer* (form.) |

Note that the third person plural of the present indicative of regular verbs is stressed on the second-from-the-last syllable. In addition to these three verbs, you have encountered so far the following verbs:

| | |
|---|---|
| abitare[9] | *to live, dwell* |
| arrivare | *to arrive* |
| aspettare | *to wait* |
| conọscere | *to know* |
| domandare | *to ask* |
| guardare | *to watch, look* |
| incontrare | *to meet* |
| lẹggere | *to read* |
| parlare | *to speak* |
| passare | *to pass, pass by* |
| presentare | *to introduce* |
| salutare | *to greet* |
| scrịvere | *to write* |

In the formation of the *present indicative,* all the verbs listed above take the same regular endings as **comprare**, **prẹndere**, and **offrire**.

[9] In conjugating the **presente** of **abitare**, the stress falls on the second-from-the-last syllable on the first, second, and third person singular and on the third-from-the last syllable on the third person plural forms of the verb.

***EXERCISES***

I.[10] *Give the correct subject pronoun(s) for the following conjugated verbs.*

EXAMPLE: **Noi** parliamo; **lui, lei, Lei** offre; **loro** prendono.

1. abitate 2. aspettiamo 3. saluti 4. legge 5. incọntrano 6. domando 7. presento 8. salutate 9. offri 10. leggiamo 11. conoscete 12. guạrdano 13. passate 14. scrive 15. arriviamo

L. *Ask a classmate, who will provide the answer: Take turns.*

1. Tu che cosa/leggere/_______?_______
2. Lui/abitare/_______vicino alla pensione Roma?_______
3. Il professore/offrire/_______un espresso al signor Rossi?_______
4. Voi/parlare/_______a Giuliana?_______
5. Le studentesse e gli studenti/scrivere/_______un dialogo in classe?_______
6. Carlo e Riccardo/conọscere/_______bene Bologna?_______
7. Io/incontrare/_______la signorina Rosselli al bar?_______
8. Noi/guardare/_______l'orologio?_______
9. Maria/aspettare/_______l'amica all'università?_______
10. Alla Standa loro/comprare/_______tre camicette?_______
11. Voi/domandare/_______a Anna dove abita?_______
12. Tu ed[11] io/prendere/_______l'ạutobus per andare a casa?_______
13. Luigi/salutare/_______Giuseppe?_______
14. L'ạutobus/arrivare/_______fra venti minuti?_______
15. Le ragazze/presentare/_______Angela al signor Paolo Ortis?_______

## 6. Days of the Week

La Settimana
*(The Week)*

| | | | |
|---|---|---|---|
| **lunedì** | *Monday* | **venerdì** | *Friday* |
| **martedì** | *Tuesday* | **sạbato** | *Saturday* |
| **mercoledì** | *Wednesday* | **domẹnica** | *Sunday* |
| **giovedì** | *Thursday* | | |

The names of the days of the week are technically masculine nouns, with the exception of **domẹnica** *(Sunday),* which is feminine. The definite article is generally not used. When it is used, it means that the action conveyed by the sentence occurs every week on that particular day. Contrary to English usage, days of the week are not capitalized in Italian. Italians count the days of the week beginning with Monday.

| | |
|---|---|
| **Martedì** incontro Riccardo in centro. | *(This coming) Tuesday I meet Riccardo downtown.* |
| **Il martedì** incontro Riccardo in centro. | *Every Tuesday [or On Tuesdays] I meet Riccardo downtown.* |

[10] In identifying the groups of exercises we have followed the order of the Italian alphabet, which uses no J, K, W, X, or Y.

[11] For the sake of easier pronunciation **e** *(and)* and **a** *(to)* may become **ed** and **ad** when preceding a word beginning with a vowel.

***EXERCISES***

M. *Which sentences refer to habitual actions, which to specific events? Complete the sentences appropriately in Italian.*

1. *(Every Monday)*_______ prendo l'ạutobus.
2. *(This Thursday)*_______ offri tu il caffè!
3. *(Fridays)*_______ io sono all'Università, ma lui è a casa.
4. *(Every Saturday)*_______ incontriamo Giovanna al bar.
5. *(This Wednesday)*_______ ho lezione di francese.
6. *(Tuesdays)*_______ parlate spagnolo con la signora Cecchi.

N. *Ask your partner when he/she does these various things. Use the calendar provided for your answers. Follow the model.*

EXAMPLE: **Quando** leggi il libro?
Leggo il libro **mercoledì**.

| | | | |
|---|---|---|---|
| lunedì | offrire un espresso | venerdì | scrịvere in classe |
| martedì | parlare a Maria | sạbato | prẹndere l'ạutobus |
| mercoledì | lẹggere il libro | domẹnica | domandare a Piero come sta |
| giovedì | aspettare Giovanna al bar | | |

O. *Give the Italian equivalents of the following sentences.*

1. Rebecca is a student at the University of Padua.
2. They read Italian, French, and Spanish.
3. Yes, I do know Professor Ciani; he lives on Manzoni street.
4. Here is Giovanna Rosselli with Mr. Rossetti.
5. Mrs. White and Miss Jones speak Italian at home every Sunday.
6. The girls are waiting for the bus near the boarding house where they live.
7. We are buying two knapsacks and an alarm clock.
8. Where are you from, Mr. Zucchi?

uno zaino, **tre** quaderni e **sei** matite

## 7. Numbers from 0 to 100

| | | | |
|---|---|---|---|
| zero | *0* | venti | *20* |
| uno | *1* | ventuno | *21* |
| due | *2* | ventidue | *22* |
| tre | *3* | ventitrè | *23* |
| quattro | *4* | ventiquattro | *24* |
| cinque | *5* | venticinque | *25* |
| sei | *6* | ventisei | *26* |
| sette | *7* | ventisette | *27* |
| otto | *8* | ventotto | *28* |
| nove | *9* | ventinove | *29* |
| dieci | *10* | trenta | *30* |
| ụndici | *11* | trentuno | *31* |
| dọdici | *12* | quaranta | *40* |
| trẹdici | *13* | cinquanta | *50* |
| quattọrdici | *14* | sessanta | *60* |
| quịndici | *15* | settanta | *70* |
| sẹdici | *16* | ottanta | *80* |
| diciassette | *17* | novanta | *90* |
| diciotto | *18* | cento | *100* |
| diciannove | *19* | | |

1. When the numeral **uno** precedes the noun, it has the same form as the indefinite article **uno, una, un'**. The other numerals do not change form.

| | |
|---|---|
| Ho **una** penna e **un** libro. | *I have a pen and a book.* |
| Offriamo il caffè a **otto** studenti. | *We offer coffee to eight students.* |

2. With multiples of ten, from 20 to 90, drop the final vowel before adding **uno** and **otto**.

**venti + uno = ventuno** **venti + otto = ventotto**

3. The number **tre** is always accented when combined with other numbers.

**ventitrè** **trentatrè** **quarantatrè**

4. When a numeral combined with **uno** is followed by another word, the final **o** is dropped.

**ventun** ragazzi e **ventun** ragazze
arrivo fra **trentun** giorni

***EXERCISES***

P. *Complete the sentences in Italian according to the cues.*

1. (3) Il giovedì Anna prende ______ ạutobus.
2. (15) Alla Standa loro cọmprano ______ matite.
3. (2) Oggi Giorgio guarda ______ film.
4. (16) Noi conosciamo ______ ragazze di Ferrara.
5. (30) Il libro d'italiano ha ______ lezioni.
6. (58) In via Mazzini ạbitano ______ studenti.
7. (12) L'anno ha ______ mesi.
8. (63) Tu scrivi ______ parole.
9. (41) Il professore compra ______ libri.
10. (5) Loro aspẹttano ______ signori.
11. (99) La città ha ______ vie.
12. (70) Lui ed io arriviamo fra ______ giorni.

Q. *Exchange information with your partner about how many articles of clothing you have. Use the numbers provided in your answer.*

EXAMPLE: Ho due cappelli. E tu? (21)
Ho **ventun** cappelli.

1. Ho undici cravatte. E tu? (58)
2. Ho diciotto vestiti. E tu? (33)
3. Ho sette cịnghie. E tu? (61)
4. Ho tre costumi da bagno. E tu? (42)
5. Ho cinque camicette. E tu? (29)

R. *Write out the following mathematical problems. Use the example as a guide (più + and fa = are provided in the example).*

EXAMPLE: 20 + 11 = ?
**Venti più ụndici fa trentuno.**

1. 18 + 16 = ?
2. 22 + 41 = ?
3. 23 + 54 = ?
4. 85 + 13 = ?
5. 15 + 36 = ?

Chi è **Lei?** **Lei** chi è?

## 8. Questions

The two most common ways of asking a question in Italian are:

1. *By placing the subject at the end of the sentence.*

| | |
|---|---|
| Che cosa compri, **Giuliana?** | *What are you buying, Giuliana?* |
| Di dov'è Lei, **signor Mattei?** | *Where are you from, Mr. Mattei?* |
| È lontano **il centro?** | *Is downtown far?* |

2. *By placing the subject at the beginning of the sentence.*

| | |
|---|---|
| **Riccardo,** come stai? | *How are you, Riccardo?* |
| **Lei,** signor Cecchi, di dov'è? | *Where are you from, Mr. Cecchi?* |
| **Il professore** è all'università? | *Is the professor at the university?* |

In both cases, the voice is raised at the end of the sentence. Note that a question can also be asked by placing the subject immediately after the verb.

È **il centro** lontano?

This form is, however, the least common.

### *TOPICS FOR CONVERSATION*

*Your instructor may ask you to write out each dialogue in advance to use as the basis for conversation in class.*

1. (three students) You are at Standa buying a pair of shoes. You meet two friends, *X* and *Y* (use the names of your classmates). *X* is buying an overcoat and a hat, *Y* an alarm clock. Greet your friends, then exchange information on what items you three are purchasing. Change roles and repeat.
2. (two students) You must go to Via D'Azeglio but you don't know where it is, so you stop a woman passerby and ask her for information. She tells you that Via D'Azeglio is downtown and that it is not too far. You thank the woman and say good-bye. Change roles and repeat.
3. (two students) It is evening in Bologna. You meet someone whom you have never met before. You begin a conversation by greeting the person and introducing yourself. The person replies by telling you his or her name. You then exchange information: what you do, and where you live, and where you come from. (You live on Zamboni street, are a student at the University of Bologna and are from Bologna; the other is a student at the University of Padua, but is from Ferrara, and lives there). Change roles and repeat.
4. (six students) Today is the first day of classes at the university. The person taking the role of the instructor makes an introduction to the class, then asks which students speak French. Three students, a boy and two girls, raise their hands. The instructor asks them to give their names. Then the instructor asks whether anyone speaks Spanish. Two students raise their hands: the first one speaks Spanish at home; the second speaks Spanish every Wednesday and Friday with a man from Madrid. Change roles and repeat.

# VOCABOLARIO

## NOUNS

| | |
|---|---|
| l'**ạbito** | *dress, suit* |
| l'**amica** (*pl.* le amiche) | *friend* (f) |
| la **borsa** | *pocketbook, purse* |
| i **calzoni** | *pants* |
| la **camicetta** | *blouse* |
| la **camịcia** | *shirt* |
| il **cappello** | *hat* |
| il **cappotto** | *overcoat* |
| il **cappuccino** | *coffee with steamed milk* |
| la **casa** | *house, home* |
| la **cịnghia** | *belt* |
| la **cravatta** | *tie* |
| la **domẹnica** | *Sunday* |
| l'**espresso** | *hot black coffee* |
| il **falò** | *bonfire* |
| il **giovedì** | *Thursday* |
| il **libro** | *book* |
| il **lunedì** | *Monday* |
| il **martedì** | *Tuesday* |
| la **matita** | *pencil* |
| il **mercoledì** | *Wednesday* |
| il **nome** | *noun, name* |
| l'**ora** | *hour, time* |
| l'**orologio** (*pl.* gli orologi) | *watch, clock* |
| i **pantaloni** | *pants* |
| la **parola** | *word* |
| la **pensione** | *boarding house* |
| il **piacere** | *pleasure* |
| la **piazza** | *square, plaza* |
| il **quaderno** | *notebook* |
| la **ragazza** | *girl* |
| il **sạbato** | *Saturday* |
| la **scarpa** | *shoe* |
| la **settimana** | *week* |
| la **signora** | *Mrs., married woman, lady* |
| il **signore** | *Mr., sir, man, gentleman* |
| la **Spagna** | *Spain* |
| lo **spagnolo** | *Spanish* (language) |
| la **svẹglia** | *alarm clock* |
| il **venerdì** | *Friday* |
| il **vestito** | *suit, dress* |
| la **via** | *street, road* |
| lo **zạino** | *knapsack* |
| lo **zọccolo** | *wooden sandal, clog* |
| lo **zụcchero** | *sugar* |

## ADJECTIVES

| | |
|---|---|
| **mattiniero, a** | *early-riser* |
| **pronto, a** | *ready* |
| **ụtile** (pl. ụtili) | *useful* |

## COGNATES

| | |
|---|---|
| l'**ạutobus** | *bus* |
| il **bar** | *bar* |
| la **bottiglia** | *bottle* |
| il **caffè** | *coffee* |
| il **centro** | *center, downtown* |
| la **classe** | *class* |
| il **diạlogo** | *dialog* |
| il **film** | *film* |
| il **francese** | *French* (language) |
| la **Francia** | *France* |
| il **gas** | *gas* |
| l'**Italia** | *Italy* |
| l'**italiano** | *Italian* (language) |
| la **lạmpada** | *lamp* |
| la **lezione** | *lesson* |
| il **minuto** | *minute* |
| il **nụmero** | *number* |
| l'**ombrello** | *umbrella* |
| la **pasta** | *pastry, pasta* |
| la **penna** | *pen* |
| il **professore** | *professor* (m) |
| la **professoressa** | *professor* (f) |
| il **sạndalo** | *sandal* |
| lo **sport** | *sport* |
| lo **studente** | *student* (m) |
| la **studentessa** | *student* (f) |
| il **tassì** | *taxi, cab* |
| l'**università** | *university* |
| la **virtù** | *virtue* |
| lo **zero** | *zero* |

## VERBS

| | |
|---|---|
| **abitare** | *to live, dwell* |
| **andare** | *to go* |
| **arrivare** | *to arrive* |
| **aspettare** | *to wait* |
| **comprare** | *to buy* |
| **conọscere** | *to know* |
| **domandare** | *to ask* |
| **incontrare** | *to meet* |

| | |
|---|---|
| **lẹggere** | *to read* |
| **offrire** | *to offer* |
| **parlare** | *to speak, talk* |
| **passare** | *to pass, pass by* |
| **prẹndere** | *to take* |
| **prẹndere un caffè** | *to have (a) coffee* |
| **presentare** | *to introduce* |
| **salutare** | *to greet* |
| **scrịvere** | *to write* |

## OTHER WORDS

| | |
|---|---|
| **che cosa** | *what* |
| **chi** | *who, whom* |
| **della** | *of the* |
| **ed** (before vowel) | *and* |
| **esso, a** (*pl.* essi, esse) | *it, they* |
| **fra** | *in, between, among* |
| **già** | *already* |
| **lei** | *she* |
| **lontano** | *far, faraway* (adverb) |
| **Loro** | *you* (form. pl.) |
| **loro** | *they* |
| **lui** | *he, him* |
| **noi** | *we* |
| **per** | *for, through* |
| **qui** | *here* |
| **tardi** | *late* |
| **vicino** | *near, nearby* (adv.) |
| **voi** | *you* (fam. pl.) |

## IDIOMS

| | |
|---|---|
| **a casa** | *at home* |
| **a più tardi** | *see you later* |
| **abbastanza bene** | *pretty well* |
| **buon giorno** | *good morning* |
| **buona sera** | *good evening* |
| **come si chiama Lei?** | *what is your name?* |
| **come sta?** | *how are you?* (form.) |
| **come va?** | *how are you?* |
| **come stai?** | *how are you?* (fam.) |
| **così, così** | *so, so* |
| **ẹssere mattiniero(a)** | *to be an early-riser* |
| **grạzie di nuovo** | *thanks again* |
| **in vẹndita** | *on sale* |
| **non c'è male** | *not too bad* |
| **per piacẹre** | *please* |
| **prego** | *you are welcome* |
| **qui vịcino** | *nearby* |
| **scusi** | *excuse me* |
| **sto bene** | *I'm fine* |
| **va bene** | *fine* |

# LESSON 2

| COMMUNICATION SKILLS | STRUCTURES | CULTURE |
| --- | --- | --- |
| Using *ẹssere* and *avere*<br>Making negative statements<br>Months, seasons, age<br>Using *c'è* and *ci sono* | 1. Nouns ending in *-e*<br>2. Use of the plurals of masculine nouns<br>3. *Ẹssere* and *avere*<br>4. Negative sentences<br>5. Months and seasons / a person's age<br>6. Adjectives<br>7. *C'è* and *ci sono*<br>8. Verbs ending in *-i+are, -c+are, -g+are* | Sicily, Sardinia, the Italian coast |

## DIALOGO A

***DISCUSSIONE IN FAMIGLIA***

*È la fine dell'estate. La scuola comincia fra quattro settimane. Maria Delfi desịdera passare gli ụltimi giorni di vacanza con gli amici. Loro desịderano andare in campeggio al mare. La madre di Maria non è d'accordo.*

SIGNORA DELFI Perchè desịderi andare al mare con quei ragazzi? Non è una buon'idea.

MARIA Sono buoni amici. Andare in campeggio è una cosa molto divertente.

D'estate al mare a Levanto.

| | |
|---|---|
| SIGNORA DELFI | Sì, ma voi non avete l'attrezzatura necessaria. Non avete un'automọbile. Dove dormite?[1] |
| MARIA | No, mamma, abbiamo tutto. Giorgio ha una grande tenda. Sandra ha una nuova mạcchina, una Fiat Uno.[2] |
| SIGNORA DELFI | E dove mangiate? |
| MARIA | Mangiamo al ristorante del campeggio. Non costa molto. |
| SIGNORA DELFI | Avete abbastanza denaro? |
| MARIA | Sì, mamma. Paghiamo tutte le spese in antịcipo. |
| SIGNORA DELFI | Ma tu sei troppo giọvane . . . andare in campeggio da sola! |
| MARIA | Non sono più una bambina . . . ho quasi diciannove anni! |
| SIGNORA DELFI | Hai ragione, Maria. Sono d'accordo. |
| MARIA | Grazie, grazie, mamma. |

## COMPREHENSION QUESTIONS

*One student asks a question, another answers in complete statements. Take turns.*

1. Quando comincia la scuola?
2. Maria e gli amici dove desịderano andare?
3. La madre di Maria è d'accordo?
4. È divertente andare in campeggio?
5. Cosa è necessario avere per andare in campeggio?

[1] In this dialogue, the English future translates the Italian present tense: **Dove mangiate?** *(Where are you going to eat?)*, **Mangiamo** *(We will eat)*. The present is often used in Italian to express an action that will take place in the immediate future.

[2] The Fiat Corporation, which was founded in 1899 by Giovanni Agnelli, is today one of the world's largest automotive industries. In addition to many models of passenger cars such as the Fiat Uno, it also manufactures trucks, tractors, planes, and weapons. The word **FIAT** stands for **Fạbbrica Italiana Automọbili Torino** (Italian Automobile Factory, Turin).

6. Che cosa ha Giorgio?
7. Costa molto mangiare al ristorante del campeggio?
8. Chi è la signora Delfi?

**POSTEGGIO A PAGAMENTO**

Teatro Greco - Siracusa

**L. 1.000**

Nº 1556

---

***ITALY AND ITS ISLANDS.*** A long, boot-shaped peninsula, Italy is surrounded on three sides (east, west, and south) by the Mediterranean Sea. On the south it extends almost to the coast of Africa. On the north it borders France, Switzerland, Austria, and Yugoslavia. Its two largest islands are Sicily (**la Sicilia**) and Sardinia (**la Sardegna**).

Sicily, the largest of Italy's twenty regions (total population almost 9 million), is also one of the most varied and beautiful areas, particularly rich in history and art. The capital of the region is Palermo, which was founded by the Phoenicians in the 8th–9th centuries B.C. From 1735 until 1860 Palermo was the capital of the Kingdom of Sicily. Today's Palermo, with a population of over 700,000, is an important agricultural, commercial, and tourist center, with an active and busy seaport.

Sardinia, with a population of a little more than 1,600,000, is the fourth least populated region in Italy. Its capital is Cagliari (200,000 inhabitants), also founded by the Phoenicians in the 9th century B.C. The island, which has undergone a remarkable economic development in recent decades, produces, among other things, very good cheeses and some famous wines.

Along the eastern and western shores of the peninsula (called the Adriatic and Tyrrhenian coasts) are to be found almost all of Italy's major ports, many picturesque fishing villages, numerous campgrounds, and the best-known resort towns.

Il teatro greco di Taormina, vicino a Catania, in Sicilia.

Porto Cervo in Sardegna.

Panorama di Riomaggiore lungo la riviera ligure delle Cinque Terre.

# STRUTTURA E FUNZIONE

in campeggio al mare. Non avete un'automobile.

## 1. Nouns Ending in -e

### Gender

Nouns ending in -e in the singular may be either masculine or feminine. Their gender must be memorized as they are encountered.

| MASCULINE | | FEMININE | |
|---|---|---|---|
| mare | *sea* | automobile | *automobile* |
| ristorante | *restaurant* | classe | *class* |

### Number

To form the plural of both masculine and feminine nouns ending in **-e**, change **-e** to **-i**.

| MASCULINE | | FEMININE | |
|---|---|---|---|
| SINGULAR | PLURAL | SINGULAR | PLURAL |
| mar**e** | mar**i** | automọbil**e** | automọbil**i** |
| ristorant**e** | ristorant**i** | class**e** | class**i** |

The appropriate indefinite and definite articles used with nouns ending in **-o** and in **-a** are also used with masculine and feminine nouns ending in **-e**.

| | | |
|---|---|---|
| **un** mare | **il** mare | **i** mari |
| **un** ristorante | **il** ristorante | **i** ristoranti |
| **un'**automọbile | **l'**automọbile | **le** automọbili |
| **una** classe | **la** classe | **le** classi |

***EXERCISES***

A. *Give both the indefinite and the definite article for the following singular nouns.* (Masculine nouns are indicated by (m); feminine nouns by (f).)

1. signore (m) 2. fine (f) 3. madre (f) 4. lezione (f) 5. piacere (m) 6. pensione (f) 7. professore (m) 8. nome (m) 9. ragione (f) 10. dottore (m)

B. *Give the plural of the following masculine and feminine nouns, along with the appropriate definite article.*

1. signore (m) 2. estate (f) 3. studente (m) 4. automọbile (f) 5. mare (m) 6. discussione (f) 7. ristorante (m) 8. classe (f) 9. madre (f) 10. professore (m)

con quei ragazzi

## 2. Use of the Plurals of Masculine Nouns

The masculine plural of nouns is used to indicate a mixed group, no matter how many males and females there are in any particular group. Masculine plural nouns referring to people, therefore, may have several different meanings.

**con quei ragazzi**
- (1) with those boys
- (2) with those boys and girls
- (3) with that boy and girl

**buon giorno, signori**
- (1) good morning, gentlemen
- (2) good morning, ladies and gentlemen
- (3) good morning, sir and madam

Sono buoni amici. Abbiamo tutto.

## 3. Present Indicative of *essere* and *avere*

The verbs **ẹssere** *(to be)* and **avere** *(to have)* are irregular, and their forms must be memorized.

| PERSON | ẹssere | | avere | |
|---|---|---|---|---|
| io | **sono** | *I am* | **ho**[3] | *I have* |
| tu | **sei** | *you are* | **hai** | *you have* |
| lui, lei, Lei | **è** | *he, she, it is, you are* (form. s.) | **ha** | *he, she, it has, you have* (form. s.) |
| noi | **siamo** | *we are* | **abbiamo** | *we have* |
| voi | **siete** | *you are* | **avete** | *you have* |
| loro, Loro | **sono** | *they, you are (form. pl.)* | **hanno** | *they, you have* (form. pl.) |

| essere | | avere | |
|---|---|---|---|
| Io **sono** il professor Berni. | *I am Professor Berni.* | **Ho** già due ombrelli. | *I already have two umbrellas.* |
| Tu **sei** troppo giọvane. | *You are too young.* | Sandra **ha** una nuova Fiat. | *Sandra has a new Fiat.* |
| Dov'**è** la Standa? | *Where is Standa?* | Mamma, **abbiamo** tutto. | *Mom, we have everything.* |

Several idioms are formed with the verbs **ẹssere** and **avere**; two of these are **ẹssere d'accordo** *(to agree)* and **avere ragione** *(to be right)*.

**Hai ragione,** Maria. **Sono d'accordo.** — *You are right, Maria. I agree.*
**Siamo d'accordo** con voi quando **avete ragione.** — *We agree with you, when you are right.*

***EXERCISES***

C. *Complete the following sentences with the correct forms of ẹssere and avere.*

1. (ẹssere d'accordo) Gli studenti ______ con il professore.
2. (avere) Tu ______ una nuova Fiat Ritmo.
3. (avere) Noi ______ due vestiti e quattro cravatte.
4. (ẹssere) Il ristorante "Roma" ______ qui vicino.
5. (avere) Lui e lei ______ lezione fra cinque minuti.
6. (ẹssere) Giovedì le amiche di Anna ______ a Padova.
7. (avere ragione) Oggi la madre di Maria non ______ .
8. (ẹssere) Maria, dove ______ tu?
9. (avere) Desịdero scrịvere a Roberto; ragazzi, ______ una penna?
10. (ẹssere) Perchè Lei ______ in centro oggi?
11. (avere) Scusi, signor Fanti, ______ l'automọbile Lei?
12. (ẹssere) Io ______ al bar; aspetto Guglielmo.

D. *The following people have certain things or characteristics. Take turns with a partner answering the questions.*

1. Maria ha diciannove anni, e tu?
2. Sandra ha una Fiat Uno, e il professore?
3. Il signor Butti è professore, e tu?
4. Noi abbiamo tre libri, e tu?

[3] Note that the **h** in **ho, hai, ha,** and **hanno** is not pronounced; it serves in writing to distinguish the verb form from other words with the same pronunciation but different meaning, for example, **hanno** *(they have)* from **anno** *(year)*.

5. Giorgio ha una grande tenda, e Maria?
6. Lucia è mattiniera, e loro?
7. Loro sono in campeggio, e noi?
8. Noi siamo italiani, e lui?

Non è una buon'idea.

## 4. Negative Sentences

To make a sentence negative, place **non** before the conjugated verb.

| POSITIVE SENTENCES | NEGATIVE SENTENCES |
|---|---|
| Voi avete l'attrezzatura necessaria. *(You have the necessary equipment.)* | Voi non avete l'attrezzatura necessaria. *(You do not have the necessary equipment.)* |
| Tu sei troppo giọvane. *(You are too young.)* | Tu non sei troppo giọvane. *(You are not too young.)* |
| Io compro una camicetta. *(I am buying a blouse.)* | Io non compro una camicetta. *(I am not buying a blouse.)* |

In a negative answer to a question, the word **no** precedes everything else.

| QUESTION | NEGATIVE ANSWER |
|---|---|
| Scusi, è lontano il centro? *(Excuse me, is downtown far?)* | No, non è lontano. *(No, it is not far.)* |
| Parla italiano, Lei? *(Do you speak Italian?)* | No, non parlo italiano. *(No, I do not speak Italian.)* |
| Ha l'automọbile Giorgio? *(Does Giorgio have an automobile?)* | (No, Giorgio non ha l'automọbile. *(No, Giorgio does not have an automobile.)* |

**Due Fiat "Uno" lungo una strada di campagna.**

***EXERCISES***

E. *You and your neighbor never agree. No matter what one says, the other says it isn't so.*

1. Maria desịdera andare al mare con Sandra e Roberto. 2. Gli amici di Luigi ạbitano qui vicino. 3. Roberto ha quasi diciotto anni. 4. Voi mangiate al ristorante del campeggio. 5. È una buon'idea aspettare l'ạutobus. 6. Noi salutiamo le ragazze. 7. Io sono d'accordo. 8. È una cosa molto divertente andare al mare.

F. *Answer the following questions according to the cues.*

1. Ạbita in via Rizzoli il professor Berni? (Sì)
2. È qui vicino la Standa? (No)
3. Prende un cappuccino al bar Maria? (No)
4. Mạngiano al ristorante del campeggio Vittoria e Pamẹla? (Sì)
5. Abitate alla pensione Torino voi? (No)
6. Ha una penna, Lei? (Sì)
7. Scusi, signora, ha l'orologio Lei? (Sì)
8. Ha quasi diciannove anni Maria? (No)

È la fine dell'**estate**. Ho quasi **diciannove anni**.

## 5. Months and Seasons/A Person's Age

***L'Anno*** *(The Year)*

| LA STAGIONE | THE SEASON | LA STAGIONE | THE SEASON |
|---|---|---|---|
| la **primavera** | *spring* | l'**autunno** | *fall, autumn* |
| l'**estate** | *summer* | l'**inverno** | *winter* |

| IL MESE | THE MONTH | IL MESE | THE MONTH |
|---|---|---|---|
| **gennaio** | *January* | **luglio** | *July* |
| **febbrạio** | *February* | **agosto** | *August* |
| **marzo** | *March* | **settembre** | *September* |
| **aprile** | *April* | **ottobre** | *October* |
| **maggio** | *May* | **novembre** | *November* |
| **giugno** | *June* | **dicembre** | *December* |

*Note that:*

1. Nouns naming the months of the year are masculine.
2. In Italian the names of the months are generally not capitalized.
3. The first day of each month is expressed with the ordinal number **primo**; for all the other days, a cardinal number must be used.

| | | |
|---|---|---|
| il primo di[4] ottobre | il primo di gennạio | il primo di mạggio |
| *but* il tre di febbrạio | l'ụndici di giugno | il ventisette di settembre |

4. Where in English one says *in March, in July, in December,* in Italian we use the preposition **a**.

| | |
|---|---|
| Desịderano andare in campeggio **a** luglio. | *They want to go camping in July.* |
| Compro l'automọbile **a** dicembre. | *I am buying a car in December.* |

[4] Many Italians, especially when speaking, often omit the preposition *di.*

### A Person's Age

While in English the verb *to be* is used to express one's age, in Italian the verb **avere** is used. In English people *are* so many years old; in Italian people *have* so many years.

| QUESTIONS | ANSWERS |
|---|---|
| Quanti anni hai, Maria? *(How old are you, Maria?)* | Ho quasi diciannove anni. *(I am almost nineteen years old.)* |
| Signora Delfi, quanti anni ha Lei? *(How old are you, Mrs. Delfi?)* | Ho quarantun anni. *(I am forty-one years old.)* |
| Quanti anni hanno Roberto e Luigi? *(How old are Robert and Luigi?)* | Roberto ha ventitrè anni e Luigi ha trentanove anni. *(Robert is twenty-three, and Luigi is thirty-nine.)* |

#### *EXERCISES*

G. *Answer the question* **Che giorno è oggi?** *using the dates given below.*

EXAMPLE: Che giorno è oggi? **Oggi è il 9 di luglio.**

1. January 13 2. May 7 3. October 28 4. February 11 5. July 1 6. December 2 7. March 10 8. August 31 9. September 9 10. April 19 11. June 8 12. November 5

H. *Give the Italian equivalent of the following sentences.*

1. Mrs. Testa is 37 years old. 2. How old is Luisa? She is 11 years old. 3. We are 22 years old today. 4. Professor Martini, how old are you? I am 58 years old. 5. Laura is 21 years old and Giovanni is 25 years old. 6. Luigi's mother is 67 years old. 7. Rita is 3 years old. 8. Giuseppe, today you are 20 years old.

I. *Exchange information with a partner about your ages and then about others in the class. Speculate if necessary.*

## PAROLE UTILI

### Al mare *(At the Beach)*

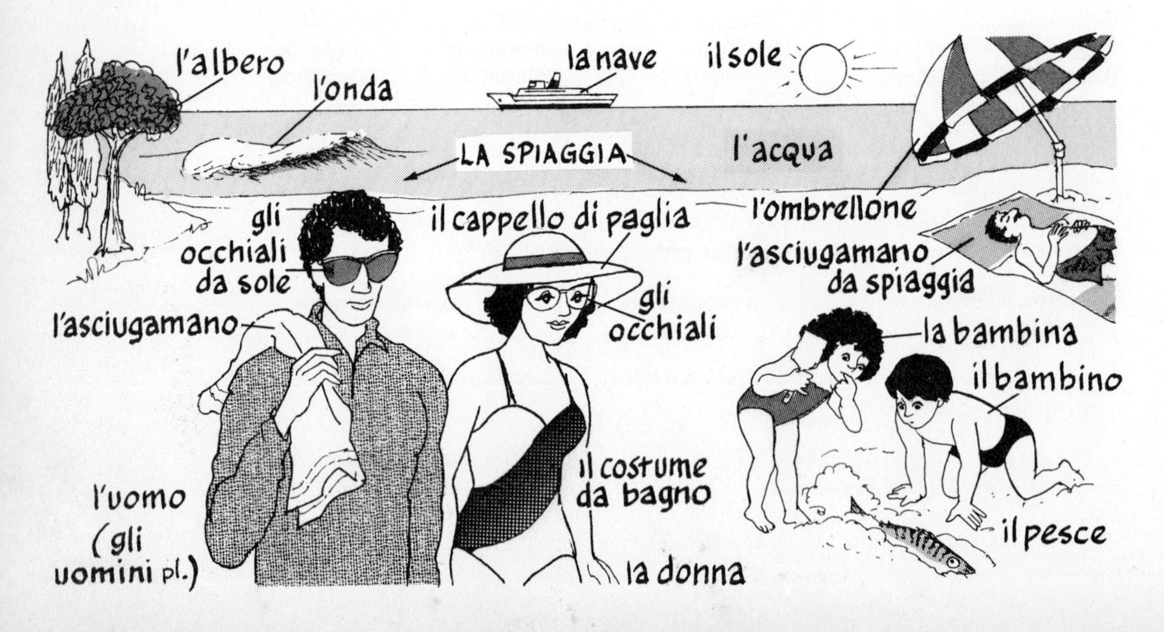

Che bel mare azzurro, che spiaggia grande, che sabbia fine!

L. *Using the verb* ***comprare*** *and the* ***Parole Utili*** *say what the following people are doing.*

1. i bambini 2. Maria 3. gli amici 4. la gente 5. la studentessa
6. il ragazzo

# DIALOGO B

## *AL CAMPEGGIO*

*È l'ultima settimana di agosto ed è ancora caldo. Maria, Giorgio, Sandra e Roberto sono al campeggio dell'ACI[5] vicino a Ferrara. C'è molta gente.*

| | |
|---|---|
| MARIA | Ragazzi, guardate che bel mare azzurro! |
| SANDRA | Che spiaggia grande e che sabbia fine! È proprio bello qui. |
| ROBERTO | Ci sono tende dappertutto nel campeggio. |
| MARIA | Sì, e di tutti i colori; gialle, rosse, verdi . . . |
| GIORGIO | Ci sono anche molti stranieri. |
| SANDRA | Specialmente francesi e tedeschi. |
| ROBERTO | Le ragazze bionde vicino alla nostra tenda però sono svedesi. |
| MARIA | No, sono americane. Parlano inglese. |
| SANDRA | Ragazzi, andiamo a fare il bagno. Adesso l'acqua è calda! |
| GIORGIO | Fra mezz'ora, Sandra. Ora sto un po' al sole con Maria. |
| SANDRA | Allora mentre voi prendete la tintarella, Roberto ed io andiamo a nuotare. |

[5] ACI stands for **Automobile Club d'Italia.**

***COMPREHENSION QUESTIONS***

*One student asks a question, another answers in complete statements. Take turns.*

1. Quando arrịvano al mare Maria e gli amici?
2. Dov'è il campeggio dell'ACI?
3. È piccola la spiaggia del campeggio?
4. Sono svedesi le ragazze bionde?
5. Che cosa desịdera fare Sandra?
6. Che cosa prẹndono Giorgio e Maria?

# STRUTTURA E FUNZIONE

Che **bel** mare **azzurro**, che spiaggia **grande**, che sabbia **fine!**

## 6. Adjectives

Adjectives are words that are used to modify nouns. Italian adjectives, like nouns, have two parts: the stem, which does not usually change, and the ending, which changes to indicate the gender and the number of the adjective.

| STEM | ENDING |
|---|---|
| azzurr- | **o** |
| cald- | **a** |
| fin- | **e** |

*Adjectives in Italian must show the same gender and number as the nouns they modify* (masculine singular, masculine plural, feminine singular, feminine plural). They do this by changing their endings.

SHARP PC-3201
Il piccolo computer gestionale
facile come un personal, potente come un mini.


### Gender

The masculine singular form of the adjective is the form that is found in dictionaries. Masculine singular adjectives end in either **-o** or **-e** (e.g. **alto; francese**).

The *feminine singular* form of adjectives ending in:

**-o** is obtained by changing the **-o** to **-a**;
**-e** retains the **-e** ending.

| MASCULINE | | FEMININE | |
|---|---|---|---|
| il ragazzo *alto* | *the tall boy* | la ragazza *alta* | *the tall girl* |
| il libro *francese* | *the French book* | la penna *francese* | *the French pen* |
| il *giọvane* professore | *the young professor* | la *giọvane* donna | *the young woman* |

Le ragazze **bionde** sono **americane**.

### Number

To form the plural of masculine adjectives, change the ending **-o** or **-e** to **-i**.
To form the plural of feminine adjectives:

change the ending **-a** to **-e** or
change the ending **-e** to **-i**.

| MASCULINE | | FEMININE | |
|---|---|---|---|
| SINGULAR | PLURAL | SINGULAR | PLURAL |
| il ragazzo alto | i ragazzi alti | la ragazza alta | le ragazze alte |
| il libro francese | i libri francesi | la penna francese | le penne francesi |
| il giọvane professore | i giọvani professori | la giọvane donna | le giọvani donne |

#### *EXERCISES*

M *Give the feminine singular of the following adjectives; then give both masculine and feminine plural forms.*

1. buono 2. mattiniero 3. divertente 4. alto 5. pronto 6. ụltimo 7. ụtile 8. giallo 9. necessario 10. nuovo 11. verde 12. caldo 13. svedese 14. americano 15. italiano 16. azzurro 17. fine 18. straniero.

N *Change the following to the plural.*

1. la nuova studentessa 2. il professore straniero 3. la nave svedese 4. lo zaino verde 5. il film italiano 6. l'università americana 7. la madre mattiniera 8. il giorno divertente 9. la città vecchia 10. il costume da bagno francese 11. l'ụltimo martedì 12. il giọvane uomo

## Adjectives Used as Nouns

In Italian, as in English, many adjectives may be used as nouns, especially those indicating nationality, religion, condition, or social class.

| USED AS ADJECTIVES | | USED AS NOUNS | |
|---|---|---|---|
| lo studente americano (*the American student,* m) | la studentessa americana (*the American student,* f) | l'americano (*the American,* m) | l'americana (*the American,* f) |

| USED AS ADJECTIVES | | USED AS NOUNS | |
|---|---|---|---|
| i ragazzi stranieri *(the foreign boys)* | le ragazze straniere *(the foreign girls)* | gli stranieri *(the foreigners,* m) | le straniere *(the foreigners,* f) |
| un uomo giọvane *(a young man)* | una donna vecchia *(an old woman)* | un giọvane *(a young man)* | una vecchia (an old woman) |
| la gente alta *(tall people)* | la gente bassa *(short people)* | gli alti *(tall people)* | i bassi *(short people)* |
| la ragazza svedese *(the Swedish girl)* | il ragazzo inglese *(the English boy)* | la svedese *(the Swede)* | l'inglese *(the Englishman)* |

When an adjective denoting nationality is used to indicate the population of a country, it is often capitalized.

gli Italiani  i Francesi  gli Spagnoli  gli Americani  gli Inglesi

### EXERCISES

O. *Ask a classmate the following questions. Reply by changing the adjectives into nouns.*

1. Luciana conosce una signorina straniera? 2. Desịdero parlare la lingua inglese? 3. Perchè non salutate quel vecchio signore? 4. Giuseppe incontra tanta gente bassa in centro? 5. Chi aspetta la ragazza spagnola? 6. Qui ci sono venti uomini pọveri?

P. *Answer the following questions in the negative. Use the opposite form of the adjective in your answer. Follow the example.*

EXAMPLE: È **brutto** il costume da bagno?
**No, non** è brutto, è **bello**.

1. È pịccola l'onda?
2. È alto il sole?
3. È giọvane l'uomo?
4. È buona la bambina?
5. È vecchio l'ombrello?

tutte le spese  tutti i colori

### Tutto

The adjective **tutto** *(all, whole)* normally precedes the noun, and always agrees in gender and number with the noun it modifies. Note that the definite article for the noun immediately follows **tutto**.

| | |
|---|---|
| Tutta la gente è al mare oggi. | *Everybody's at the beach today.* |
| Tutta l'acqua è verde. | *The water is all green.* |
| Tutti gli studenti sono all'università. | *All the students are at the university.* |
| Ecco tutte le navi. | *Here are all the ships.* |
| Diana legge tutto il libro. | *Diana is reading the whole book.* |
| Tutti i cappelli di paglia sono molto grandi. | *All the straw hats are very big.* |

***EXERCISE***

Q. *Replace the boldface adjectives with the appropriate form of* **tutto**, *making any other necessary changes.*

1. Mangiamo **molti** pesci al ristorante. 2. Caterina parla **tante** lingue straniere. 3. Perchè comprate **quattro** occhiali da sole? 4. **Tante** tende del campeggio sono verdi. 5. Chi incontra **molti** ragazzi in centro la domenica? 6. **Molte** onde del mare sono alte.

C'è molta gente. **Ci sono** tende dappertutto.

## 7. C'è and *ci sono*

**C'è** is the contracted form of **ci** + **è**; it is the equivalent of *there is*. **Ci sono** is the plural form.

| | | | |
|---|---|---|---|
| c'è | *there is* | non c'è | *there is not* |
| c'è? | *is there?* | non c'è? | *isn't there?* |
| ci sono | *there are* | non ci sono | *there are not* |
| ci sono? | *are there?* | non ci sono? | *aren't there?* |

A Bologna **c'è** l'università.
*(In Bologna there is the university.)*

**C'è** l'università a Bologna?
*(Is there the university in Bologna?)*

In centro **ci sono** molti bar.
*(There are many bars downtown.)*

**Ci sono** molti bar in centro?
*(Are there many bars downtown?)*

In via Roma **non c'è** l'autobus.
*(There is no bus in via Roma.)*

**Non c'è** l'autobus in via Roma?
*(Isn't there a bus in via Roma?)*

Qui **non ci sono** navi.
*(Here there aren't any ships.)*

**Non ci sono** navi qui?
*(Aren't there any ships here?)*

## 8. Present Indicative of Verbs Ending in *-i + are*, *-c + are*, *-g + are*

Mangiamo al ristorante del campeggio.

1. Verbs in **-i + are**. In the present indicative, a verb whose infinitive ends in **-i + are**, drops the **i** of the stem before the endings **-i** and **-iamo**.

| cominciare *(to begin, start)* | mangiare *(to eat)* |
|---|---|
| **comincio** | **mangio** |
| **cominci** | **mangi** |
| **comincia** | **mangia** |
| **cominciamo** | **mangiamo** |
| **cominciate** | **mangiate** |
| **cominciano** | **mangiano** |

Paghiamo tutte le spese in antịcipo.

2. Verbs in **c + are** and **g + are**. In the present indicative, a verb whose infinitive ends in **c + are** or **g + are**, adds an **h** before the endings **-i** and **-iamo**; this spelling change preserves the hard sound of the **c** and **g**.

| dimenticare *(to forget)* | pagare *(to pay)* |
|---|---|
| **dimẹntico** | **pago** |
| **dimẹntichi** | **paghi** |
| **dimẹntica** | **paga** |
| **dimentichiamo** | **paghiamo** |
| **dimenticate** | **pagate** |
| **dimẹnticano** | **pạgano** |

***EXERCISES***

R. *Complete the sentences with the correct form of the verbs indicated.*

1. (studiare) Tu _______ la grammạtica spagnola. 2. (costare) Quanto _______ queste lạmpade? 3. (cominciare) La lezione _______ fra cinque minuti. 4. (pagare) Loro _______ tutte le spese in antịcipo. 5. (dimenticare) Noi _______ la borsa a casa. 6. (passare) Voi _______ tutte le estati al mare. 7. (mangiare) Che cosa _______ tu al ristorante oggi? 8. (cominciare) Noi _______ la lezione d'inglese. 9. (desiderare) Chi _______ andare in mạcchina con Ruggero? 10. (costare) Queste scarpe _______ troppo denaro. 11. (pagare) Tu non _______ il cappuccino al bar; perchè? 12. (dormire) I bambini e le bambine _______ ora. 13. (costare) Gli occhiali da sole _______ molto. 14. (guardare) Giorgio e Roberto _______ le ragazze in costume da bagno. 15. (nuotare) Lui _______ con Sandra. 16. (dormire) Chi _______ qui?

S. *You and your partner take turns asking each other about what is or is not in your classroom. Use the examples as a guide.*

EXAMPLES: lo zaino?
C'è lo zaino?
Sì, **c'è** lo zaino.
No, non **c'è** lo zaino.

(or) le sedie
**Ci sono** le sedie?
Sì, **ci sono** le sedie.

1. i professori
2. il cestino
3. le finestre
4. il cancellino
5. la mappa
6. l'orolọgio
7. i quaderni
8. il banco
9. le scrivanịe
10. gli studenti

***TOPICS FOR CONVERSATION***

1. (two students) It is a hot July day. You want to spend two days—Tuesday and Wednesday—at the beach, which is not too far away, but you do not wish to go alone. When you meet your friend (Mario or Maria) at a coffee shop downtown, you ask him or her to go along with you. Your friend has a small Swedish car and says that it's a good idea. Change roles and repeat.
2. (two students) It is almost the end of June. Mr. and Mrs. Bettini are going camping for four weeks. Mr. Bettini is at Standa buying three necessary items: a

tent, a bathing suit, and a pair of clogs. While at Standa he starts talking with a student, an American from Boston, who is 23 years old. The student is in Italy for a year to study at the University of Bologna. At Standa he or she is buying a yellow beach towel. Change roles and repeat.

3. (three students) A student and his two friends, Enrico and Elisabetta, are talking. During the course of the conversation, the student asks Enrico and Elisabetta where they want to go this summer. Enrico says that he wants to go for one month and ten days to France to study French; Elisabetta says that she is going to spend the summer at home because she is too young to go to France or Spain alone. Change roles and repeat.

# VOCABOLARIO

## NOUNS

| | |
|---|---|
| l'**accordo** | *agreement* |
| l'**acqua** | *water* |
| l'**amico** (*pl.* gli amici) | *friend* (m) |
| l'**anno** | *year* |
| l'**antịcipo** | *advance payment* |
| l'**asciugamano da spiaggia** | *beach towel* |
| l'**asciugamano** | *hand towel, towel* |
| l'**attrezzatura** | *equipment* |
| il **bagno** | *bath, bathroom* |
| la **bambina** | *little girl* |
| il **bambino** | *little boy* |
| il **cappello di paglia** | *straw hat* |
| la **chiesa** | *church* |
| la **cosa** | *thing* |
| il **costume da bagno** | *bathing suit* |
| il **denaro** | *money* |
| la **donna** | *woman* |
| l'**estate** | *summer* |
| l'**età** | *age* |
| la **fine** | *end* |
| **gennaio** | *January* |
| la **gente** | *people* |
| **giugno** | *June* |
| l'**inverno** | *winter* |
| **luglio** | *July* |
| la **mạcchina** | *car, automobile, machine* |
| la **madre** | *mother* |
| **maggio** | *May* |
| la **mamma** | *mother* |
| il **mare** | *sea* |
| il **mese** | *month* |
| la **nave** | *ship* |
| gli **occhiali** | *glasses* |
| gli **occhiali da sole** | *sunglasses* |
| l'**ombrellone** | *beach umbrella* |
| l'**onda** | *wave* |
| la **paglia** | *straw* |
| il **pesce** | *fish* |
| la **primavera** | *spring* |
| la **ragione** | *reason* |
| la **sabbia** | *sand* |
| il **sole** | *sun* |
| la **spesa** | *expense, cost* |
| la **spiaggia** (*pl.* le spiagge) | *beach* |
| la **stagione** | *season* |
| l'**uomo** (*pl.* gli uọmini) | *man* |

## ADJECTIVES

| | |
|---|---|
| **alto, a** | *tall, high* |
| **azzurro, a** | *blue* |
| **basso, a** | *short, low* |
| **bello, a** | *beautiful, handsome* |
| **buono, a** | *good* |
| **caldo, a** | *hot, warm* |
| **divertente** | *entertaining, amusing* |
| **giallo, a** | *yellow* |
| **giọvane** | *young* |
| **grande** | *big, great* |
| **molto, a** | *much, many* |
| **nuovo, a** | *new* |
| **quanto, a** | *how much, how many* |
| **rosso, a** | *red* |
| **svedese** | *Swedish* |
| **tutto, a** | *all, whole* |
| **ụltimo, a** | *last* |
| **vecchio, a** (*pl.* vecchi, vecchie) | *old* |
| **verde** | *green* |

## COGNATES

| | |
|---|---|
| **l'aeroplano,** l'**aereo** | *airplane, aircraft* |
| **agosto** | *August* |
| **aprile** | *April* |
| l'**automobile** | *automobile, car* |
| l'**autunno** | *autumn, fall* |
| **biondo, a** | *blonde* |
| il **campeggio** | *campsite, camping* |
| il **colore** | *color* |
| **dicembre** | *December* |
| la **discussione** | *discussion* |
| il **dottore** | *doctor, physician* |
| la **famiglia** | *family* |
| **febbraio** | *February* |
| **fine** | *fine, thin, refined* |
| l'**idea** | *idea* |
| **marzo** | *March* |
| **necessario, a** | *necessary* |
| **novembre** | *November* |
| **ottobre** | *October* |
| la **persona** | *person* |
| **protestante** | *Protestant* |
| il **ristorante** | *restaurant* |
| la **scuola** | *school* |
| **settembre** | *September* |
| **straniera** | *foreign, stranger* (f) |
| **straniero** | *foreign, stranger* (m) |
| **straniero, a** | *foreign* |
| la **tenda** | *tent* |
| la **vacanza** | *vacation, holiday* |

## VERBS

| | |
|---|---|
| **avere** | *to have* |
| **cominciare** | *to begin, to start* |
| **costare** | *to cost* |
| **desiderare** | *to wish, to want* |
| **dimenticare** | *to forget* |
| **dormire** | *to sleep* |
| **essere** | *to be* |
| **mangiare** | *to eat* |
| **nuotare** | *to swim* |
| **pagare** | *to pay* |
| **passare** | *to spend* |
| **studiare** | *to study* |

## OTHER WORDS

| | |
|---|---|
| **abbastanza** | *enough* |
| **allora** | *then* |
| **anche** | *too, also* |
| **ancora** | *still, yet* |
| **che** | *what* |
| **da** | *by, from* |
| **dappertutto** | *everywhere* |
| **dell'** | *of the* |
| **mentre** | *while* |
| **molto** | *very* (adv.) |
| **molto più** | *much more* |
| **non . . . più** | *not . . . any more* |
| **più** | *more* |
| **proprio** | *really* (adv.) |
| **quasi** | *almost* |
| **troppo** | *too* (adv.) |
| **tutto** | *everything* |
| **un po'** | *a bit, a little* |

## IDIOMS

| | |
|---|---|
| **andare a nuotare** | *to go swimming* |
| **andare a fare il bagno** | *to go bathing, to go in for a dip* |
| **avere ragione** | *to be right* |
| **benissimo** | *very well* |
| **da solo, a** | *alone, by oneself* |
| **essere d'accordo** | *to agree, to be in agreement* |
| **pagare in anticipo** | *to pay in advance* |
| **prendere la tintarella** | *to get sun-tanned* |
| **stare al sole** | *to be in the sun, to sunbathe* |

# LESSON 3

| COMMUNICATION SKILLS | STRUCTURES | CULTURE |
|---|---|---|
| Describing things and people, using adjectives<br>Telling time | 1. Position of adjectives<br>2. Commonly used adjectives preceding the noun<br>3. Plural of feminine nouns in *-cia, -gia* and of feminine nouns and adjectives in *-ca* and *-ga*<br>4. Plural of masculine nouns and adjectives in *-co* and *-io*<br>5. Simple prepositions<br>6. *Capire, finire, preferire*<br>7. *Andare, venire, stare*<br>8. Time in Italian | Train travel<br>Italian family life |

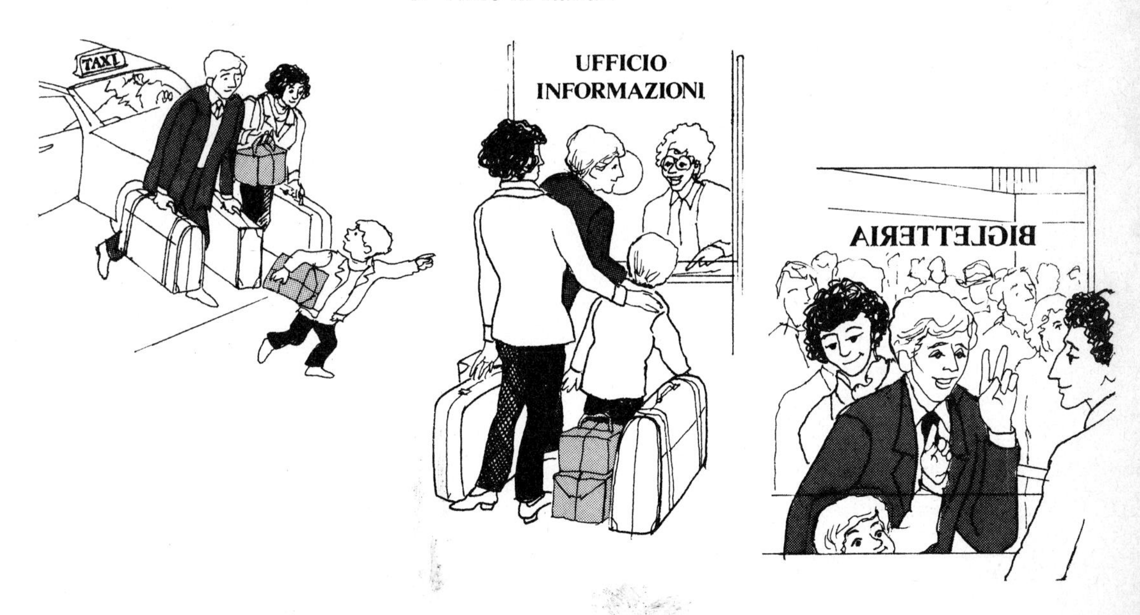


## DIALOGO A

***ALLA STAZIONE FERROVIARIA DI FIRENZE***

*Sono le ụndici e mezzo. Il signor Martini, sua moglie e il loro figlio arrịvano alla stazione in tassì. Con loro hanno tre valịgie e due pacchi; dẹvono prẹndere il treno per Milano. Vanno a visitare i genitori della signora Martini. Luigi Martini è ragioniere e lavora in una banca fiorentina. Prima passa dall'Ufficio Informazioni, poi, va alla biglietterịa ad acquistare i biglietti.*

SIGNOR MARTINI Scusi, signorina. A che ora parte il primo treno per Milano?
IMPIEGATA DELL'U.I. Alle dọdici e dieci.
SIGNOR MARTINI È un diretto questo treno?
IMPIEGATA DELL'U.I. Sì, perchè? Preferisce un altro treno?
SIGNOR MARTINI Sì, signorina. Che altri treni ci sono nel pomeriggio?
IMPIEGATA DELL'U.I. C'è un espresso alle trẹdici e cinque . . . e un rạpido alle quịndici e trenta. Il rạpido porta soltanto vetture di prima classe.
SIGNOR MARTINI A che ora arriva a Milano l'espresso?
IMPIEGATA DELL'U.I. Alle sẹdici e quarantotto.
SIGNOR MARTINI Da che binario parte?
IMPIEGATA DELL'U.I. Dal binario nove.
SIGNOR MARTINI Molte grazie, signorina.
IMPIEGATA DELL'U.I. Prego, signore. Buon viaggio.

---

BIGLIETTAIO Quanti biglietti desịdera?
SIGNOR MARTINI Tre biglietti di seconda classe per Milano. Due adulti e un bambino.
BIGLIETTAIO Solo andata o andata e ritorno?
SIGNOR MARTINI Andata e ritorno, per favore. Quanto viene in tutto?
BIGLIETTAIO Quarantottomila settecento lire.
SIGNOR MARTINI Ecco cinquantamila lire.
BIGLIETTAIO Ed ecco il resto: milletrecento lire.
SIGNOR MARTINI Grazie.

### COMPREHENSION QUESTIONS

*As in previous chapters, with a partner take turns asking and answering the following questions on Dịalogo A. From now on the instructions will not be repeated.*

1. Come arriva alla staziọne la famiglia Martini?
2. Che cos'è Luigi Martini e dove lavora?
3. A che ora parte il primo treno per Milano?
4. Che altri treni ci sono nel pomeriggio?
5. Che treno prendono i signori Martini?
6. Da che binario parte il treno?
7. Quanti biglietti compra il signor Martini?
8. Quanto paga in tutto il signor Martini?

# STRUTTURA E FUNZIONE

Lavora in una banca **fiorentina**.

## 1. Position of Adjectives

### After the Noun

(a) As you may have noticed already, contrary to English usage, most Italian adjectives follow the noun they modify.

Studio un libro divertente. — *I am studying an amusing book.*
Lui compra un'automọbile inglese. — *He buys an English car.*
Gino è un bambino intelligente. — *Gino is an intelligent child.*
Questa è una spesa necessaria. — *This is a necessary expense.*

(b) Adjectives indicating nationality, religion, form, shape, and color also follow the noun.

Prendiamo un aeroplano americano. — *We are taking an American airplane.*
Perchè compri una camicetta gialla? — *Why are you buying a yellow blouse?*
Dov'è la chiesa protestante? — *Where is the Protestant church?*
Ha un figlio alto e magro Lei? — *Do you have a tall and thin son?*

(c) Adjectives that are modified by an adverb, such as **molto** *(very)* and **troppo** *(too)*,[1] always follow the noun.

Tu sei un uomo troppo buono! — *You are too good a man!*
Hanno una tenda troppo pịccola. — *They have a tent that is too small.*
Ecco una donna molto grassa. — *Here is a very heavy woman.*
Ha una famiglia molto grande. — *He has a very large family.*

***TRAINS IN ITALY.*** Because of their frequency, comfort, and low cost, passenger trains are much more widely used in Italy than in the United States. There are four types of trains in Italy: **locale**, **diretto**, **espresso**, and **rạpido**. **Il locale**, or commuter train, travels short distances, stopping at all railroad stations along the way. It generally has only second-class cars, corresponding more or less to our coach class. Second-class cars are less roomy, less comfortable and, therefore, less expensive than first-class cars. **Il diretto** covers a much greater distance, stopping at all major cities and at most of the lesser ones en route. **L'espresso** is a much faster train; it stops only at the main railroad centers. It has first and second class cars; many also have dining and sleeping cars. Passengers with second-class tickets are usually not allowed to travel on an **espresso** unless they are going more than 100 kilometers. **Il rạpido**, the fastest of all Italian trains, connects two major cities, often with no stops in between. When it stops, it is only for a very few minutes at one or two of the largest cities en route. On many **rạpidi** passengers can travel only first class, and they must pay an extra charge called **supplemento rạpido**. On most **rạpidi** a reservation is also required. Some **rạpidi** and **espressi** have their own special names, such as **Il Settebello**, which is a deluxe **rạpido**, and **Il Palatino**, which is an **espresso** connecting Paris and Rome.

**3 NAPOLI - ROMA - *(FIRENZE)* - GENOVA - TORINO 3**

| | 1 | 1 | | | e | f | 1 d | c | l | h | g | |
|---|---|---|---|---|---|---|---|---|---|---|---|---|
| **NAPOLI CENTRALE** p. | ... | ... | ... | ... | ... | 20.00 | ... | a21.25 | 21.37 | 21.59 | a22.46 | ... |
| **ROMA TERMINI** . . . p. | 18.30 | 19.15 | 19.45 | 20.25 | 22.50 | 23.05 | 23.20 | b23.55 | b0.16 | b0.39 | b1.15 | ... |
| CIVITAVECCHIA (A) p. | | | 20.55 | 21.52 | 23.43 | 23.58 | | | | 1.29 | | ... |
| GROSSETO . . . . . . p. | | 21.01 | 22.08 | 23.23 | 0.52 | 1.07 | | | | 2.42 | | ... |
| LIVORNO . . . . . . . p. | | 22.12 | 23.47 | 1.13 | 2.13 | 2.28 | 2.49 | 3.03 | 3.29 | 3.59 | 4.26 | ... |
| **FIRENZE S.M.N.** . . . p. | *19.25* | *20.43* | *21.50* | *23.30* | | *23.30* | | *1.23* | *1.23* | ... | *3.08* | |
| **PISA C.** . . . . . . . . . a. | *21.00* | *22.10* | *23.23* | *0.55* | | *0.55* | | *2.30* | *2.30* | ... | *4.25* | |
| PISA C. . . . . . . . . . p. | 21.38 | 22.26 | 0.08 | 1.43 | 2.35 | 2.50 | 3.06 | 3.22 | 3.47 | 4.18 | 4.44 | ... |
| VIAREGGIO . . . . . . p. | | 22.40 | 0.24 | 2.02 | 2.52 | 3.07 | | | | 4.39 | | ... |
| LA SPEZIA . . . . . . p. | | 23.19 | 1.10 | 3.01 | 3.38 | 3.50 | | | 4.45 | 5.27 | 6.14 | ... |
| RAPALLO . . . . . . . p. | | | | 3.56 | | | | | | 6.25 | | 7.30 |
| **GENOVA BRIGNOLE** a. | | 0.25 | ... | 4.36 | 5.15 | 5.32 | 5.39 | 6.09 | 6.36 | 7.05 | 7.55 | 8.07 |
| **GENOVA P. P.** . . . . a. | 23.37 | 0.31 | ... | 4.51 | 5.25 | 5.41 | *per* | 6.17 | 6.51 | 7.15 | 8.04 | 8.15 |
| ALESSANDRIA . . . . a. | | | ... | 6.15 | | 7.03 | *Mi-* | *per* | 8.11 | 8.31 | 9.20 | 9.43 |
| ASTI . . . . . . . . . . a. | | ... | ... | 6.40 | ... | 7.32 | *lano* | *Mi-* | 8.36 | 8.54 | 9.50 | 10.11 |
| **TORINO P. N.** . . . . a. | 1.30 | ... | ... | 7.30 | ... | 8.23 | ... | *lano* | 9.28 | 9.40 | 10.38 | 11.00 |

[1] **Molto** and **troppo** as adverbs do not change forms. Note, however, that **molto** is also the masculine singular form of an adjective meaning *much, many.* When **troppo** is used as an adjective it means *too much, too many.*

Alla stazione ferroviaria di Firenze.

***EXERCISE***

A. *Place the adjectives in parentheses in their proper position in the following sentences, making the necessary changes in agreement.*

1. (mattiniero) Paola è una ragazza. 2. (spagnolo) Gli studenti sono in classe. 3. (molto cattivo) Rosa è una bambina. 4. (straniero) Sulla spiaggia c'è una signora. 5. (troppo piccolo) Questo è un campeggio. 6. (rosso) Loro hanno un ombrellone. 7. (protestante) Qui non ci sono chiese. 8. (francese) Ecco il ristorante. 9. (molto basso) Lui ha tre figli. 10. (azzurro) Ecco Luisa; lei ha il costume da bagno.

Molte grazie, signorina. È un diretto **questo** treno?
Quanti biglietti desidera?

**Before the Noun**

(a) Numerals and adjectives indicating a more or less definite quantity, such as molto *(much)*, tanto *(so much)*, and **quanto**[2] *(how much)*, normally precede the noun.

| | |
|---|---|
| **Quant'**acqua desiderate? | *How much water do you want?* |
| Incontriamo **molti** professori all'università. | *We are meeting many professors at the university.* |
| Oggi è il **primo** venerdì del mese. | *Today is the first Friday of the month.* |
| Teresa ha **tante** scarpe e **tanti** vestiti. | *Teresa has so many shoes and dresses.* |
| Aprile ha **trenta** giorni. | *April has thirty days.* |

(b) The demonstrative adjectives **questo** *(this)* and **quello** *(that)* always precede the nouns they modify. The forms of **questo** are:

[2] Note that the adjectives **tanto** and **quanto** may become **tant'** and **quant'** before singular masculine or feminine words beginning with a vowel.

| POSITION | SINGULAR | PLURAL |
|---|---|---|
| BEFORE CONSONANTS | **questo** (m) | **questi** (m) |
| | **questa** (f) | **queste** (f) |
| BEFORE VOWELS | **quest'** | **questi** (m) |
| | | **queste** (f) |

Giovanna compra **questi** occhiali e **queste** scarpe. — *Giovanna is buying these eyeglasses and these shoes.*

**Quest'**autunno desịdero andare in Italia. — *This autumn I want to go to Italy.*

Molta gente ạbita in **questa** città. — *Many people live in this city.*

The forms of **quello** follow the pattern of the definite article:

| GENDER | DEFINITE ARTICLE SINGULAR | DEFINITE ARTICLE PLURAL | DEMONSTRATIVE ADJECTIVE SINGULAR | DEMONSTRATIVE ADJECTIVE PLURAL |
|---|---|---|---|---|
| MASCULINE | **il** | **i** | **quel** | **quei** |
| | **lo** | **gli** | **quello** | **quegli** |
| | **l'** | | **quell'** | |
| FEMININE | **l'** | **le** | **quell'** | **quelle** |
| | **la** | **le** | **quella** | |

Prendiamo **quelle paste** e **quei cappuccini** al bar. — *We are having those pastries and those cappuccinos at the bar.*

Marco desidera comprare **quell'automobile** gialla. — *Marco wants to buy that yellow car.*

Quella signora parla con **quegli studenti.** — *That lady is talking to those students.*

### *EXERCISES*

B. *Place the adjectives in parentheses in the proper position, making any necessary changes for agreement.*

1. (diciassette) Qui ci sono ragazzi e ragazze. 2. (tanto) All'università oggi c'è gente. 3. (molto) Noi abbiamo vestiti e cravatte. 4. (tanto) Tu compri quaderni e penne. 5. (otto) In Italia lui ha case. 6. (quanto) Libri leggete voi? 7. (molto) Il professore incontra studenti e studentesse in via Zamboni.

C. *Replace the definite article with the appropriate form of* **questo**. *You want to be very specific in your statements.*

1. Arrivo a casa con l'autobus. 2. Anna desidera guardare il film. 3. L'università è vicina a via Zamboni 4. L'orologio è di Giovanni. 5. Noi passiamo le settimane del mese di agosto al mare. 6. Daniele incontra i bambini e le bambine in piazza Malpighi. 7. La camicia rossa è molto bella.

D. *Replace the various forms of* **questo** *with the appropriate form of* **quello**.

1. Loro abitano in questa pensione. 2. Questa nave arriva in Italia fra un mese. 3. Anna compra questi zaini alla Standa. 4. Perchè leggete questi libri svedesi? 5. Tu incontri quest'amica in centro. 6. Queste tende sono molto belle. 7. Come si chiama questa studentessa straniera?

E. *Answer the following questions using* **quello**.

EXAMPLE: È bello **questo** libro? Sì, **quel** libro è bello.

1. Si chiama Ruggiero questo ragazzo? 2. È bello quest'ạbito? 3. Il signor Betti parla con questi ragazzi ora? 4. C'è molta gente in questo campeggio? 5. Mangiamo in questo ristorante oggi? 6. È italiana quest'automobile? 7. Chi è questa donna?

> Non è una **buon**'idea. Che **bel** mare azzurro!
> È l'**ụltima** settimana di agosto.

## 2. Commonly Used Adjectives Preceding the Noun

Several commonly used adjectives precede the noun. Some of these are:

| | |
|---|---|
| **bello, a** | *beautiful, handsome* |
| **brutto, a** | *ugly* |
| **buono, a** | *good* |
| **bravo, a** | *able, good, capable* |
| **cattivo, a** | *bad* |
| **gịovane** | *young* |
| **nuovo, a** | *new* |
| **vecchio, a** (*pl.* **vecchi, vecchie**) | *old* |
| **grande** | *big, great* |
| **pịccolo, a** | *small, little* |
| **pọvero, a** | *poor, unfortunate* |
| **stesso, a** | *same* |
| **ụltimo, a** | *last* |
| **caro, a** | *dear, expensive* |
| **lungo, a** (*pl.* **lunghi, lunghe**) | *long, lengthy* |
| **vero, a** | *true, real* |

| | |
|---|---|
| Il signor Cecchi è un **vecchio professore** di francese. | *Mr. Cecchi is an old professor of French.* |
| Loro aspẹttano quella **bella signora** americana. | *They are waiting for that beautiful American lady.* |
| Compriamo lo **stesso cappello** e lo **stesso cappotto.** | *We are buying the same hat and the same overcoat.* |
| Oggi è l'**ụltimo giorno** della settimana. | *Today is the last day of the week.* |
| Michele ha una **gịovane amica** straniera. | *Michael has a young foreign girlfriend.* |
| Vicino a Ferrara c'è una **grande spiaggia.** | *Near Ferrara there's a large beach.* |

Interestingly, the adjectives listed above can also follow the nouns they modify, but only for emphasis or contrast.

| | |
|---|---|
| Che spiaggia **grande!** | *What a big beach!* |
| Anna è una ragazza **bella** ma **bassa.** | *Anna is a beautiful but short girl.* |

The meaning of the adjectives given above may be different when they follow the noun instead of preceding it as they normally do.

| BEFORE THE NOUN | AFTER THE NOUN |
|---|---|
| Io compro **una nuova automọbile.** | Io compro **un'automọbile nuova.** |
| *I am buying a [another] new car.* | *I am buying a new [brand new] car.* |
| (The car is new to me but is not necessarily new.) | |

Luisa è **una bella ragazza.**
*Luisa is a beautiful girl.*
(She appears beautiful in the eye of the beholder; personal opinion.)

Luisa è **una ragazza bella.**
*Luisa is a truly beautiful girl.*
(She possesses what everyone would define as "beauty"; consensus.)

The adjective **bello**, when it precedes a noun or another word, takes the same forms as **quello**.

| | SINGULAR | PLURAL |
|---|---|---|
| MASCULINE | **bel** | **bei** |
| | **bello**, **bell'** | **begli** |
| FEMININE | **bell'**, **bella** | **belle** |

Antonio ha una **bell'**automọbile. — *Antonio has a beautiful automobile.*
Compriamo quei **begli** zọccoli. — *We are buying these beautiful clogs.*
Incontri quelle **belle** signore al mare? — *Are you meeting those beautiful ladies at the beach?*
Lẹggono tre **bei** libri americani. — *They are reading three beautiful American books.*

The adjectives **buono/grande**, and **santo** *(saint, holy)*, when they precede a noun or another word, change their singular form as indicated below.

| GENDER | POSITION | buono | grande | santo |
|---|---|---|---|---|
| MASCULINE | before vowel | **buon** | **grand'** | **sant'** |
| | before consonant | **buon** | **gran** | **san** |
| | before **s** + cons, **z, gn,** and **ps** | **buono** | **grande** | **santo** |
| FEMININE | before vowel | **buon'** | **grand'** | **sant'** |
| | before consonant | **buona** | **gran** **grande** | **santa** |

Notice that the apostrophe is the only difference in form between **buon** + a masculine singular noun and **buon'** + a feminine singular noun.

Questo è un **buon orologio.**
Giorgio ha una **gran** tenda.
Luisa è una **grand'**amica di Anna.
**San** Francesco è di Assisi e **Sant'**Antonio è di Pạdova.
Ecco una **buon'** idea.
Lui è un **grand'**uomo.
In centro c'è un **gran** caffè.
Loro ạbitano in via **Santa Chiara.**

### *EXERCISES*

F. *Give the plural of the following expressions.*

1. la vecchia pensione 2. il giọvane dottore 3. la bella nave 4. il brutto film straniero 5. l'ụltimo sport 6. la pọvera donna 7. la grand'università 8. lo stesso mare 9. il bravo professore 10. il buon ristorante italiano

G. *Place the adjectives in parentheses in their proper position in the following sentences and make the necessary changes for agreement.*

1. (giọvane) Il signor Rossi ha una madre *(truly young)* 2. (vero) La signorina Betti è una donna. 5. (nuovo) Ecco i libri. 4. (stesso) Noi compriamo i cappelli. 5. (caro) Lui è un ragazzo. 6. (bravo) Giuliana è una studentessa di francese. 7. (vecchio) Tu conosci due signori *(truly old).*

8. (nuovo) Desịderi comprare una mạcchina (brand new). 9. (pịccolo) In via Battisti c'è un bar. 10. (pọvero) La donna non abita più qui.

H. *Give the appropriate forms of the adjectives* **bello, buono,** *and* **grande** *for the following words.*

1. spesa 2. campeggio 3. ristorante 4. tenda 5. ạutobus 6. zaino 7. fine 8. ạlbero 9. anno 10. scuola 11. bagno 12. vacanza

I. *Complete the following sentences giving the Italian equivalent of the words in parentheses.*

1. *(an able student)* Sandra è ______ di francese. 2. *(so many ladies)* Ci sono ______ in questo campeggio. 3. *(Saint Helen)* La pensione dove lui abita è in via ______ 4. *(a good coffee)* Desịdero prẹndere ______. 5. *(those buses)* Prendiamo ______ per andare al mare. 6. *(many dresses)* Maria ha ______. 7. *(very short man)* Giovanni è ______. 8. *(the last day)* La domenica è ______ della settimana. 9. *(those beautiful beach umbrellas)* Alla Standa compriamo ______. 10. *(a dear boy)* Giorgio è ______. 11. *(How many foreign students)* ______ arrịvano oggi al campeggio dell'ACI? 12. *(that old watch)* Guardo ______ perchè è molto bello.

Che **spiaggia** grande    Lavora in una **banca** fiorentina.

## 3. Plural of Feminine Nouns in *-cia, -gia* and of Feminine Nouns and Adjectives in *-ca* and *-ga*

(a) As a general rule, feminine nouns ending in **-cia** and **-gia** form their plural as follows:

1. If **-cia** and **-gia** are preceded by a vowel, the plural endings are **-cie** and **-gie**.[3]

| | | |
|---|---|---|
| camịcia | camịcie | *shirt* |
| farmacịa | farmacịe | *pharmacy, drugstore* |
| valịgia | valịgie | *suitcase* |
| cilịegia | cilịegie | *cherry* |

2. If they are preceded by a *consonant,* the plural endings are **-ce** and **-ge**.[4]

| | | |
|---|---|---|
| arạncia | arạnce | *orange* |
| fạccia | fạcce | *face* |
| piọggia | piọgge | *rain* |
| spiạggia | spiạgge | *beach* |

(b) Feminine nouns and adjectives ending in **-ca** and **-ga** form their plural by changing the endings to **-che** and **-ghe**. (The **h** is added to show that the hard sound of the **c** in **-ca** and of the **g** in **-ga** does not soften, as it would before **e**.)

[3] Note that *valigia* and *ciliegia* have also another acceptable plural form: *valige* and *ciliege*.
[4] If the **i** in **ia** is stressed, it is retained in the plural (**l'energịa → le energịe**/*energy,* **l'allergịa → le allergịe**/allergy).

| NOUNS | | | ADJECTIVES | | |
|---|---|---|---|---|---|
| amica | amiche | *friend* (f) | bianca | bianche | *white* |
| banca | banche | *bank* | larga | larghe | *large, wide* |
| barca | barche | *boat* | lunga | lunghe | *long* |
| paga | paghe | *pay, wages* | ricca | ricche | *rich* |
| riga | righe | *line, row, stripe* | stanca | stanche | *tired* |

***EXERCISES***

L. *Give the plurals of the following words.*

1. amica 2. larga 3. stanca 4. arancia 5. fạccia 6. riga 7. banca 8. farmacịa 9. piọggia 10. ciliẹgia 11. paga 12. lunga

M. *Give the plurals of the following nouns and adjectives.*

1. la ciliẹgia rossa 2. la donna ricca 3. l'amica alta 4. la camịcia bianca 5. la persona stanca 6. la bella spiạggia 7. la riga lunga 8. vecchia farmacịa 9. la valịgia gialla 10. la fạccia larga 11. la barca lunga 12. la grande piọggia

Sono buoni **amici** Con loro hanno tre valịgie e due **pacchi**.

## 4. Plural of Masculine Nouns and Adjectives in *-co* and *-io*

(a) Normally masculine nouns and adjectives ending in **-co** form the plural by replacing **-co** with:

**-chi** when the word is stressed on the next-to-last syllable.
**-ci** when the word is stressed on the second-from-last syllable.

| | | | | | |
|---|---|---|---|---|---|
| il cuoco | i cuochi | *cook* | ricco | ricchi | *rich* |
| il pacco | i pacchi | *package* | bianco | bianchi | *white* |
| il parco | i parchi | *park* | sporco | sporchi | *dirty* |
| il mẹdico | i mẹdici | *doctor, physician* | polịtico | polịtici | *political* |
| | | | pụbblico | pụbblici | *public* |
| il mọnaco | i mọnaci | *monk* | scientịfico | scientịfici | *scientific* |
| il sịndaco | i sịndaci | *mayor* | cattọlico | cattọlici | *Catholic* |

There are, however, many exceptions to this rule, so memorize the plural of words ending in **-co** as you encounter them. When in doubt, consult a good Italian dictionary. Remember the plural of the following words:

| | | |
|---|---|---|
| l'amico | gli amici | *friend* |
| il nemico | i nemici | *enemy* |
| il porco | i porci | *pig, pork* |
| greco | greci | *Greek* |

Some words ending in **-co** have two equally acceptable plural forms:

| | | | |
|---|---|---|---|
| il mạnico | i mạnici | i mạnichi | *handle* |
| lo stọmaco | gli stọmaci | gli stọmachi | *stomach* |
| il trạffico | i trạffici | i trạffichi | *traffic* |

(b) Masculine nouns and adjectives in -io normally form the plural by replacing -io with the regular plural ending -i:

| | | |
|---|---|---|
| il figlio | i figli | *son* |
| il foglio | i fogli | *sheet of paper* |
| l'orario | gli orari | *timetable, schedule* |
| l'orologio | gli orologi | *watch, clock* |
| lo stadio | gli stadi | *stadium* |
| lo studio | gli studi | *study, den* |
| ferroviario | ferroviari | *railway* |
| orario | orari | *hourly* |
| necessario | necessari | *necessary* |

Note that there are a few nouns and adjectives in -io that form the plural with -ii, because the i in -io is stressed.

| | | |
|---|---|---|
| lo z**ịo** | gli z**ịi** | *uncle* |
| nat**ịo** | nat**ịi** | *native* |

***EXERCISES***

N. *Give the plurals of the following words.*

1. nemico 2. mạnico 3. cuoco 4. greco 5. sịndaco 6. sporco 7. ricco 8. porco 9. pụbblico 10. pacco 11. polịtico 12. mọnaco 13. parco 14. stọmaco

O. *Change the following expressions from singular to plural.*

1. il parco pụbblico 2. il cuoco italiano 3. il bambino sporco 4. il sịndaco francese 5. il libro scientịfico 6. il mẹdico greco 7. l'altro mạnico 8. il pacco bianco 9. il parco sporco 10. l'amico ricco 11. il nemico biondo 12. il trạffico straniero 13. il mọnaco cattọlico 14. il porco grasso

P. *Change the following expressions from singular to plural.*

1. l'orario ferroviario 2. lo studio scientịfico 3. l'orologio sporco 4. il figlio stanco 5. l'esempio necessario 6. l'esercizio ụtile 7. lo stadio pụbblico 8. il mẹdico canadese 9. il nemico polịtico 10. il trạffico orario 11. il mọnaco natio 12. il foglio necessario 13. lo zịo ricco 14. l'ufficio ferroviario.

# PAROLE ỤTILI

## La famiglia italiana *(The Italian family)*

| | |
|---|---|
| i **nonni** | grandparents |
| il **nonno** | grandfather |
| la **nonna** | grandmother |
| i **genitori** | parents |
| il **padre** | father |
| il **babbo** | dad |
| il **papà** | papa |
| la **madre** | mother |
| la **mamma** | mom |
| la **suọcera** | mother-in-law |
| il **suọcero** | father-in-law |

| | |
|---|---|
| la **famiglia** | the family |
| il **marito** | husband |
| la **moglie** | wife |
| il **figlio** | son |
| il **figliolo** | son |
| la **figlia** | daughter |
| la **figliola** | daughter |
| il **fratello** | brother |
| la **sorella** | sister |
| il **nipote** | grandson |
| la **nipote** | granddaughter |

Cosa preferisce bere, una Coca-Cola o una birra?

| | | | |
|---|---|---|---|
| i **parenti** | relatives | il **cognato** | brother-in-law |
| lo **zio** | uncle | la **nuora** | daughter-in-law |
| la **zia** | aunt | il **gẹnero** | son-in-law |
| gli **zii** | aunts and uncles | il **nipote** | nephew |
| la **cognata** | sister-in-law | la **nipote** | niece |

# DIALOGO B

### *UNA VISITA AI PARENTI*[5]

*Quando Luigi, Nicoletta e Andrea arri̤vano a Milano vanno su̧bito a casa dei signori Carlo e Franca Brambilla, genitori della signora Martini. Oggi è il compleanno del padre di Nicoletta. A Milano vȩngono anche gli zii e i cugini canadesi di Andrea, Enrico e Giovanna.*

| | |
|---|---|
| SIGNOR BRAMBILLA | Benvenuti! Come state? |
| NICOLETTA | Ciao, papà. Tanti, tanti auguri. |
| LUIGI | Cento di questi giorni, signor Brambilla. |
| SIGNOR BRAMBILLA | Grazie, grazie, miei cari. |
| ANDREA | Ciao, nonno. Buon compleanno! |
| SIGNOR BRAMBILLA | Andrea, come sei cresciuto! Sei più alto di Enrico. |

[5] The literal translation of the Italian title is: *A visit to the relatives.*

| | |
|---|---|
| ANDREA | È già qui mio cugino? Dov'è? |
| SIGNOR BRAMBILLA | Ora è in giardino a giocare. |
| ANDREA | Posso andare in giardino anch'io, babbo? |
| LUIGI | Certo Andrea, va' pure. |
| NICOLETTA | Papà, è in casa la mamma? |
| SIGNOR BRAMBILLA | Si, è in cucina. Prepara il pranzo. |
| NICOLETTA | Antonio e Rosa sono con Lei? |
| SIGNOR BRAMBILLA | No, adesso sono fuori. Ma tornano fra poco. Luigi, Nicoletta, passiamo in cucina a salutare la mamma. |

### *COMPREHENSION QUESTIONS*

1. Dove vanno i signori Martini quando arrivano a Milano?
2. Perchè i signori Martini vanno a Milano?
3. Come si chiama il suocero di Luigi?
4. Chi è Enrico e dov'è?
5. Dov'è e cosa prepara la suocera di Luigi?
6. Sono con la signora Brambilla gli zii di Andrea?

### *EXERCISE*

Q. *Complete the following sentences with the correct family relationship. Use the family tree as a guide.*

1. Carlo Brambilla è _______ di Antonio.
2. Franca è _______ di Carlo.
3. Nicoletta è _______ di Carlo e Franca.
4. Nicoletta e Antonio sono _______ .
5. Andrea è _______ di Franca.
6. Enrico e Andrea sono _______ .
7. Rosa è _______ di Luigi.
8. Franca è _______ di Rosa.
9. Antonio è _______ di Andrea.
10. Enrico è _______ di Antonio.
11. Antonio e Rosa sono _______ di Andrea.
12. Carlo e Franca sono _______ di Enrico.

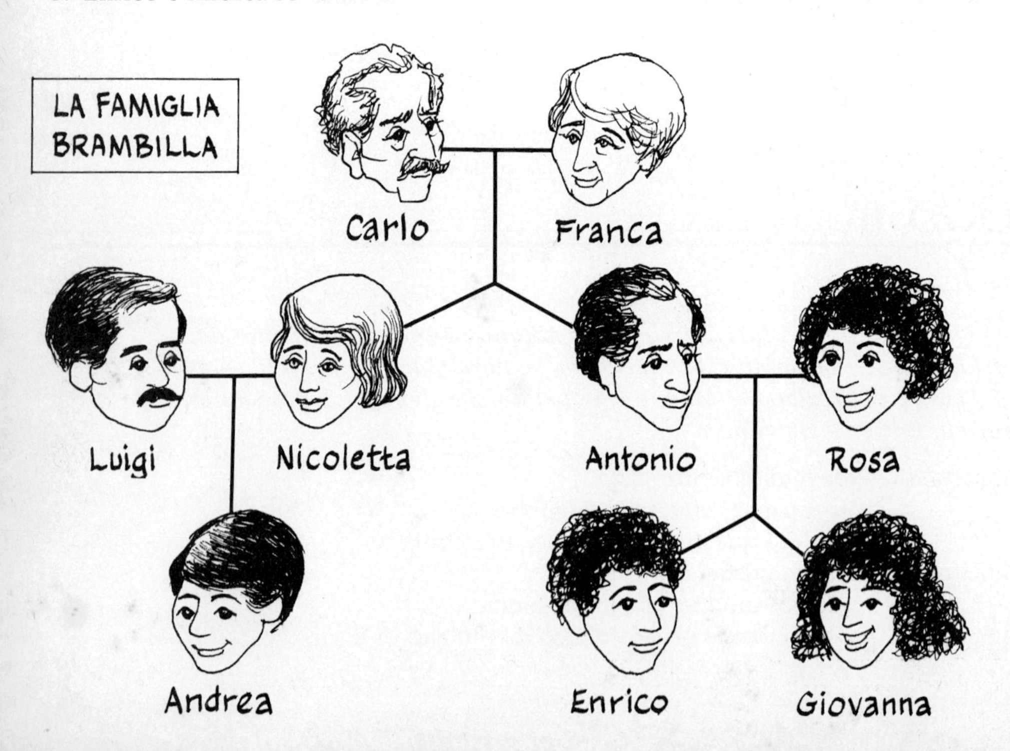

***THE FAMILY.*** The family is the nucleus of Italian society. Family ties are extremely strong, and they include close as well as distant members, related either by blood or marriage. Italians very rarely address their in-laws with the **tu** form and by their first name. The common practice is to use the **Lei** form even when the words **mamma, babbo**, or **papà** may be used by some people in talking with their in-laws. As illustrated in *Dialogue B,* Mr. Martini addresses his father-in-law as *Mr. Brambilla.* He does this not because of lack of affection for the older gentleman, but rather to show his respect for him.

The words **babbo** and **papà** have essentially the same meaning (*dad* or *papa*). However, while **papà** is widely used throughout Italy, the term **babbo** is used particularly in Tuscany. In *Dialogue B,* Mrs. Martini (whose family is originally from Milan) calls her father **papà**; her son Andrea (who was born in Florence) calls his father **babbo**.

***MEALS.*** Italians consume the main meal of the day, called **pranzo** *(dinner)* usually between 1:00 and 2:00 P.M. Most Italians go home to eat since they have from two to three hours for lunch. They generally go back to work at 3:00 P.M., ending the work day at 6:00 or 7:00 P.M. The evening meal, called **cena** *(supper)* is normally a much lighter meal than the one they have at midday. On special occasions, a full **pranzo** may also be served at night, particularly if there are invited guests or visiting relatives (as in *Dialogue B*).

Una famiglia italiana a pranzo.

È l'ultima settimana **di** agosto. Vanno a Milano **in** treno.

## 5. Simple Prepositions

A preposition is a word that indicates the relationship of a noun or pronoun to another word (a verb, an adjective, or another noun or pronoun) in the same sentence.

| ITALIAN | ENGLISH EQUIVALENT | |
|---|---|---|
| | USUALLY | SOMETIMES |
| **a** | *to, at* | *in* |
| **da**[6] | *from, by* | *to, at* |
| **di** | *of* | *from, about, with* |
| **in** | *in, into* | *by, to* |
| **su** | *on* | *upon* |
| **con** | *with* | |
| **fra** or **tra**[7] | *between, among* | *in, within,* |
| **per** | *for* | *through, in order to* |

1. The prepositions **a, da, di, in,** and **su** are used in these forms only before words that are *not preceded* by a definite article.

| | |
|---|---|
| La madre parla **a** Maria e **a** Giorgio. | *The mother is speaking to Mary and George.* |
| Il treno parte **da** questo binario. | *The train leaves from this track.* |
| Oggi è il primo giorno **di** lezione. | *Today is the first day of classes.* |
| Luigi lavora **in** una nuova banca. | *Louis works in a new bank.* |
| C'è molta gente **su** questa spiąggia. | *There are a lot of people on this beach.* |

2. The prepositions **con** and **per** are used before words that may or may not be preceded by the definite article.

| | |
|---|---|
| Desịdero andare al mare **con** quei ragazzi. | *I want to go to the beach with those boys.* |
| Mangiamo **con gli** amici di Giuseppe. | *We are eating with Joseph's friends.* |
| Partiamo **per** Roma nel pomeriggio. | *We are leaving for Rome in the afternoon.* |
| L'ạutobus passa **per le** vie di Ferrara. | *The bus goes through the streets of Ferrara.* |

3. The prepositions **fra** and **tra** are also used before words that may or may not be preceded by the definite article.

| | |
|---|---|
| Ho una lezione **fra** venti minuti. | *I have a lesson in 20 minutes.* |
| Vẹngono qui **fra** le 3 e le 5 del pomeriggio. | *They are coming here between 3 and 5 P.M.* |
| **Tra** i suoi molti parenti preferisco Alberto. | *Among his many relatives I prefer Alberto.* |

4. The preposition **a** is always used with the names of cities, towns, or villages. It is also required after a verb of motion such as **andare** *(to go)* and **venire** *(to come),* followed by the infinitive of another verb.

| | |
|---|---|
| I signori Martini ạbitano **a** Firenze. | *Mr. & Mrs. Martini live in Florence.* |
| Vanno **a** Milano con Andrea. | *They are going to Milan with Andrea.* |
| Noi andiamo **a** fare il bagno ora. | *We are going bathing now.* |
| Venite **a** mangiare con noi? | *Are you coming to eat with us?* |

[6] Note that the prepositions *da* and *di* usually become *d'* before words beginning with a vowel.

[7] There is no difference in meaning and use between **fra** and **tra**. The choice is a matter of personal preference.

Matrimonio a Roma.

5. The preposition **da** is used to indicate location with **ẹssere** *(to be),* **stare** *(to stay),* **abitare** *(to live),* or a verb indicating motion, followed by a personal pronoun or the name of a person or profession.

| | |
|---|---|
| **Vado da Giovanni** alle tre. | *I am going to John's at 3:00 o'clock.* |
| Lunedì Maria **sta da Riccardo.** | *This Monday Mary is staying at Richard's.* |
| **Siamo da voi** fra poco. | *We'll be at your place shortly.* |
| **Abitate da Susanna** adesso? | *Are you living at Susan's place now?* |

Sometimes **da** occurs between two nouns, between a noun and an infinitive, and between **qualcosa** *(something)* and an infinitive. Note its meaning in those instances:

| | |
|---|---|
| La **carta da lẹttere** non costa molto. | *Writing paper [paper to be used for writing] is not too expensive.* |
| Compro una **mạcchina da scrivere.** | *I am buying a typewriter [a machine to be used for typing].* |
| Desịdero **qualcosa da mangiare.** | *I want something to eat [something to be eaten].* |

6. The preposition **di**:
   (a) When followed by a proper name, it usually indicates possession.

| | |
|---|---|
| Questo libro è **di** Marco. | *This is Mark's book.* |
| Lei è la madre **di** Giulia. | *She is Julie's mother.* |

(b) When it follows **parlare** *(to speak, talk)* (and some other verbs to be encountered later), **di** means *about.*

| | |
|---|---|
| Dino parla sempre **di** automọbili. | *Dino always talks about cars.* |
| Perchè parlate **di** Marta ora? | *Why are you talking about Martha now?* |

(c) When used together with **ẹssere** or **dove**, it often means *from.*

| | |
|---|---|
| I signori Brambilla sono **di** Milano. | *Mrs. & Mrs. Brambilla are from Milan.* |
| **Di** dov'è Lei, signor Bruni? | *Where are you from, Mr. Bruni?* |

(d) With certain specific adjectives (which must be learned as they are encountered), **di** may be translated in English by the prepositions *with* and *in.*

| | |
|---|---|
| Questa bottiglia è **piena d'** acqua. | *This bottle is filled with water.* |
| Lui arriva l'**ụltima** settimana **di** agosto. | *He arrives the last week in August.* |

7. With the name of a country (unless modified by an adjective) and before a word indicating means of transportation (car, plane, etc.), use **in**.

| | |
|---|---|
| Lui viene **in** Italia ad agosto. | *He is coming to Italy in August.* |
| Loro viạggiano spesso **in** treno. | *They often travel by train.* |
| Oggi vado a casa **in** ạutobus. | *Today I go home by bus.* |

***EXERCISES***

R. *Complete the sentences with* **a** *or* **in** *as appropriate.*

1. Domando ______ Mario dov'è la stazione. 2. I bambini adesso sono ______ scuola. 3. Marco abita ______ via Verdi 10. 4. Francesco abita ______ Firenze. 5. Noi viaggiamo sempre ______ treno e ______ aereo. 6. Oggi Emilio va ______ centro ______ bicicletta. 7. Loro arrịvano ______ Pạdova alle due. 8. Roma è ______ Italia, Madrid ______ Spagna. 9. La mamma porta il libro ______ Riccardo e la camicetta ______ Giuliana. 10. Carla va ______ chiesa tutte le domẹniche.

S. *Complete the sentences with* **di** *or* **da** *as appropriate.*

1. Stasera mangiamo ______ Giovanni. 2. I miei amici arrịvano ______ Venezia. 3. I signori Tosi sono ______ Roma. 4. Il rạpido parte ______ Napoli alle cinque. 5. Passo gli ụltimi giorni ______ vacanza a Roma. 6. ______ che binario parte il treno? 7. Sulla spiaggia ci sono gli amici ______ Luciana. 8. Questo libro è ______ Anna. 9. ______ dove viene Enrico? 10. La Fiat Uno è ______ Sandra.

T. *Complete the sentences with* **a, da, di,** *or* **in.**

1. L'anno comincia ______ gennaio. 2. Questi occhiali ______ sole sono ______ Teresa. 3. La basilica ______ San Pietro è ______ Roma. 4. Gli studenti americani tọrnano ______ Firenze l'ụltima domẹnica ______ settembre. 5. Andrea va ______ Milano ______ treno. 6. La signora Nitti ạbita ______ Torino ______ via Rossini 14. 7. Lucia e Anna vanno ______ nuotare. 8. La nonna è ______ cucina e gli zii sono ______ salotto.

U. *Complete the sentences with* **su, con, per, tra** *or* **fra.**

1. Non c'è molta gente ______ questa spiaggia. 2. Giorgio va a Ferrara ______ Antonio. 3. Quest'aẹreo parte ______ New York ______ venti minuti. 4. C'è il mio nome ______ questo quaderno? 5. L'ạutobus non passa ______ questa via. 6. Vittoria va in centro ______ sua zia. 7. La tua penna è ______ quel libro. 8. Compro un biglietto ______ Milano.

Preferisce un altro treno?

## 6. *Capire, Finire, Preferire*

In the present indicative **preferire** *(to prefer)*, **capire** *(to understand)*, and **finire** *(to finish)*, add the suffix **-isc** to the stem of the infinitive before the endings of the first-, second-, and third-person singular and before the third-person plural.

| *preferire (to prefer)* | | **capire** *(to understand)* | **finire** *(to finish)* |
|---|---|---|---|
| prefer **isc** o | = preferisco | cap**isc**o | fin**isc**o |
| prefer **isc** i | = preferisci | cap**isc**i | fin**isc**i |
| prefer **isc** e | = preferisce | cap**isc**e | fin**isc**e |
| | preferiamo | capiamo | finiamo |
| | preferite | capite | finite |
| prefer **isc** ono | = preferiscono | cap**isc**ono | fin**isc**ono |

| | |
|---|---|
| Il signor Martini preferisce l'espresso. | *Mr. Martini prefers espresso.* |
| Quella ragazza straniera non capisce l'italiano. | *That foreign girl doesn't understand Italian.* |
| Gli studenti finiscono le lezioni a giugno. | *The students finish the lessons in June.* |

Several other **-ire** verbs, to be learned later, follow this pattern.

***EXERCISE***

V. *Complete the sentences with the present tense form of the verb in parentheses.*

1. (partire) La madre di Antonio ______ domani.
2. (cominciare) Loro ______ alle 16, 40.
3. (preferire) A che ora ______ tu andare alla stazione?
4. (dimenticare) Perchè voi ______ di parlare ad Anna?
5. (nuotare) Antonio, perchè non ______ ora?
6. (capire) Tu non ______ una parola di francese.
7. (acquistare) Gli amici ______ tre nuovi orologi.
8. (arrivare) Il tassì ______ alla stazione alle tre.
9. (essere) Voi, ragazzi, ______ stanchi.
10. (avere) Lei, signora Aguzzi, non ______ ragione!

## 7. *Andare, Venire, Stare*

Vanno a visitare i genitori. **Vengono** anche gli zii.
Benvenuti! Come **state**?

| andare *(to go)* | venire *(to come)* | stare *(to stay, be, feel)* |
|---|---|---|
| **vado** *(I go)* | **vengo** *(I come)* | **sto** *(I stay, am, feel)* |
| **vai** | **vieni** | **stai** |
| **va** | **viene** | **sta** |
| **andiamo** | **veniamo** | **stiamo** |
| **andate** | **venite** | **state** |
| **vanno** | **vengono** | **stanno** |

***EXERCISE***

Z. *Complete the sentences with the correct form of the verb in parentheses.*

1. (andare) Umberto e Gianni ______ a Torino in macchina. 2. (stare) Francesco, come ______ tua madre adesso? 3. (venire) Noi ______ alla stazione con voi. 4. (andare) Lui ______ a lavorare anche il sabato.

5. (tornare) Loro ______ a casa in autobus. 6. (stare) ______ da Giovanni voi? 7. (passare) Il rạpido non ______ per questa città. 8. (venire) I suọceri di Marco ______ giovedì. 9. (andare) Ragazzi, quando ______ all'Università? 10. (incontrare) Noi ______ il signore e la signora Brambilla.

Sono le ụndici e mezzo.

## 8. Time in Italian

The question *What time is it?* is expressed in Italian by either **Che ora è?** or **Che ore sono?**

| | | |
|---|---|---|
| | *noon* | **È mezzogiorno.** |
| If it is | *one o'clock* (A.M. or P.M.), the Italian is | **È l'una.**[8] |
| | *midnight* | **È mezzanotte.** |

Otherwise the time in Italian is: **sono le** + the number indicating the hour.

| **Sono le quattro.** | **Sono le ụndici e mezzo.** | **Sono le otto.** |
|---|---|---|
| *(It is 4.)* | *(It is 11:30.)* | *(It is 8.)* |

*The following examples illustrate how to express fractions of an hour:*

| | | | |
|---|---|---|---|
| (a) | Sono le ụndici e mezzo. | *It's 11:30.* | *[11 and half]* |
| | Sono le ụndici e trenta. | *It's 11:30.* | *[11 and 30]* |
| (b) | Sono le dieci e quaranta. | *It's 10:40.* | *[10 and 40]* |
| | Sono le ụndici meno venti. | *It's 20 to 11.* | *[11 minus 20]* |
| (c) | È mezzogiorno e un quarto. | *It's 12:15 P.M.* | *[Noon and a quarter]* |
| | Sono le dọdici e un quarto. | *It's 12:15.* | *[12 and a quarter]* |
| | Sono le dọdici e quịndici. | *It's 12:15.* | *[12 and 15]* |
| (d) | È l'una e tre quarti. | *It's 1:45.* | *[1 and 3 quarters]* |
| | È l'una e quarantacinque. | *It's 1:45.* | *[1 and 45]* |
| | Sono le due meno un quarto. | *It's a quarter to 2:00.* | *[2 minus a quarter]* |
| | Sono le due meno quịndici. | *It's a quarter to 2:00.* | *[2 minus 15]* |
| (e) | Manca un minuto alle due. | *It's 1:59.* | *[It lacks 1 minute to 2.]* |
| | Mạncano venti minuti alle sei. | *It's 5:40.* | *[They lack 20 minutes to 6.]* |

1. All these ways of expressing fractions of an hour are used equally. The choice is a matter of personal preference.
2. In writing down a given time, where English uses a colon to separate the hour from the minutes, Italian uses a comma. In expressing time *orally,* the comma is replaced by **e** *(and).*

| ITALIANO | INGLESE |
|---|---|
| Sono le 3,18.<br>Sono le tre e diciotto. | *It's 3:18.* |
| Sono le 11,30.<br>Sono le ụndici e trenta. | *It's 11:30.* |

[8] Instead of saying **È l'una**, many people, especially in Tuscany, say **È il tocco** [it's one stroke (of the clock)].

3. The question

| | |
|---|---|
| **A che ora parte il primo treno per Milano?** | *What time does the first train for Milan leave?* |

is answered in the following manner:

| | |
|---|---|
| **Alle dọdici e dieci.** | *At 12:10.* |

If the answer to the same question were

| | |
|---|---|
| *noon* | **a mezzogiorno** |
| *1:00* (A.M. or P.M.), the Italian equivalent would be | **all'una** |
| *midnight* | **a mezzanotte** |

(a) A che ora arriva a Milano l'espresso? Alle 6,48. *(What time does the express train arrive in Milan? At 6:48.)*
(b) A che ora mangiate voi? Mangiamo alle 10,15. *(What time do you eat? We eat at 10:15.)*

C'è un espresso alle **trẹdici e cinque**.

In printed schedules for trains, buses, and planes, instead of using A.M. and P.M., Italians have adopted a system similar to that used by the military. They divide the day into 24 hours. The middle of the day is noon, **le dọdici** *(12)*, and the end of the day is midnight, **le ventiquattro** *(24)*.

| | |
|---|---|
| **Sono le 15,25.** | *It's 3:25.* |
| **Sono le 17,15.** | *It's 5:15.* |
| **Il treno parte alle 22,50.** | *The train leaves at 10:50 P.M.* |
| **Il treno parte alle 23,05.** | *The train leaves at 11:05 P.M.* |

In everyday usage, Italians indicate A.M. and P.M. in the following manner:

| | |
|---|---|
| l'una, le due, le tre **di notte** | *1, 2, 3 A.M.* |
| dalle quattro alle sei **del mattino**[9] | *from 4 to 11 A.M.* |
| dalle sette alle ụndici **della mattina** | *from 7 to 11 A.M.* |
| **mezzogiorno** | *12 (noon)* |
| dall'una alle cinque **del pomeriggio** | *from 1 to 5 P.M.* |
| dalle sei alle undici **di sera** | *from 6 to 11 P.M.* |
| **mezzanotte** | *12 (midnight)* |

### *EXERCISES*

J. *Answer the question* **Che ora è?**, *using the following cues.*

1. 8:00 A.M. 2. 4:45 P.M. 3. noon 4. 12:30 P.M. 5. 9:27 A.M. 6. 1:20 P.M. 7. 7:59 A.M. 8. 5:08 P.M. 9. 1:00 A.M. 10. 3:45 A.M. 11. 2:00 A.M. 12. 4:04 P.M.

K. *Answer the question* **A che ora?**, *using the following cues.*

1. 1:00 A.M. 2. 11:40 P.M. 3. 3:13 A.M. 4. 12:07 P.M. 5. 8:16 A.M. 6. 9:30 P.M. 7. midnight 8. 5:15 A.M. 9. 6:06 P.M. 10. noon 11. 11:00 A.M. 12. 11:00 P.M.

[9] Note the difference between **il mattino** (early morning before sunrise) and **la mattina** (from sunrise to the late morning hours).

W. *Answer these questions with an appropriate response. Use the 24 hour clock to indicate A.M. or P.M.*

1. A che ora mangiamo la colazione?
2. A che ora arrivi a scuola?
3. A che ora mangiate la cena?
4. A che ora ha lezione, Lei?
5. A che ora ritọrnano a casa nel pomeriggio?
6. A che ora finisci di studiare la sera?
7. A che ora incontrate Luca al bar?
8. A che ora prẹndono l'autobus per andare a casa?
9. A che ora arriva l'ạutobus la mattina?
10. A che ora aspettate Antonella all'università?

### *TOPICS FOR CONVERSATION*

1. (Two students) You, your spouse, and your three children are going to spend a week in Venezia. You would like to leave sometime in the morning. You go to the Ufficio Informazioni at the train station and during your conversation with the **impiegato**, you ask for and obtain information regarding types of trains leaving for Venice, time of departure and of arrival, from what track these trains are supposed to leave, and, finally, cost of round-trip tickets for all the members of your family. Change roles and repeat.
2. (Two students) You are talking with a female friend, who has a very large and close family. She tells you that she has relatives in several cities. You are very curious about her family and ask several questions concerning the whereabouts of all these people. Change roles and repeat.

## VOCABOLARIO

NOUNS

| | |
|---|---|
| l'**andata** | *going* |
| l'**ạrancia** | *orange* |
| l'**augurio** | *wish* |
| il **babbo** | *dad, papa* |
| la **barca** | *boat* |
| la **biglietteria** | *ticket office* |
| il **biglietto** | *ticket* |
| il **binario** | *track* |
| la **carta da lẹttere** | *writing paper* |
| la **cena** | *supper, evening meal* |
| la **ciliẹgia** | *cherry* |
| la **cognata** | *sister-in-law* |
| il **cognato** | *brother-in-law* |
| il **compleanno** | *birthday* |
| la **cucina** | *kitchen* |
| il **diretto** | *a type of train stopping only at major cities* |
| la **figlia**, la **figliola** | *daughter* |
| il **figlio**, il **figliolo** | *son* |
| il **foglio** | *sheet of paper* |
| il **fratello** | *brother* |
| il **gẹnero** | *son-in-law* |
| il **genitore** | *parent* |
| il **giardino** | *garden* |
| l'**impiegato** | *employee, clerk* (m) |
| l'**impiegata** | *employee, clerk* (f) |
| la **lira** | *basic unit of Italian currency* |
| il **locale** | *type of slow train, making all stops* |
| la **mạcchina da scrịvere** | *typewriter* |
| il **mạnico** (*pl.* i mạnici) | *handle* |
| il **marito** | *husband* |
| la **mattina** | *from sunrise to late morning hours* |
| il **mattino** | *early morning before sunrise* |
| il **mẹdico** (*pl.* i mẹdici) | *physician, doctor* |
| la **mezzanotte** | *midnight* |
| il **mezzogiorno** | *noon, midday* |

| | |
|---|---|
| la **moglie** (*pl.* le mogli) | *wife* |
| il **mọnaco** (*pl.* mọnaci) | *monk* |
| il **nemico** (*pl.* i nemici) | *enemy* |
| il **nipote** | *grandson; nephew* |
| la **nipote** | *granddaughter; niece* |
| la **nonna** | *grandmother* |
| il **nonno** | *grandfather* |
| la **notte** | *night* |
| la **nuora** | *daughter-in-law* |
| l'**orario** | *time schedule* |
| il **padre** | *father* |
| la **paga** | *pay, wages* |
| la **piọggia** (*pl.* le piogge) | *rain* |
| il **pomeriggio** | *afternoon* |
| il **pranzo** | *dinner, main meal of the day* |
| il **ragioniere** | *accountant* |
| il **rạpido** | *very fast express train between two cities* |
| il **resto** | *change* (money) |
| la **riga** | *line, row, stripe* |
| il **ritorno** | *return* |
| la **sera** | *evening* |
| il **sịndaco** (*pl.* i sịndaci) | *mayor* |
| la **sorella** | *sister* |
| la **suọcera** | *mother-in-law* |
| il **suọcero** | *father-in-law* |
| il **tocco** | *1:00 P.M.* |
| l'**una** | *one o'clock* |
| la **valịgia** | *suitcase* |
| la **vettura** | *coach* |
| il **viạggio** | *trip, voyage* |
| la **zia** | *aunt* |
| lo **zio** (*pl.* gli zii) | *uncle* |

ADJECTIVES

| | |
|---|---|
| **altro, a** | *other* |
| **benvenuto, a** | *welcome* |
| **bianco, a** (*pl.* bianchi, bianche) | *white* |
| **bravo, a** | *able, good, capable* |
| **brutto, a** | *ugly* |
| **caro, a,** | *dear, expensive* |
| **cattivo, a** | *bad* |
| **cattọlico, a** (*pl.* cattọlici, cattọliche) | *Catholic* |
| **ferroviario, a** | *railway* |
| **grasso, a** | *fat* |
| **larga** (*pl.* larghe) | *large, wide* |
| **lungo** (*pl.* lunghi) | *long, lengthy* |
| **magro, a** | *thin* |
| **nemico, a** (*pl.* nemici, nemiche) | *hostile, adverse* |
| **orario, a** | *hourly* |
| **pịccolo, a** | *small, little* |
| **pieno, a** | *filled, full* |
| **pọvero, a** | *poor* |
| **primo, a** | *first* |
| **quello, a** | *that* |
| **questo, a** | *this* |
| **sporco, a** (*pl.* sporchi, sporche) | *dirty* |
| **stanco, a** (*pl.* stanchi, stanche) | *tired* |
| **stesso, a** | *same* |
| **suo, a** | *his, her, hers, its* |
| **troppo, a** | *too much, too many* |
| **vero, a** | *real, true* |

VERBS

| | |
|---|---|
| **acquistare** | *to purchase, acquire* |
| **capire** | *to understand* |
| **finire** | *to finish* |
| **giocare** | *to play* (a game) |
| **lavorare** | *to work* |
| **mancare** | *to be lacking, miss* |
| **partire** | *to leave* |
| **portare** | *to carry, bring, wear* |
| **preferire** | *to prefer* |
| **preparare** | *to prepare* |
| **stare** | *to stay, be, feel* |
| **tornare** | *to return, come back* |
| **venire** | *to come* |
| **visitare** | *to visit* |

COGNATES

| | |
|---|---|
| **adulto, a** | *adult* |
| **allergịa** | *allergy* |
| la **banca** | *bank* |
| **certo, certamente** | *certainly* |
| il **cuoco** (*pl.* i cuochi) | *cook, chef* |
| l'**espresso** | *express train* |
| la **faccia** | *face* |
| la **farmacịa** | *pharmacy, apothecary* |
| il **favore** | *favor* |
| **fiorentina, a** | *Florentine* |
| **greco, a** | *Greek* |
| l'**informazione** | *information* |
| **intelligente** | *intelligent* |
| **larga** (*pl.* larghe) | *large, wide* |
| il **metro** | *meter* |
| **natịo, a** (*pl.* natịi, natie) | *native* |
| il **pacco** (*pl.* pacchi) | *package, parcel* |

| | |
|---|---|
| il **papà** | *papa, dad* |
| il **parco** (*pl.* i parchi) | *park* |
| **polịtico, a** (*pl.* polịtici, polịtiche) | *political* |
| **pụbblico, a** (*pl.* pụbblici, pụbbliche) | *public* |
| il **pụbblico** | *public* |
| **ricco, a** (*pl.* ricchi, ricche) | *rich* |
| **santo, a** | *saint* |
| **scientịfico, a** (*pl.* scientịfici, scientịfiche) | *scientific* |
| **secondo, a** | *second* |
| **serio, a** | *serious, grave* |
| lo **stadio** | *stadium* |
| la **stazione** | *station* |
| lo **stọmaco** (*pl.* gli stomaci, gli stomachi) | *stomach* |
| lo **studio** | *study, den* |
| il **trạffico** (*pl.* i trạffici, i traffichi) | *traffic* |
| il **treno** | *train* |
| l'**uffìcio** | *office* |
| l'**ufficio informazioni** | *information booth, office* |
| la **visita** | *visit* |

OTHER WORDS

| | |
|---|---|
| **adesso** | *now* |
| **fuori** | *out, outside* |
| **loro** | *their, theirs; them* |
| **meno** | *less, minus* |
| **ora** | *now* |
| **però** | *however* |
| **prima** | *at first, before (adv.)* |
| **pure** | *also, too, even* |
| **quale** | *what, which* |
| **solo, soltanto** | *only* |

IDIOMS

| | |
|---|---|
| **andata e ritorno** | *round-trip* |
| **biglietto di andata e ritorno** | *round-trip ticket* |
| **buon viaggio!** | *have a good trip!* |
| **cento di questi giorni!** | *many happy returns!* |
| **Che ora è?** | *What time is it?* |
| **Che ore sono?** | *What time is it?* |
| **Come sei cresciuto!** (cresciuta) | *How you have grown!* |
| **ẹssere fuori** | *to be out, not to be in* |
| **fra poco** | *shortly, in a little while* |
| **per favore** | *please* |
| **Quanto viene in tutto?** | *How much does it come to all together?* |
| **solo andata** | *one-way only* |
| **tanti auguri** | *best wishes* |
| **va' pure!** | *go ahead!* |

# LESSON 4

| COMMUNICATION SKILLS | STRUCTURES | CULTURE |
|---|---|---|
| Expressing possession | 1. Irregular nouns | Post office |
| Using object pronouns instead of nouns | 2. Possessive adjectives and possessive pronouns | Tobacco shops |
| Expressing the equivalent of *some* or *any* | 3. Contracted prepositions | The Dolomites |
| More on questions | 4. Object pronouns | |
| Saying what will happen | 5. The partitive | |
| | 6. *Che, quale, quanto,* and *chi* | |
| | 7. *Dare, dire, fare, uscire, dovere, potere, volere* | |
| | 8. Future of *-are, -ere, -ire* verbs and of *essere, avere* | |

## DIALOGO A

### *DAL TABACCAIO E ALL'UFFICIO POSTALE*

*Giovanna Rosselli scrive spesso ai suoi amici italiani e stranieri. Quando deve acquistare dei francobolli, lei di solito entra nella tabaccheria*[1] *vicino a casa sua. Il tabaccaio conosce Giovanna e quando vede lei, sorride.*

[1] English speakers say "to enter the office," Italians say instead **entrare nell'ufficio** *[to enter into the office].*

Paesaggio delle Dolomiti.

| | |
|---|---|
| GIOVANNA | Buon giorno. |
| TABACCAIO | Buon giorno, signorina. Cosa desidera oggi? |
| GIOVANNA | Vorrei della carta da lettere e alcune buste. |
| TABACCAIO | Quanti fogli e quante buste? |
| GIOVANNA | Dieci. E anche dieci francobolli da duecento lire. |
| TABACCAIO | Ecco a Lei. Altro? |
| GIOVANNA | Sì, ha qualche diapositiva delle Dolomiti? |
| TABACCAIO | Certo. Ho queste tre belle serie. |
| GIOVANNA | Che bei colori e che magnifici panorami! Prendo questa serie. Quanto spendo in tutto? |

*Per spedire*[2] *un pacco, per fare un vaglia, oppure inviare un telegramma è necessario andare in un ufficio postale. Nel rione della città dove abita Giovanna c'è un ufficio postale abbastanza grande con numerosi impiegati. Lei va al primo sportello e dice all'impiegata:*

| | |
|---|---|
| GIOVANNA | Desidero fare un vaglia e un telegramma. |
| IMPIEGATA | Mi dispiace ma questo è lo sportello delle raccomandate. |
| GIOVANNA | Dove devo andare allora? |
| IMPIEGATA | Per il vaglia deve andare allo sportello tre. Può fare il telegramma allo sportello otto. |
| GIOVANNA | Tante grazie. |
| IMPIEGATA | Prego. |

### COMPREHENSION QUESTIONS

*Ask another student the following questions on Dialogo A.*

1. A chi scrive spesso Giovanna?
2. Perchè Giovanna va dal tabaccaio?

[2] The verb **spedire** conjugates in the present indicative exactly like **finire** (**spedire: spedisco, spedisci, spedisce, spediamo, spedite, spediscono**).

***THE TABACCHERIA.*** Besides cigars, cigarettes, matches, and tobacco, in an Italian **tabaccheria** one can purchase stamps, writing paper, postcards, and several other items, such as souvenirs and a small selection of toiletries. Since tobacco is a state monopoly in Italy, the number of tobacco shops in communities of all sizes is strictly controlled by the central government. The person who manages a **tabaccheria** must, therefore, meet specific requirements and obtain a special government license. Some large tobacco shops may also serve coffee and beverages, in which case they are called a **Bar Tabaccheria**.

***THE DOLOMITES.*** The Dolomites are a mountain range in the Italian Alps, located in the northeast between the Adige and Piave rivers. These mountains have some of Italy's most beautiful and picturesque resorts, such as Cortina d'Ampezzo and San Martino di Castrozza. The highest elevation in the Dolomites is the Marmolada (3.342 meters, 11,028 feet).

3. Cosa desidera acquistare oggi?
4. Il tabaccaio ha qualche diapositiva?
5. Dove deve andare la ragazza per fare un telegramma?
6. Cosa è necessario scrivere sulla busta prima di spedire una lettera?
7. Quante e quali cose può comprare Giovanna in una tabaccheria?
8. Dov'è l'ufficio postale dove va Gioʼvanna?
9. Cosa desidera fare Giovanna all'ufficio postale?
10. Per fare il vaglia a quale sportello deve andare?

# STRUTTURA E FUNZIONE

Desidero fare un **vaglia** e un **telegramma**.

## 1. Irregular Nouns

1. Several masculine nouns end in the singular in **-a**.
   (a) Most of these nouns form the plural by replacing the **-a** with **-i**.

| il clima | i climi | *climate* |
|---|---|---|
| il dramma | i drammi | *drama* |
| il panorama | i panorami | *panorama* |
| il papa | i papi | *pope* |
| il pilota | i piloti | *pilot* |
| il poeta | i poeti | *poet* |
| il problema | i problemi | *problem* |
| il regista | i registi | *movie director, play director* |
| il telegramma | i telegrammi | *telegram* |
| il tema | i temi | *theme, subject, topic* |

   (b) A few nouns ending in **-a** in the singular remain unchanged in the plural.

| il cịnema | i cịnema | *cinema, movie house* |
|---|---|---|
| il vạglia | i vạglia | *money order* |

2. Feminine nouns ending in -**ie** generally remain unchanged in the plural.

| | | |
|---|---|---|
| la serie | le serie | *series, set* |
| la specie | le specie | *kind, sort, species* |
| Prendo questa **serie.** | Ho queste tre belle **serie.** | |

A few words in -**ie**, however, form the plural by replacing the -**ie** with -**i**.

| | | |
|---|---|---|
| la moglie | le mogli | *wife* |
| la superficie | le superfici | *surface* |

***EXERCISES***

A. *Change the following to the plural.*

1. il bel clima 2. il vạglia postale 3. il bel panorama 4. la lunga serie 5. il cịnema francese 6. la specie ụtile 7. la superficie larga 8. il santo papa 9. il pilota nemico 10. il dramma polịtico 11. il grande poeta 12. il regista straniero 13. il tema necessario 14. il problema scientịfico 15. l'altro telegramma.

B. *Make the following sentences plural.*

1. Preferisco il clima di quella città. 2. Quel cịnema è molto pịccolo. 3. Questo pilota biondo è molto bello. 4. La moglie di quel dottore viene qui adesso. 5. Questa superficie è rossa. 6. Ecco il regista di quel film svedese. 7. Non posso comprare questa serie di francobolli. 8. Guardiamo quel magnịfico panorama. 9. Ecco il tuo vạglia di 10.000 lire. 10. Il nuovo papa è polacco. 11. Quando devo fare quel telegramma? 12. Il mio tema è pronto.

Il signor Martini, **sua** moglie, il **loro** figlio

## 2. Possessive Adjectives and Possessive Pronouns

You've already seen the use of the possessive, as in Dialogo A in Lesson 3. Contrary to English usage, in Italian possessive adjectives must agree in gender and number with the noun they precede regardless of the gender of the person who is the possessor. The following sentences illustrate this rule:

| | |
|---|---|
| Rosa non capisce **suo figlio.** | *Rosa does not understand her son.* |
| Il professore parla a **sua moglie.** | *The professor talks to his wife.* |

1. There is no difference in form between possessive adjectives and possessive pronouns.

| MASCULINE | | FEMININE | | ENGLISH EQUIVALENT |
|---|---|---|---|---|
| **il mio** | **i miei** | **la mia** | **le mie** | *my, mine* |
| **il tuo** | **i tuoi** | **la tua** | **le tue** | *your, yours* (fam. s.) |
| **il suo** | **i suoi** | **la sua** | **le sue** | *his, her, hers, its* |
| **il Suo** | **i Suoi** | **la Sua** | **le Sue** | *your, yours* (form. s.) |
| **il nostro** | **i nostri** | **la nostra** | **le nostre** | *our, ours* |
| **il vostro** | **i vostri** | **la vostra** | **le vostre** | *your, yours* (fam. pl.) |
| **il loro** | **i loro** | **la loro** | **le loro** | *their, theirs* |
| **il Loro** | **i Loro** | **la Loro** | **le Loro** | *your, yours* (form. pl) |

Normally, the definite article is used before both possessive adjectives and possessive pronouns.

**Il mio** amico e **il tuo** sono a Pisa. — *My friend and yours are in Pisa.*
Roma è **la mia** città; Napoli è **la vostra.** — *Rome is my city; Naples is yours.*
**La nostra** lingua è facile; **la loro** è difficile. — *Our language is easy; theirs is difficult.*

2. When addressing a person directly, Italians omit the definite article.

**Mia cara** Anna, buon giorno! — *Good morning, my dear Anne.*
Come sta, **mio caro** amico? — *How are you, my dear friend?*

3. The definite article is also omitted when a possessive adjective—except **loro** and **Loro**—precedes the following unmodified *singular* nouns that indicate family relationship.

| | | | |
|---|---|---|---|
| padre | *father* | nipote (m) | *grandson, nephew* |
| madre | *mother* | nipote (f) | *granddaughter, niece* |
| marito | *husband* | cugino | *cousin* (m) |
| moglie | *wife* | cugina | *cousin* (f) |
| figlio | *son* | suọcero | *father-in-law* |
| figlia | *daughter* | suọcera | *mother-in-law* |
| fratello | *brother* | gẹnero | *son-in-law* |
| sorella | *sister* | nuora | *daughter-in-law* |
| zio | *uncle* | cognato | *brother-in-law* |
| zia | *aunt* | cognata | *sister-in-law* |

**Mio** fratello è a casa oggi. — *My brother is at home today.*
**Nostro** padre è fuori ora. — *Our father is out now.*
**Suo** zio è professore d'italiano. — *His uncle is a professor of Italian.*
Ecco **vostra** cugina. — *Here is your cousin.*
Quando arriva **Sua** nipote, dottor Rossi? — *When does your niece arrive, Doctor Rossi?*
**Tua** cognata è in cucina. — *Your sister-in-law is in the kitchen.*

But

**Il loro** cugino studia all'Università di Pạdova. — *Their cousin studies at the University of Padua.*
**I suoi** fratelli vanno a Roma in mạcchina. — *His brothers are going to Rome by car.*
**Le vostre** zie non ạbitano più qui. — *Your aunts no longer live here.*

4. Certain informal kinship terms—**babbo** *(dad),* **papà** *(papa),* **mamma** *(mom),* **figliolo** *(son),* and **figliola** *(daughter)*—require the definite article with possessive adjectives.

**La mia mamma** e **il mio papà** sono francesi. — *My mom and dad are French.*
**La nostra figliola** studia a Madrid. — *Our daughter studies in Madrid.*

Note that with the words **nonno** *(grandfather)* and **nonna** *(grandmother),* the use of the definite article before a possessive adjective is optional.

**Tuo** nonno (**il tuo** nonno) parte lunedì. — *Your grandfather leaves Monday.*
**Tua** nonna (**la tua** nonna) è alla Standa. — *Your grandmother is at Standa.*

5. Any noun indicating a member of a family that is modified by an adjective or a suffix[3] also requires the definite article.

Ecco **il vostro** cuginetto. — *Here is your little cousin.*
Scrivo **alla mia** cognata americana. — *I'm writing to my American sister-in-law.*

[3] A suffix is a word element that is usually added to the end of a word or stem to form a new word, as in **cuginetto: cugin+etto.**

Note that in the first example sentence on page 83, paragraph 5, the word **cugino** has been modified by having its form changed to mean **cuginetto** *(little cousin)*. In the second sentence, **cognata** has been modified by the adjective **americana**.

### EXERCISES

C. *Translate the possessive adjectives in parentheses, adding the appropriate article when necessary.*

1. *(my)* ______ salotto 2. *(his)* ______ madre 3. *(our)* ______ figliolo 4. *(their)* ______ viaggio 5. (*your*, fam. s.) ______ treno 6. *(our)* ______ cara zia 7. (*your*, form. s.) ______ matrimonio 8. *(my)* ______ nonna 9. *(their)* ______ banca 10. *(her)* ______ marito 11. *(his)* ______ bella moglie 12. (*your*, fam. pl.) ______ papà 13. *(our)* ______ cognata 14. *(her)* ______ stomaco 15. *(their)* ______ anniversario

D. *Translate the possessive adjectives and the possessive pronouns in parentheses, adding the articles when necessary.*

1. Roberto è *(my)* ______ marito. 2. *(Their)* ______ valigia è nuova. *(Ours)* ______ è molto vecchia. 3. (*Your*, fam. s.) ______ mamma è fuori, ma torna a casa alle sette. 4. *(His)* ______ sorella è piccola; (*yours*, fam. s.) è alta. 5. (*Your*, form. s.) ______ bella nipote si chiama Giuseppina. 6. *(Our)* ______ amico è biondo; *(theirs)* ______ è bruno. 7. *(His)* ______ lezione finisce alle cinque; *(theirs)* ______ finisce alle sette. 8. *(their)* Ecco ______ genitori 9. *(My)* ______ fratello abita a Milano. 10. *(our)* Non capisco ______ figliola. 11. *(Her)* ______ suọcero è ragioniere. 12. *(His)* ______ sorelle arrịvano questa sera.

E. *Change the following sentences to the plural.*

1. Dov'è tuo zio?
2. Il mio vestito nuovo è molto bello.
3. Questo mọnaco canadese è mio cugino.
4. Il nostro mẹdico visita il bambino straniero.
5. Non conosco sua nuora.
6. Mia figlia torna a casa oggi, la vostra domani.
7. Quella bell'automobile è nostra.
8. Signora, quanti anni ha Suo figlio?

F. *Change the following sentences to the singular.*

1. Ecco i Suoi fratelli.
2. Le nostre lezioni sono molto lunghe.
3. Le mie cognate spagnole non pạrlano italiano.
4. I ragazzi dimẹnticano i loro quaderni a scuola.
5. Quei signori arrịvano al bar con le loro mogli.
6. Quando prepạrano il pranzo le vostre sorelle?
7. Noi leggiamo i nostri libri, voi leggete i vostri.
8. I loro nipoti sono stanchi, i nostri no.

G. *Your friend wants to get to know you better and asks you about your family. Answer the questions:*

1. Quanti fratelli hai?
2. Quanti anni ha tuo fratello?
3. Come si chiama la tua mamma?
4. Dove lavora tuo padre?
5. Dove abitano i tuoi nonni?
6. Sono italiani i tuoi genitori?

7. Parla italiano tua madre?
8. Visita l'Italia la tua famiglia?
9. Visitate i vostri parenti italiani?
10. Tuo zio Lorenzo abita a Roma?

Mangiamo **al** ristorante **del** campeggio. Il treno parte **dal** binario nove.

## 3. Contracted Prepositions

1. When the prepositions **a**, **da**, **di**, **in**, and **su** directly precede a definite article, the following combined forms result:

| PREPOSITION | SINGULAR +il | +lo | +l' | +la | PLURAL +i | +gli | +le | ENGLISH EQUIVALENT |
|---|---|---|---|---|---|---|---|---|
| **a** | al | allo | all' | alla | ai | agli | alle | *to, at, in the* |
| **da** | dal | dallo | dall' | dalla | dai | dagli | dalle | *from, by, to, at the* |
| **di** | del | dello | dell' | della | dei | degli | delle | *of, from, about, with the* |
| **in** | nel | nello | nell' | nella | nei | negli | nelle | *in, into, by, to the* |
| **su** | sul | sullo | sull' | sulla | sui | sugli | sulle | *on, upon the* |

**a + la** Marco è **alla** stazione ora. *Mark is at the station now.*
**a + i** Porto tre libri **ai** miei cugini. *I am bringing three books to my cousins.*
**a + il** Andiamo **al** cinema **alle** tre. *We are going to the movies at 3 o'clock.*
**da + il** Il treno parte **dal** binario nove. *The train leaves from Track 9.*
**da + l'** Quando passi **dall'**ufficio postale? *When are you going by the post office?*
**da + le** Loro nuotano **dalle** 11 a mezzogiorno. *They swim from 11 to noon.*
**di + il** Oggi è l'ultimo sabato **del** mese. *Today is the last Saturday of the month.*
**di + la** Non conosco il numero **della** sua via. *I do not know the number of his street.*
**di + l'** È la fine **dell'**estate. *It is the end of the summer.*
**in + le** **Nelle** banche lavorano molti impiegati. *Many clerks work in banks.*
**in + la** Abita **nella** casa rossa Lorenzo? *Does Lawrence live in the red house?*
**in + il** **Nel** parco ci sono tanti alberi. *There are so many trees in the park.*
**su + la** Scrivo il suo nome **sulla** busta. *I am writing his name on the envelope.*
**su + le** Leggiamo il vostro nome **sulle** vostre valigie. *We are reading your name on your suitcases.*

2. The prepositions **con** and **per** are seldom combined with a definite article. Occasionally, you may encounter **col** (**con** + **il**), **coi** (**con** + **i**), **pel** (**per** + **il**), and **pei** (**per** + **i**). But to avoid making mistakes, do not combine **con** and **per** with an article.

Vado a Torino **con i** miei genitori. *I am going to Turin with my parents.*
Torna **con il** treno delle ventitrè. *He is coming back on (with) the 11:00 P.M. train.*
Compri quella sveglia **per la** mamma? *Are you buying that alarm clock for your mom?*
Il treno passa **per la** città. *The train passes through the city.*

3. The preposition **da** + the definite article means *at, to* + *(the)* (place of residence) if:
   (a) it is preceded by **abitare**, **andare**, **arrivare**, **aspettare**, **essere**, **incontrare**, **stare**, **tornare**, and **venire**, and a few other verbs, and
   (b) it is *followed* by a word that indicates a person by family title (e.g., *sister*), by profession (e.g., *doctor*), or by job (e.g., *tobacconist).*

| | |
|---|---|
| Loro sono in Italia **dai parenti.** | *They are in Italy at their relatives' house.* |
| Giovanna va spesso **dal tabaccaio.** | *Giovanna often goes to the tobacconist's.* |
| Incontriamo quel poeta **dal professore.** | *We meet that poet at the professor's place.* |
| La ragazza arriva **dal dottore** al tocco. | *The girl arrives at the doctor's at 1:00 P.M.* |
| Perchè torni **dalla zia?** | *Why are you going back to your aunt's?* |

4. The **preposizioni articolate** formed with **di** also express possession.

| | |
|---|---|
| Ecco la cognata **della** signora Tonetto. | *Here is Mrs. Tonetto's sister-in-law.* |
| Leggiamo il libro **del** professor Sarti. | *We read Professor Sarti's book.* |
| Voglio comprare le sigarette **del** ragioniere. | *I want to buy the accountant's cigarettes.* |

### *EXERCISES*

H. *Completing the sentences with the preposition* **a** *and the appropriate article, ask another student:*

1. Giorgio va ______ ufficio postale? 2. Giovanna scrive spesso ______ suoi amici, e tu? 3. Lisa dice buon giorno ______ impiegata? 4. Perchè non andate ______ cinema questa sera? 5. Per fare un telegramma devi andare ______ sportello nụmero tre?

I. *Completing the sentences with the preposition* **da** *and the appropriate article, ask another student:*

1. Oggi Giạcomo va ______ dottore, e tu? 2. Questo diretto parte ______ binario nove? 3. Mio fratello passa le vacanze ______ zii, e il tuo? 4. Quando deve acquistare i biglietti, Lei va ______ bigliettaio o ______ tabaccaio? 5. Molti stranieri vẹngono in Italia ______ Inghilterra?

L. *Completing the sentences with the preposition* **di** *and the appropriate article, ask another student:*

1. I genitori ______ studente americano ạbitano a Boston, e i tuoi? 2. La cravatta ______ nonno è sporca, e la tua? 3. Non conosciamo il nome ______ pilota francese; come si chiama? 4. Il film ______ regista americano è molto bello, non è vero? 5. Gli amici ______ miei fratelli sono canadesi; di dove sono i tuoi amici?

M. *Complete the sentences with the preposition* **in** *and the appropriate article.*

1. Luigi compra i francobolli ______ tabaccheria. 2. ______ uffịcio postale ci sono molti impiegati 3. D'estate arrivano molti stranieri ______ città italiane. 4. Io non desidero troppo zucchero ______ mio caffè. 5. La domẹnica ______ stadi c'è sempre molta gente.

N. *Completing the sentences with the preposition* **su** *and the appropriate article, ask another student:*

1. Io viaggio ______ treno che va a Padova, e tu? 2. Che cosa scrivi ______ quaderno? 3. Ci sono sempre molti studenti ______ autobus? 4. Fra pochi giorni noi andiamo ______ Dolomiti, e tu dove vai? 5. Ruggero porta una cravatta gialla ______ camicia azzurra, e tu cosa porti?

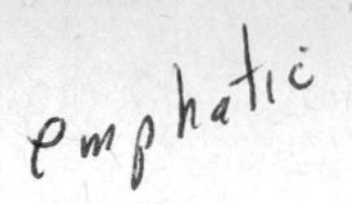



Ecco a **Lei**. Antonio e Rosa sono **con Lei?**

## 4. Object Pronouns

The Italian pronouns are shown in the following table:

| SINGULAR | | PLURAL | |
|---|---|---|---|
| **me** | *me* | **noi** | *us* |
| **te** | *you* (fam. s.) | **voi** | *you* (fam. pl.) |
| **lui** | *him* | **loro** | *them* |
| **lei** | *her* | **Loro** | *you* (form. pl.) |
| **Lei** | *you* (form. s.) | | |
| **sè** | *himself, herself, itself, themselves* | | |

These object pronouns are used:

(a) after a preposition
(b) immediately after a verb.

They are normally used for emphasis or contrast, particularly when they follow the verb:

Piero viene **da noi** questa sera. — *Peter is coming to our place this evening.*
Alla Standa vedo spesso **lei,** ma mai **lui.** — *At Standa I often see her, but I never see him.*
Andiamo al cinema con te, non **con loro.** — *We are going to the movies with you, not with them.*

***EXERCISE***

O. *Express in Italian.*

1. They are coming here for you *(fam. s.),* not for us. 2. Mr. Bassetti is bringing the telegram to her and the registered letter to me. 3. What can I do for you *(form. s.)* 4. She arrives at the railway station with him. 5. I can visit you *(fam. pl.)* at 4:00 P.M. 6. This great poet is writing a new drama for them.

Vorrei **della** carta da lettere.

## 5. The Partitive

1. In Italian **del**, **dell'**, **dello**, **della** and **dei**, **degli**, **delle** are called **articoli partitivi** *(partitives)* when they denote part of something or part of a whole category—**dei francobolli**, *some stamps.* The partitives express the same thought as the English *any* and *some.*

   Giovanna deve acquistare **della carta da lettere.** — *Giovanna must purchase some stationery.*
   In Italia abbiamo **degli amici** molto cari. — *In Italy we have some very dear friends.*
   Ecco **delle belle diapositive.** — *Here are some beautiful slides.*

2. The partitive sense of *some, any,* and *a few* can also be conveyed by the adjectives **alcuni**, **alcune**, and **qualche**. Note that after **qualche** a noun takes the singular form even if the sense is distinctly plural (**qualche giorno**, *a few days*).

   Conosce **alcune** ragazze francesi Lei? — *Do you know any French girls?*
   Compriamo **alcuni** libri divertenti. — *We are buying some entertaining books.*
   Loro devono scrivere **qualche** lettera oggi. — *They must write a few letters today.*

The expression **un po' di** means a **bit of, a little.**

| | |
|---|---|
| Vorrei **un po' di** zucchero nel mio caffè, per piacere. | *I would like a bit of sugar in my coffee, please.* |
| Vorrei **un po' d'**acqua. | *I would like a little water.* |

**Un po' di** is the shortened form of **un poco di**. The adjective **poco, a** also means *a bit of, a little;* the plural forms **pochi** and **poche** mean instead *some, a few.*

| | |
|---|---|
| poco sale | *a little salt* |
| poca acqua | *a little water* |
| pochi uomini | *a few men* |
| poche donne | *a few women* |

3. In negative sentences the partitive is normally not expressed in Italian; however, it is optional in interrogative sentences.

| QUESTION | ANSWER |
|---|---|
| Ha parenti in Italia Lei?<br>*Do you have relatives in Italy?*<br>Ha dei parenti in Italia Lei?<br>*Do you have any relatives in Italy?*<br>Ha qualche parente in Italia Lei?<br>*Do you have a few relatives in Italy?* | No, non ho parenti in Italia.<br>*No, I have no relatives in Italy.* |

## *EXERCISES*

P. *Rewrite the following sentences, substituting the definite or indefinite article with a partitive article expressing* **some** *and making the required changes.*

EXAMPLE: Prendo **un** cappuccino al bar.
Prendo **dei** cappuccini al bar.

1. Conosco **uno** studente svedese.
2. Ecco **le** diapositive delle Dolomiti.
3. Andiamo al mare con **un**'amica.
4. Loro portano **i** francobolli al babbo.
5. Desidero spedire **un** telegramma.

Q. *Rewrite the following sentences substituting the definite or indefinite article with the adjectives* **alcuni, alcune,** *or* **qualche** *and making the required changes.*

EXAMPLE: Prendo **un** cappuccino al bar.
Prendo **alcuni** cappuccini (**qualche** cappuccino) al bar.

1. Noi partiamo fra **un**'ora.
2. Preferisco leggere **un** libro ụtile
3. In centro incontro spesso **un** mẹdico greco.
4. Lui fa **un** viaggio in Amẹrica.
5. Marta arriva alla stazione con **una** valigia.

R. *Rewrite the following sentences substituting the definite article with the expression* **un po' di.**

EXAMPLE: Compro **lo** zucchero. Compro **un po' di** zucchero.

1. Ecco l'acqua.
2. Vorrei mangiare il pesce.
3. Perchè desideri il sale?
4. Giovanni è fuori perchè oggi c'è il sole.
5. La mamma acquista sempre il caffè al bar Paolo.

S. *Fill in the blanks with the correct form(s) of the partitive.*

1. Ecco ______ fogli e ______ buste.
2. Conosco ______ registi americani.
3. Da qui noi vediamo ______ magnifici panorami.
4. Alla Standa compro ______ camicia e ______ asciugamano.
5. In casa mia c'è sempre ______ sabbia perchè io abito vicino al mare.

T. *Answer the following questions using the appropriate form of the partitive given in parentheses:*

1. Conosci le nuove studentesse? (alcuno)
2. Hai parenti in Italia? (qualche)
3. Compri i francobolli all' ufficio postale? (di)
4. Mangi la frutta tutti i giorni? (un po di)
5. Leggi i libri interessanti? (alcuno)
6. Hai le diapositive? (qualche)
7. Scrivi le cartoline illustrate a tutti i tuoi amici? (di)
8. C'è molto sole al lago? (un po di)

## PAROLE UTILI

### Dal tabaccaio *(At the tobacconist's)*

la **cartolina illustrata** — *picture postcard*
la **cartolina postale** — *postcard*
il **fiammifero** — *match*
la **scatola di fiammiferi** — *box of matches*
la **sigaretta** — *cigarette*
il **pacchetto di sigarette** — *pack of cigarettes*
il **tabacco** — *tobacco*
il **sigaro** — *cigar*
la **pipa** — *pipe*

### All'ufficio postale *(At the post office)*

la **lettera** — *letter*
la **raccomandata** — *registered letter*
l'**espresso** — *special delivery letter*
la **cassetta delle lettere** — *mail box*
la **buca delle lettere** (*pl.* **le buche**) — *mail chute*
l'**indirizzo** — *address*
il **nome** — *first name*
il **cognome** — *last name, family name*
il **postino** — *letter carrier*
il **telegrafo** — *telegraph*
l'**ufficio telegrafico** — *telegraph office*
la **posta** — *mail*
la **posta aerea** — *air mail*
**per via aerea** — *by air mail*
**per via mare** — *surface mail*

Davanti a un bar tabacchi di Fiesole.

U. *Dal tabaccaio: You go to a tobacco shop to buy a pack of cigarettes and some post cards for your friends back home. Describe what you see.*

*All'ufficio postale: Luca goes to the post office to mail a letter and buy some stamps for his post cards. Describe what he sees.*

V. *You are the owner of a tobacco shop; ask your client (another student) what he/she would like to buy.*

*You are an employee at the Post Office; help a customer (another student) with what he/she needs.*

# DIALOGO B

## *UNA TELEFONATA*

*È giovedì. Luciana è nella sua cạmera; legge un romanzo interessante. Improvvisamente squilla il telẹfono. Lei va a rispọndere.*

| | |
|---|---|
| LUCIANA | Pronto, chi parla? |
| ROBERTO | Pronto, Luciana. Sono io, Roberto. |
| LUCIANA | Roberto, che sorpresa! |
| ROBERTO | Telẹfono per sapere che fai sạbato. |
| LUCIANA | Sạbato mattina aiuterò la mamma a fare le pulizie. Finiremo prima di mezzogiorno però. Il pomeriggio e la sera sarò libera. |
| ROBERTO | Benịssimo. Possiamo uscire insieme allora. |
| LUCIANA | Che cosa facciamo? Dove andiamo? Sono curiosa. |
| ROBERTO | Prima mangeremo. Andremo a cena da Alfredo. |
| LUCIANA | Sì, e poi? |
| ROBERTO | Poi al cịnema, all'Apollo. |
| LUCIANA | Quale film danno? |
| ROBERTO | L'ultimo film di Fellini.[4] |

[4] Federico Fellini is one of the world's most respected movie directors. He became well known in the United States for his film **La dolce vita** *(The sweet life)* made in 1960, starring Marcello Mastroianni.

**La fonte della salute**

**FRULLATI di FRUTTA**

**GELATERIA ARTIGIANA**

**SPECIALITA' ESOTICHE**

**ROMA**

VIA CARDINAL MARMAGGI N. 2-4-6

ZONA TRASTEVERE A FIANCO LA CASA DEL TRAMEZZINO

Il regista Federico Fellini mentre gira un suo ultimo film.

LUCIANA È una pellịcola un po' lunga . . . avremo abbastanza tempo?
ROBERTO Certo, se usciamo prima delle sette.
LUCIANA Al ristorante e al cinema . . . spenderai troppo Roberto! Voglio pagare qualcosa anch'io.
ROBERTO Allora facciamo così: io pagherò la cena e tu il cịnema.
LUCIANA E offrirò anche il caffè, va bene?
ROBERTO Se proprio vuoi . . . a sạbato quindi, Luciana.
LUCIANA Ciao, Roberto, a sạbato.

***COMPREHENSION QUESTIONS***

1. Dov'è e cosa legge Luciana quando squilla il telefono?
2. Cosa dice Luciana quando risponde al telefono?
3. Cosa fa Luciana sạbato mattina?
4. Quando è libera Luciana sạbato?
5. Dove vanno a cena Roberto e Luciana?
6. Quale film danno all'Apollo?
7. A che ora ẹscono Roberto e Luciana?
8. Che cosa paga Roberto?
9. Chi offre il caffè?
10. Chi è Federico Fellini?

# STRUTTURA E FUNZIONE

## 6. The Adjectives *che, quale* and *quanto*, and the Interrogative Pronoun *chi*

Che cosa facciamo? Quale film danno?

1. When the adjectives **che** and **quale** are used in an interrogative sentence, they may mean either *which* or *what.* Note that **che** has only one form for the masculine and feminine, singular and plural. The singular form **quale** may become **qual** except before masculine nouns beginning with *s* + *consonant, z, gn,* or *ps.* Used as a pronoun, it always becomes *qual* when it is followed by a form of the verb *to be* beginning with the letter **e**.

| | |
|---|---|
| Qual è la tua casa? | *Which is your house?* |

The plural of **quale** is **quali**.

| | |
|---|---|
| Che (Qual, Quale) tabacco preferisce tuo padre? | *What (Which) tobacco does your father prefer?* |
| Che (Quali) sigarette comprano loro? | *What (Which) cigarettes do they buy?* |
| Con che (qual, quale) autobus arrivate in centro? | *On what (which) bus do you arrive downtown?* |
| Con che (quali) treni andate a Roma? | *On what (which) train are you going to Rome?* |
| In che (qual, quale) pensione abita il signor Baroni? | *In what (which) pensione does Mr. Baroni live?* |

**Quanto** spendo in tutto?
**Quanti** treni ci sono nel primo pomeriggio?

2. As an interrogative, **quanto** may be an adverb or an adjective, (**quanto**, **quanta**, **quanti**, **quante**) agreeing in gender and number with the noun.

ADVERB

| | |
|---|---|
| Quanto cọstano quelle pipe? | *How much do those pipes cost?* |
| Quanto spendo in tutto? | *How much am I spending in all?* |

ADJECTIVE

| | |
|---|---|
| Quanto sale compri al supermercato? | *How much salt are you buying at the supermarket?* |
| Quant'acqua volete? | *How much water do you want?* |
| Quanti espressi porta il postino oggi? | *How many special delivery letters is the letter carrier carrying today?* |
| Quanti sigari avete? | *How many cigars do you have?* |

Pronto, **chi** parla?

3. The interrogative pronoun **chi** (masculine and feminine) means *who* and *whom.* It may be used alone or following a preposition.

| | |
|---|---|
| Chi è lui? | *Who is he?* |
| Chi sono Loro? | *Who are you?* (form. pl.) |
| Chi salutate adesso? | *Whom are you greeting now?* |
| Per chi comprate quel cappello? | *For whom are you buying that hat?* |

***EXERCISE***

Z. *Give the proper form of* ***che, quale, quanto,*** *or* ***chi.***

1. ______ clima preferite?
2. Con ______ parla tuo padre adesso?
3. In ______ rione ạbitano i vostri cugini?

4. _______ è curioso di leggere il mio tema?
5. _______ regista italiano conoscete?
6. Da _______ binario parte il rapido?
7. Di _______ problema parla il postino?
8. _______ costano queste sigarette?
9. _______ va a visitare i signori Brambilla a Milano?
10. _______ impiegati ci sono in quella banca?

J. *Read the following statement and another student will provide the question using the interrogative in parenthesis:*

EXAMPLE: Stasera mangerò da Mario. (chi)
**Da chi** mangerai stasera?

1. Io pagherò il pranzo. (chi)
2. Il mio amico Bruno sta all'albergo Rienzi. (quale)
3. Hanno un'automobile francese. (che)
4. Non c'è differenza fra "tra" e "fra". (quale)
5. Il postino porta molte lettere oggi. (quanto)
6. Ci sono quattro treni nel pomeriggio. (quanto)
7. Quella raccomandata è per il ragionier Rossi. (chi)
8. Parlo con la mia professoressa. (chi)

K. *One student asks another student the following questions in Italian. Answers should be in Italian. Take turns.*

1. What do you say when you answer the phone?
2. What are you doing tonight?
3. How many books do you have?
4. Who is your professor?
5. What train do you take to go to Milan?
6. How much does your book cost?
7. How many sisters does Mario have?
8. What is your address?

Quale film **danno**? **Devono** prendere il treno. Che **fai** domenica?

## 7. *Dare, dire, fare, uscire, dovere, potere, volere*

The present indicative of these useful verbs is irregular and must be memorized: **dare** *(to give)*, **dire** *(to say, tell)*, **fare** *(to do, make)*, **uscire** *(to go out, exit)*, **dovere** *(must, ought to)*, **potere** *(to be able, can)*, and **volere** *(to want, wish)*.

| dare | dire | fare | uscire | dovere | potere | volere |
|---|---|---|---|---|---|---|
| **do** | **dico** | **faccio** | **esco** | **devo**[5] | **posso** | **voglio** |
| **dai** | **dici** | **fai** | **esci** | **devi** | **puoi** | **vuoi** |
| **dà** | **dice** | **fa** | **esce** | **deve** | **può** | **vuole** |
| **diamo** | **diciamo** | **facciamo** | **usciamo** | **dobbiamo** | **possiamo** | **vogliamo** |
| **date** | **dite** | **fate** | **uscite** | **dovete** | **potete** | **volete** |
| **danno** | **dicono** | **fanno** | **escono** | **devono**[5] | **possono** | **vogliono** |

[5] Also correct, but less frequently used, are the forms **debbo** and **debbono**.

***EXERCISE***

W. *Give the correct form of the verb in parentheses.*

1. (dare) Il postino ______ il pacco a Luisa. 2. (uscire) Loro ______ alle quattro. 3. (dire) Ragazzi, che cosa ______ alla mamma? 4. (dovere) Io non ______ mangiare troppo. 5. (fare) Quando ______ gli esercizi voi? 6. (potere) Tua nipote ______ scrivere stasera. 7. (volere) Tu ______ comprare un vestito nuovo. 8. (dare) Voi ______ mille lire al bambino. 9. (fare) Io ______ molte cose da mangiare. 10. (uscire) Noi ______ tutte le sere. 11. (dire) Loro non ______ mai nulla. 12. (potere) Noi non ______ studiare molto oggi. 13. (volere) Quando ______ partire i tuoi cugini canadesi? 14. (dovere) Noi ______ parlare a Giovanni. 15. (dare) Io ______ del pane a Rosa.

Aiuterò la mamma. Spenderai troppo. Offrirò anche il caffè.

## 8. Future of *-are, -ere, -ire* Verbs and Future of *essere* and *avere*

In English the future tense is formed by using the auxiliaries *shall* or *will* before the verb. In Italian a verb is conjugated in the future by adding appropriate endings to the *stem of the infinitive,* that is, the infinitive minus the endings **-are**, **-ere**, or **-ire**.

| -are | -ere | -ire |
|---|---|---|
| **-erò** | **-erò** | **-irò** |
| **-erai** | **-erai** | **-irai** |
| **-erà** | **-erà** | **-irà** |
| **-eremo** | **-eremo** | **-iremo** |
| **-erete** | **-erete** | **-irete** |
| **-eranno** | **-eranno** | **-iranno** |

| aiutare *(to help)* | spendere *(to spend)* | offrire *(to offer)* |
|---|---|---|
| **aiuterò** *(I will help)* | **spenderò** *(I will spend)* | **offrirò**[6] *(I will offer)* |
| **aiuterai** | **spenderai** | **offrirai** |
| **aiuterà** | **spenderà** | **offrirà** |
| **aiuteremo** | **spenderemo** | **offriremo** |
| **aiuterete** | **spenderete** | **offrirete** |
| **aiuteranno** | **spenderanno** | **offriranno** |

Italian uses the future tense less than English does. When an action *is going* to take place in the very near future, Italian uses the present tense and allows the rest of the sentence to tell when the action will take place.

| ITALIAN | ENGLISH |
|---|---|
| Compro il libro questa sera.<br>(present indicative) (statement of time *when*) | *I'll buy (I'm going to buy) the book tonight.* |
| Partiamo tra qualche ora.<br>(present indicative) (statement of time *when*) | *We shall leave (We're leaving) in a few hours.* |

[6] Those **-ire** verbs, such as **preferire**, **capire**, **finire**, **spedire**, etc., which are irregular in some persons of the present indicative, form the future tense exactly like **offrire**: (**preferirò**, **preferirai**, **preferirà**, **preferiremo**, **preferirete**, **preferiranno**).

Prima **mangeremo**.

1. Verbs whose infinitives end in **-ciare** and **-giare** drop the **i** of the stem before adding the future endings.

| cominciare | mangiare |
|---|---|
| **comincerò** *(I will begin)* | **mangerò** *(I will eat)* |
| **comincerai** | **mangerai** |
| **comincerà** | **mangerà** |
| **cominceremo** | **mangeremo** |
| **comincerete** | **mangerete** |
| **cominceranno** | **mangeranno** |

Io **pagherò** la cena e il cịnema.

2. Verbs whose infinitives end in **-care** and **-gare** add an **h** before all endings of the future in order to keep the hard sound of **c** in **-care** and of **g** in **-gare**.

| dimenticare | pagare |
|---|---|
| **dimenticherò** *(I will forget)* | **pagherò** *(I will pay)* |
| **dimenticherai** | **pagherai** |
| **dimenticherà** | **pagherà** |
| **dimenticheremo** | **pagheremo** |
| **dimenticherete** | **pagherete** |
| **dimenticheranno** | **pagheranno** |

3. Future of **essere** and **avere**

| essere | avere |
|---|---|
| **sarò** *(I will be)* | **avrò** *(I will have)* |
| **sarai** | **avrai** |
| **sarà** | **avrà** |
| **saremo** | **avremo** |
| **sarete** | **avrete** |
| **saranno** | **avranno** |

### *EXERCISES*

X. *Give the correct form of the future tense.*

1. (cominciare) Il film di Fellini ______ alle sette e mezzo.
2. (aiutare) Le figliole ______ la madre a fare le pulizie.
3. (aspettare) Noi tutti ______ il rạpido delle ventitrè e quaranta.
4. (dormire) Sạbato tu ______ per molte ore.
5. (guardare) Noi ______ le diapositive dal tabaccaio.
6. (spedire) Io e mio fratello ______ il pacco allo sportello nụmero quattro.
7. (dimenticare) Lui ______ di portare le sigarette alla mamma.
8. (avere) Loro ______ molte cose da fare in centro.
9. (domandare) A chi lei ______ di andare alla stazione con noi?
10. (nuotare) Giovedì voi ed io ______ tutto il pomeriggio.

11. (essere) Fra due mesi loro ______ in vacanza sulle Dolomiti.
12. (pagare) I ragazzi non ______ la cena perchè non hanno denaro.
13. (spendere) Lui ______ troppo per quell'automọbile.
14. (rispondere) Noi ______ alla sua lẹttera fra una settimana.

Y. *Take turns asking and answering these questions in Italian.*

1. Where will you be eating tonight?
2. At what time will the lesson begin?
3. Will you pay the bill at the restaurant?
4. Will you offer dinner to your friends?
5. Can you speak French?
6. Do you want to go out tonight?
7. Will you be in Rome this summer?
8. Must you study this afternoon?

### TOPICS FOR CONVERSATION

1. (Two students) A person on vacation, staying at a **pensione**, wants to send a few postcards to relatives and to several friends. The vacationer goes to a **tabaccaio** near the pensione and asks for the items needed. The traveller asks where a post office is in order to send a telegram to his or her parents for their 25th wedding anniversary.
2. (Two students) There is a new foreign film in town and you want to see it. You see a friend and ask her or him to go to the movies with you. Change roles and repeat.
3. Ask some of your classmates how big their families are (how many brothers, sisters, and cousins they have; where their grandparents live, etc.). Your classmates will also ask you the same type of questions, which you are more than happy to answer (you have no brothers, but have eight sisters, three of whom are married and live with their husbands and children in Canada; one of your brothers-in-law is an accountant and works in a bank in Toronto, the other is a professor of French in a Canadian university, and the third works as a ticket agent at the Montreal Railroad Station.)

# VOCABOLARIO

NOUNS

la **busta** *envelope*
la **cạmera** *room, bedroom*
la **carta da lẹttere** *stationery, writing paper*
la **cartolina postale** *postcard*
la **cartolina illustrata** *picture postcard*
il **cognome** *last name, family name*
la **diapositiva** *slide*
le **Dolomiti** *the Dolomites*
l'**espresso** *special delivery letter*
il **fiammịfero** *match*
il **francobollo** *postage stamp*
l'**indirizzo** *address*
la **lingua** *language, tongue*
il **nome** *name*
il **pacchetto di sigarette** *pack of cigarettes*
il **papa** *pope*
la **pellịcola** *film, movie*
la **posta aẹrea** *air mail*
la **posta** *mail*

| | |
|---|---|
| la **pulizia** | *cleaning* |
| la **raccomandata** | *registered, certified mail* or *letter* |
| il **regista** | *movie (play) director* |
| il **rione** | *city ward* or *district, neighborhood* |
| il **romanzo** | *novel* |
| il **sale** | *salt* |
| la **scạtola di fiammịferi** | *box of matches* |
| la **scạtola** | *box* |
| lo **sportello** | *window* |
| la **superficie** | *surface* |
| la **tabaccheria** | *tabacconist shop* |
| la **telefonata** | *telephone call* |
| il **tempo** | *time, weather* |
| il **vạglia** | *money order* |
| la **vita** | *life* |

ADJECTIVES

| | |
|---|---|
| **alcuni, e** | *some* |
| **che** | *what, which* |
| **dolce** | *sweet* |
| **libero, a** | *free, vacant* |
| **loro** | *their, theirs* |
| **Loro** | *your, yours* (form. pl.) |
| **mio, a** | *my, mine* |
| **nostro, a** | *our, ours* |
| **pochi, poche** | *some, a few* |
| **poco, a** | *a bit of, a little* |
| **qualche** | *some, few* |
| **quale** | *which, what* |
| **sọlito, a** | *usual, customary* |
| **suo, a** | *his, its, her, hers* |
| **Suo, a** | *your, yours* (form. sing.) |
| **tuo, a** | *your, yours* (fam. sing.) |
| **vostro, a** | *your, yours* (fam. pl.) |

VERBS

| | |
|---|---|
| **aiutare** | *to help* |
| **dare** | *to give* |
| **dovere** | *must, ought to, to have to* |
| **entrare in** (nel, nella, etc.) | *to enter* |
| **fare** | *to do, make* |
| **inviare** | *to send, mail* |
| **potere** | *to be able, can* |
| **rispọndere** | *to answer, reply* |
| **sapere** | *to know a fact (information)* |
| **sorrịdere** | *to smile* |
| **spedire** | *to mail, ship, send* (conjugates like finire) |
| **spẹndere** | *to spend* (money) |
| **squillare** | *to ring* |
| **telefonare** | *to call, telephone* |
| **uscire** | *to go out, exit* |
| **vedere** | *to see* |
| **volere** | *to want, wish* |

OTHER WORDS

| | |
|---|---|
| ma certo | but of course |
| **certo** | *of course* |
| **così** | *this way* |
| **improvvisamente** | *suddenly* |
| **insieme** | *together* |
| **noi** | *us* |
| **qualcosa** (qualche cosa) | *something* |
| **se** | *if* |
| **sè** | *himself, herself, itself, themselves* |
| **spesso** | *often* |
| **te** | *you* (fam. s., after a verb or preposition) |
| è ovvio | its obvious |

COGNATES

| | |
|---|---|
| obviamente | obviously |
| il **cịnema** | *cinema, movie theater* |
| la **città** | *city, town* |
| **curioso, a** | *curious* |
| l'**idioma** | *idiom, tongue, language* |
| **interessante** | *interesting* |
| la **lẹttera** | *letter* |
| **magnịfico, a** (*pl.* magnifici, magnifiche) | *magnificent, wonderful* |
| **me** | *me* (after a verb or preposition) |
| **numeroso** | *numerous* |
| il **panorama** | *panorama* |
| il **pilota** | *pilot* |
| la **pipa** | *pipe* |
| il **poeta** | *poet* |
| **polacco, a** (*pl.* polacchi, polacche) | *Polish* |
| **postale** | *postal* |
| il **postino** | *letter carrier* |
| il **problema** | *problem* |
| la **serie** | *series, strip* |
| la **sigaretta** | *cigarette* |
| il **sigaro** | *cigar* |
| la **sorpresa** | *surprise* |
| la **specie** | *species, kind, sort* |
| il **tabaccaio** | *tobacconist* |

| | |
|---|---|
| il **tabacco** | *tobacco* |
| il **telẹfono** | *telephone* |
| il **telẹgrafo** | *telegraph* |
| il **telegramma** | *telegram* |
| il **tema** | *theme, subject, topic* |
| l'**ufficio telegrafico** | *telegraph office* |
| l'**ufficio postale** | *post office* |

IDIOMS

| | |
|---|---|
| **altro?** | *Anything else?* |
| **d'accordo!** | *agreed! I agree!* |
| **di sọlito** | *usually* |
| **fare un telegramma** | *to send a telegram* |
| **fare le pulizie** | *to clean* (the house) |
| **mi dispiace** | *I'm sorry* |
| **per via mare** | *by surface mail* |
| **per via aẹrea** | *by airmail* |
| **pronto?** | *hello?* |
| **se proprio vuoi** (voglio, vogliamo, volete, etc.) | *if you (I, we, you, etc.) really want to* |
| **tante grazie** | *many thanks* |
| **un po' di . . . .** | *a bit of, a little . . . .* |
| **vorrei** (conditional of **volere**) | *I would like* |

naturamente naturally

# LESSON 5

| COMMUNICATION SKILLS | STRUCTURES | CULTURE |
|---|---|---|
| Shopping for food<br>Expressing probability<br>More on the future<br>Using numbers over 100<br>Expressing numerical sequence | 1. Plurals of some masculine and feminine nouns and adjectives<br>2. *Sapere*<br>3. Future of *andare, stare, venire*<br>4. Irregular nouns<br>5. Future of *dovere, potere, volere*<br>6. Idiomatic use of the future<br>7. Numbers from 101 to 1,000,000<br>8. Ordinal numbers | Milano<br>Winter sports<br>Markets |

## DIALOGO A

### *LE FESTE NATALIZIE IN MONTAGNA*

*È il 18 dicembre. Il radiọlogo milanese Umberto Petri parcheggia l'auto nel posteggio riservato ai medici. Vicino al suo ufficio vede Piero Battistini, direttore amministrativo dell'ospedale. I due uomini convẹrsano brevemente.*

BATTISTINI Dottor Petri, dove passerà le prossime feste natalizie?
PETRI Ancora non so dove.

Veduta invernale di Cortina d'Ampezzo.

| | |
|---|---|
| BATTISTINI | Come mai? Fra qualche giorno è Natale! |
| PETRI | È vero, ma mia moglie vorrebbe fare un lungo viaggio[1] all'estero. . . . I ragazzi, invece, vogliono andare a sciare.[2] |
| BATTISTINI | Capisco, è un vero problema.[3] |
| PETRI | Un problema? Una vera crisi[4] familiare! E Lei, dottor Battistini, che farà? |
| BATTISTINI | Noi amiamo molto la montagna. Andremo sulle Dolomiti come l'anno scorso. |
| PETRI | Dove, a Cortina? |
| BATTISTINI | Non a Cortina, ma in un paese lì vicino. Un luogo veramente tranquillo. |
| PETRI | Alloggerete in un hotel[5] o prenderete in affitto un appartamento? |

[1] Note in this dialogue the following idioms: **fare un viaggio** *(to take a trip)*; **prẹndere in affitto** (*to rent:* lit., *to take in rent*); **fare un esame** *(to take an exam)*, and **fare una bella chiacchierata** *(to have a nice, long talk)*.

[2] In the present indicative, the second person singular of **sciare** is **scii** and not **sci**: the **i** of the stem is retained before the ending -**i** since the **i** of the stem is stressed.

[3] Remember: the feminine-appearing noun **problema** is masculine and requires the masculine ending (-**o**) for the adjective modifying it (**vero**).

[4] **Crisi** is an example of a noun whose ending (-**i**) gives no clue to its gender or number. It looks masculine plural but **crisi** is a feminine singular noun (see Section I, 4 below).

[5] Note that the **h** in **hotel** is not pronounced. The word therefore requires the article **l'** (**l'hotel**) since it begins with a vowel sound.

BATTISTINI Staremo all'albergo *Il Re delle Nevi.*

PETRI E Suo figlio? Non vorrà restare da solo in città,[6] no?

BATTISTINI Purtroppo dovrà studiare.[7] Farà due esami a gennaio. Però, se potrà, verrà da noi per Capodanno. Dottor Petri, quando tornerò a Milano, La[8] chiamerò.

PETRI Benissimo, così potremo fare una bella chiacchierata. Auguri di Buone Feste.

BATTISTINI Grazie e Buon Natale[9] a Lei e ai Suoi.

### COMPREHENSION QUESTIONS

1. Di dov'è e cosa fa il dottor Petri?
2. Dove parcheggia la sua auto?
3. Chi incontra vicino al suo ufficio?
4. Chi è il dottor Battistini?
5. Perchè ha un problema il dottor Petri?
6. Dove andrà in vacanza Battistini?
7. Battistini prenderà in affitto un appartamento?
8. Che cos'è *Il Re delle Nevi?*
9. Perchè il figlio di Battistini dovrà rimanere a Milano?
10. Che cosa faranno Petri e Battistini quando torneranno in città?

***MILANO.*** With a population of more than a million and a half, Milan is the capital of the northern region of **Lombardia** *(Lombardy),* the fourth largest in the country, with a total population of almost nine million. Milano is the most important industrial, commercial, and banking center in Italy. Because of its favorable geographical position in the middle of the fertile **pianura padana** *(Po river valley),* it enjoys speedy communication by road, rail, and air with all other parts of the country and with all the major European cities. Among its most important monuments, Milan boasts **il Duomo** *(the cathedral),* a fourteenth century[10] masterpiece of Gothic architecture; **il Castello Sforzesco** *(The Sforza Castle),* built by the powerful family that ruled over Milan during the greater part of the fifteenth century; the celebrated **il Teatro alla Scala** *(La Scala Opera House);* and **la Pinacoteca di Brera**, one of the country's leading art museums. A former Dominican convent near the Church of Santa Maria delle Grazie houses Leonardo da Vinci's famous fresco **L'ụltima cena** *(The Last Supper).*

***WINTER SPORTS IN ITALY.*** In the past, winter sports were mainly the privilege of the rich, but since the early fifties, Italians have taken up all sorts of winter sports in steadily increasing numbers. There are a considerable number of well-equipped ski facilities, particularly in the mountainous northern and

[6] Note that the idiom for *in the city* omits the definite article in Italian: **in città**.

[7] The Italian equivalent of *to have to* + verb is **dovere** + an infinitive.

[8] **La** (*you,* form. s.) is a direct object pronoun, used before the verb (**La chiamerò** = *I'll call you*). Direct object pronouns are explained in Lesson 6.

[9] Italians wish a *good,* not a *merry,* Christmas.

[10] Italians often use the cultural terms **il Trecento** *(1300s),* **il Quattrocento** *(1400s),* **il Cinquecento** *(1500s),* and so on when referring to the Fourteenth, Fifteenth, or Sixteenth Centuries, etc. We shall follow this practice in this text.

central regions of the peninsula, where people of all ages can practice skiing as casually or as competitively as they wish. Fashionable resorts abound in the Dolomites, especially around Cortina d'Ampezzo, which has housed Winter Olympic games as well as several World Cup competitions. Elsewhere less expensive towns, such as Abetone and Roccaraso, are extremely popular with the younger generation. Abetone (elevation about 1379 m., or 4,550 ft.) is located in the mountains of Tuscany, about 86 kilometers (54 miles) northwest of Florence; Roccaraso (elevation 1229 m., or 4,054 ft.) is situated in the Apennines of the Abruzzi region, about 189 km. (118 m.) northeast of Rome.

During the Christmas season many Italians take a week off from work to go skiing. This week is called **la settimana bianca**.

Gruppo di ciclisti in corsa davanti al Duomo di Milano.

# STRUTTURA E FUNZIONE

Un **luogo** veramente tranquillo    Parcheggia l'**auto** nel posteggio.

## 1. Plurals of Some Masculine and Feminine Nouns and Adjectives

Certain groups of nouns and adjectives that have irregular plurals are given below.

1. Masculine nouns ending in the singular in **-go** generally form the plural ending in **ghi**.

| | | |
|---|---|---|
| **l'albergo** | **gli alberghi** | *hotel* |
| **il lago** | **i laghi** | *lake* |
| **il luogo** | **i luoghi** | *place* |
| **il diạlogo** | **i diạloghi** | *dialogue* |

2. Masculine nouns ending in **-ologo** form the plural with **-ologi**.

| | | |
|---|---|---|
| **il radiọlogo** | **i radiọlogi** | *radiologist* |
| **il teọlogo** | **i teọlogi** | *theologian* |
| **lo psicọlogo** | **gli psicọlogi** | *psychologist* |

3. All adjectives ending in **go** in the singular form the masculine plural by replacing **-go** with **-ghi**.

| | | |
|---|---|---|
| **largo** | **larghi** | *large, wide* |
| **lungo** | **lunghi** | *long* |

4. Both feminine and masculine nouns ending in **-i** in the singular are invariable in the plural.

| | | |
|---|---|---|
| **l'anạlisi** | **le anạlisi** | *analysis* |
| **il brịndisi**[11] | **i brịndisi** | *toast* |
| **la crisi** | **le crisi** | *crisis* |
| **la tesi** | **le tesi** | *thesis* |

5. Some feminine nouns end in **-o** in the singular. Most of these nouns are invariable in the plural.

| | | |
|---|---|---|
| **l'auto** | **le auto** | *car, automobile* |
| **la moto** | **le moto** | *motorcycle* |
| **la radio** | **le radio** | *radio* |

The word **mano**, however, does not follow this rule:

| | | |
|---|---|---|
| **la mano** | **le mani** | *hand* |

6. Monosyllabic nouns, either masculine or feminine, are invariable in the plural.

| | | |
|---|---|---|
| **il re** | **i re** | *king* |
| **la gru** | **le gru** | *crane* |
| **lo sci** | **gli sci** | *ski* |

[11] Note the idiom **fare un brịndisi alla salute di qualcuno** *(to toast someone's health)*.

7. The following nouns have irregular plural forms.

| | | |
|---|---|---|
| **l'uomo** | **gli uọmini** | *man* |
| **il dio** | **gli dèi** | *pagan god* |
| **il bue** | **i buoi** | *ox* |
| **l'ala** | **le ali** | *wing* |

### *EXERCISES*

A. *Give the plural of the following words.*

1. il grand'albergo 2. il lungo diạlogo 3. il largo lago 4. la pịccola mano 5. la moto rossa 6. l'arma nemica 7. il teọlogo francese 8. la radio italiana 9. il vecchio bue 10. il giọvane psicọlogo 11. la tesi americana 12. il luogo interessante 13. l'anạlisi necessaria 14. l'ala azzurra

B. *Change the following sentences to the plural.*

1. Quell'uomo è molto alto.
2. Conosco un radiọlogo spagnolo.
3. Il teọlogo straniero alloggia in quest'albergo.

La Galleria di Milano: negozi, ristoranti, caffè e sempre tanta gente.

4. Ecco il nuovo ospedale; è largo e lungo.
5. Lo zio non sa quale moto comprare.
6. Quello psicọlogo è molto bravo.
7. Vicino al paese c'è un magnịfico lago.
8. La mano di Stefania è molto bianca e lunga.
9. Il re di Spagna ạbita a Madrid.
10. Ecco un bue molto tranquillo.

Non so dove.

## 2. *Sapere*

The present indicative of the irregular verb **sapere** is:

sapere *(to know, be aware of)*

**so** *(I know, am aware of)*
**sai**
**sa**
**sappiamo**
**sapete**
**sanno**

Non sai che Roberto va in montagna domani? — *Don't you know that Robert is going to the mountains tomorrow?*

Sappiamo che il radiọlogo arriva all'ospedale alle 9,15. — *We know that the radiologist arrives at the hospital at 9:15.*

Loro non sanno che lei è qui. — *They are not aware that she is here.*

While **sapere** means *to know something* as a matter of information, **conoscere**, which is regular, means *to know* in the sense of *being acquainted with* someone or with something.

Noi **conosciamo** i vostri genitori, ma non **sappiamo** dove abitano. — *We know [are acquainted with] your parents, but we do not know [have the information] where they live.*

### *EXERCISE*

C. *Give the present indicative of* **sapere** *or* **conoscere**, *as appropriate.*

1. Francesco, _______ quando arriva l'autobus per andare in centro?
2. Io non _______ il direttore amministrativo dell'ospedale Sant'Agnese.
3. Quel professore _______ molte cose interessanti.
4. Scusi, signor Livi, _______ che ore sono per favore?
5. Carla, tu _______ bene questa città?
6. Voi _______ quanto costa un buon pranzo da Alfredo?
7. Noi non _______ sua moglie.
8. Loro non _______ che io mi chiamo Giuseppe.
9. Dottor Mezzi, Lei _______ dove alloggeranno i signori Battistini?
10. I miei amici milanesi _______ bene Cortina d'Ampezzo.

| | |
|---|---|
| Andremo sulle Dolomiti. | E Lei che **farà**? |
| **Staremo** all'albergo. | **Verrà** con noi. |

## 3. Future of *andare, fare, stare, venire*

| andare | fare | stare | venire |
|---|---|---|---|
| **andrò** *(I will go)* | **farò** *(I will do, make)* | **starò** *(I will stay)* | **verrò** *(I will come)* |
| **andrai** | **farai** | **starai** | **verrai** |
| **andrà** | **farà** | **starà** | **verrà** |
| **andremo** | **faremo** | **staremo** | **verremo** |
| **andrete** | **farete** | **starete** | **verrete** |
| **andranno** | **faranno** | **staranno** | **verranno** |

These apparently irregular future forms are often the result of contractions or changes that took place in regular forms that were formerly in use (e.g. **andrò** derives from **anderò** and **verrò** from **venirò**). In any case, all these irregular verbs should be memorized, *not* guessed.

### *EXERCISES*

D. *Give the correct form of the future of the verb in parentheses.*

1. (venire) Le prọssime feste natalizie noi ______ da voi per tre giorni.
2. (sciare) Quei signori ______ sulle Dolomiti.
3. (fare) A giugno Giulio e Teresa ______ due esami all'università.
4. (parcheggiare) Non sappiamo dove loro ______ la mạcchina.
5. (andare) Ragazzi, quando ______ dal dottore?
6. (stare) In quale pensione ______ quei mẹdici americani?
7. (fare) Che cosa ______ tu giovedì?
8. (restare) ______ a casa voi la settimana prọssima?
9. (chiamare) Signora Becchini, quando ______ il Suo amico?
10. (venire) Lui ______ qui per parlare con voi.
11. (alloggiare) A Roccaraso io ______ alla pensione Verona.
12. (stare) ______ a casa tu durante le feste?
13. (arrivare) So che loro ______ a Pạdova in moto.
14. (andare) Lui ______ in centro da solo.
15. (tornare) A che ora tu ______ lunedì?

E. *Your friend Susanna wants to go on vacation with you. She calls you to get some information.*

1. Farai un viaggio durante le vacanze natalizie?
2. Dove andrai per le vacanze?
3. Starai in un hotel o in un appartamento?
4. Voglio venire anch'io. A che ora verrai a casa mia?

5. Andremo a sciare tutti i giorni?
6. Che cosa faremo la sera?

F. *Take turns asking and answering these questions in Italian.*

1. Do you know Cortina d'Ampezzo?
2. Do you know at what time the train leaves?
3. What will you do for the Christmas holidays?
4. Do you know where Giorgio lives?
5. Do you know my cousin Mario?
6. Will your friends go to the beach?
7. Do you know who you will visit for Christmas?
8. Will you and your sister stay home tonight?
9. Do you know some of the foreign students at your school?
10. Will you come to school next Friday?

# PAROLE UTILI

## Negozi di generi alimentari *(Food Stores)* / I prodotti *(Produce)*

| Negozi | Prodotti | |
|---|---|---|
| **LA LATTERIA** *milk store*<br>il **lattaio,** la **lattaia** *milkman, milkwoman* | il **burro**<br>il **formaggio**<br>il **latte** | butter<br>cheese<br>milk |
| **LA MACELLERIA** *butcher shop*<br>il **macellaio** *butcher* | la **carne** | meat |
| **IL NEGOZIO DI FRUTTA E VERDURA** *fruit & vegetable shop*<br>il **fruttivẹndolo,** la **fruttivẹndola** *fruit vendor* or *greengrocer* | la **frutta**<br>la **verdura** | fruit<br>vegetables |
| **LA PANETTERIA, IL FORNO**[12] *bakery*<br>il **fornaio,** la **fornaia** *baker* | la **farina**<br>il **pane**<br>la **pasta** | flour<br>bread<br>pasta (of all types and shapes) |
| **LA PASTICCERIA**[13] *pastry shop*<br>il **pasticciere,** la **pasticciera** *pastry cook* | il **dolce**<br>la **torta**<br>il **pasticcino** | cake, dessert<br>pie<br>pastry |
| **LA PESCHERIA** *fish store*<br>il **pescivẹndolo,** la **pescivẹndola** fish *vendor* | il **pesce**<br>i **frutti di mare** | fish<br>seafood |
| **LA POLLERIA** *poultry shop*<br>il **pollaiolo,** la **pollaiola** *poultryman, poulter* | il **pollo**<br>il **gallo**<br>la **gallina** | chicken<br>rooster<br>hen |
| **LA SALUMERIA** *grocery store*<br>il **salumaio,** la **salumaia** *(grocer)* | il **cibo in scatola**<br>l'**olio**<br>il **prosciutto**<br>il **salame**<br>il **pepe** | canned food<br>oil<br>ham<br>salami<br>pepper |

[12] Il forno also means *oven.*

[13] Pasticcerie also sell all types of candies and chocolate.

***EXERCISE***

G. *Using the **Parole Utili** describe the items available in the shops in the illustration and say what the shopowners are called.*

# DIALOGO B

***A FARE LA SPESA***

*La signora Bettini oggi deve andare a fare la spesa. In casa ha soltanto poche cose: del latte, delle uova, del formaggio, del burro e un pezzo di pollo. Appena uscirà passerà dalla banca a incassare un assegno di cinquantamila lire, poi andrà dal macellaio, dal fornaio e dal fruttivendolo. Dopo, se avrà tempo, comprerà del vino.*

*[Nella macelleria]*

SIGNORA BETTINI Vorrei due bistecche di manzo, ma non troppo grosse.
MACELLAIO Vanno bene queste, signora?

Vetrina di una pasticceria rionale.

SIGNORA BETTINI Sì. E anche quattro etti[14] di carne tritata, per favore.
MACELLAIO Ecco a Lei. Altro?
SIGNORA BETTINI No, grazie. Quanto pago in tutto?

*[Nella panetteria]*
FORNAIO Buon giorno, signora. Desidera?
SIGNORA BETTINI Un chilo[15] di pane fresco . . . e mezzo chilo di pasta.
FORNAIO Che tipo di pasta preferisce?
SIGNORA BETTINI Delle tagliatelle,[16] per piacere.
FORNAIO È tutto, signora?
SIGNORA BETTINI Basta così per oggi.

*[Nel negozio di frutta e verdura]*
FRUTTIVẸNDOLA Vuole delle mele, signora? Oggi sono proprio buone.
SIGNORA BETTINI No, grazie. Oggi non ho bisogno di frutta.
FRUTTIVẸNDOLA Cosa desidera allora? Dell'insalata, degli zucchini?
SIGNORA BETTINI Sì, un cesto di lattuga e poi . . . qualche foglia di basilico e un po' di prezzẹmolo.
FRUTTIVẸNDOLA Metto tutto in questa sportina?
SIGNORA BETTINI Benịssimo, grazie.

[14] An etto is one hectogram (100 grams), equal to about 3.5 oz.
[15] A kilo (1,000 grams) equal to about 2.2 lbs.
[16] A ribbon-like form of pasta.

Negozio di frutta e verdura a Siena.

Una grande salumeria milanese.

Vetrina di una salumeria a Venezia.

### *COMPREHENSION QUESTIONS*

1. Cosa deve fare oggi la signora Bettini?
2. Che cosa ha in casa?
3. Perchè passerà dalla banca prima di fare la spesa?
4. Cosa compra la signora Bettini nella macelleria?
5. Quanto pane compra dal fornaio?
6. Quanta pasta vuole e che tipo preferisce?
7. Compra della frutta?
8. Vuole della verdura la signora Bettini?

***FOOD SHOPPING.*** Even though many cities and towns have large American-style supermarkets (**il supermercato**), the great majority of Italians still prefer to go grocery shopping daily in small family-owned stores in their neighborhood. At least once a week, in several areas of each city, there are large open-air markets (**il mercato all'aperto**) offering, often at bargain prices, all types of foodstuffs, meat, fresh produce, and dairy products.

# STRUTTURA E FUNZIONE

A casa ho delle **uova**.

## 4. Irregular Nouns

Some Italian nouns are masculine in the singular and feminine in the plural.

| | | |
|---|---|---|
| **il miglio** | **le miglia** | *mile* |
| **il paio** | **le paia** | *pair, couple* |
| **l'uovo** | **le uova** | *egg* |

| | |
|---|---|
| Compra soltanto **un paio** di scarpe. | *He only buys a pair of shoes.* |
| Ecco tre belle **paia** di calzoni. | *Here are three nice pairs of pants.* |
| Quest'**uovo** non è buono. | *This egg is not good.* |
| Dove sono le **uova?** | *Where are the eggs?* |
| Da qui a lì c'è soltanto un **miglio.** | *From here to there is only a mile.* |
| Questa via è lunga otto **miglia.** | *This street is eight miles long.* |

### *EXERCISE*

H. *Give the Italian equivalents of the following sentences.*

1. I have only one egg at home. 2. They will buy some new pairs of shoes for the Christmas holidays. 3. There are many eggs in that poultry shop. 4. She is bringing her brother a couple of Italian shirts. 5. It's 256 miles from Cortina to Milan.

Non **vorrà** restare da solo.
Se **potrà**, **verrà** da noi.
Purtroppo **dovrà** studiare.

## 5. Future of *dovere, potere, volere*

| dovere | potere | volere |
|---|---|---|
| **dovrò** *(I will have to)* | **potrò** *(I will be able to)* | **vorrò** *(I will want, wish)* |
| **dovrai** | **potrai** | **vorrai** |
| **dovrà** | **potrà** | **vorrà** |
| **dovremo** | **potremo** | **vorremo** |
| **dovrete** | **potrete** | **vorrete** |
| **dovranno** | **potranno** | **vorranno** |

### *EXERCISE*

I. *Supply the correct subject pronouns.*

1. dovranno 2. verrò 3. starò 4. potranno 5. posso 6. vorrà 7. dovrai 8. veniamo 9. vorremo 10. faccio

Quando **tornerò** a Milano, La **chiamerò**.

## 6. Idiomatic Use of the Future

### Double Future with *se, quando, appena*

In Italian the *"double future"* is required when the action of the *main* verb takes place in the future and the verb of the *subordinate* clause is preceded by **se** *(if)*, **quando** *(when)*, and **appena** *(as soon as)*. *Double future* simply means that both verbs in the sentence are in the future tense. In English, by contrast, only the verb in the main clause is in the future tense, while the verb of the subordinate clause is in the present tense.

| | |
|---|---|
| Se andremo in Italia, visiteremo Roma.<br>FUTURE FUTURE | *If we go to Italy, we will visit Rome*<br>PRESENT FUTURE |
| Quando lui uscirà, io mangerò. | *When he goes out, I will eat.* |
| Appena Anna telefonerà, tu risponderai. | *As soon as Ann calls, you will answer.* |

### Future of Probability

The future is also used in Italian to express probability, possibility, or speculation, corresponding more or less to the English present *it must be, it's probably, I wonder who he is (what it is),* etc.

| | |
|---|---|
| Scusi, signore, che ore sono? Saranno le due.<br>FUTURE | *Excuse me, sir, what time is it? It must be 2 o'clock.*<br>PRESENT |
| Giạcomo non lavora oggi. Non starà bene.<br>FUTURE | *James is not working today. He must not be feeling well.*<br>PRESENT |
| Mamma, c'è una lettera per te. Sarà di Luigi.<br>FUTURE | *Mom, there is a letter for you. It's probably from Luigi.*<br>PRESENT |
| C'è un uomo davanti a casa mia. Chi sarà?<br>FUTURE | *There is a man in front of my house. I wonder who he is?*<br>PRESENT |

### *EXERCISES*

L. *Change the following verbs to the future.*

1. sei 2. finisco 3. dobbiamo 4. uscite 5. sto 6. vado 7. preferite 8. hanno 9. puoi 10. capịscono 11. voglio 12. viene 13. esco 14. vẹngono 15. devo 16. pọssono

M. *Give the proper form of the future.*

1. Marco è molto ricco; se lui (volere) ______ ,(potere) ______ acquistare quella bella mạcchina straniera. 2. La mamma (passare) ______ dal fornaio, appena (uscire) ______ . 5. Se voi non (studiare) ______ , non (andare) ______ a sciare domẹnica. 4. Se lei (fare) ______ la spesa, io (fare) ______ le pulizie. 5. Appena i ragazzi (finire) ______ la lezione, (andare) ______ fuori con gli amici. 6. Quando tu (venire) ______ dai tuoi genitori, (parlare) ______ a tua madre. 7. Se loro (essere) ______ d'accordo, noi (andare) ______ al cịnema con loro. 8. Quando (arrivare) ______ il vaglia, io (fare) ______ un lungo viaggio all'ẹstero. 9. Se io (mangiare) ______ da Alfredo, (spendere) ______ 30.000 lire. 10. Quando lui (tornare) ______ , (parcheggiare) ______ la macchina vicino al suo ufficio.

N. *Give the future of probability of the verbs in boldface.*

1. Chi è quella donna? **È** la salumaia del mio rione.
2. Che ore sono adesso? **Sono** le otto e mezzo.
3. Oggi Alfredo non ha l'auto. **Va** all'Ufficio Informazioni in autobus.
4. La zia compra soltanto poche cose. **Ha** già il pane, la frutta e il vino a casa.
5. Che fanno loro dal macellaio? **Comprano** della carne.
6. Io telefono ai miei genitori, ma loro non rispondono. **Sono** fuori.
7. Non conosciamo quelle signorine. Chi **sono?**
8. La signora Bellini e la figlia escono ora. **Vanno** in banca a incassare un assegno.

Quanto viene in tutto? **Quarantottomila settecento** lire.

## 7. Numbers from 101 to 1,000,000

| | | | |
|---|---|---|---|
| centouno | 101 | ventimilauno, ventimila uno | 20.001 |
| duecento | 200 | trentottomila | 38.000 |
| trecento | 300 | cinquantamilacinquecentoventi *or* cinquantamila cinquecento venti | 50.520 |
| quattrocento | 400 | settecentonovantamiladodici *or* settecento novantamila dodici | 790.012 |
| cinquecento | 500 | novecentomila | 900.000 |
| seicento | 600 | novecentonovantanovemila *or* novecento novantanovemila | 999.000 |
| settecento | 700 | un milione | 1.000.000 |
| ottocento | 800 | | |
| novecento | 900 | | |
| mille | 1.000 | | |
| duemila | 2.000 | | |
| tremila | 3.000 | | |
| diecimila | 10.000 | | |
| ventimila | 20.000 | | |

*Note that:*

1. While English uses a comma to indicate units of thousands, Italian uses a period.

   Il biglietto ferroviario costa **48.700** lire. *The railway ticket costs 48,700 lira.*

2. When English uses a period with decimal numbers, Italians use a comma. In this case, the comma is read as an **e** *(and).*

   La casa di Gino è lunga metri **11,35 (undici e trentacinque).** *Gino's house is 11.35 meters long.*

3. **Mille** means *one thousand,* but it becomes **mila** in multiples of 1,000.
4. **Un milione** means *one million;* the plural of **milione** is **milioni**.

   La mia nuova macchina costa diciotto milioni. *My new car costs 18 million lira.*

***ITALIAN CURRENCY.*** The **lira** (from the Latin *libra,* meaning *pound*) is the basic monetary unit of Italy. Until the beginning of World War II, one **lira** comprised one hundred **centesimi** *(cents).* Today the smallest coins in circulation are 50 and 100 **lira** coins. There are also 1.000, 2.000, 5.000, 10.000, 50.000, and 100.000 **lira** notes.

***EXERCISES***

O. *Give the Italian words for the following numbers.*

1. 3.727 2. 11.991 3. 22.333 4. 100.002 5. 44.991 6. 333.333 7. 8.918
8. 77.444 9. 51.111 10. 666.666 11. 1.000.000 12. 10.500.800

P. *Spell out the numbers in parentheses.*

1. Il fornaio va in banca e incassa un assegno di (300.890) ______ lire.
2. In questa città ci sono (50.300) ______ uomini e (61.000) ______ donne.
3. In quell'università studiano (8.888) ______ studenti stranieri.
4. Lui compra un vestito, un paio di scarpe, una camicia e una cravatta e spende in tutto (410.000) ______ lire.
5. Oggi sono ricco; a casa ho un vaglia di (888.760) ______ lire.

Q. *Andrea is broke, but he always talks about spending money, even his friend Tommaso's money. Re-enact their conversation.*

A. Voglio comprare una macchina. Quanto costerà?
T. Un'automobile? Una Fiat piccola costerà dai 12.000.000 ai 15.000.000.
A. È troppo. Forse comprerò una motocicletta giapponese.
T. Ma sai quanto costa?
A. No, e tu?
T. Costa 1.859.000 lire. (*or:* Lit. 1.859.000)
A. Costa troppo! Tommaso, hai 250.000 lire? (*or* Lit. 250.000)
T. Perchè?
A. Perchè comprerò una bicicletta. Costa 375.738 lire. (*or* Lit. 375.738)
T. Ma perchè vuoi da me 250.000 lire? (*or* Lit. 250.000)
A. Perchè ho solo 100.738 lire. (*or* Lit. 100.738)

Tre biglietti di **seconda** classe.

## 8. Ordinal Numbers

Numbers such as 5, 15, 33, 75, 150, are called *cardinal numbers* because of their pivotal importance with regard to mathematical sciences. As already noted in

Lesson 1, cardinal numbers do not change form, except for the numeral **uno**, which, when it precedes a noun, has the same forms as the indefinite article **uno**, **una**, and **un'**.

Numbers, such as first, third, fifteenth, and fifty-second, are called *ordinal numbers* because they indicate a specific position in a progressive numerical series. In Italian, ordinal numbers are really numerical adjectives; they precede the noun and *agree with it in gender and number.* The first ten ordinals are:

| | | | |
|---|---|---|---|
| **primo, a** | *first* | **sesto, a** | *sixth* |
| **secondo, a** | *second* | **settimo, a** | *seventh* |
| **terzo, a** | *third* | **ottavo, a** | *eighth* |
| **quarto, a** | *fourth* | **nono, a** | *ninth* |
| **quinto, a** | *fifth* | **dẹcimo, a** | *tenth* |

To form any other ordinal number after **dẹcimo** *(tenth),* just drop the last vowel of the cardinal number and add **-ẹsimo**, **-a**.

| | |
|---|---|
| **undicesimo, a** | *eleventh* |
| **ventesimo, a** | *twentieth* |
| **centesimo, a** | *one hundredth* |
| **duecentoquattrẹsimo, a** | *two hundred and fourth* |
| **quattrocentoventunesimo, a** | *four hundred and twenty-first* |
| **millesimo, a** | *one thousandth* |

When, however, the cardinal number ends with **-tre**, the last vowel is retained.

| | |
|---|---|
| **ventitreẹsimo, a** | *twenty-third* |
| **sessantatreesimo, a** | *sixty-third* |

| | |
|---|---|
| Elisabetta è la tientatreẹsima studentessa americana. | *Elizabeth is the thirty third American student.* |
| Domani è il suo venticinquẹsimo compleanno. | *Tomorrow is his twenty-fifth birthday.* |
| Questa è la mia sẹttima automọbile. | *This is my seventh automobile.* |

### EXERCISE

R. *Translate the ordinal numbers in parentheses.*

1. *(our thirtieth)* Questo è ______ viaggio all'estero.
2. *(the second)* Martedì è ______ giorno della settimana.
3. *(twenty-first)* Ora compriamo il nostro ______ libro inglese.
4. *(the eleventh)* Novembre è ______ mese dell'anno.
5. *(his forty-third)* Giuseppe compra ______ biglietto ferroviario.
6. *(her fifty-ninth)* Questa è ______ lezione di spagnolo.
7. *(the first)* Gina è molto brava; è ______ studentessa della classe.
8. *(my fifth)* Questo è ______ viaggio in Itạlia.

### TOPICS FOR CONVERSATION

1. (Two students) You have a week of vacation coming and you want to go skiing. Ask a friend, who travels a lot, where to go and what kind of accommodations you will be able to find there. Change roles and repeat.
2. (Two students) You go to your usual grocery store, greet the grocer, and purchase a good supply of food items. Change roles and repeat.
3. (Two or three students) A prize winner has only a few hours in which to spend 350.000 lira. The winner can buy foodstuffs as well as personal articles (clothing, shoes, etc.). The lucky person explains to questioning parents/husband/wife how the money will be spent.

# VOCABOLARIO

## NOUNS

| | |
|---|---|
| l'**affitto** | *rent* |
| l'**ala** | *wing* |
| l'**albergo** | *hotel* |
| l'**assegno** | *check* |
| l'**auto** | *automobile, car* |
| il **basịlico** | *basil* |
| il **bisogno** | *need* |
| la **bistecca** | *steak* |
| il **brịndisi** | *toast (in drinking)* |
| il **bue** | *ox* |
| il **burro** | *butter* |
| il **Capodanno** | *New Year's Day* |
| la **carne tritata** | *ground beef* |
| la **carne** | *meat* |
| il **cesto di lattuga** | *head of lettuce* |
| la **chiacchierata** | *long talk* |
| il **chilo** | *kilogram* |
| il **dio** | *(pagan) god* |
| il **dolce** | *cake, dessert* |
| l'**etto** | *hectogram* |
| la **farina** | *flour* |
| la **foglia** | *leaf* |
| il **formaggio** | *cheese* |
| la **fornaia** | *baker* (f) |
| il **fornaio** | *baker* (m) |
| il **forno** | *bakery, oven* |
| il **frutto di mare** | *seafood* |
| la **gallina** | *hen* |
| il **gallo** | *rooster* |
| il **gẹnere alimentare** | *foodstuff* |
| l'**insalata** | *(green) salad* |
| il **lago** | *lake* |
| la **lattaia** | *milkwoman* |
| il **lattaio** | *milkman* |
| il **latte** | *milk* |
| la **latteria** | *milk store, dairy* |
| la **lattuga** | *lettuce* |
| il **luogo** | *place* |
| il **macellaio** | *butcher* (m) |
| la **macelleria** | *butcher shop* |
| la **mano** | *hand* |
| il **manzo** | *beef, steer* |
| la **mela** | *apple* |
| il **miglio** (*pl.* miglia) | *mile* |
| la **moto** | *motorcycle* |
| il **Natale** | *Christmas* |
| il **negozio** | *store, shop* |
| la **neve** | *snow* |
| l'**olio** | *oil* |
| il **paese** | *village, town, country* |
| il **paio** (*pl.* le paia) | *pair, couple* |
| il **pane** | *bread* |
| la **panetteria** | *bakery* |
| la **pasticceria** | *pastry shop* |
| la **pasticciera** | *pastry cook* (f) |
| il **pasticciere** | *pastry cook* (m) |
| il **pasticcino** | *(small) pastry* |
| il **pepe** | *pepper* |
| la **pescheria** | *fish shop* |
| la **pescivẹndola** | *fish vendor* (f) |
| il **pescivẹndolo** | *fish vendor* (m) |
| il **pezzo** | *piece* |
| la **pianura** | *plain* |
| la **pianura padana** | *Po river valley* |
| la **pollaiola** | *poulterer* (f) |
| il **pollaiolo** | *poultryman* |
| la **polleria** | *poultry shop* |
| il **pollo** | *chicken* |
| il **posteggio** | *parking lot* |
| il **prezzẹmolo** | *parsley* |
| il **prosciutto** | *ham* |
| il **re** (*pl.* re) | *king* |
| la **salumeria** | *grocery* |
| la **salumaia** | *grocer* (f) |
| il **salumaio** | *grocer* (m) |
| lo **sci** | *ski* |
| la **spesa** | *purchase, expenditure, expense* |
| la **sportina** | *(plastic) shopping bag* |
| le **tagliatelle** | *type of pasta, noodles* |
| la **torta** | *pie, cake* |
| l'**uovo** (*pl.* uova) | *egg* |
| la **verdura** | *greens, vegetables* |
| il **vino** | *wine* |
| lo **zucchino** | *squash* |

## ADJECTIVES

| | |
|---|---|
| **grosso, a** | *big, large, thick* |
| **natalizio, a** | *Christmas* |
| **prọssimo, a** | *next* |
| **scorso, a** | *last* |
| **tranquillo, a** | *peaceful, calm* |
| **tritato, a** | *ground, minced* |

## VERBS

| | |
|---|---|
| **alloggiare** | *to lodge, stay* |
| **amare** | *to love* |

| | |
|---|---|
| **chiamare** | *to call, telephone* |
| **conversare** | *to converse, to talk* |
| **incassare** | *to cash* |
| **mẹttere** | *to put, place* |
| **parcheggiare** | *to park* |
| **restare** | *to stay, remain* |
| **sciare** | *to ski* |

OTHER WORDS

| | |
|---|---|
| **ancora** | *yet, still* |
| **appena** | *as soon as* |
| **brevemente** | *briefly* |
| **dopo** | *after, afterwards* |
| **La** | *you* (form. s., as direct object) |
| **lì** | *there* |
| **purtroppo** | *unfortunately* |
| **tutti** | *everyone, all* (pronoun) |
| **veramente** | *truly, really* |

COGNATES

| | |
|---|---|
| **amministrativo, a** | *administrative* |
| l'**anạlisi** | *analysis* |
| l'**appartamento** | *apartment* |
| la **crisi** (*pl.* le crisi) | *crisis* |
| il **diạlogo** | *dialogue* |
| il **direttore** | *director, manager* |
| l'**esame** | *exam* |
| **familiare** | *domestic, familiar* |
| **fresco, a** (*pl.* freschi, fresche) | *fresh* |
| la **frutta** | *fruit* |
| la **fruttivẹndola** | *fruit vendor, greengrocer* (f) |
| il **fruttivẹndolo** | *fruit vendor, greengrocer* (m) |
| **largo, a** | *large, big* |
| l'**hotel** | *hotel* |
| il **mercato** | *market* |
| il **supermercato** | *supermarket* |
| **milanese** | *Milanese* |
| la **montagna** | *mountain* |
| l'**ospedale** | *hospital* |
| il **prodotto** | *product, produce* |
| lo **psicọlogo** | *psychologist* |
| la **radio** | *radio* |
| il **radiọlogo** | *radiologist* |
| **riservato, a** | *reserved* |
| il **salame** | *salami* |
| il **teatro** | *theater* |
| il **tẹologo** | *theologian* |
| la **tesi** | *thesis* |
| il **tipo** | *type* |

IDIOMS

| | |
|---|---|
| **all'ẹstero** | *abroad* |
| **auguri di buone feste** | *Season's Greetings, Best wishes for a happy holiday* |
| **avere bisogno di** | *to need, have the need of* |
| **basta così per oggi** | *that's enough for today* |
| **Buon Anno!** | *Happy New Year!* |
| **Buon Natale!** | *Merry Christmas!* |
| **come mai?** | *how come? how is that?* |
| **è vero** | *it's true* |
| **è vero?** | *is it true?* |
| **fare la spesa** | *grocery shopping, marketing for food* |
| **fare una bella chiacchierata** | *to have a nice, long chat* |
| **fare un esame** | *to take an exam* |
| **fare un viaggio** | *to take a trip* |
| **lì vicino** | *near there* |
| **prẹndere in affitto** | *to rent* |
| **vorrebbe** | *he, she, you* (form. s.) *would like* |

# REVIEW 1

A. *Change the following to the plural.*

1. il miglio 2. il paio 3. l'uovo 4. il radiọlogo 5. l'uomo 6. l'ala 7. l'aẹreo 8. l'americano 9. il caffè 10. la radio 11. la basịlica 12. l'orologio 13. l'arạncia 14. la camịcia

B. *Change the following verbs from the present to the future.*

EXAMPLE: parlo = parlerò

1. vai 2. facciamo 3. capisco 4. state 5. siamo 6. vẹngono 7. ha 8. andiamo 9. devi 10. possiamo 11. vọgliono 12. fai 13. preferisce 14. vuole

C. *Change the following sentences from singular to plural.*

1. L'amico di Gino è italiano.
2. Vado al mare e questa ragazza viene con me.
3. La signorina andrà all'ufficio postale e spedirà un pacco.
4. Ecco una bella auto italiana.
5. Lo studente ha la penna nella mano destra.
6. Tu dai il biglietto a Carla e la valigia a Luigi.
7. Tuo fratello partirà con un suo amico.
8. Non parlo con te, parlo con lui!
9. Quel mọnaco cattọlico ha uno zio a Genova.
10. Questo bel libro è dell'amica di Sofia.

D. *Ask another student.*

1. Quanti anni hai?
2. Dove abiti?
3. Qual è il tuo numero di telefono?
4. Che giorno è oggi?
5. Quali sono i mesi e le stagioni dell'anno?
6. Che cosa fai stasera?
7. Andrai in Italia quest'estate?
8. Quante persone ci sono nella tua famiglia?
9. Dove abitano i tuoi genitori?
10. Che cosa puoi comprare dal fruttivendolo?
11. In Italia dove puoi comprare i francobolli?
12. Andrai al cinema venerdì sera?
13. In che giorno vai a fare la spesa?
14. A che ora comincia questa lezione?
15. Che cosa farai domenica prossima?

E. *Complete the following sentences with appropriate prepositions.*

1. Partirò ______ Milano ______ aereo e andrò ______ Stati Uniti. 2. ______ che ora finisce la lezione? 3. Questo rapido parte ora ______ Roma e arriva ______ Parigi domani. 4. Stasera il signor Gerini mangerà ______ "Sabatini." 5. Ricevo una lettera ______ mamma. 6. Anna telefonerà ______ zia. 7. Andate ______ tabaccaio a comprare un po' di

sale. 8. Quanti sono i mesi ______ anno? 9. Viaggi ______ treno? No, preferisco viaggiare ______ auto. 10. Questa cravatta è ______ tuo padre? No, è ______ zio Carlo. 11. Vieni ______ centro ______ me? 12. Studiamo ______ imparare. 15. La fruttivẹndola mette la lattuga ______ una sportina. 14. Appena uscirò, passerò ______ banca.

F. *Give the present or future, as appropriate, for the verbs in parentheses.*

1. Oggi Marco (telefonare) ______ a Sandra perchè (volere) ______ uscire con lei.
2. Domenica prossima noi (andare) ______ in campeggio al mare, (dormire) ______ in una tenda e (mangiare) ______ al ristorante.
3. Alberto, perchè non (finire) ______ di leggere quel libro?
4. Adesso Riccardo (essere) ______ contento perchè (avere) ______ una nuova auto.
5. Questa mattina Francesco e Luisa (aspettare) ______ degli amici, loro (dovere) ______ arrivare da Bologna alle dieci.
6. Il mese prọssimo il dottor Longhi (lavorare) ______ all'Università.
7. Fra tre settimane la mamma (preparare) ______ un bel pranzo.
8. Dove (alloggiare) ______ tu, Enrico?
9. Al ristorante del campeggio noi (pagare) ______ sempre tutto in anticipo.
10. Loro non (sapere) ______ mai niente perchè non (capire) ______ niente.

G. *Give the Italian equivalent for the following sentences.*

1. What are you doing, Antonio? I'm waiting for my wife.
2. Olga is here already. She is always an early riser.
3. I never agree with him.
4. To go to Torino, you need to buy a round trip ticket.
5. We want to send those letters airmail.
6. He needs to buy some fruit, a bit of sugar, and a few eggs.
7. I'm sorry but they are not at home now.
8. She can't go out with her friends because she must clean the house.
9. Dr. Vecchietti, when are you taking a trip to France?
10. Laura is having a nice long talk with her grandmother.

H. *Complete the following sentences.*

1. Non conosco *(those American theologians).*
2. In quel negozio Marta vede *(many foreign radios).*
3. Vado all'ufficio postale per incassare *(these money orders).*
4. Quando andiamo a Venezia compriamo sempre *(a few picture postcards).*
5. Desidero *(some matches),* per piacere.
6. Lui spende molto denaro *(at the tobacconist).*
7. *(In the park)* vicino alla stazione ci sono *(many trees).*
8. Vorrei *(a few French cigarettes).*
9. In centro c'è sempre *(a lot of traffic).*
10. In quella pensione abitano *(twenty-one Greek students).*

# LESSON 6

| COMMUNICATION SKILLS | STRUCTURES | CULTURE |
| --- | --- | --- |
| Using object pronouns instead of nouns<br>Using negative expressions<br>Stating what happened | 1. Nouns used only in the plural<br>2. *Rimanere, tenere*<br>3. Direct object pronouns<br>4. *Nessuno, niente, nulla* and other negative expressions<br>5. Formation and use of the past participle<br>6. Transitive and intransitive verbs<br>7. The *passato prossimo*<br>8. Position of *ancora, già, mai, sempre* in a sentence | Education in Italy<br>Verona |

## PARTE NARRATIVA A

### *LA LEZIONE DI LATINO*

Giancarlo Pullini, insegnante di latino al liceo statale "Torquato Tasso",[1] non è affatto contento. Durante l'intera settimana ha spiegato parẹcchie volte le stesse rẹgole, ma nessuno le ricorda correttamente. La verità è che gli allievi che frequẹn-

[1] Torquato Tasso, author of the heroic epic **Gerusalemme Liberata** *(Jerusalem Delivered)* was born in Sorrento (near Naples) in 1544. He lived for many years at the court of the Este family in Ferrara, then moved to Mantua and finally to Rome where he died in 1595. Tasso's works were very popular not only in Italy, but in all of Europe, influencing particularly the English poets Spenser and Milton. Besides **Gerusalemme Liberata**, the beautiful pastoral play **Aminta** figures among his important writings.

tano la sua classe tẹngono sempre il libro sotto il naso[2] ma non lo lẹggono nè a casa nè[3] a scuola.

Seccato, l'insegnante domanda: «Ma ragazzi,[4] mi capite quand'io spiego?» «Sì, professore, La capiamo», risponde uno studente con gli occhiali.

«E allora perchè fate ancora tanti sbagli?»

«La grammạtica latina non è fạcile; ci sono troppe rẹgole da ricordare», risponde un'allieva seduta accanto alla finestra.

Il professore esclama: «È diffịcile per coloro che non vọgliono imparare niente. È necessario studiare la lezione per capirla!»

E mentre i ragazzi e le ragazze lo ascọltano in silenzio, dice: «Come cọmpito per la prọssima settimana completerete gli esercizi del capịtolo tredicẹsimo. Ora potete andare. La lezione è finita!»

***COMPREHENSION QUESTIONS***

1. È vero che Giancarlo Pullini è insegnante di francese?
2. Come si chiama la scuola?
3. Che tipo di scuola è?
4. Perchè nessuno studente ricorda le rẹgole di grammạtica?
5. I ragazzi capịscono il professore quando spiega?
6. Perchè gli studenti fanno tanti sbagli?
7. Che cosa è necessario fare per imparare bene la lezione?
8. Che cosa dẹvono fare gli studenti per la prossima settimana?

# STRUTTURA E FUNZIONE

uno studente con **gli occhiali**

## 1. Nouns Used Only in the Plural

Some masculine and feminine nouns are used only in the plural. The most commonly used nouns are:

| | |
|---|---|
| i **calzoni** / i **pantaloni** | *pants* |
| i **dintorni** | *outskirts, suburbs* |
| gli **occhiali** | *glasses* |
| le **fọrbici** | *scissors* |

| | |
|---|---|
| Questi calzoni sono troppo lunghi. | *These pants are too long.* |
| Ạbitano nei dintorni di Venezia. | *They live in the outskirts of Venice.* |
| Dove sono le fọrbici della mamma? | *Where are mother's scissors?* |
| I miei pantaloni sono molto cari. | *My pants are very expensive.* |

[2] Italian uses the definite article instead of the possessive with parts of the body and often with possession when it is clear from the context who the possessor is.

[3] Note that the double negative **non lo leggono nè a casa nè a scuola** *(they don't read . . . neither at home nor at school)* is correct in Italian.

[4] Note that in addressing both boys and girls, the teacher uses the masculine plural **ragazzi**. As previously pointed out, unless a group of two or more—whether things or persons—is entirely feminine, the masculine form of address and collective nouns is used.

***EDUCATION IN ITALY.*** Italy has a nationwide public school system headed by a cabinet member, the **Ministro della Pubblica Istruzione** *(Secretary of Education),* residing in Rome. To him report the *School Superintendents,* who supervise all personnel, curricular, and administrative matters in the schools in the provinces of their jurisdiction.

Italian schools are divided into three main groups: **la scuola elementare** (*elementary school,* grades 1 to 5); **la scuola media unificata** (*unified middle school,* grades 6 to 9), and **la scuola media superiore** (*high school,* grades 9 to 13). Italian children are required by law to attend only eight years of school.

Italian high school students may choose among several types of schools, each offering specialization in different fields: **il liceo classico** in the humanities; **il liceo scientifico** in the sciences; **il liceo artistico** in the fine arts; **l'istituto magistrale** in education (the training of future elementary school teachers), and **l'istituto tecnico** in technical studies, leading to diplomas in drafting, land surveying, accounting, master contracting, appraising, etc. To graduate from any of these high schools, students are required to take a set of written and oral exams, to test their overall preparation in their particular field of concentration. The written part of this final examination, which varies for each type of school, is prepared by central school authorities in Rome and is, therefore, the same for all graduating seniors in the country attending the same kind of high school.

The **liceo classico** was until recently the elite Italian school, since its graduates were allowed to enroll in any degree-granting program at the university of their choice. This is no longer true, however. Today all high school graduates, regardless of the type of school they attended, are eligible for admission to a university and can major in any field they choose.

In addition to public schools, there are many private schools in Italy, most of them owned and operated by the Catholic Church. In these schools a good percentage of the faculty is made up of lay teachers. Most private schools follow the same academic programs adopted by the public schools, and the degrees they grant are usually recognized by the government. Private school

Studenti dell'Università di Pavia durante una lezione.

Studenti liceali a Firenze.

seniors must take the same final exam given to students in the public school system. This exam is generally administered by an outside committee made up of public school teachers and university professors appointed for this specific purpose by local school superintendents.

In Italy, with a few exceptions,[5] almost all institutions of higher learning are state-owned and fall, therefore, under the jurisdiction of the **Ministero della Pubblica Istruzione** *(Ministry of Public Education).* These institutions, regardless of their size or prestige, are all called **università** and traditionally enjoy a certain degree of autonomy. Tuition is extremely low, usually not more than $150–$200 per year, and needy students receive financial aid in the form of monthly stipends.

A university is normally divided into **facoltà** *(schools),* each comprising several **istituti** *(institutes)* or **dipartimenti** *(departments).* The head of the university is **il Magnifico Rettore** *(President)* elected by the members of the *Academic Senate.* Most Italian universities grant only one degree, **il diploma di laurea** or **laurea** *(university degree),* which gives the holder the right to bear the title of **dottore** or **dottoressa**. This degree is generally earned after four, five, or six years of study, depending on the field of specialization.

The academic year usually starts in early November and ends in June and is not divided into semesters or quarters (there is no summer session). To complete their degree, students must take a fixed number of courses and exams and write a thesis. Exams do not have to be taken at the end of each course, but can be postponed until the student feels ready for them. There are at least three exam periods per year (early fall, late winter, and early summer). Most exams are oral and are given by the major professor responsible for the course, assisted by some of his younger colleagues. The highest mark a student can earn is a **30 con lode** *(30 cum laude),* the equivalent of an *A+* in an American university. The lowest passing grade is **18** (a *D−*).

[5] Degrees granted by private universities are fully recognized by the state. The best-known private institution is the **Università Cattolica del Sacro Cuore** of Milan.

Tengono il libro sotto il naso.

## 2. *Rimanere* and *tenere*

Rimanere *(to remain, to stay)* and **tenere** *(to have)* are irregular in the present indicative.

| rimanere *(to remain, stay)* | tenere *(to hold, keep, have)* |
|---|---|
| **rimango** *(I remain, stay)* | **tengo** *(I hold, keep, have)* |
| **rimani** | **tieni** |
| **rimane** | **tiene** |
| **rimaniamo** | **teniamo** |
| **rimanete** | **tenete** |
| **rimạngono** | **tẹngono** |

Oggi non lavoriamo; rimaniano a casa. — *Today we do not work; we are staying home.*
Lui tiene sempre il libro sotto il naso. — *He always has his book under his nose.*
Teniamo l'automọbile nel posteggio. — *We keep the car in the parking lot.*
Loro rimạngono all'ẹstero per tre mesi. — *They remain abroad for three months.*

***EXERCISES***

A. *Supply the correct present tense of the verbs in parentheses.*

1. (tenere) La mamma ______ le fọrbici nella sua camera.
2. (rimanere) Perchè voi ______ a scuola dopo le sẹdici?
3. (ricordare) I suoi allievi non ______ mai le rẹgole di grammạtica.
4. (rimanere) Io non ______ mai all'università dopo le sette di sera.
5. (spiegare) Chi ______ la lezione agli studenti?
6. (tenere) I macellai ______ molta carne nei loro negozi.
7. (completare) Lei ______ gli esercizi del capịtolo ụndici.
8. (esclamare) Loro ______ sempre «Mi dispiace», ma poi dimẹnticano di studiare.
9. (parlare) Quando la mamma dice «silenzio!» noi non ______.
10. (leggere) Quando loro ______ hanno bisogno degli occhiali.

B. *Give original answers to the following questions.*

1. Rimanete al ristorante fino a tardi?
2. Che cosa tiene in mano il bambino?
3. Tieni il compito di Tiziana nel tuo zaino?
4. Rimani alla stazione per l'arrivo del treno?
5. I tuoi amici rimạngono a casa stasera?
6. Dove tenete gli occhiali da sole?

Quando tornerò a Milano, **La** chiamerò. Nessuno **le** ricorda. Non **lo** lẹggono.

## 3. Direct Object Pronouns

A direct object in a sentence is the person or thing that receives the action of the verb. It may be a noun or pronoun.

### Use

Direct object pronouns are always used in conjunction with verbs. They replace nouns or noun phrases. In the chart below direct object pronouns are listed opposite the subject pronouns.

| SUBJECT PRONOUNS | DIRECT OBJECT PRONOUNS | ENGLISH EQUIVALENT |
|---|---|---|
| io | **mi** | *me* |
| tu | **ti** | *you* (fam. s.) |
| lui, esso | **lo** | *him, it* (m) |
| lei, essa | **la** | *her, it* (f) |
| Lei | **La** | *you* (form. s.) |
| noi | **ci** | *us* |
| voi | **vi** | *you* (fam. pl.) |
| loro, essi | **li** | *them* (m) |
| loro, esse | **le** | *them* (f) |
| Loro (m) | **Li** | *you* (form. pl. m) |
| Loro (f) | **Le** | *you* (form. pl. f) |

### *Position*

1. The direct object pronoun precedes an indicative verb.

Il professore domanda: «**Mi** capite quando spiego?» — *The professor asks: "Do you understand me when I explain?"*
Maria arriva oggi, e io **l'**incontro alla stazione. — *Mary arrives today, and I meet her at the station.*

2. In a negative sentence, the direct object pronoun always follows the word **non**.

Tiene il libro sotto il naso ma non **lo** legge. — *He has his book under his nose but doesn't read it.*
Professore, non **La** capiamo quando Lei spiega. — *Professor, we do not understand you when you explain.*

3. A direct object pronoun, when used as the object of an infinitive, follows the infinitive and is attached to it. Before the direct object pronoun is added, the infinitive drops the final vowel **-e**.

È necessario studiare la lezione per capir**la.** — *It's necessary to study the lesson in order to understand it.*
Nostro padre viene qui per veder**ci.** — *Our father is coming here to see us.*

Note that when the infinitive is preceded by an indicative form of **dovere**, **potere**, and **volere**, the direct object pronoun may either come before these three verbs or be attached to the infinitive. Both forms are equally used.

Ecco il pacco. Voglio spedir**lo** (*or* **Lo** voglio spedire) subito. — *Here is the package. I want to mail it immediately.*
Quando potremo veder**La** (*or* Quando **La** potremo vedere), signora Betti? — *When will we be able to see you, Mrs. Betti?*

4. The direct object pronoun is always attached to the word **ecco**.

Dove sono Mario e Luigi? Ẹcco**li!** — *Where are Mario and Luigi? Here they are.*
Ecco**La** finalmente, dottor Giacobazzi! — *Here you are, finally, Dr. Giacobazzi!*

5. The direct object pronouns **lo** and **la** usually become **l'** before a verb beginning with a vowel or before the forms of **avere** that begin with an **h** (**ho, hai, ha, hanno**).

Quando il professore parla, gli studenti **l'**ascọltano in silenzio. — *When the professor speaks, the students listen to him in silence.*
La mamma porta l'assegno in banca e **l'**incassa. — *Mom brings the check to the bank and cashes it.*

Note also that the direct object pronouns **mi**, **ti**, and **vi** may drop the **-i**, replacing it with an apostrophe before a verb beginning with a vowel or an **h**. Even though these forms are correct, it is advisable always to use **mi**, **ti**, and **vi**, and not **m'**, **t'**, and **v'**.

## *EXERCISES*

C. *Substitute the appropriate direct object pronouns for the words in bold face.*

EXAMPLE: Noi studiamo **la lezione**.
Noi **la** studiamo.

1. Francesco incontrerà **noi** alla stazione.
2. Lei non vuole **quell'appartamento**.
3. Loro non capịscono **te** perchè non sanno l'italiano.
4. Preferisco **le uova**.
5. Conosco **Lei**, signora?
6. Andremo in campagna a visitare **Giovanni**.
7. Perchè spedite **questi pacchi**?
8. Il direttore invita **voi** a pranzo.
9. Io chiamo spesso **le mie amiche**.
10. Dove aspettate **Maria e Luciano**?

D. *Read the first sentence, then answer the question about it, substituting the appropriate direct object pronoun for the words in bold face.*

EXAMPLE: Sandra incontra suo fratello dal fruttivẹndolo. Dove incontra Sandra **suo fratello?**
Sandra **l'**incontra dal fruttivẹndolo.

1. Vẹdono gli amici in centro. Dove vẹdono **gli amici**?
2. Bạrbara aiuterà la suọcera. Chi aiuterà **la suọcera**?
3. Vuole portare quel romanzo a Gino. A chi vuole portare **quel romanzo**?
4. Aspetteranno Marisa e me al bar. Dove aspetteranno **Marisa e me**?
5. Vanno a comprare i fiammiferi dal tabaccaio. Dove vanno a comprare **i fiammiferi**?
6. Gli allievi impạrano le rẹgole. Chi impara **le rẹgole**?

E. *Answer the following questions, positively or negatively as indicated below. Use the appropriate direct object pronouns.*

EXAMPLE: Ricorda il mio nome, Lei? Sì, **lo** ricordo.

1. Riccardo, leggi la posta adesso? Sì, _______.
2. Avete voi il mio asciugamano da spiaggia? No, _______.
3. Signorina, mi ascolta Lei? Sì, _______.
4. Prẹndono il tassì loro per venire qui? No, _______.
5. Finiamo i cọmpiti più tardi? No, _______.
6. Ragazze, spedite sụbito quelle lettere? Sì, _______.
7. Dottor Poggi, visiterà sua nipote a Roma? Sì, _______.
8. Sofia, aspetti la telefonata di Alfredo? Sì, _______.
9. Mangeremo quelle belle bistecche domẹnica? No, _______.
10. Facciamo le tagliatelle ora? Sì, _______.

Nessuno le ricorda correttamente. Non vogliono imparare niente.

## 4. *Nessuno, niente, nulla,* and Other Negative Expressions

### *Nessuno*

This word can be used either as an adjective or as a pronoun. It is always used in the singular, as an adjective and as a pronoun.

1. As an adjective, **nessuno** *(no, not . . . any)* always precedes a singular noun, agreeing with it in gender. It has the same endings as the indefinite article **un**, **un'**, **uno**, and **una**. Unless **nessuno** is at the beginning of a sentence, it is usually preceded by **non** and a verb. The double negative is correct in Italian and does not alter the negative meaning of the phrase.

| | |
|---|---|
| **Nessun** impiegato lavora tredici ore al giorno. | *No employee works thirteen hours a day.* |
| **Nessuno** sport è facile. | *No sport is easy.* |
| In via Mazzini non c'è **nessuna** salumeria. | *There are no grocery stores on Mazzini Street.* |

2. As a pronoun, **nessuno** *(no one, not . . . anyone)* is invariable. It may begin a sentence or come after **non** and the verb.

| | |
|---|---|
| Non vedo **nessuno** dal fornaio. | *I see no one [I don't see anyone] at the baker's.* |
| **Nessuno** è qui adesso. | *No one is here now.* |

Note that the pronoun **nessuno** is almost always used in reference to people.

### *Niente* and *nulla*

**Niente** and **nulla** *(nothing, not . . . anything)* are pronouns, used in the singular, that do not change form. They too can begin a sentence or come after **non** and the verb.

| | |
|---|---|
| Lui non dice **nulla,** perchè non sa **niente.** | *He doesn't say anything because he knows nothing. [lit., He doesn't say nothing, because he doesn't know nothing.]* |
| Che cosa hai oggi? **Niente,** sono soltanto un po' stanco. | *What's the matter with you today? Nothing, I'm only a little tired.* |

### *EXERCISES*

F. *Rewrite in the positive, substituting the adjective* **nessuno, a** *with* **tutti, e.**

EXAMPLE: Per me **nessuno** sport è facile.
Per me **tutti** gli sport sono facili.

1. Qui non c'è nessun impiegato.
2. In quest'appartamento nessuna camera è grande.
3. Nessun problema è troppo difficile.
4. Non acquistiamo nessun sigaro americano.
5. Nessuna macelleria ha della carne buona.

G. *Rewrite in the negative, substituting* **tutto** *with the pronouns* **niente** *or* **nulla.**

EXAMPLE: Lui compra **tutto** al supermercato.
Lui non compra **nulla** al supermercato.

1. Perchè vuoi tutto da me?
2. Loro ascoltano e capiscono tutto.
3. Per lui la famiglia è tutto.
4. Noi dimentichiamo tutto.
5. Come mai voi sapete tutto?

Non è affatto contento. Non leggono nè a casa nè a scuola.

### Other Negative Expressions

The following negative expressions are commonly used in Italian. You have already encountered some of them.

**non** + verb + **affatto** — *not at all*
Non sono affatto contento. — *I am not at all happy.*

**non** + verb + **ancora** — *not yet*
Lei non parla ancora di quella cosa. — *She doesn't yet speak about that thing.*

**non** + verb + **mai** — *never, not . . . ever*
Non lo vedo mai al cinema. — *I never see him at the movies.*

**non** + verb + **mica** — *not really, not at all, not a bit*
Non sono mica stanca. — *I'm not at all tired.*

**non** + verb + **più** — *anymore, no . . . longer*
Giuliana non va più a scuola. — *Giuliana no longer goes to school.*

**non** + verb + **nè . . . nè** — *neither . . . nor*
Non andiamo nè a Roma nè a Venezia. — *We are going neither to Rome nor to Venice.*

**non** + verb + **neanche/nemmeno/neppure** — *not even*
Non ho neanche/nemmeno/neppure mille lire. — *I don't even have a thousand lira.*

Note that **neanche**, **neppure**, and **nemmeno** are sometimes used in Italian instead of **anche . . . non**. In these instances they are translated as *neither, not . . . either.*

Anche Massimo non studia molto. — *Neither does Massimo study a lot.*
Neanche (Nemmeno, Neppure) Massimo studia molto. — *Massimo doesn't study much either.*

### *EXERCISES*

H. *Rewrite in the negative, substituting* **sempre** *or* **spesso** *with* **mai**; **ancora** *with* **più**; *and* **già** *with* **ancora**.

EXAMPLE: Carla è **sempre** contenta.
Carla **non** è **mai** contenta.

1. Walter scrive spesso a mia zia.
2. Noi lo conosciamo già.
3. Sono ancora qui i tuoi cognati?
4. Anna rimane sempre a casa la domenica.
5. È già qui il fornaio?
6. Lei non vuole ancora parlare a suo padre.

I. *Rewrite in the negative, substituting* **anche** with **neanche/neppure/nemmeno**; and **molto/troppo/tanto** with **affatto** or **mica**.

EXAMPLE: Sono qui **anche** loro.
Non sono qui **nemmeno** loro.

1. Loro sono molto curiosi di sapere dove abiti.
2. Anche Giorgio viene con noi?
3. In quel negozio hanno anche del basilico e del prezzemolo.
4. Voi parlate troppo in classe.

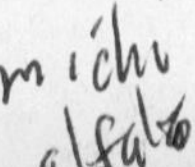

5. Noi amiamo anche la montagna.
6. Tu, Adriana, hai tanto bisogno di me!

L. *Translate the following.*

1. He never sees a foreign film.
2. She doesn't even remember us.
3. Tonight I can neither go out nor listen to the radio.
4. My parents are not at all rich.
5. I still don't know her very well.
6. They are visiting neither Torino nor Trieste.

M. *Two students: one states in Italian the following sentences, the other states the contrary.*

1. I always prefer red shirts.
2. Tomorrow we will finish all the exercises.
3. Next year John will still be in London.
4. His parents will go to Naples and Palermo.
5. Luigi has that book too.
6. They know everything.
7. At Marco's home we know everyone.
8. Sofia is very beautiful.

# PAROLE UTILI

## La scuola italiana

| | |
|---|---|
| la **scuola elementare** (5 anni) | grade school (grades 1 to 5) |
| la **scuola media unificata** (3 anni) | middle school (grades 6 to 8) |
| la **scuola media superiore** (5 anni) | high school (grades 9 to 13) |
| il **liceo clạssico** | high school; concentration—humanities |
| il **liceo scientịfico** | high school; concentration—sciences |
| il **liceo artịstico** | high school; concentration—fine arts |
| l'**istituto magistrale** | high school; concentration—education |
| l'**istituto tẹcnico** | technical high school |
| il **diploma di scuola media superiore** | high school diploma |
| l'**università** | the university |
| la **facoltà di architettura** | school of architecture |
| la **facoltà di lẹttere e filosofia** (4 anni) | school of letters and philosophy |
| la **facoltà di ingegneria** (5 anni) | school of engineering |
| la **facoltà di giurisprudenza** (4 anni) | school of law |
| la **facoltà di medicina** (6 anni) | medical school |
| la **facoltà di scienze politiche** (4 anni) | political sciences department |
| la **facoltà di economia e commercio** (4 anni) | school of business |
| il **diploma di laurea** | university diploma |
| l'**accadẹmia di belle arti** | fine arts academy |
| il **conservatorio di mụsica** | music conservatory |
| l'**accadẹmia d'arte drammạtica** | drama academy |

### *EXERCISE*

N. *Give original answers to the following questions.*

1. Quale liceo frequenta tuo fratello?
2. Per quanti anni frequenterai il conservatorio di musica?
3. In quale scuola media insegna il professor Ferri?
4. È buona la facoltà di medicina di questa università?
5. Dov'è la scuola elementare "Tọrquato Tasso"?
6. Quando riceverai il tuo diploma di laurea?

Piazza Dante a Verona.

## PARTE NARRATIVA B

### *UNA BUONA NOTỊZIA*

Suona il campanello di casa. Emilia Maffei scende ad aprire. È una signora di sessantacinque anni. Ạbita da sola in una casetta a due piani alla periferia di Verona perchè suo marito è morto parecchi anni fa.

Davanti alla porta c'è il postino. Ha una raccomandata per lei. Emilia Maffei firma la ricevuta, chiude l'uscịo e poi guarda la busta. La lẹttera viene dall'Amẹrica del Sud, da San Paolo del Brasile.[6] È di sua figlia Olga che ha sposato un ingegnere[7] brasiliano. Emilia l'apre e legge:

Carịssima mamma,

il 12 ottobre è nato il nostro primogẹnito. Il pịccolo si chiama Rodolfo, come il suo caro nonno. È biondo, sano e pesa circa tre chili e mezzo.[8]

Siamo sicuri che sarai contenta di . . .

La signora Maffei non può più continuare a leggere; ha le lạcrime agli occhi. Lei piange perchè oggi è finalmente nonna!

[6] While the names of most countries are feminine (**l'Italia, la Francia, la Spagna**, etc.), there are more than a few that are masculine (**il Canadà** *Canada,* **il Brasile** *Brazil,* **il Portogallo** *Portugal,* **il Cile** *Chile,* **il Perù** *Peru,* **il Marocco** *Morocco* etc.). The name of the *United States* is also masculine: **gli Stati Uniti**. Since the name of this country is plural, everything else must agree with it in gender and number. One must say, therefore: **Gli Stati Uniti sono molto grandi.** (*The United States is a very big country.* lit.: *the United States are very big*).

[7] The word **ingegnere** can also be used alone as a title as in **Buon giorno, ingegnere, come sta?** When it is followed by the last name of a person, **ingegnere** drops its final **-e: Buon giorno, ingegner Bassi.**

[8] Approximately 7.7 lbs.

***COMPREHENSION QUESTIONS***

1. Chi apre la porta quando suona il campanello?
2. Quanti anni ha la signora Maffei?
3. Dove abita?
4. Il marito della signora Maffei è vivo?
5. Chi c'è davanti alla porta?
6. Che cosa ha il postino per Emilia?
7. Da dove viene la lettera?
8. Chi è la persona che scrive a Emilia Maffei?
9. Chi è nato?
10. È contenta della notizia la signora Maffei?

***VERONA.*** A most charming city in the region of Veneto, it has a population of about 260,000. Divided in two by the Adige, the second longest Italian river after the Po, the city is important not only for its many industries and farm products, but also for its monuments, such as the 12th century **Basilica di San Zeno Maggiore**, and its lovely downtown area **(il centro storico)**, which attest to Verona's great historic past and make it the most beautiful northern city after Venice. Shakespeare's play *Romeo and Juliet* has Verona as its background.

**Veduta panoramica della città di Giulietta e Romeo.**

# STRUTTURA E FUNZIONE

Il professore ha **spiegato**. Un'allieva **seduta**.
La lezione è **finita**.

## 5. Formation and Use of the Past Participle

The past participle is a form of the verb; it is used with an auxiliary verb to indicate certain tenses. It also often functions as an adjective. In Italian the past participle of **-are**, **-ere**, and **-ire** verbs is usually formed by adding the endings **-ato**, **-uto**, and **-ito** to the stem of the infinitive.

| INFINITO | PARTICIPIO PASSATO |
|---|---|
| spieg**are** | spieg**ato** |
| ten**ere** | ten**uto** |
| cap**ire** | cap**ito** |

Some verbs, although regular in the formation of the present and the future indicative, have *irregular* past participles. For example, the past participle of **lẹggere** is **letto**. On the other hand, some verbs that are irregular in the present and future indicative adhere to the general rule in forming their past participles. For example, **andato** and **avuto** are the past participles of **andare** and **avere**. It is necessary, therefore, to know which verbs have irregular past participles and what the forms of these participles are.

The following list gives all the verbs encountered so far whose past participles are irregular.

| INFINITO | | PARTICIPIO PASSATO | |
|---|---|---|---|
| aprire | *to open* | aperto | *opened* |
| chiụdere | *to close* | chiuso | *closed* |
| conọscere | *to know* | conosciuto | *known* |
| dire | *to say, tell* | detto | *said, told* |
| ẹssere | *to be* | stato[9] | *been* |
| fare | *to do, make* | fatto | *done, made* |
| lẹggere | *to read* | letto | *read* |
| mẹttere | *to put, place* | messo | *put, placed* |
| morire | *to die* | morto | *dead* |
| nạscere | *to be born* | nato | *born* |
| offrire | *to offer* | offerto | *offered* |
| piangere | *to cry* | pianto | *cried* |
| prẹndere | *to take* | preso | *taken* |
| rimanere | *to remain* | rimasto | *remained* |
| rispondere | *to answer* | risposto | *answered* |
| scẹndere | *to go down, descend* | sceso | *gone down, descended* |
| scrịvere | *to write* | scritto | *written* |
| spẹndere | *to spend* | speso | *spent* |
| vedere[10] | *to see* | visto | *seen* |
| venire | *to come* | venuto | *come* |

[9] **Stato** is also the past participle of **stare**.

[10] **Vedere** has also a regular past participle: **veduto**.

When a past participle is used as an adjective, it agrees in gender and number with the noun it modifies.

| | |
|---|---|
| Questa lettera, **scritta** a mano, è molto lunga. | *This hand-written letter is very long.* |
| Le automọbili **fatte** in Italia sono molto belle. | *Cars made in Italy are very beautiful.* |

***EXERCISES***

O. *Give the past participle of the following verbs.*

| | | |
|---|---|---|
| frequentare | dormire | dire |
| fare | dovere | volere |
| aprire | sposare | stare |
| capire | vedere | dare |
| venire | parcheggiare | lẹggere |
| nạscere | rispọndere | offrire |
| scrịvere | spedire | prẹndere |
| ẹssere | uscire | avere |
| potere | suonare | alloggiare |

P. *Give the past participle of the verbs in parentheses, making them agree in gender and number with the nouns they modify as adjectives.*

1. (acquistare) Il libro ______ in centro costa diecimila lire.
2. (rimanere) Le allieve ______ a casa fanno i cọmpiti.
3. (spedire) Il telegramma ______ dal Brasile arriva oggi.
4. (conọscere) I signori ______ sulle Dolomiti scịano molto bene.
5. (fare) Le moto ______ all'ẹstero non sempre sono buone.
6. (arrivare) Il rạpido e l'espresso ______ da Verona pạrtono adesso.
7. (nạscere) Quei ragazzi americani ______ a Boston ora ạbitano a Madrid.
8. (entrare) Le signorine ______ nell'albergo "Italia" sono di Verona.
9. (sedere) Quei signori ______ al ristorante convẹrsano con le mogli.
10. (frequentare) Le classi ______ sono molto interessanti.

Q. *Translate the following sentences into Italian.*

1. The doors opened by the students are old.
2. The wine offered during dinner is good.
3. The boys sitting in the car are my brothers.
4. The sentence said by Paolo is too long.
5. The pastry placed on the table is for me.

## 6. Transitive and Intransitive Verbs

Like English verbs, Italian verbs are generally grouped into two main categories:

1. *Transitive verbs,* which express an action that is carried from the subject to the object. Transitive verbs are generally used in their *active form,* which means that the subject of the sentence is performing or causing the action expressed by the verb.

| | |
|---|---|
| **Il babbo legge il giornale.**<br>subject object | *Father is reading the paper.* |
| **Ugo mangia una pizza.**<br>subject object | *Ugo is eating a pizza.* |

2. *Intransitive verbs,* which require no object to complete their meaning.

| | |
|---|---|
| **Torniamo** a casa domani. | *We are going back home tomorrow.* |
| Luciano **dorme.** | *Luciano is sleeping.* |
| Io **viaggio** sempre in treno. | *I always travel by train.* |

Olga **ha sposato** un ingegnere brasiliano.

## 7. The *Passato Prọssimo*

To express an action that has taken place in the past, the Italian indicative uses *five* different tenses, while English uses only three.

The first of these past tenses is called **passato prọssimo**.

### Use

The **passato prọssimo** *(the near past)* is used to express an action completed in the relatively recent past. It corresponds to the English *simple past, emphatic past,* and *present perfect,* depending on the context.

| | |
|---|---|
| Abbiamo mangiato una pizza e un'insalata. | *We ate a pizza and a salad.*<br>*We did eat a pizza and a salad.*<br>*We have eaten a pizza and a salad.* |

### Formation

In the formation of the present perfect tense of both transitive and intransitive verbs, English uses the auxiliary verb *to have* (*I have* studied, *I have* gone). In the formation of the **passato prọssimo**, Italian uses two auxiliary verbs, **avere** and **essere**, according to the following rules:

1. To form the **passato prọssimo** of intransitive verbs that indicate motion or express a fact or state of being, use:

   present indicative of **essere** + past participle of the verb

   Here the past participle must agree in gender and number with the subject.

| | |
|---|---|
| **Marianna** è andat**a** a Milano da sola. | *Marianna went to Milan by herself.* |
| **Marco** è nat**o** nel 1965. | *Marco was born in 1965.* |
| **Le bambine** sono rimast**e** a casa. | *The girls remained home.* |
| **I suoi amici** sono stat**i** al cịnema. | *His friends have been to the movies.* |

Intransitive verbs that require ẹssere include:

| | | | | | | |
|---|---|---|---|---|---|---|
| **andare** | **arrivare** | **entrare** | **morire** | **nạscere** | **partire** | **venire** |
| **restare** | **rimanere** | **ritornare** | **stare** | **tornare** | **uscire** | |

The passato prọssimo of andare, rimanere, and uscire appear below.

| andare | rimanere | uscire |
|---|---|---|
| **sono andato, a** *(I went)* | **sono rimasto, a** *(I remained)* | **sono uscito, a** *(I went out)* |
| **sei andato, a** | **sei rimasto, a** | **sei uscito, a** |
| **è andato, a** | **è rimasto, a** | **è uscito, a** |
| **siamo andati, e** | **siamo rimasti, e** | **siamo usciti, e** |
| **siete andati, e** | **siete rimasti, e** | **siete usciti, e** |
| **sono andati, e** | **sono rimasti, e** | **sono usciti, e** |

2. To form the **passato prọssimo** of transitive verbs, use:

present indicative of **avere** + past participle of the verb

Note that when **avere** is used as the auxiliary, the past participle ordinarily remains unchanged.

| | |
|---|---|
| Gianni **ha mangiato** una bistecca. | *Gianni has eaten a steak.* |
| Loro **hanno scritto** una lẹttera. | *They wrote a letter.* |
| Voi **avete detto** tutto a Luigi. | *You told Luigi everything.* |

The auxiliary **avere** is also used with some intransitive verbs. Of the verbs encountered so far, those requiring **avere** include:

| | | | |
|---|---|---|---|
| conversare | dormire | nuotare | rispọndere |
| sciare | sorrịdere | telefonare | viaggiare |

| | |
|---|---|
| **Ho** dormito benissimo ieri notte. | *Last night I slept very well.* |
| Perchè non **hai** risposto a tua madre?[11] | *Why haven't you answered your mother?* |
| Quando **avete** telefonato a Marco? | *When did you call Marco?* |
| Giulio **ha** viaggiato in mạcchina. | *Giulio traveled by car.* |

The **passato prọssimo** of **bere**, **dormire**, and **vedere** appears below.

| bere | dormire | vedere |
|---|---|---|
| **ho bevuto** *(I have drunk)* | **ho dormito** *(I have slept)* | **ho visto** *(I have seen)* |
| **hai bevuto** | **hai dormito** | **hai visto** |
| **ha bevuto** | **ha dormito** | **ha visto** |
| **abbiamo bevuto** | **abbiamo dormito** | **abbiamo visto** |
| **avete bevuto** | **avete dormito** | **avete visto** |
| **hanno bevuto** | **hanno dormito** | **hanno visto** |

3. **Passato prọssimo** of the auxiliary verbs **ẹssere** and **avere**: Because they are also verbs in their own right, **ẹssere** and **avere** must have a past tense for their own meanings of *to be* and *to have.*

| essere | avere |
|---|---|
| **sono stato, a** *(I have been)* | **ho avuto** *(I have had)* |
| **sei stato, a** | **hai avuto** |
| **è stato, a** | **ha avuto** |
| **siamo stati, e** | **abbiamo avuto** |
| **siete stati, e** | **avete avuto** |
| **sono stati, e** | **hanno avuto** |

### *EXERCISES*

R. *Change the infinitive in parentheses to the proper form of the* ***passato prọssimo.***

1. (aspettare) noi 2. (avere) voi 3. (morire) Antonio 4. (nạscere) i suoi fratelli 5. (offrire) noi 6. (sorrịdere) Luisa 7. (capire) tu 8. (dire) voi 9. (piạngere) i bambini 10. (visitare) loro

S. *Change the verbs in the following sentences to the* ***passato prọssimo.***

1. Noi **viaggiamo** spesso in autobus.
2. Tu **spedisci** un espresso ai tuoi parenti canadesi.

[11] In negative sentences **non** must be placed before the auxiliary verb.

3. Ada **torna** dai suoi zii per passare l'estate con loro.
4. Sandro non **dorme** bene durante la notte.
5. Alberto e Marianna **vanno** fuori insieme stasera.
6. Quando **pạrtono** i signori Borselli?
7. Non **abbiamo** nulla da mangiare.
8. Chi **telẹfona** a mia sorella?
9. Non **posso** parlare al professore di quella cosa.
10. **Dobbiamo** vedere quel film.

T. *Change the verbs in parentheses to the proper form of the* ***passato prọssimo.***

1. Ieri sera Giuseppe ed io (essere) ______ al Conservatorio e (ascoltare) ______ della bella mụsica di Vivaldi.
2. Quando Stefania e Rosalia (uscire) ______ dal teatro, (incontrare) ______ tre amiche in piazza Garibaldi.
3. Umberto (dire) ______ che Margherita (nascere) ______ a Pạdova nel 1962.
4. Loro prima (chiudere) ______ la porta di casa, poi (aprire) ______ tutte le finestre dell'appartamento.
5. Ieri tutte le insegnanti di quella scuola media (arrivare) ______ in classe un po' tardi.
6. Il mẹdico (parcheggiare) ______ la moto nel posteggio e poi (entrare) ______ nell'ospedale.
7. L'anno scorso io (sciare) ______ vicino a Cortina d'Ampezzo.
8. Chi (rispondere) ______ al telẹfono?
9. Quando Nicola (leggere) ______ la lettera di suo zio (capire) ______ subito tutto.
10. Venerdì lei (fare) ______ la spesa e così (spendere) ______ circa trentamila lire.

U. *Take turns asking and answering these questions in Italian.*

1. Where were you born?
2. Were you home last night?
3. How many hours did you sleep?
4. Did you call your parents yesterday?
5. Did you eat this morning?
6. Did you read an interesting book this week?
7. How many letters did you write today?
8. At what time did you come to school?
9. Did you spend much money yesterday?
10. When was Maria born?
11. Have you been to Naples?
12. Has your friend Louise married an Italian?

Perchè fate **ancora** tanti sbagli?

## 8. Position of *Ancora, Già, Mai, Sempre in a Sentence*

1. The adverbs of time **ancora** *(yet, still)*, **già** *(already)*, **mai** *(ever)*, and **sempre** *(always)* usually follow the verb.

| | |
|---|---|
| È **ancora** qui quel poeta? | *Is that poet still here?* |
| Domani sarò **già** a Firenze. | *Tomorrow I will be in Florence already.* |

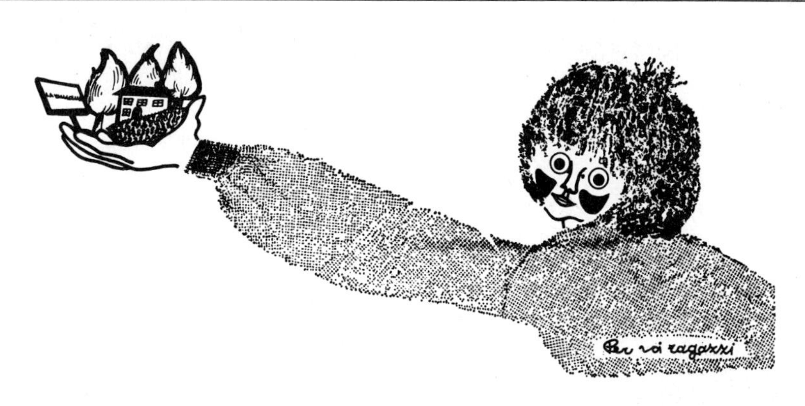


| | |
|---|---|
| Rosa viene **mai** a casa vostra? | *Does Rosa ever come to your house?* |
| La mattina prendo **sempre** il caffè alle otto. | *In the morning I always have my coffee at 8 o'clock.* |

2. When **ancora**, **già**, **mai**, and **sempre** are used with compound tenses, they come between **essere** or **avere** and the past participle.

| | |
|---|---|
| Lei non **ha** ancora **detto** nulla. | *She hasn't said anything yet.* |
| Io **ho** già **preso** il caffè a casa. | *I have already had my coffee at home.* |
| Non **siamo** mai **andati** a Parigi. | *We have never gone to Paris.* |
| **Avete** sempre **abitato** in via Mazzini? | *Have you always lived on Mazzini Street?* |

***EXERCISE***

V. *In the following sentences use the* ***passato prossimo***, *placing* ***ancora, già, mai****, and* ***sempre*** *in the proper position.*

1. Non ceniamo mai al ristorante.
2. Renata legge sempre dei romanzi interessanti.
3. Perchè voi non mangiate ancora?
4. Quegli stranieri sono già a Palermo.
5. Lisa e Barbara non vanno mai all'Accademia di Belle Arti.
6. I miei amici viaggiano sempre in treno.
7. Non voglio ancora dire nulla a nessuno.
8. Tu studi già la lezione di latino?

### TOPICS FOR CONVERSATION

1. (For two students) An American is going to Italy to live for two years and wishes to send his/her children (ages 7, 10, 12 and 15) to Italian schools. The person asks an Italian friend for information regarding the Italian school systems.
2. (For three students) Mr. and Mrs. A. meet a long-time friend whom they haven't seen for two or three years. During the ensuing conversation, the three exchange information about themselves and their respective families. Mr. A. is a physician; he is presently working in a large hospital on the outskirts of the city. He and his wife have a little girl, now eight months old who is blonde like her mother, has blue eyes like her father, does not cry often, and sleeps all night long. In short, she is a very good child. The friend is not married, but has several brothers and sisters and does not lack, therefore, nephews and nieces! The friend now works as an accountant in one of the banks downtown and has an apartment near the stadium. Take these roles and carry on the conversation.

# VOCABOLARIO

NOUNS

| | |
|---|---|
| l'**allievo**, l'**allieva** | *student* |
| il **capịtolo** | *chapter* |
| la **casetta** | *small house* |
| il **campanello** | *bell (in a house)* |
| il **cọmpito** | *homework assignment* |
| i **dintorni** | *outskirts* |
| il **diploma di laurea** | *university diploma* |
| il **diploma di scuola media superiore** | *high school diploma* |
| la **dottoressa** | *doctor (title for a woman who holds a doctorate)* |
| la **finestra** | *window* |
| le **fọrbici** | *scissors* |
| l'**insegnante** | *teacher* |
| l'**istituto tẹcnico** | *a type of high school* |
| l'**istituto magistrale** | *a type of high school* |
| la **lạcrima** | *tear* |
| la **lạurea** | *university degree* |
| il **liceo scientịfico** | *a type of high school* |
| il **liceo clạssico** | *a type of high school* |
| il **liceo artịstico** | *a type of high school* |
| la **notịzia** | *news* |
| l'**occhio** | *eye* |
| la **periferịa** | *outskirts* |
| il **piano** | *floor* |
| il **pịccolo**, la **pịccola** | *the little one* |
| la **porta** | *front door* |
| la **rẹgola** | *rule* |
| il **Magnịfico Rettore** | *University President* |
| lo **sbaglio** | *mistake* |
| la **scuola media superiore** | *high school* |
| la **settimana** | *week* |
| l'**ụscio** | *door* |
| la **verità** | *truth* |
| la **volta** | *time* |

VERBS

| | |
|---|---|
| **aprire** | *to open* |
| **chiụdere** | *to close* |
| **completare** | *to complete* |
| **continuare** | *to continue* |
| **dire** | *to say, to tell* |
| **esclamare** | *to exclaim* |
| **firmare** | *to sign* |
| **frequentare** | *to attend* |
| **imparare** | *to learn* |
| **morire** | *to die* |
| **nạscere** | *to be born* |
| **pesare** | *to weigh* |
| **rimanere** | *to remain* |
| **sedere** | *to seat* |
| **spiegare** | *to explain* |
| **sposare** | *to marry* |
| **suonare** | *to ring, play an instrument* |
| **tenere** | *to keep, hold, have* |

ADJECTIVES

| | |
|---|---|
| **carịssimo, a** | *dearest* |
| **contento, a** | *happy* |
| **fạcile** | *easy* |
| **intero, a** | *whole, entire* |
| **medio, a** | *middle* |

| | |
|---|---|
| **nessuno, a** | *no one, not . . . anyone* |
| **parẹcchio, a** (*pl.* parecchi, parecchie) | *much, a good deal of* |
| **prossimo, a** | *next* |
| **sano, a** | *healthy* |
| **seccato, a** | *annoyed* |
| **sicuro, a** | *sure* |

OTHER WORDS

| | |
|---|---|
| **accanto** | *beside, near by* |
| **circa** | *about, circa* |
| **davanti a** | *before, in front of* |
| **durante** | *during* |
| **fa** | *ago* |
| **Le** | *you* (form. pl. f) |
| **le** | *them* (f) |
| **Li** | *you* (form. pl. m) |
| **li** | *them* (m) |
| **mi** | *me* |
| **nemmeno** | *not . . . even* |
| **neppure** | *not . . . even* |
| **nessuno** | *no one, not . . . anyone* |
| **niente** | *nothing, not . . . anything* |
| **non . . . affatto** | *not at all* |
| **non . . . neanche** | *not . . . even* |
| **non . . . più** | *no longer, not . . . anymore* |
| **non . . . nè . . . nè** | *neither . . . nor* |
| **non . . . mica** | *not really, not at all, not a bit* |
| **non . . . mai** | *never, not . . . ever* |
| **non . . . ancora** | *not yet* |
| **nulla** | *nothing, not anything* |
| **sempre** | *always* |
| **sotto** | *under* |
| **ti** | *you* (fam. s.) |
| **vi** | *you* (fam. pl.) |

COGNATES

| | |
|---|---|
| l'**accadẹmia** | *academy* |
| l'**Accadẹmia di Belle Arti** | *Fine Arts Academy* |
| l'**Accademia d'Arte Drammatica** | *Drama School* |
| l'**Amẹrica del Sud** | *South America* |
| l'**architettura** | *architecture* |
| l'**arte** | *art* |
| **artịstico, a** (*pl.* artistici, artistiche) | *artistic* |
| **brasiliano, a** | *Brazilian* |
| il **Cile** | *Chile* |
| **clạssico, a** (*pl.* clạssici, clạssiche) | *classic(al)* |
| il **commercio** | *commerce, business, trade* |
| il **Conservatorio di Mụsica** | *Music Conservatory* |
| **correttamente** | *correctly* |
| **diffịcile** | *difficult* |
| il **dipartimento** | *department* |
| il **diploma** (*pl.* i diplomi) | *diploma* |
| l'**economia** | *economics, economy* |
| **elementare** | *elementary* |
| la **facoltà** | *school, faculty* |
| la **Facoltà di Medicina** | *Medical School* |
| la **filosofia** | *philosophy* |
| la **giurisprudenza** | *jurisprudence, law* |
| l'**ingegnere** | *engineer* |
| l'**ingegneria** | *engineering* |
| l'**istituto** | *institute* |
| il **latino** | *Latin language* |
| **latino, a** | *Latin* |
| il **Marocco** | *Morocco* |
| la **medicina** | *medicine* |
| il **ministro** | *minister, secretary* |
| il **Ministro della Pubblica Istruzione** | *Secretary of Public Education* |
| la **musica** | *music* |
| il **naso** | *nose* |
| il **Perù** | *Peru* |
| il **Portogallo** | *Portugal* |
| la **ricevuta** | *receipt* |
| la **scienza** | *science* |
| la **scuola elementare** | *elementary school* |
| la **scuola media** (unificata) | *middle school* |
| il **silenzio** | *silence* |
| **statale** | *state, of the state, public* |
| **tẹcnico, a** (*pl.* tẹcnici, tẹcniche) | *technical* |

OTHER EXPRESSIONS

| | |
|---|---|
| **casa a due piani** | *a two-story house* |
| **come compito** | *for homework* |
| **in silenzio** | *in silence, silently* |
| **la verità è che** | *the truth is that* |
| **molti anni fa** | *many years ago* |
| **parecchi anni fa** | *several years ago* |
| **pochi anni fa** | *a few years ago* |
| **qualcosa da ricordare** | *something to remember* |

# LESSON 7

| COMMUNICATION SKILLS | STRUCTURES | CULTURE |
|---|---|---|
| How to use **ogni** | 1. *Ogni* | Pirandello |
| Using direct objects in past-tense statements | 2. *Bere* | Duse |
| Using words for creative professions | 3. Agreement of the past participle with direct object pronouns | Venice |
| Expressing actions continuing into the present | 4. Nouns in *-tore* | |
| Describing travel experiences | 5. Nouns in *-ista* | |
| | 6. Future of *bere, dare, vedere* | |
| | 7. Idiomatic use of the present indicative with the preposition *da* | |
| | 8. *Che, cui, il quale, la quale* | |

## DIALOGO A

***CURIOSITÀ PATERNA***

*È domẹnica. Sono le nove e Ugo non ha ancora fatto colazione.*[1] *Il padre di Ugo, che ha già letto il giornale, ora beve un altro caffè insieme al figlio, al quale domanda che cosa ha fatto la sera prima.*

PADRE Sei tornato un po' tardi ieri sera. Con chi sei uscito?
UGO Sono andato fuori con Marisa e altri due nostri amici.

[1] In this dialogue several new idioms appear. They are: **fare colazione** *(to have breakfast);* **andare fuori** (same meaning as **uscire**: *to go out*); **stare tranquillo, a** *(not to worry)* and **essere di ritorno** *(to be back).*

PADRE Dove siete stati?

UGO Siamo andati a teatro,[2] al «Duse». Abbiamo visto una delle prime commedie di Pirandello.

PADRE Quale?

UGO *Pẹnsaci, Giacomino!*

PADRE L'ho vista anch'io alcuni anni fa. Chi era[3] il protagonista?

UGO Un attore di Torino, non molto conosciuto, ma bravissimo!

PADRE Quando avete cenato, prima o dopo il teatro?

UGO Dopo. Abbiamo mangiato soltanto una pizza. Scusa, papà . . . posso usare la mạcchina stamattina?[4] Devo incontrare Marisa in centro alle dieci.

PADRE Sì, va bene. Ma come ogni domẹnica devi essere a casa per l'una. Capito?

UGO Sta'[5] tranquillo, papà. Sarò di ritorno a mezzogiorno e mezzo.

### COMPREHENSION QUESTIONS

1. Che giorno è oggi?
2. A che ora fa colazione Ugo?
3. Che cosa desidera sapere suo padre?
4. Con quanti amici è uscito Ugo la sera prima?
5. Chi ha scritto la commedia che hanno visto?
6. Era di Milano il protagonista della commedia?
7. È vero che hanno mangiato prima di andare a teatro?
8. Perchè Ugo domanda la mạcchina al padre?

***ELEONORA DUSE.*** Eleonora Duse, the unsurpassed queen of the Italian stage, is considered one of the greatest dramatic actresses of her time. She became world-famous for her interpretations of Ibsen's, Zola's, Shakespeare's, and D'Annunzio's heroines. Born in Vigevano in 1859, she died in Pittsburgh in 1924 during the last of her several tours in the United States.

***LUIGI PIRANDELLO.*** The Sicilian playwright Luigi Pirandello (born in Agrigento in 1867, died in Rome in 1936) is one of the most influential and internationally acclaimed Italian writers of this century. He is the author of more than forty plays, seven novels, about two hundred short stories and a score of essays and articles of a critical nature. His plays **Sei personaggi in cerca d'autore** *(Six Characters in Search of an Author)* and **Enrico IV** *(Henry IV)* are considered to be his masterpieces. In 1934 the Swedish Academy awarded Pirandello the Nobel Prize for Literature.

[2] Note that the expression **andare a teatro** means *to go to the theater;* it requires the preposition **a**. When the name of the theater is expressed, it requires the preposition **a** combined with the definite article.

[3] **Chi era** — *Who was:* **era** is the third person singular of the **imperfetto** (imperfect indicative) of **ẹssere**. This tense will be presented in Lesson 11.

[4] The word **stamattina** is short for **questa mattina**, just as **stasera** is short for **questa sera**.

[5] Note that here **sta'** is the imperative familiar singular of **stare**.

Eleonora Duse, la più grande attrice drammatica del teatro italiano.

Luigi Pirandello con alcuni membri della sua compagnia teatrale romana.

# STRUTTURA E FUNZIONE

Come **ogni** domenica devi essere a casa per l'una.

### 1. The Adjective *ogni*

Use of the adjective **ogni** (*every, each, all,* depending on context). The adjective **ogni** always precedes the noun. Like **qualche**, it is always singular in form. The noun that follows **ogni** must also be singular.

| | |
|---|---|
| **Ogni** mio amico è mẹdico. | *Every friend of mine is a doctor.* |
| Vengono qui da **ogni** paese. | *They come here from all countries.* |

***EXERCISE***

A. *Replace the adjectives* **tutti** *and* **tutte** *with* **ogni** *and make all the necessary changes.*

EXAMPLE: tutte le mie penne    **ogni mia penna**

1. Compriamo tutti i libri di latino.
2. Andiamo al mare tutte le estati.
3. Lui ha visto tutti i film di Fellini.
4. Non conosco tutti i vostri parenti.
5. Perchè non hai capito tutte le mie parole?

Ora **beve** un altro caffè.

### 2. *Bere*

The present indicative of the irregular verb **bere** *(to drink)* is:

**bevo** *(I drink)*
**bevi**
**beve**
**beviamo**
**bevete**
**bẹvono**

The past participle is **bevuto**.

***EXERCISE***

B. *Give the appropriate form of the present and the* **passato prossimo** *of the verbs in parentheses.*

1. (bere) noi 2. (spiegare) tu 3. (ritornare) le ragazze 4. (bere) tu 5. (imparare) Giovanna 6. (bere) voi 7. (sposare) io 8. (firmare) i suoi amici 9. (bere) loro 10. (dire) lei ed io.

L'ho vista anch'io.

## 3. Agreement of the Past Participle with Direct Object Pronouns

When a direct object pronoun precedes a verb in the past tense with the auxiliary **avere**, the past participle must agree in gender and number with the direct object pronoun.

| | |
|---|---|
| Hai portato i pacchi all'ufficio postale? Sì, **li** ho portat**i**. | *Did you bring the packages to the post office? Yes, I did bring them.* |
| Marietta domanda al figlio: «**mi** hai capit**a**?» | *Marietta asks her son: "Did you understand me?"* |
| Lui sa che noi siamo qui; **ci** ha vist**i** ieri alla stazione. | *He knows that we are here; he saw us yesterday at the station.* |
| Hai comprato le uova? Sì, **le** ho comprat**e**. | *Did you buy the eggs? Yes, I bought them.* |

### *EXERCISES*

C. *For the words in boldface substitute the appropriate direct object pronouns and change the gender and number of the past participles accordingly.*

EXAMPLE: Ho portato **i libri** a casa. Li ho portati a casa.

1. Patrizia ha dimenticato **le buste** in ufficio.
2. I genitori hanno aspettato **Marco e Margherita** al liceo.
3. Ho finito **il cọmpito** alle cinque.
4. Voi ieri non avete ascoltato **la radio**.
5. Tu non hai ricordato **le rẹgole**.
6. Loro hanno già dimenticato **i verbi inglesi**.
7. Abbiamo visto **la signora Balducci** nel Palazzo Ducale di Venezia.
8. Perchè non hai salutato **i tuoi nipoti**?
9. Il salumiere ha pesato **il formaggio e il burro**.
10. Avete scritto **quella lettera**?

D. *Translate the words in parentheses.*

1. Matteo e Cecilia dịcono: «Quando loro *(saw us)*_______ hanno sorriso».
2. L'insegnante domanda alle alunne: «*(Did you see me)*_______ al teatro ieri sera?»
3. *(We greeted you)*_______ ma voi non avete risposto al nostro saluto.
4. Ho comprato quella bottiglia di vino e subito *(we drank it)*_______ .
5. Lucia, *(I met you)*_______ per la prima volta a Parigi, ricordi?

E. *Answer the following questions positively, using the appropriate direct object pronouns.*

1. Hai incontrato quella simpạtica pianista americana?
2. Loro, signori, hanno fatto colazione stamattina?
3. Ha comprato i francobolli Lei?
4. Hai visto quel film, Giovanni?
5. Avete visitato l'Accademia di Belle Arti di Firenze?
6. Chi ha portato il vino?
7. Il fornaio ha venduto gli spaghetti alla mamma?
8. Hanno capito la conferenza loro?
9. Avete aiutato la mamma a fare le pulizie?
10. Ha mai mangiato Lei le tagliatelle con il burro e il formaggio?

un attore di Torino

## 4. Nouns in *-tore*

Several masculine nouns end in the singular in **-tore**. This ending is the equivalent of English *-tor, (-er)*. It often denotes a person in some creative profession. The feminine form of these nouns is often formed by changing **-tore** to **-trice**.

| | MASCULINE | FEMININE | |
|---|---|---|---|
| | l'attore | l'attrice | *actor, actress* |
| | l'autore | l'autrice | *author* |
| | il direttore | la direttrice | *director* |
| | il pittore | la pittrice | *painter* |
| | lo scrittore | la scrittrice | *writer* |
| | lo scultore | la scultrice | *sculptor, sculptress* |
| *but* | il dottore | la dottoressa | *doctor* |

***EXERCISE***

F. *Translate the following sentences.*

1. She is not a well-known actress.
2. Michelangelo is not only a sculptor, but also a painter.
3. Giulio, have you met the new director of the Drama Academy?
4. I don't know the name of that young woman writer.
5. Who is the author of that play?
6. Here is Doctor Martina Bellini!

# PAROLE UTILI

## Venezia *(Venice)*

la **Basịlica di San Marco** — *St. Mark's Basịlica* This beautiful Byzantine-style church was originally built in the 11th century to house the remains of the city's patron saint, the apostle Mark. (A basilica is a church granted special and more exalted status.)

la **biblioteca** (*pl.* le **biblioteche**) — *library*

il **Canal Grande** — *the Grand Canal* Venice's main thoroughfare.

le **gallerie dell'Accademia** — An impressive museum noted for its paintings of the Venetian school.

il **golfo** — *gulf, bay*

la **gọndola** — *gọndola* A long, narrow, light-weight boat propelled with a single oar from the stern. It's used only on the canals in Venice.

il **gondoliere** — *gondoliere* To be a **gondoliere,** one's family must have been a member of the guild of gondoliers for several generations. Usually the job is handed down from father to son. There are about 500 gondoliers in Venice.

l'**Ịsola di San Giorgio** — *St. George's Island* One of Venice's largest islands.

il **Palazzo Ducale** — *the Ducal Palace* Originally founded in 813 as a fortified castle by **il doge** Angelo Particiaco, it now houses invaluable paintings, among which are some of Tintoretto's, Tiziano's, Tiepolo's, and Veronese's masterpieces.

| | |
|---|---|
| il **Ponte dei Sospiri** | *the Bridge of Sighs* A famous Venetian landmark, it connects the Ducal Palace with **i Piombi,** the city's most infamous dungeons. The bridge owes its name to the fact that the unfortunate ones that had to cross it are said to have sighed in seeing the light of day for the last time. Very few people ever came out from the Piombi alive. |
| il **Ponte di Rialto** | *Rialto bridge* Built 1588–1592. The Rialto district was once the seat of the Doges and the commercial center. |
| il **porto** | *harbor* It is the second most important harbor on the Adriatic Sea. |
| il **quadro** | *painting* |
| **Santa Maria della Salute** | A seventeenth-century church built as the result of a vow by the Senate during a plague; octagonal in shape with an enormous dome. |
| il **Teatro la Fenice** | Noted theater. |
| il **vaporetto** | *steamer* **Il vaporetto,** Venice's bus, is the city's public means of transportation. |

***EXERCISE***

G.

1. Exchange information with a friend about places you want to visit. Discuss how to get from one to another.
2 After you have read *Parte Narrativa B,* tell how Elisa can get from the train station to her *pensione.*

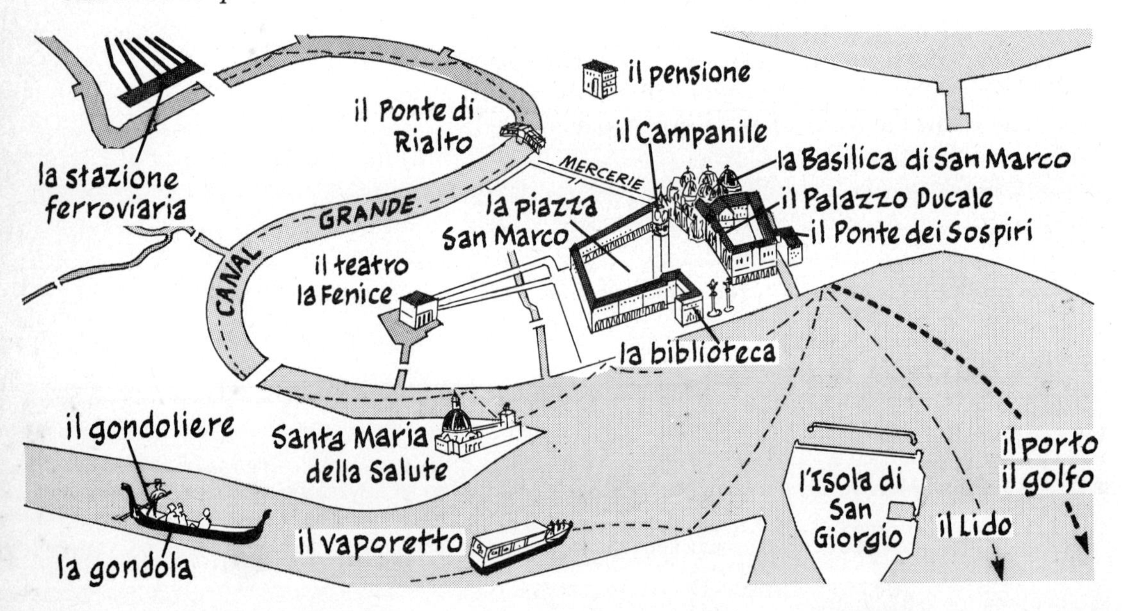


# PARTE NARRATIVA B

***UNA LETTERA DA VENEZIA***

Elisa Belli, studentessa all'Accademia di Belle Arti di Firenze, è da una settimana a Venezia. È in questa città in occasione della Biennale, la famosa esposizione internazionale alla quale partecipano molti artisti provenienti da ogni parte del mondo.

Ora scrive a un amico.

Il Ponte dei Sospiri a Venezia.

Caro Michele,

scusa se scrivo solo adesso ma non ho potuto farlo prima di oggi.

Venezia è meravigliosa e mi piace[6] sempre di più. La pensione in cui alloggio da qualche giorno è cọmoda e centrale. La mattina mi alzo[7] di buon'ora e vado sụbito alla Biennale in vaporetto. Nel pomeriggio, se ho un po' di tempo lịbero, passeggio per le vie del centro. Ho già visitato il Palazzo Ducale, l'Ịsola di San Giorgio, e ho visto dalla gọndola il famoso Ponte dei Sospiri.

A propọsito, è qui anche il mio professore d'arte moderna con la moglie. Li ho incontrati due giorni fa ad una conferenza. Mi hanno invitata a pranzo ieri. Ho passato delle ore molto piacẹvoli con loro. La signora Balducci, con la quale ho parlato a lungo, è una persona gentile e simpạtica.

Tornerò a casa martedì prọssimo con l'espresso che arriva a Firenze alle diciassette e ventotto. Ci vedremo alla stazione se potrai venire a prẹndermi.

A presto quindi e tanti cari saluti,

Elisa

[6] **mi piace** (*I like;* lit., *is pleasing to me*); the verb **piacere** and its use will be explained in Lesson 9.

[7] **mi alzo** (*I get up;* lit., *I raise myself*); reflexive verbs are introduced in Lesson 8.

***COMPREHENSION QUESTIONS***

1. Chi è Elisa Belli e in quale città studia?
2. Perchè adesso è a Venezia?
3. Che cos'è la Biennale?
4. A chi scrive Elisa e dove ạbita questa persona?
5. Cosa fa nel pomeriggio quando è libera?
6. Cosa è necessario prendere per andare alla Biennale?
7. Chi l'ha invitata a pranzo?

***VENEZIA.*** The city is built on 118 islands, connected by about 400 bridges, and is criss-crossed by more than 160 canals. Its origin dates back to the fifth century when the people of the mainland sought refuge from invading Longobard tribes on some of the islands of the **Laguna**. In the eighth century, the people of Venice elected their first **doge** (the word means *leader*) and from then on their city flourished to become one of the most powerful sea republics in Europe, known as **la Serenịssima** *(the most serene one).*

The political, military, and commercial decadence of Venice began in the seventeenth century and was completed in 1797 when Napoleon put an end to its independence by ceding it to Austria. Today's Venice, the capital of the Veneto region, has a population of over 300,000. Besides being one of the seven wonders of the world, it is also a very important industrial, commercial, and shipbuilding center.

Piazza San Marco a Venezia, "il più bel salotto del mondo" (Napoleone).

**Actv** Venezia

BIGLIETTO DI CORSA SEMPLICE **LIRE**

№ 393782 BB **1.500**

| approdo | | | | 1 | 2 | 3 | 4 | 5 | 6 | 7 | 8 | 9 | 10 | 11 | 12 | 13 |
|---|---|---|---|---|---|---|---|---|---|---|---|---|---|---|---|---|
| 14 | 15 | 16 | 17 | 18 | 19 | 20 | 21 | 22 | 23 | 24 | 25 | 26 | 27 | 28 | 29 | 30 |
| 31 | 32 | 33 | 34 | 35 | 36 | 37 | 38 | 39 | 40 | 41 | 42 | 43 | 44 | 45 | 46 | 47 |
| giorno | | | 1 | 2 | 3 | 4 | 5 | 6 | 7 | 8 | 9 | 10 | 11 | 12 | 13 | 14 |
| 15 | 16 | 17 | 18 | 19 | 20 | 21 | 22 | 23 | 24 | 25 | 26 | 27 | 28 | 29 | 30 | 31 |

# STRUTTURA E FUNZIONE

Chi era il **protagonista**?

## 5. Nouns in *-ista*

Nouns ending in **-ista** are both masculine and feminine in the singular.

| | |
|---|---|
| l'**artista** | *artist* |
| l'**autista** | *driver* |
| il, la **farmacista** | *pharmacist* |
| il, la **pianista** | *pianist* |
| il, la **protagonista** | *protagonist* |
| il, la **violinista** | *violinist* |

The masculine plural is formed by changing **-ista** to **-isti**; the feminine plural by changing **-ista** to **-iste**.

| SINGULAR | PLURAL | |
|---|---|---|
| l'autista | gli autisti | le autiste |
| il, la farmacista | i farmacisti | le farmaciste |
| il, la violinista | i violinisti | le violiniste |

***EXERCISES***

H. *Translate the following sentences.*

1. That great violinist *(m)* left yesterday for the United States.
2. She is a good driver.
3. There have been several foreign artists at the Biennale.
4. The blonde pharmacist *(f)* will be very happy tomorrow.
5. When the pianist entered the theater, he greeted all his friends.
6. The old actress will be the protagonist of my new play.

I. *Answer the following questions with an appropriate response.*

1. Chi ha suonato il violino ieri sera?
2. Chi lavora in farmacia?
3. Chi guida l'ạutobus?
4. Chi ha fatto quel bel quadro?
5. Chi ha suonato il piano alla cena di sạbato?

Ci vedremo alla stazione.

## 6. Future of *bere, dare, vedere*

| bere | dare | vedere |
|---|---|---|
| **berrò** *(I will drink)* | **darò** *(I will give)* | **vedrò** *(I will see)* |
| **berrai** | **darai** | **vedrai** |
| **berrà** | **darà** | **vedrà** |
| **berremo** | **daremo** | **vedremo** |
| **berrete** | **darete** | **vedrete** |
| **berranno** | **daranno** | **vedranno** |

***EXERCISE***

L. *Change the following sentences to the future.*

1. Tu non hai bevuto nemmeno un bicchiere di vino.
2. A chi date gli zucchini?
3. Con chi avete visto quel film di Fellini?
4. Quando uscite per andare a teatro?
5. Noi l'abbiamo scusata perchè è una brava alunna.
6. Quell'artista non ha mai partecipato alla Biennale.
7. Che cosa avete fatto in Italia?
8. La direttrice ha dato delle lẹttere al postino.
9. Quando loro hanno sete, bẹvono dell'acqua minerale.
10. Se Marta viene qui, la vedete certamente.

Elisa è da una settimana a Venezia.

## 7. Idiomatic Use of the Present Indicative with *da*

The present indicative with **da** is used in Italian to express an action that began in the past and continues into the present. Note that in English the present perfect is used. In Italian the preposition **da** is used as the equivalent of *for* in English.

Veduta aerea del Canal Grande.

**Sto** qui **da** parecchi mesi. — *I have been here for several months.*
**Abita** a Napoli **da** tre anni. — *He has been living in Naples for three years.*

When the preposition **da** is combined with the definite article, it is translated into English by *since,* instead of *for.*

**Siamo** qui **dal** mese di maggio. — *We have been here since the month of May.*
Li **aspettiamo dalle** due e mezzo. — *We have been waiting for them since 2:30.*

The expressions **da quanto tempo**, **da molto tempo**, and **da poco tempo** mean respectively: *how long, for a long time, for a short time.*

**Da quanto tempo** lavorate in quel negozio? — *How long have you been working in that store?*
Grazia è in vacanza **da molto tempo.** — *Grazia has been on vacation for a long time.*
Studiano l'italiano **da poco tempo.** — *They have been studying Italian for a short time.*

***EXERCISES***

M. *Give the Italian equivalent of the following sentences.*

1. I have been wearing [using] glasses for ten weeks.
2. His wife has been talking with her sister for two hours.
3. The child *(f)* has been sleeping since 10 o'clock.
4. She has been waiting for that letter for a long time.
5. How long have they been writing?

N. *You just met a new student. You want to get to know him/her better so you ask him/her the following questions. Switch roles and repeat.*

1. Da quanto tempo studi l'italiano?
2. Da quanto tempo abiti in questa città?
3. Da quanto tempo non vedi i tuoi genitori?
4. Da quanti giorni non vai al cinema?
5. Da quante ore non mangi?
6. Da quanti anni non vai in Italia?
7. Da quanti mesi abiti in quest appartamento?
8. Da quanto tempo sei amico di Carla?

l'espresso **che** arriva a Firenze — la pensione **in cui** alloggio
la signora **con la quale** ho parlato

## 8. *Che, cui, il quale, la quale*

A relative pronoun is a pronoun that refers to someone or something previously mentioned.

1. The most commonly used relative pronoun is **che** *(who, whom, that, which).* It has only one form for the masculine and the feminine, the singular and the plural. It can be used to refer to persons or things. It can be the subject or the object of an action, but it cannot be used after a preposition.

   Il bambino **che** dorme si chiama Antonio. — *The name of the child who is sleeping is Anthony.*
   La donna **che** ora saluto è la signora Balducci. — *The lady, whom I am now greeting, is Mrs. Balducci.*
   Abbiamo abitato nella casa **che** puoi vedere da qui. — *We lived in the house, which you can see from here.*
   Le lezioni **che** tu hai imparato sono difficili. — *The lessons that you have learned are difficult.*

Una sala dell'Accademia di Belle Arti di Venezia.

sing or plural man or women - same

2. The pronoun in common use after a preposition is **cui**; it means **which** and **whom**.

| | |
|---|---|
| Il ragazzo **a cui** tu hai dato il libro è mio figlio. | *The child to whom you gave the book is my son.* |
| Ecco la signora **con cui** sono andata al mare. | *Here is the lady with whom I went to the beach.* |
| L'autobus **da cui** Anna scende va in via Rizzoli. | *The bus from which Ann is getting off goes to Rizzoli Street.* |
| I film **di cui** parlate sono svedesi. | *The films about which you are talking are Swedish.* |
| La città **per cui** siamo passati è Arezzo. | *The city through which we passed is Arezzo.* |

3. The pronouns **il quale (i quali)** and **la quale (le quali)** are generally used either for emphasis or clarity, particularly in writing. They replace **che** and **cui** and correspond to the English pronouns **who, whom**, and **which**.

The following three sentences may help to clarify this concept:

La madre del giovane **che** lavora qui è ora all'estero.
La madre del giovane **il quale** lavora qui è ora all'estero.
La madre del giovane **la quale** lavora qui è ora all'estero.

The first sentence does not really tell us who the person is who works here; it may be the young man or it may be his mother. By replacing **che** with either **il quale** or **la quale**, the ambiguity is eliminated: the young man in the second sentence, his mother in the third sentence.

The pronouns **il quale** and **la quale** are also used after a preposition as the examples below illustrate:

| | |
|---|---|
| La città **per la quale** passiamo è molto grande. | *The city we are passing through is very large.* |
| La macchina **nella quale** viaggiamo è una Fiat Ritmo. | *The car in which we are traveling is a Fiat Ritmo.* |
| Non vedo i signori **ai quali** tu hai parlato ieri sera. | *I don't see the gentlemen to whom you spoke last night.* |

### *EXERCISES*

O. *Complete the following sentences.*

1. Il postino *(to whom)* ______ parli è molto gentile.
2. Conosco bene la casa *(in which)* ______ Antonietta ạbita da un anno.
3. Il mẹdico *(who)* ______ lavora all'ospedale San Carlo è un mio parente.
4. Firenze è la città *(in which)* ______ io vorrei abitare.
5. Hai letto il giornale *(that)* ______ il babbo ha comprato ieri?
6. La penna *(with which)* ______ lei scrive non è sua.
7. La signorina *(from whom)* ______ ho avuto questa cartolina illustrata è all'ẹstero.
8. Gli insegnanti *(whom)* ______ avete conosciuto a casa mia sono già partiti.
9. La biblioteca *(in which)* ______ studiate è molto grande.
10. Il vaporetto *(which)* ______ va al Lido è pieno di stranieri.

P. *Add a relative clause to each sentence beginning with the relative pronoun indicated in parentheses and form a new sentence by choosing an appropriate verb:*

EXAMPLE: La casa è bella e grande. (in cui)
La casa **in cui** abito è bella e grande.

1. La città è molto vecchia. (per la quale)
2. La bistecca è abbastanza grossa. (che)
3. Il ragionier Ratti è mio cugino. (a cui)
4. L'ạutobus è rosso. (nel quale)
5. L'autista del dottor Renzi si chiama Giạcomo Tozzi. (con cui)
6. Il violinista non capisce bene l'italiano. (al quale)
7. Bianca va in banca. (che)
8. L'esposizione è internazionale. (alla quale)
9. La basịlica di San Marco è a Venezia. (che)
10. La classe è molto pịccola. (in cui)

### *TOPICS FOR CONVERSATION*

1. While at breakfast, a student tells his/her parents about an evening out last night. Parents want to know where he/she went, what he/she did, with whom he/she was, what time he/she came home, etc.
2. Be prepared to tell your classmates what Lucia did during her stay in Venice. (See "Una lettera da Venezia.")
3. Share with one or more persons a trip you have recently taken in this country or abroad. Talk about the cities you visited, the people you met, one good and one bad experience you had on your trip. Change roles and repeat.

# VOCABOLARIO

NOUNS

| | | | |
|---|---|---|---|
| l'**alunna** | *student* (f) | il **mondo** | *world* |
| l'**autista** | *driver* | i **Piombi** | *Venice dungeons* |
| la **biblioteca** | *library* | il **ponte** | *bridge* |
| la **Biennale** | *Venice International Art Exhibit* | il **Ponte dei Sospiri** | *the Bridge of Sighs* |
| l'**esposizione** | *exhibit, show, display* | il **porto** | *harbor* |
| il **giornale** | *newspaper, journal* | il **quadro** | *painting, picture* |
| | | il **sospiro** | *sigh* |
| | | il **vaporetto** | *steamer* |

## ADJECTIVES

**cọmodo, a** *comfortable*
**gentile** *kind, gentle*
**ogni** *every, each, all*
**piacẹvole** *pleasant*
**proveniente** *coming from*
**simpạtico, a** (*pl.* simpạtici, simpạtiche) *congenial, pleasant*

## VERBS

**bere** *to drink*
**mentire** *to lie*
**partecipare a** *to participate in*
**passeggiare** *to walk, stroll*
**ritornare** *to return*
**usare** *to use*

## OTHER WORDS

**cui** *whom, which*
**era** *he, she, it was*
**ieri** *yesterday*
**invece** *instead*
**stamattina** *this morning*
**stasera** *this evening*
**subito** *immediately*

## COGNATES

l'**artista** *artist*
la **Basịlica di San Marco** *St. Mark's Basilica*
il **canale** *canal, channel*
il **Canal Grande** *the Grand Canal*
**centrale** *central*
la **curiosità** *curiosity*
la **conferenza** *conference, lecture*
**ducale** *ducal*
**famoso, a** *famous*
il, la **farmacista** *pharmacist*
il **golfo** *gulf*
la **gọndola** *gondola*
il **gondoliere** *gondolier*
l'**ịsola** *island*
l'**Ịsola di San Giorgio** *the island of St. George*
**internazionale** *international*
la **laguna** *lagoon*
**meraviglioso, a** *marvelous*
**moderno, a** *modern*
l'**occasione** *occasion, opportunity*
il **Palazzo Ducale** *the Ducal Palace*
**paterno, a** *paternal, fatherly*
il, la **pianista** *pianist*
la **pizza** *pizza*
il, la **protagonista** *protagonist*
il, la **violinista** *violinist*

## IDIOMS

**a lungo** *for a long time*
**andare fuori** *to go out*
**a presto** *see you soon*
**da molto tempo** *for a long time*
**da poco tempo** *for a short time*
**da quanto tempo** *how long*
**di buon'ora** *early*
**ẹssere di ritorno** *to be back*
**fare colazione** *to have breakfast*
**mi alzo** *I get up*
**mi piace** *I like*
**sempre più** *more and more*
**stare tranquillo, a** *not to worry*
**tanti cari saluti** *many fond regards*

# LESSON 8

| COMMUNICATION SKILLS | STRUCTURES | CULTURE |
|---|---|---|
| Using indirect object pronouns instead of nouns | 1. Indirect object pronouns | Use of family names |
| Expressing actions to oneself | 2. Reflexive pronouns | Health care in Italy |
| Using words for parts of the body | 3. Reflexive verbs: present, future, and *passato prọssimo* | |
| Saying something hurts | 4. Future of *dire, rimanere, sapere, tenere* | |
| | 5. *Fare male* | |
| | 6. The pronoun *ne*: use | |
| | 7. The pronoun *ne*: position | |
| | 8. The adverbial pronoun *ci* | |

## DIALOGO A

***DUE AMICI SI PREỌCCUPANO***

*Lo scultore Giạcomo Vettori e la pittrice Carlotta Giordani si preọccupano della salute d'un loro collega,*[1] *l'architetto Pierluigi Bertini.*

VETTORI  Hai visto Bertini stamattina? Che faccia pallida ha!
GIORDANI  Sì, l'ho notato sụbito. Per questo mi sono fermata a parlargli.

[1] The noun **collega** *(colleague)* has the same form in the singular, masculine and feminine. The plural, however, has two forms: **il, la collega; i colleghi, le colleghe.**

> ***USE OF FAMILY NAMES.*** Most Italians addressing a colleague use his or her family name even though they may be using the **tu** familiar form of address. This habit perhaps derives from the fact that Italians, when in school, are usually addressed by their teachers by their last names and not by their first, as is common practice in the United States.

VETTORI Che ti ha detto?
GIORDANI Mi ha detto che da una settimana ha dei forti dolori allo stomaco . . . e che gli fa spesso male la testa.
VETTORI È stato dal mẹdico?
GIORDANI Sì, da uno specialista.
VETTORI Ebbene, che gli ha detto?
GIORDANI Non molto. Gli ha prescritto delle pịllole. Deve prenderne due al giorno.
VETTORI Tutto qui?
GIORDANI No, lunedì prọssimo si recherà all'ospedale per delle anạlisi.
VETTORI Sua moglie sa che non si sente bene?
GIORDANI No, non le ha detto nulla.
VETTORI Quell'uomo non si preọccupa affatto della propria salute!
GIORDANI Lavora troppo e non si riposa abbastanza.
VETTORI Se continuerà di questo passo . . .
GIORDANI Ma, speriamo in bene.

#### *COMPREHENSION QUESTIONS*

1. Chi sono le persone che si preọccupano della salute del signor Bertini?
2. Il signor Bertini è ragioniere?
3. Da quanto tempo non sta bene?
4. Che cosa gli ha prescritto lo specialista?
5. Quando andrà all'ospedale e perchè?
6. Lavora soltanto tre giorni alla settimana il signor Bertini?
7. Perchè sua moglie non si preọccupa della sua salute?

# STRUTTURA E FUNZIONE

Mi sono fermato a parlar**gli**. Che **ti** ha detto? **Mi** ha detto . . . .

## 1. Indirect Object Pronouns

Lesson 6 introduced the direct object pronouns; there are also indirect object pronouns.

### Use

Indirect object pronouns denote the person, place, or thing *for whom (which)* or *to whom (which)* the action of the verb is directed or takes place. Thus, like direct object pronouns, indirect object pronouns are always used with a verb, and they too replace nouns or noun phrases. In the following table they are listed opposite the corresponding direct object pronouns.

| DIRECT OBJECT PRONOUNS | INDIRECT OBJECT PRONOUNS | |
|---|---|---|
| mi | **mi** | *to me, for me* |
| ti | **ti** | *to you, for you* (fam. s.) |
| lo | **gli** | *to him, for him, to it* (m), *for it* (m) |
| la | **le** | *to her, for her, to it* (f), *for it* (f) |
| La | **Le** | *to you, for you* (form. s.) |
| ci | **ci** | *to us, for us* |
| vi | **vi** | *to you, for you* (fam. pl.) |
| li, le, Li, Le | **gli** | *to them, for them, to you, for you* (form. pl.) |

In speaking, but more often in writing, the pronoun **loro/Loro** is sometimes preferred to **gli** when it means *to them, for them, to you,* and *for you* (form. pl.). In this case **loro/Loro** always follows the verb. If the verb is an infinitive, it is *not* attached to it.

Noi diciamo **loro** di studiare. — *We tell them to study.*[2]
Angela porta **Loro** della frutta. — *Angela is bringing you some fruit.*
Desidero dare **loro** questo libro. — *I wish to give them this book.*

### Position

1. Indirect object pronouns precede verbs in the indicative.

   Ogni venerdì vediamo lo scultore e **gli** parliamo. — *Every Friday we see the sculptor and we talk to him.*
   Loro **ci** portano spesso del vino. — *They often bring us some wine.*
   Incontro Lucia e **le** parlo per qualche minuto. — *I meet Lucia and I talk to her for a few minutes.*
   Dottoressa Bianchi, **Le** offro un caffè. — *Dr. Bianchi, I am offering you a coffee.*

2. In a negative sentence, the indirect object pronoun always follows the word **non**.

   Sono a casa dei miei colleghi, ma non **gli** do quei giornali. — *I am at my colleagues', but I am not giving them those newspapers.*
   Olga e Ruggero non **ci** parlano più. — *Olga and Ruggero are no longer talking to us.*

3. When an indirect object pronoun is used with an infinitive, it usually follows the infinitive and is attached to it. The infinitive usually drops its final **-e**.

   Desidero spedir**le** subito il pacco. — *I wish to mail her the package immediately.*
   Carmine viene a dir**ci** di non partire domani. — *Carmine is coming to tell us not to leave tomorrow.*

[2] Note that *them* in the sentence *We tell them to study* is an indirect object, not to be confused with *them* as direct object in the sentence *I have them.* In the sentence *We tell them to study,* the direct object is the statement "to study."

Scultore di Carrara al lavoro.

When the infinitive is preceded by an indicative form of **dovere**, **potere**, or **volere**, the indirect object pronoun may either come before these verbs *or* be attached to the infinitive.

Non posso dar**vi** nulla. Non **vi** posso dare nulla.
*I cannot give you anything.*

Loro dẹvono dir**le** la verità. Loro **le** dẹvono dire la verità.
*They must tell her the truth.*

4. Usually only the indirect object pronouns **Le** (*to you, for you,* form. s.) and **vi** (*to you, for you,* fam. pl.) are attached to the word **ecco**.

| | |
|---|---|
| Signorina Macchi, ecco**Le** il giornale. | *Miss Macchi, here is your paper.* [lit., *here is to you the paper*] |
| Ragazzi, ecco**vi** un po' di dolce. | *Boys, here is a bit of cake for you.* |

5. The indirect object pronouns **mi**, **ti**, and **vi** may drop the **-i** (replaced in writing with an apostrophe) before a verb beginning with a vowel or before the forms of **avere** that begin with an **-h**.

Che **ti** ha detto Domẹnico? Che **t'h**a detto Domenico?
*What did Dominic say to you?*

**Mi** avete portato quel romanzo? **M'a**vete portato quel romanzo?
*Did you bring me that novel?*
**Vi** hanno parlato di me? **V'h**anno parlato di me?
*Have they spoken to you about me?*

Even though both forms are acceptable, it is advisable to always use **mi**, **ti**, and **vi** and not **m'**, **t'**, or **v'**.

6. With indirect object pronouns, the past participle remains invariable.

| | |
|---|---|
| **Le** hanno spedito tre raccomandate. | *They mailed her three registered letters.* |
| **Ci** avete portato del prezzẹmolo? | *Did you bring us some parsley?* |
| Luca **vi** ha scritto domẹnica scorsa. | *Luca wrote to you last Sunday.* |

***EXERCISES***

A. *Substitute the appropriate indirect object pronouns for the words in parentheses.*

1. Elena darà (a noi) della carta da lẹttere.
2. È necessario parlare (a Saverio) perchè solo lui può aiutarci.
3. Porteranno (a quella famosa pianista) un bel libro di mụsica.
4. Hai spiegato (a quel vecchio scrittore) che noi non possiamo venire domani?
5. Desịdero spedire un telegramma (ai vostri genitori).
6. Quando tornerete in città, offrirò (a te e a tua moglie) un bel pranzo da «Alfredo».
7. Riccardo ha dato il suo zaino (ai cugini).
8. È vero che Lei ha comprato una mạcchina nuova (per sua figlia)?
9. Perchè tu non hai risposto (alla dottoressa Cervini)?
10. Lui telefona spesso (a sua sorella e a me).

B. *Answer each question using the appropriate indirect object pronoun.*

EXAMPLE: **Vi** ha parlato Giovanna?
Sì, Giovanna **ci** ha parlato.

1. Il macellaio ha dato la carne **alla zia?**
Sì, (il macellaio) ______ .
2. **Vi** ha portato un espresso il postino?
No, (il postino) ______ .
3. Avete risposto subito **all'architetto Doni?**
No, (noi) non ______ .
4. Signorina, **Le** ha telefonato Arturo?
Sì, (Arturo) ______ .
5. **Ti** ha domandato dove ạbiti l'ingegnere?
Sì, (l'ingegnere) ______ .
6. Scusi, ha spedito Lei il pacco **alla pianista?**
No, (io) non ______ .
7. Comprate la carne **per i bambini?**
Sì, (noi) ______ .
8. Ragazzi, **vi** offre qualcosa da bere il professore?
Sì, (il professore) ______ .
9. **Mi** pagate voi il pranzo oggi?
Sì, (noi) ______ .
10. È il padre che ha detto **ad Olga** di restare a casa oggi?
No, non è il padre che ______ .

C. *Translate the words in parentheses.*

1. Il babbo ha esclamato: «Io non so nulla perchè ______ ». *(she never tells me anything)*
2. Avete visto quella nuova commedia? Sì, ______ *(we saw it)* tre mesi fa.
3. ______ *(Who told her)* che lui non si sente bene?
4. Adesso non posso andare da loro, ma ______ *(I will talk to them)* domani mattina.
5. È vero che tu ______? (*were not able to remember it* [m])
6. No, mamma, ancora non sappiamo quando Giulietta ______ *(will mail you)* quel pacco.
7. Appena la scrittrice arriverà ______ *(we will be able to meet her)* in biblioteca.
8. Emilia, ______ *(I wrote you)* una lunga lẹttera, ma ______. *(you never answered me)*
9. Quando loro ______ *(see us),* ______ *(they tell us)* «Buon giorno, come state?»
10. Sono andata sụbito a casa perchè mio marito non si sente bene e ______ *(I had to give him)* qualcosa da mangiare.

Due amici si **preọccupano.**

## 2. Reflexive Pronouns

Reflexive pronouns are pronouns that are used as an object when referring to the subject of a reflexive verb, one that expresses an action which reflects back on the subject. Italian reflexive pronouns are:

| | |
|---|---|
| **mi** | *myself* |
| **ti** | *yourself* (fam. s.) |
| **si** | *himself, herself, itself, yourself* (form. s.) |
| **ci** | *ourselves* |
| **vi** | *yourselves* (fam. pl.) |
| **si** | *themselves, yourselves* (form. pl.) |

### Use

1. The reflexive pronouns **mi, ti, si, ci, vi,** and **si** are normally used as the direct object of a reflexive verb.

| | |
|---|---|
| Non **mi** sento bene oggi. | *I don't feel well today.* |
| Pierluigi **si** è fatto la barba. | *Pierluigi has shaved.* |
| Loro **si** preọccupano della sua salute. | *They worry about his health.* |

2. The pronouns **ci, vi,** and **si**, used as direct or indirect objects of a transitive verb, can express reciprocal actions. The English equivalent of these reflexive pronouns is *each other* or *one another.* If the verb in question is conjugated in the **passato prọssimo** (or in another compound tense), the required auxiliary is **essere**, and the past participle must agree in gender and number with the subject.

| | |
|---|---|
| Ci vedremo alla stazione. | *We will see each other at the station.* |
| È vero che non vi parlate più? | *Is it true that you no longer talk to one another?* |
| Rosa e Luisa si sono telefonate ieri sera. | *Rosa and Luisa called each other last night.* |

3. The pronouns **mi**, **ti**, **si**, **ci**, **vi**, and **si** can also be used as indirect objects of a transitive verb. Their English meaning is: *to (for) myself, yourself, himself, herself, ourselves, yourselves,* and *themselves.* In the past tense, the required auxiliary is **essere**, and the past participle must agree with the subject.

| | |
|---|---|
| Maria **si** compra una camicetta. | *Mary buys herself a blouse.* |
| Le ragazze **si** sono spedit**e** un pacco. | *The girls have mailed themselves a package.* |
| Davide **si** è domandat**o** il motivo della mia lettera. | *David asked himself the reason for my letter.* |

## Position

1. The reflexive pronouns **mi**, **ti**, **si**, **ci**, **vi**, and **si** always precede a conjugated verb.

| | |
|---|---|
| Due amici **si** preoccupano. | *Two friends are worried.* |
| Carlotta, perchè **ti** vesti adesso? | *Charlotte, why are you getting dressed now?* |

2. When reflexive pronouns depend on a verb in the infinitive, they follow the verb and are attached to it. The infinitive drops its final **-e**.

| | |
|---|---|
| La mattina Marco desidera alzar**si** di buon'ora. | *In the morning Marco wishes to get up early.* |
| Noi siamo andati a riposar**ci** alle due. | *We went to take a rest at two o'clock.* |
| Io prendo spesso l'autobus per recar**mi** in centro. | *I often take the bus to go downtown.* |

If the infinitive is preceded by the indicative form of **dovere**, **potere**, or **volere**, the reflexive pronoun may either come before these verbs or be attached to the infinitive.

Alfonso vuole alzar**si** presto. Alfonso **si** vuole alzare presto.
*Alfonso wants to get up early.*

Noi dobbiamo riposar**ci** ora. Noi **ci** dobbiamo riposare ora.
*We must rest now.*

Non posso recar**mi** da lui. Non **mi** posso recare da lui.
*I cannot go to his place.*

3. The pronouns **mi**, **ti**, **si**, and **vi** may drop the vowel **i** before a word beginning with a vowel. The dropped **i** is replaced in writing by an apostrophe. The pronoun **ci** can drop the **i** only when the word that follows it begins with an **i** or an **e**. In this case the **i** of **ci** is also replaced in writing by an apostrophe.

**Vi** incontrate alla Biennale. **V'**incontrate alla Biennale.
*You are meeting at the Biennale.*

Loro **si** amano molto. Loro **s'**amano molto.
*They love one another a lot.*

Noi **ci** inviamo un paio di scarpe. Noi **c'**inviamo un paio di scarpe.
*We are sending ourselves a pair of shoes.*

Per questo **mi sono fermata** a parlargli.

## 3. Reflexive Verbs: Present, Future and *Passato Prọssimo*

A transitive verb whose subject and object are identical is called **riflessivo** *(reflexive)*. This is because the action reflects back, so to speak, on the subject as in the phrase: *I wash myself.*

In Italian the infinitive of a reflexive verb may end in **-arsi**, **-ersi**, or **-irsi**. These forms are obtained by dropping the last vowel, **-e**, from the endings **-are**, **-ere**, and **-ire** and adding **-si**. Note that **-si** has the same general reflexive meaning of *oneself* as object: **lavarsi**, *to wash oneself.*

Generally, verbs that are reflexive in English are also reflexive in Italian. However, not all the verbs that are reflexive in Italian are also reflexive in English. Listed below are several transitive verbs often used reflexively:

| TRANSITIVE VERBS | | REFLEXIVE VERBS | |
|---|---|---|---|
| alzare | *to raise, lift* | alzarsi | *to get up* |
| chiamare | *to call* | chiamarsi | *to be called, be named* |
| fermare | *to stop* | fermarsi | *to stop (oneself)* |
| guardare | *to look, watch* | guardarsi | *to look at oneself, beware of* |
| lavare | *to wash* | lavarsi | *to wash oneself* |
| levare | *to take off, remove* | levarsi | *to get up* |
| mettere | *to place, put* | mettersi | *to put on, wear* |
| preparare | *to prepare* | prepararsi | *to get ready, fix oneself* |
| sbagliare | *to mistake* | sbagliarsi | *to be wrong, make a mistake* |
| sentire | *to hear* | sentirsi[3] | *to feel* |
| svegliare | *to awake* | svegliarsi | *to wake up* |
| trovare | *to find* | trovarsi | *to be, find oneself* |
| vedere | *to see* | vedersi | *to see oneself* |
| vestire | *to dress* | vestirsi | *to get dressed, dress oneself* |

Several other verbs also have a reflexive meaning. Some of them are:

| | | | |
|---|---|---|---|
| accorgersi | *to realize* | coricarsi | *to go to bed* |
| addormentarsi | *to fall asleep* | divertirsi | *to amuse oneself, have a good time* |
| affrettarsi | *to hurry* | farsi la barba | *to shave* |
| annoiarsi | *to be bored* | farsi male | *to hurt oneself* |
| pettinarsi | *to comb one's hair* | preoccuparsi | *to worry, be worried* |
| recarsi | *to go* | riposarsi | *to take a rest, rest* |

Remember the following rules:

1. Reflexive verbs conjugate like any other verb belonging to the first, second, or third conjugation.
2. In forming the **passato prọssimo**, as well as other compound tenses, all reflexive verbs use **ẹssere** as the auxiliary. The past participle must, therefore, agree in gender and number with the subject.
3. Unless otherwise noted, conjugated reflexive verbs are used only with the reflexive pronouns **mi**, **ti**, **si**, **ci**, **vi**, **si**.

[3] Note that **sentirsi bene** means *to feel well,* and **sentirsi male** means *to feel bad* (or *not to feel well*).

## Conjugation of Reflexive Verbs

Reflexive verbs in **-arsi**, **-ersi**, and **irsi** form the present, the future, and the **passato prọssimo** of the indicative like the following three model verbs.

| alzarsi | mettersi | vestirsi |
|---|---|---|
| | PRESENTE | |
| **mi alzo** *(I get up)* | **mi metto** *(I put on)* | **mi vesto** *(I get dressed)* |
| **ti alzi** | **ti metti** | **ti vesti** |
| **si alza** | **si mette** | **si veste** |
| **ci alziamo** | **ci mettiamo** | **ci vestiamo** |
| **vi alzate** | **vi mettete** | **vi vestite** |
| **si alzano** | **si mettono** | **si vestono** |
| | FUTURO | |
| **mi alzerò** *(I will get up)* | **mi metterò** *(I will put on)* | **mi vestirò** *(I will get dressed)* |
| **ti alzerai** | **ti metterai** | **ti vestirai** |
| **si alzerà** | **si metterà** | **si vestirà** |
| **ci alzeremo** | **ci metteremo** | **ci vestiremo** |
| **vi alzerete** | **vi metterete** | **vi vestirete** |
| **si alzeranno** | **si metteranno** | **si vestiranno** |
| | PASSATO PRỌSSIMO | |
| **mi sono alzato, a** *(I have gotten up)* | **mi sono messo, a** *(I have put on)* | **mi sono vestito, a** *(I have gotten dressed)* |
| **ti sei alzato, a** | **ti sei messo, a** | **ti sei vestito, a** |
| **si è alzato, a** | **si è messo, a** | **si è vestito, a** |
| **ci siamo alzati, e** | **ci siamo messi, e** | **ci siamo vestiti, e** |
| **vi siete alzati, e** | **vi siete messi, e** | **vi siete vestiti, e** |
| **si sono alzati, e** | **si sono messi, e** | **si sono vestiti, e** |

### *EXERCISES*

D. *Give the present of the following verbs.*

1. (accọrgersi) Girọlamo 2. (vestirsi) noi 3. (lavarsi) tu 4. (sbagliarsi) voi 5. (pettinarsi) Anna 6. (recarsi) io 7. (fermarsi) il treno 8. (annoiarsi) gli amici 9. (svegliarsi) Loro, signori.

E. *Give the future of the following verbs.*

1. (preoccuparsi) tu 2. (guardarsi) noi 3. (coricarsi) lui 4. (alzarsi) Lei, dottore 5. (vestirsi) io 6. (trovarsi) noi tutti 7. (affrettarsi) tu 8. (farsi male) la scrittrice 9. (divertirsi) l'attore 10. (addormentarsi) i nostri figlioli

F. *Give the passato prọssimo of the following verbs.*

1. (vestire) la mamma 2. (vestirsi) la mamma 3. (sbagliare) gli studenti 4. (sbagliarsi) gli studenti 5. (mettere) le pittrici 6. (mettersi) le pittrici 7. (alzare) tu 8. (alzarsi) tu 9. (fermare) noi *(f)* 10. (fermarsi) noi *(f)*

G. *Complete the following sentences, translating the words in parentheses.*

1. Cinzia ______ *(mails herself)* un pacco pieno di libri.
2. La zia dice: «*(I will not buy myself)* quel vestito perchè costa troppo.»
3. Se loro potranno, ______ *(they will meet each other)* domani sera al teatro "Duse".
4. Rodolfo sorride quando ______. *(we see each other)*
5. Il pittore francese desidera ______ *(to prepare for himself)* un buon pranzo.
6. ______ *(They must rest)* adesso perchè sono molto stanchi.

H. *Give the passato prọssimo of the verbs in parentheses.*

1. (vestirsi) Tu, Giacinta, ______ e poi sei uscita.
2. (addormentarsi) Le mie nipoti ______ dopo la mezzanotte.
3. (recarsi) Chi conosce la signora che ______ a fare la spesa?
4. (mettersi) Stamattina Giuliana ______ un bel vestito rosso.
5. (divertirsi) Siamo andati a teatro e ______ moltịssimo.
6. (svegliarsi) «Io», dice Patrizia, « ______ molto tardi stamattina».
7. (accorgersi) La bambina piange perchè ______ che la mamma è andata via.
8. (sentirsi male) Aldo e sua moglie ______ la settimana scorsa.
9. (riposarsi) Io, Marisa e Ruggero ______ per due ore.
10. (guardarsi) La madre e la figlia ______ allo specchio *(in the mirror).*

I. *Put the verbs in parentheses in the appropriate tenses according to the context of the sentence.*

1. (svegliarsi) Tutte le mattine Carlo ed io ______ dopo le dieci.
2. (alzarsi) Ieri lei e la sua amica ______ prima delle sei e un quarto.
3. (mettersi) Oggi tu non ______ quella vecchia giacca.
4. (recarsi) Fra tre settimane i nostri parenti ______ in Francia e in Spagna.
5. (sentirsi) Domẹnica scorsa lo scrittore non ______ molto bene.
6. (divertirsi) L'architetto Belluno ______ molto ieri sera al cịnema.
7. (levarsi) Quando andrò a letto, ______ le scarpe e il vestito.
8. (incontrarsi) Fra un mese noi ______ a Boston.
9. (preoccuparsi) I genitori di Enrico ______ della sua salute.
10. (farsi male) Tre giorni fa il piccolo ______ a casa dei nonni.

L. *Situations*

1. You have just met your college roommate. Explain to him/her what your daily routine is so that you won't interfere with his/hers. Use the pictures below putting them in your preferred order.
2. You just woke up. You are late for an exam. You want to take the exam because you are prepared for it. What are you going to do to get ready in a hurry?

## 4. Future of *dire, rimanere, sapere, tenere*

| dire | rimanere | sapere | tenere |
|---|---|---|---|
| **dirò** *(I will say)* | **rimarrò** *(I will remain)* | **saprò** *(I will know)* | **terrò** *(I will hold)* |
| **dirai** | **rimarrai** | **saprai** | **terrai** |
| **dirà** | **rimarrà** | **saprà** | **terrà** |
| **diremo** | **rimarremo** | **sapremo** | **terremo** |
| **direte** | **rimarrete** | **saprete** | **terrete** |
| **diranno** | **rimarranno** | **sapranno** | **terranno** |

***EXERCISE***

M. *Put the verbs in parentheses in the future tense.*

1. (rimanere) Voi quanti giorni ______ in questi dintorni?
2. (dire) Noi ______ a Samuele che oggi non sei a casa.
3. (sapere) Aldo e Battista domani sera ______ tutto.
4. (fare) Fra un mese quell'autore ______ una conferenza all'ẹstero.
5. (tenere) Lui ______ sempre la moto in quel posteggio.
6. (venire) (sapere) Quando voi ______ da noi, ______ tutto.
7. (dire) Se tu gli ______ la verità, lui certo capirà.
8. (sapere) Sono sicura che voi ______ sụbito tutto.

# PAROLE UTILI

Il corpo umano *(The Human Body)*

### EXERCISE

N. *Physical descriptions:*

1. You are directing a movie and need to audition actors and actresses for each of the roles. Describe in detail six of the characters in your movie. Which of the performers shown could you use?

2. You are at the scene of a hit and run accident. You managed to get a good look at the driver. In order to help the police find the driver, you have been asked to give a detailed description to the police artist who is going to draw a composite picture. (Your partner is the artist.)

## PARTE NARRATIVA B

### ALL'OSPEDALE

Il signor Bertini si è fatto la barba e si è vestito in fretta e fụria perchè sono quasi le otto e alle nove l'aspẹttano all'ospedale per fare delle anạlisi. Invece di guidare la propria automọbile preferisce andarci in tassì; non dovrà così perdere tempo per trovare un posto lịbero nel postẹggio dell'ospedale che è sempre pieno di mạcchine.

All'ospedale un'infermiera l'accompagna prima nel reparto radiolọgico per una serie di esami, di cui alcuni non troppo piacẹvoli, poi un'altra infermiera gli misura la pressione sanguigna e gli controlla il peso. Finalmente un giovane mẹdico preleva, con una lunga siringa, un po' di sangue.

Quando anche quest'ụltimo esame è terminato, l'architetto Bertini si alza, si rimette la giacca ed esce velocemente dall'ospedale per recarsi, come ogni altro giorno, nel suo studio a lavorare.

### COMPREHENSION QUESTIONS

1. Perchè si è vestito in fretta e furia il signor Bertini?
2. Perchè deve andare all'ospedale?

***HEALTH INSURANCE IN ITALY.*** Almost all Italians (government officials and employees, white and blue collar workers, as well as self-employed professionals and housewives) belong to either a state-owned or partially state-controlled health agency, usually referred to as **la mụtua**, to which they pay monthly contributions fixed according to their declared income. The **mụtua** pays for all medical and dental related expenses, all hospitalization expenses, and even about ninety percent of the total cost of medicines and drugs. People are obviously free to seek the service of non-**mụtua** physicians —at their own expense—unless such visits are authorized by their own health agency.

Physicians who are on the medical staff of a public hospital (run by the state, region, province, or city) normally are not allowed to practice medicine outside the hospital. Self-employed doctors, however, besides having their own private practice, may also work in privately owned hospitals or clinics.

3. Va all'ospedale in ạutobus?
4. Com'è il parchẹggio dell'ospedale?
5. In quale reparto va quando arriva all'ospedale?
6. Chi gli controlla il peso?
7. Cosa fa il giovane medico?
8. Dove si reca il signor Bertini sụbito dopo gli esami?

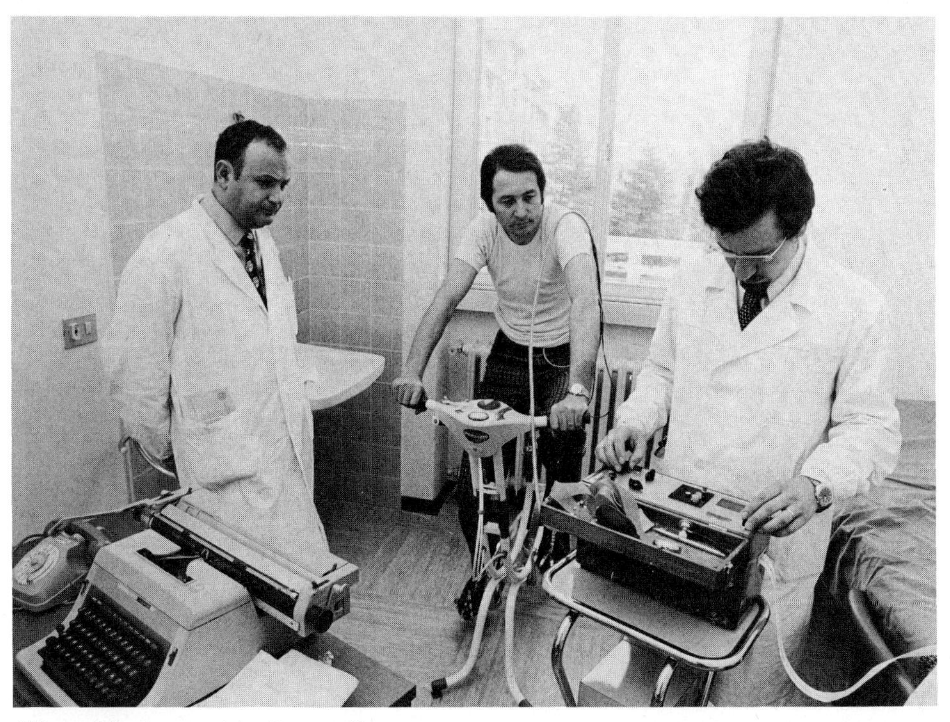

All'ospedale per una visita di controllo.

# STRUTTURA E FUNZIONE

Gli fa male la testa.

## 5. Use and Meaning of the Expression *fare male*

When Italians want to say that some part of the body aches or hurts, they use the phrase **fare male**. The indirect object pronoun is used and it precedes **fare male**, while the part that aches or hurts follows the verb.

| | |
|---|---|
| **Mi** fanno spesso male i piedi. | *My feet often ache.* |
| Ieri **le** ha fatto male la testa. | *Her head ached yesterday.* |
| **Ci** hanno fatto male gli occhi. | *Our eyes hurt.* |
| **Gli** fa male il collo. | *His neck hurts.* |

If the person feeling the pain is indicated, not by a subject pronoun, but by name, title, or profession, Italians use the preposition **a**, either alone or combined with the definite **article**, to form the indirect object.

| | |
|---|---|
| **Ad Alberto** fanno spesso male i denti. | *Albert's teeth often ache.* |
| **All'architetto** ha fatto male la testa ieri. | *The architect's head hurt yesterday.* |
| **Alle ragazze** hanno fatto un po' male gli occhi. | *The girls' eyes hurt a bit.* |

***EXERCISES***

O. *Translate the words in parentheses.*

1. Il dottore domanda al bambino: « _______ »? *(do your hands hurt now)*
2. _______ *(The butcher's belly aches)* perchè ieri sera ha mangiato troppo.
3. Abbiamo passeggiato per Roma per due ore, e ora _______ . *(our legs ache)*
4. _______ *(The pianist's head ached)* durante il suo viaggio in treno.
5. Lui ha visto tre film e così _______ . *(his eyes ache)*

Deve prenderne due al giorno.

## 6. The Pronoun *ne:* Use

1. **Ne** serves as the direct object pronoun for a noun used with a partitive article, with the adjective **qualche**, and with the expression **un po' di** as well as with adjectives denoting quantity. Normally the English equivalent of **ne** is *of it, of them.*

| | |
|---|---|
| Rita compra **della** frutta. | *Rita buys some fruit.* |
| Rita **ne** compra. | *Rita buys (some) of it.* |
| Loro leggono **dei** giornali. | *They read some newspapers.* |
| Loro **ne** leggono. | *They read (some) of them.* |
| Ho **qualche** amico a Milano. | *I have a few friends in Milan.* |
| **Ne** ho a Milano. | *I have (a few) of them in Milan.* |

2. When the quantity is clearly specified by either a numeral or an adjective such as **molto**, **poco**, **tanto**, **parecchio**, **alcuni**, and **alcune**, it must be indicated. Remember that the adjectives agree in gender and number with the words **ne** refers to, and that they usually follow the verb.

Loro leggono **tre** giornali. — *They read three newspapers.*
Loro **ne** leggono tre. — *They read three of them.*

Tu bevi **poco** latte. — *You drink little milk.*
Tu **ne** bevi **poco.** — *You drink little of it.*

Parliamo **parecchie** lingue. — *We speak several languages.*
**Ne** parliamo **parecchie.** — *We speak several of them.*

P. *You are very accident prone. Tell your partner you can't do what he/she is asking today because of all your aches and pains.*

EXAMPLE: Perchè non puoi leggere?
Non posso leggere perchè mi fa male la testa.

1. Perchè non puoi camminare?
2. Perchè non puoi andare al ristorante?
3. Perchè non puoi mangiare?
4. Perchè non puoi andare a scuola?
5. Perchè non puoi dormire?
6. Perchè non puoi scrivere?
7. Perchè non puoi parlare?
8. Perchè non puoi ballare?

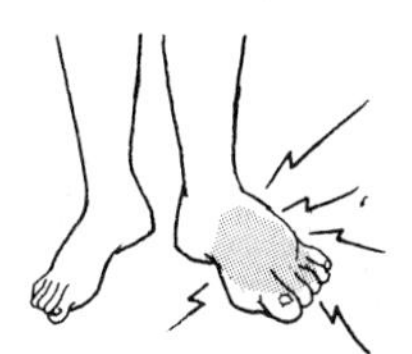

3. When referring to a person or an object replaced by **ne**, quantity may also be expressed by one of the adjectives in Paragraph 2 followed by:
(a) a collective noun, such as **esẹrcito** *(army),* **folla** *(crowd),* and **gruppo** *(group).*
(b) nouns of weights and measures, such as **chilo** *(kilogram),* **chilọmetro** *(kilometer),* **litro** *(liter),* and **metro** *(meter).*
(c) nouns denoting household items, such as **bicchiere** *(glass),* **bottiglia** *(bottle),* **piatto** *(plate, dish),* **scạtola** *(box),* **scodella** *(soup plate, bowl),* and so forth.
Remember that adjectives and nouns expressing quantity must be indicated.

Perchè acquisti tanti chili **di pane?** — *Why do you buy so many kilos of bread?*
Perchè **ne** acquisti **tanti chili?** — *Why do you buy so many kilos of it?*

Vorrei tre bottiglie **di vino.** — *I would like three bottles of wine.*
**Ne** vorrei **tre bottiglie.** — *I would like three bottles of it.*

Vedo un gruppo **di professori.** — *I see a group of teachers.*
**Ne** vedo **un gruppo.** — *I see a group of them.*

4. The adjective **quanto**, a *(how much?, how many?)* used with **ne** precedes both pronoun and verb. It too agrees in gender and number with the words **ne** refers to.

| STATEMENT | QUESTION (using **ne** and **quanto**) |
|---|---|
| Vorrei dei calzini.<br>*I would like some socks.* | Quanti **ne** vuole?<br>*How many of them do you want?* |
| Lui mangia della carne.<br>*He is eating some meat.* | Quanta **ne** mangia?<br>*How much of it is he eating?* |
| Abbiamo delle amiche a Padova.<br>*We have some friends in Padua.* | Quante **ne** avete a Padova?<br>*How many of them do you have in Padova?* |

5. **Ne** may be also used with the expression **un po' di**.

| | |
|---|---|
| Vorrei **un po' d'acqua,** per favore.<br>*I would like a bit of water, please.* | **Ne** vorrei **un po',** per favore.<br>*I would like a bit of it, please.* |

## 7. The Pronoun *ne:* Position

The position of **ne** in a sentence is the same as that of all other object pronouns.

1. **Ne** precedes a verb in the indicative.

| | |
|---|---|
| Umberto legge tre romanzi.<br>*Umberto is reading three novels.* | Umberto **ne** legge tre.<br>*Umberto is reading three of them.* |
| Acquisteremo solo poche cose.<br>*We will buy only a few things.* | **Ne** acquisteremo solo poche.<br>*We will buy only a few of them.* |

2. When **ne** precedes a verb in the **passato prọssimo** conjugated with the auxiliary **avere**, the past participle must agree in gender and number with the words **ne** refers to.

| | |
|---|---|
| Perchè hai comprato tanta insalata?<br>*Why have you bought so much salad?* | Perchè **ne** hai **comprata** tanta?<br>*Why have you bought so much of it?* |
| Chi ha visto tre commedie?<br>*Who has seen three comedies?* | Chi **ne** ha **viste** tre?<br>*Who has seen three of them?* |
| Ho ricevuto parecchi telegrammi.<br>*I have received quite a few telegrams.* | **Ne** ho **ricevuti** parecchi.<br>*I have received quite a few of them.* |

3. In a negative sentence **ne** always follows the word **non**.

| | |
|---|---|
| Lui non scrive molti espressi.<br>*He does not write many express letters.* | Lui non **ne** scrive molti.<br>*He does not write many of them.* |
| Non abbiamo del formaggio a casa.<br>*We do not have any cheese at home.* | Non **ne** abbiamo a casa.<br>*We do not have any of it at home.* |

4. **Ne** always follows the word **ecco** and is attached to it.

| | |
|---|---|
| Ecco degli autobus.<br>*Here are some buses.* | Ecco**ne.**<br>*Here are some of them.* |
| Ecco molti pantaloni.<br>*Here are many pairs of pants.* | Ecco**ne** molti.<br>*Here are many of them.* |

5. When **ne** is used as the object of an infinitive, it follows the infinitive and is attached to it. Before adding **ne**, the verb drops its final vowel **-e**.

| | |
|---|---|
| Vado a comprare un po' di latte.<br>*I am going to buy some milk.* | Vado a **comprarne** un po'.<br>*I am going to buy some of it.* |

È necessario studiare tante regole.
*It is necessary to study so many rules.*

È necessario **studiarne** tante.
*It is necessary to study so many of them.*

6. When, however, an infinitive is preceded by an indicative form of **dovere**, **potere**, or **volere**, **ne** may either come before **dovere**, **potere**, or **volere** or be attached to the infinitive.

Devo spedire alcuni pacchi.
*I must send a few packages.*

Devo **spedirne** alcuni.
**Ne** devo spedire alcuni.
*I must send a few of them.*

Oggi possiamo vedere due film.
*Today we can see two films.*

Oggi possiamo **vederne** due.
Oggi **ne** possiamo vedere due.
*Today we can see two of them.*

### EXERCISES

Q. *Rewrite, substituting* **ne** *for the words in boldface.*

1. Guglielmo beve sempre **dell'acqua minerale**.
2. Acquistiamo spesso **del caffè brasiliano**.
3. Incontriamo **qualche professore** in biblioteca.
4. Avete **del burro** a casa?
5. Oggi laviamo **qualche camicia**.

R. *Rewrite, substituting* **ne** *for the words in boldface and making all other necessary changes.*

EXAMPLE: Ricevo alcune **lettere**.
Ne ricevo alcune.

1. Abbiamo parecchi **conti** da pagare.
2. Ogni settimana loro scrivono tante **lettere**.
3. Nell'ufficio postale aprono molti **pacchi**.
4. Facciamo pochi **esercizi**.
5. Alla stazione ogni ora arrivano quindici **treni**.
6. Quel macellaio vende cento chili **di carne** al giorno.
7. Oggi compro un po'di **salame**.
8. Nel mio liceo c'è un gruppo **di francesi**.

S. *Answer the following questions positively, using* **ne** *in your replies.*

EXAMPLE: Avete visto molti film?
Sì, **ne** abbiamo visti molti.

1. Avete soltanto un'automobile?
2. Ieri ha voluto comprare dieci francobolli?
3. Incontreranno loro alcune pittrici all'Accademia di Belle Arti?
4. Hanno mangiato tante paste al bar i bambini?
5. Il cameriere mette del vino nel tuo bicchiere?
6. Luigi ha dovuto accompagnare molte persone in centro?
7. Ricevi tanta posta tu?
8. Mangia due piatti di pasta ogni giorno Marco?
9. Avranno parecchie giacche in quel negozio?
10. Perchè avete aperto soltanto due finestre?

Preferisce andarci in tassì.

## 8. The Adverbial Pronoun *ci*

### Use

You have already encountered **ci** as an adverb in **ci sono** and **c'è** (**ci** + **è** = **c'è**). It is also used as an adverbial pronoun to substitute for either the proper name of a place (city, country, continent, mountain range, lake, etc.) or a noun indicating a place or locality. The English equivalent of the adverbial pronoun **ci** is *there* and, in some instances, *here*. (Remember that **ci** + **è** becomes **c'è**.) It is not to be confused with the direct/indirect object pronoun **ci**.

Vado **in centro** domani. — *I am going downtown tomorrow.*
**Ci** vado domani. — *I am going there tomorrow.*

Quando siete tornati **sulle Dolomiti?** — *When did you return to the Dolomites?*
Quando **ci** siete tornati? — *When did you return there?*

Staranno **in quell'albergo** tre giorni. — *They will stay in that hotel three days.*
**Ci** staranno tre giorni. — *They will stay there three days.*

Rimango **in Francia** con mio padre. — *I am staying in France with my father.*
**Ci** rimango con mio padre. — *I am staying here with my father.*

### Position

Ci occupies the same position in a sentence as all other direct and indirect object pronouns.

Lui c'è rimasto una settimana. — *He remained there for a week.*
Maria mi ha domandato di tornarci con lei. — *Maria asked me to go back there with her.*
Ci si arriva comodamente in mạcchina. — *One gets there easily by car.*
Possiamo andarci oggi. *or* Ci possiamo andare oggi. — *We can go there today.*
Signor Pardo, ci vada sụbito! — *Mr. Pardo, go there immediately!*
Ragazzi, abitạteci dal mese di giugno al mese di ottobre! — *Boys, live there from June to October!*

### *EXERCISE*

T. *Answer the following questions, positively or negatively, using the adverbial pronoun ci in your replies.*

EXAMPLE: Tornate in ufficio alle tre?
Sì, **ci** torniamo alle tre.

1. Vieni in classe con Giuseppe, Luciano?
2. Andate al campeggio in ạutobus?
3. Dovete essere a casa questa sera?
4. Sei mai stato a Parigi?
5. Siete andati in chiesa domẹnica scorsa?
6. Papà, potrai andare a teatro con noi il prọssimo martedì?
7. Desiderate tornare in montagna per le feste natalizie?
8. Andate spesso in periferia?
9. Vuoi restare all'ospedale fino a lunedì?
10. Rimarranno in Italia un anno i signori Melchiori?

Veduta della Piazza, del Tevere e di Castel Sant'Angelo dall'alto della Basilica di San Pietro.

***TOPICS FOR CONVERSATION***

1. (For two students) A colleague (a friend or a relative) is inquiring about your health. Tell him or her how you feel. Change roles and repeat.
2. Give the physical description of a friend (or friends) of yours with as many details as you possibly can.
3. (For two students) Using all the reflexive verbs that are appropriate, talk with a friend about your daily activities from the moment you get up until the end of the day. Change roles and repeat.

# VOCABOLARIO

NOUNS

| | |
|---|---|
| i **baffi** | *mustache* |
| la **barba** | *beard* |
| la **bocca** | *mouth* |
| il **braccio** (*pl.* le braccia) | *arm* |
| il **capello** | *hair* |
| il **capo** | *head;* also *boss, chief* |
| il **collo** | *neck* |
| il **corpo** | *body* |
| il **dente** | *tooth* |
| il **dito** (*pl.* le dita) | *finger* |
| il **dolore** | *pain, grief* |
| l'**esẹrcito** | *army* |
| la **folla** | *crowd* |
| la **gamba** | *leg* |
| il **ginọcchio** (*pl.* le ginọcchia) | *knee* |
| il **gruppo** | *group* |
| l'**infermiera** | *nurse* (f) |
| l'**infermiere** | *nurse* (m) |
| il **labbro** (*pl.* le labbra) | *lip* |
| la **lingua** | *tongue* |
| la **malattia** | *disease* |
| il **motivo** | *reason* |
| la **mụtua** | *Italian health agency* |
| l'**orecchio** | *ear* |
| la **pancia** | *belly* |
| il **passo** | *step, rate, pace* |
| il **peso** | *weight* |
| il **petto** | *chest, breast* |
| il **piatto** | *plate, dish* |
| il **piede** | *foot* |

| | |
|---|---|
| il **posto** | *place* |
| la **pressione sanguigna** | *blood pressure* |
| il **reparto** | *ward* |
| la **salute** | *health* |
| il **sangue** | *blood* |
| la **scạtola** | *box* |
| la **scodella** | *soup plate, bowl* |
| lo **scrittore,** la **scrittrice** | *writer* |
| la **spalla** | *shoulder* |
| lo **specchio** | *mirror* |
| la **testa** | *head* |

### ADJECTIVES

| | |
|---|---|
| **forte** | *strong* |
| **pạllido, a** | *pale* |
| **pieno, a** | *full* |

### VERBS

| | |
|---|---|
| **accompagnare** | *to accompany* |
| **accorgersi** | *to realize* |
| **addormentarsi** | *to fall asleep* |
| **affrettarsi** | *to hurry* |
| **alzare** | *to lift, raise* |
| **alzarsi** | *to get up* |
| **annoiarsi** | *to be bored* |
| **chiamarsi** | *to be called, be named, call one another* |
| **controllare** | *to control, check* |
| **coricarsi** | *to go to bed* |
| **divertirsi** | *to amuse oneself, have a good time* |
| **fermare** | *to stop (someone or something)* |
| **fermarsi** | *to stop (oneself or itself)* |
| **guardarsi** | *to look at oneself* |
| **lavare** | *to wash* |
| **lavarsi** | *to wash oneself* |
| **levare** | *to take away, remove* |
| **levarsi** | *to get up* |
| **mettersi** | *to put on* |
| **misurare** | *to measure* |
| **nọtare** | *to notice, note* |
| **pettinarsi** | *to comb one's hair* |
| **prelevare** | *to withdraw* |
| **preoccuparsi** | *to worry, to be worried* |
| **prepararsi** | *to get ready, fix for oneself* |
| **prescrivere** | *to prescribe* |
| **recarsi** | *to go* |
| **riposarsi** | *to take a rest, rest* |
| **sentire** | *to hear* |
| **sentirsi** | *to feel* |
| **sperare** | *to hope* |
| **svegliare** | *to awake* |
| **svegliarsi** | *to wake up* |
| **terminare** | *to finish, complete* |
| **trovare** | *to find* |
| **trovarsi** | *to be, find oneself* |
| **vedersi** | *to see oneself* |
| **vestirsi** | *to get dressed, dress oneself* |

### OTHER WORDS

| | |
|---|---|
| **ebbene** | *well, well then* |
| **velocemente** | *quickly, fast* |

### COGNATES

| | |
|---|---|
| l'**architetto** | *architect* |
| l'**attore,** l'**attrice** | *actor, actress* |
| l'**autore,** l'**autrice** | *author* |
| il **chilometro** | *kilometer* |
| il **collega,** la **collega** | *colleague* |
| la **direttrice** | *director* (f) |
| il **metro** | *meter* |
| la **pillola** | *pill* |
| il **pittore,** la **pittrice** | *painter* |
| la **pressione** | *pressure* |
| lo **scultore,** la **scultrice** | *sculptor* |
| la **siringa** | *syringe* |
| lo, la **specialista** | *specialist* |
| **umano, a** | *human* |

### IDIOMS

| | |
|---|---|
| **controllare il peso a qualcuno** | *to check someone's weight* |
| **di questo passo** | *at this rate, pace* |
| **fare la barba a qualcuno** | *to shave someone* |
| **farsi la barba** | *to shave* |
| **farsi male** | *to hurt oneself* |
| **in fretta e fụria** | *in a hurry, in great haste* |
| **misurare la pressione sanguigna a qualcuno** | *to take someone's blood pressure* |
| **preoccuparsi di qualcosa** | *to worry about something* |
| **sentirsi bene** | *to feel well, feel fine* |
| **sentirsi male** | *to feel badly, not to feel well* |
| **sperare in bene** | *to hope for the best* |

# LESSON 9

| COMMUNICATION SKILLS | STRUCTURES | CULTURE |
| --- | --- | --- |
| Giving commands<br>Making statements about indefinite subjects *(they, one, you)*<br>How to say you like something **(piacere)**<br>Going to a restaurant | 1. Additional use of **chi**<br>2. The impersonal construction<br>3. Imperatives<br>4. Use of the relative pronoun **cui**<br>5. **Di chi?**<br>6. Imperative of **dare**, **dire**, **fare**, **stare**<br>7. Position of direct and indirect object pronouns with the imperative<br>8. **Piacere** | Florence<br>Italian eating habits and restaurants |

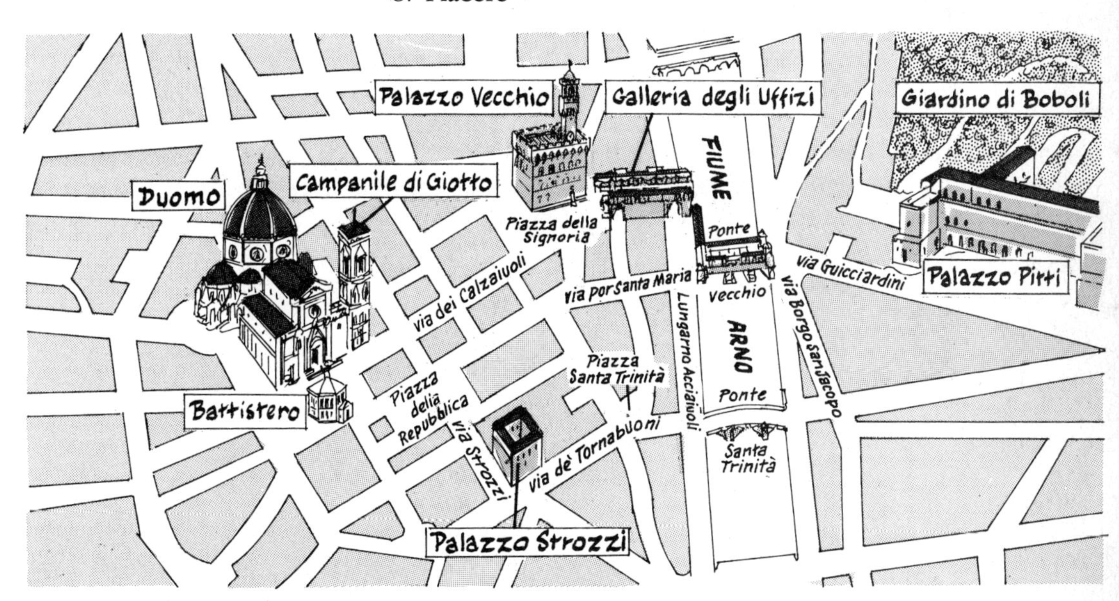


## PARTE NARRATIVA A

### *D'ESTATE A FIRENZE*

D'estate quando a Firenze si suda a causa del caldo e dell'umidità, chi ha la mạcchina va a cercare il fresco sui colli. Qui si sta bene perchè l'aria è fresca e pulita. Sulle colline che circọndano la patria di Dante ci sono dei paesi molto pittoreschi e famosi, come Fiẹsole, dal quale si ammira il meraviglioso panorama di Firenze.

A molti fiorentini piace passeggiare lungo le rive dell'Arno perchè vicino al fiume tira quasi sempre un po' di vento. C'è poi chi la sera preferisce cenare in una trattorịa all'aperto oppure va a prẹndere una bịbita o un gelato in Piazza del Duomo o al Piazzale Michelạngelo. I giọvani a cui piace ballare pạssano invece la serata in una discoteca del centro o della periferịa.

Insomma durante l'estate a Firenze, come in tante altre città italiane, poca gente trascorre l'intera giornata in casa. Per questa ragione è sempre molto interessante fare due passi in città.

### COMPREHENSION QUESTIONS

1. Com'è il tempo a Firenze d'estate?
2. Dove vanno i fiorentini a cercare il fresco?
3. Dove si trova Fiẹsole?
4. Qual è la patria di Dante?
5. Che cos'è l'Arno?
6. Perchè molta gente la sera va in Piazza del Duomo o al Piazzale Michelangelo?
7. Dove preferịscono trascọrrere la serata molti giovani?
8. Durante l'estate gli italiani trascọrrono molte ore in casa?

***FIRENZE.*** The capital of the region of **Toscana** *(Tuscany),* Florence has a population of over 420,000. It was for centuries one of the country's most powerful city-states, eventually falling under the dominance of the Medici family, whose members ruled it, with the exception of two brief periods, from 1434 to 1743. The most illustrious of all the Medicis was Lorenzo (1448–1492), called "**Il Magnifico**," who was an extremely able statesman, a great patron of the arts, and a good poet in his own right. Dante Alighieri, Italy's greatest poet and the immortal author of **La Divina Commedia** *(The Divine Comedy),* was born in Florence in 1265 and died in Ravenna in 1321.

Because of its artistic, literary, philosophical, and scientific achievements, particularly during the **Trecento**, **Quattrocento**, and **Cinquecento**, Florence is known the world over as the "Cradle of the Renaissance" **(la culla del Rinascimento)**.

Perhaps the city's most famous monument is the huge **Chiesa di Santa Maria del Fiore** *(Church of Saint Mary of the Flower),* Florence's cathedral (**il Duomo**, as it is also called). Begun in 1296 by Arnolfo di Cambio, it was completed only in 1436 by Filippo Brunelleschi, who was able to top it with an immense **cụpola** *(dome),* considered among the world's greatest architectural feats. On one side of the church rises the elegant and slender **Campanile di Giotto** *(Giotto's Belltower),* 81 meters (267 ft.) high, erected in 1334. In front of the **Duomo** is the **Battistero di San Giovanni** *(Saint John's Baptistry),* mentioned by Dante in **La Divina Commedia**. It served as the cathedral of Florence until 1128. The baptistry's main bronze door is the work of Lorenzo Ghiberti, who cast it between 1425 and 1452. Because of its beauty, it is called **La Porta del Paradiso** *(The Gate of Paradise).* Both the church and the baptistry house priceless art treasures, among them masterpieces by Donatello, Cimabue, Luca della Robbia, Arnoldo di Cambio, and Michelangelo. From Tuscany also came many of the world's greatest geniuses, such as Boccaccio, Petrarca, Machiavelli, Michelangelo, Leonardo da Vinci, and Galileo Galilei.

Veduta panoramica di Firenze e dell'Arno.

# STRUTTURA E FUNZIONE

Chi ha la macchina
Chi preferisce cenare in una trattoria.

## 1. Additional Use of *chi*

The pronoun **chi** is not always interrogative. It may also mean *whoever (whomever), people who (people whom), anyone who,* and *those who (those whom).* As subject, **chi** always takes a singular verb. For purposes of agreement, **chi** is usually masculine.

| | |
|---|---|
| **Chi** lavora troppo è spesso stanco. | *Anyone who works too much is often tired.* |
| **Chi** non ha mangiato prima, ora ha fame. | *Whoever did not eat earlier is hungry now.* |
| Alla stazione c'è **chi** parte e **chi** arriva. | *At the station there are those who depart and those who arrive.* |
| Nel mondo ci sarà sempre **chi** è ricco e **chi** è povero. | *In the world there will always be those who are rich and those who are poor.* |

***EXERCISE***

A. *Substitute the words in boldface with the pronoun **chi**, making the required verb changes where appropriate.*

EXAMPLE: **I ragazzi che** stamattina sono andati in centro, sono qui adesso.
Chi stamattina è andato in centro, è qui adesso.

1. **Le signore che** hanno fatto la spesa, hanno molte cose in casa.
2. L'estate **molte persone** vanno al mare, **altre** invece preferiscono andare in montagna.

3. **Gli impiegati che** lavọrano il sạbato non vanno in ufficio il lunedì.
4. Lei non esce mai con **delle persone che** non conosce bene.
5. Fra quei ragazzi ci sono **quelli che** stụdiano e **quelli che** non fanno mai niente.
6. **La gente che** non scrive non riceve mai lẹttere.
7. **Tutti quelli che** hanno visto quel film si sono divertiti molto.
8. Non desịdero parlare **ai ragazzi e alle ragazze che** ạbitano in quella pensione.

quando a Firenze **si suda**

## 2. The Impersonal Construction

In English when the subject is indefinite or very general, the pronouns *one, they* and *you* and nouns such as *people* are used. In Italian the indefinite subject is not expressed, rather it is rendered by the impersonal pronoun **si** + *the third person singular of the verb.* This is known as the impersonal construction.

| | |
|---|---|
| Oggi **si suda** a causa del caldo e dell'umidità. | *Today people are perspiring because of the heat and humidity.* |
| Qui **si sta** bene perchè l'aria è fresca e pulita. | *One is comfortable here because the air is cool and clean.* |
| Quando **si parte?** | *When does one leave?* |
| **Si mangia** bene in quel ristorante? | *Do they eat well in that restaurant?* |
| Quando **si parla** troppo, **si lavora** poco. | *When you talk too much, you don't work much.* |

Note that if the verb is reflexive, the reflexive pronoun **ci** precedes **si**.

| | |
|---|---|
| D'estate **ci si** alza di buon'ora. | *During the summer one always gets up early.* |
| Dopo il lavoro **ci si** riposa. | *One rests after work.* |

***EXERCISE***

B. *Change the following into impersonal expressions.*

EXAMPLE: Qui **tutti sorridono**. — Qui **si sorride**.
Cosa **mangiamo** oggi? — Cosa **si mangia** oggi?

1. Quando è caldo **molte persone sụdano**.
2. In questo ristorante **tutti mạngiano, bẹvono e spẹndono** poco.
3. Per andare al Piazzale Michelangelo **la gente prende** l'autobus.
4. In quella banca **gli impiegati finịscono** di lavorare alle tre del pomeriggio.
5. Prima **noi ci vestiamo** e poi **usciamo**.
6. Che cosa **volete** da me?
7. **Arriveranno** a Fiẹsole prima delle sette.
8. Non **sappiamo** ancora nulla del signor Bettazzi.

Guardate che bel mare azzurro!

## 3. Imperatives

The imperative is a verb mood that is used to express a command, request, or exhortation. To form the imperative of first, second, and third conjugation verbs, add the following endings to the stem of the infinitive.

| | guardare | | prendere | | dormire | |
|---|---|---|---|---|---|---|
| (tu) | **guarda** | *look!* | **prendi** | *take!* | **dormi** | *sleep!* |
| (Lei) | **guardi** | *look!* | **prenda** | *take!* | **dorma** | *sleep!* |
| (noi) | **guardiamo** | *let's look!* | **prendiamo** | *let's take!* | **dormiamo** | *let's sleep!* |
| (voi) | **guardate** | *look!* | **prendete** | *take!* | **dormite** | *sleep!* |
| (Loro) | **guardino** | *look!* | **prendano** | *take!* | **dormano** | *sleep!* |

Note that the imperative for **noi** and **voi** is identical to the present-tense of **-are**, **-ere**, and **-ire** verbs for **noi** and **voi**. In the first-person plural, the command is really an exhortation.

Noi andiamo al cinema alle tre. — *We are going to the movies at 3 o'clock.*
Sono quasi le tre. Andiamo al cinema! — *It's almost 3 o'clock. Let's go to the movies!*

### Imperative of *-iare* Verbs

Verbs whose infinitives end in **-iare** drop the **i** of the imperative endings **-i**, **-iamo**, and **-ino** before the **-i** of the stem, thereby avoiding a double **i**.[1]

| cominciare | mangiare |
|---|---|
| **comincia** *(begin!)* | **mangia** *(eat!)* |
| **cominci** | **mangi** |
| **cominciamo** *(let's begin)* | **mangiamo** *(let's eat)* |
| **cominciate** | **mangiate** |
| **comincino** | **mangino** |

### Imperative of *-care* and *-gare* verbs

Verbs whose infinitives end in **-care** and **-gare** add an **h** before the imperative endings **-i**, **-iamo**, and **-ino** in order to keep the hard sound of the **c** in **-care** and of the end **g** in **-gare**.

| dimenticare | pagare |
|---|---|
| **dimentica** *(forget!)* | **paga** *(pay!)* |
| **dimentichi** | **paghi** |
| **dimentichiamo** *(let's forget!)* | **paghiamo** *(let's pay!)* |
| **dimenticate** | **pagate** |
| **dimentichino** | **paghino** |

[1] Note that the **lei** and **Loro** imperative forms of the verb **sciare** *(to ski)* are **scii** and **sciino** (and not **sci** and **scino**), since the *i* of the stem is stressed.

### Imperative of *capire, finire, spedire*

In forming the imperative of all those verbs that conjugate with **-isc**, the suffix **-isc** must be added to the stem of the infinitive before the endings of the second- and third-person singular and the third-person plural.

| capire | finire | spedire |
|---|---|---|
| **capisci** *(understand!)* | **finisci** *(finish!)* | **spedisci** *(send!)* |
| **capisca** | **finisca** | **spedisca** |
| **capiamo** *(let's understand!)* | **finiamo** *(let's finish)* | **spediamo** *(let's send)* |
| **capite** | **finite** | **spedite** |
| **capiscano** | **finiscano** | **spediscano** |

### Imperative of *essere* and *avere*

| essere | avere |
|---|---|
| **sii** *(be . . . !)* | **abbi** *(have . . . !)* |
| **sia** | **abbia** |
| **siamo** *(let's be . . . !)* | **abbiamo** *(let's have . . . !)* |
| **siate** | **abbiate** |
| **siano** | **abbiano** |

Sii buono, Giovanni! — *Be good, Giovanni!*
Signor Lupi, abbia la bontà di telefonare al dottor Bruni. — *Mr. Lupi, be so kind [have the goodness] as to telephone Dr. Bruni.*
Ragazzi, abbiate pazienza! — *Boys, be patient (have patience)!*
Siate gentili con lui perchè non sta bene. — *Be nice to him because he doesn't feel well.*

#### *EXERCISES*

C. *Give the imperative of the following verbs.*

1. sposare (voi) 2. preferire (Loro) 3. sciare (Loro) 4. firmare (tu) 5. partire (Lei) 6. spiegare (Lei) 7. trascorrere (noi) 8. essere (voi) 9. esclamare (tu) 10. sentire (noi)

D. *Complete the following sentences as shown.*

EXAMPLE: Se puoi salutare, ______!
Se puoi salutare, **saluta!**

1. Se può dimenticare, ______! 2. Se devono fermare, ______! 3. Se dobbiamo continuare, ______! 4. Se desiderate ritornare, ______! 5. Se desidera chiudere, ______! 6. Se vuole offrire, ______! 7. Se volete finire, ______! 8. Se possiamo aprire, ______! 9. Se puoi passeggiare, ______! 10. Se vuoi scrivere, ______!

E. *Using the imperative, tell the following people to do the things suggested, according to the example.*

EXAMPLE: a Giovanni di mangiare la carne
**Giovanni, mangia la carne!**

1. al signor Mancini di **lavorare** fino alle tre
2. a Rita di **leggere** quel romanzo
3. ai ragazzi di **chiudere** la porta
4. alla signora Boni di **spedire** il pacco
5. a Enrico e a Giulia di **essere** mattinieri
6. a me di **finire** subito il compito
7. a Luisa di **rispondere** al telefono
8. al ragionier Pozzi di **dimenticare** tutto
9. a noi di **scrivere** ai nostri genitori
10. alle vostre figliole di **lavare** i vestiti
11. a Marina di **ballare** con Edoardo
12. a me di **portare** un gelato ad Antonio

13. alle signore Brambilla di **preparare** il pranzo
14. all'ingegner Rossetti di **prẹndere** una bịbita
15. al signore e alla signora Venturi di **cercare** un ristorante all'aperto

F. *You and your partner take turns in giving each other orders. Make complete sentences with the verbs provided:*

EXAMPLE: (rispondere)
Rispondi al telefono quando squilla!

| | | | |
|---|---|---|---|
| chiudere | usare | pulire | controllare |
| mettere | alzare | aprire | prendere |

## PAROLE UTILI

### A Firenze *(In Florence)*

**il campanile** *belltower*

la **cattedrale** *cathedral*

il **Palazzo Pitti** *Pitti Palace.* Built in 1458 as the residence of the noble Pitti family, this beautiful and large palace is the work of Sansovino. Today it houses one of Italy's foremost art museums. Behind the palace is the magnificently landscaped **Giardino di Boboli** *(Boboli Garden).*

gli **Uffizi** *Uffizi Palace.* In this gallery, built as an office complex (**uffizi** = *offices*) by Giorgio Vasari (painter, architect, and art historian) in 1560, is housed one of the world's greatest collections of art. It is located in downtown Florence near the **Palazzo della Signoria** (**Signoria** = *city government*), a former residence of the Medici.

**andare diritto** *to go straight ahead*

**voltare a destra** *to turn to the right*

**voltare a sinistra** *to turn to the left*

Il Duomo di Firenze, con la cupola del Brunelleschi e il campanile di Giotto.

## Al ristorante *(At the restaurant)*

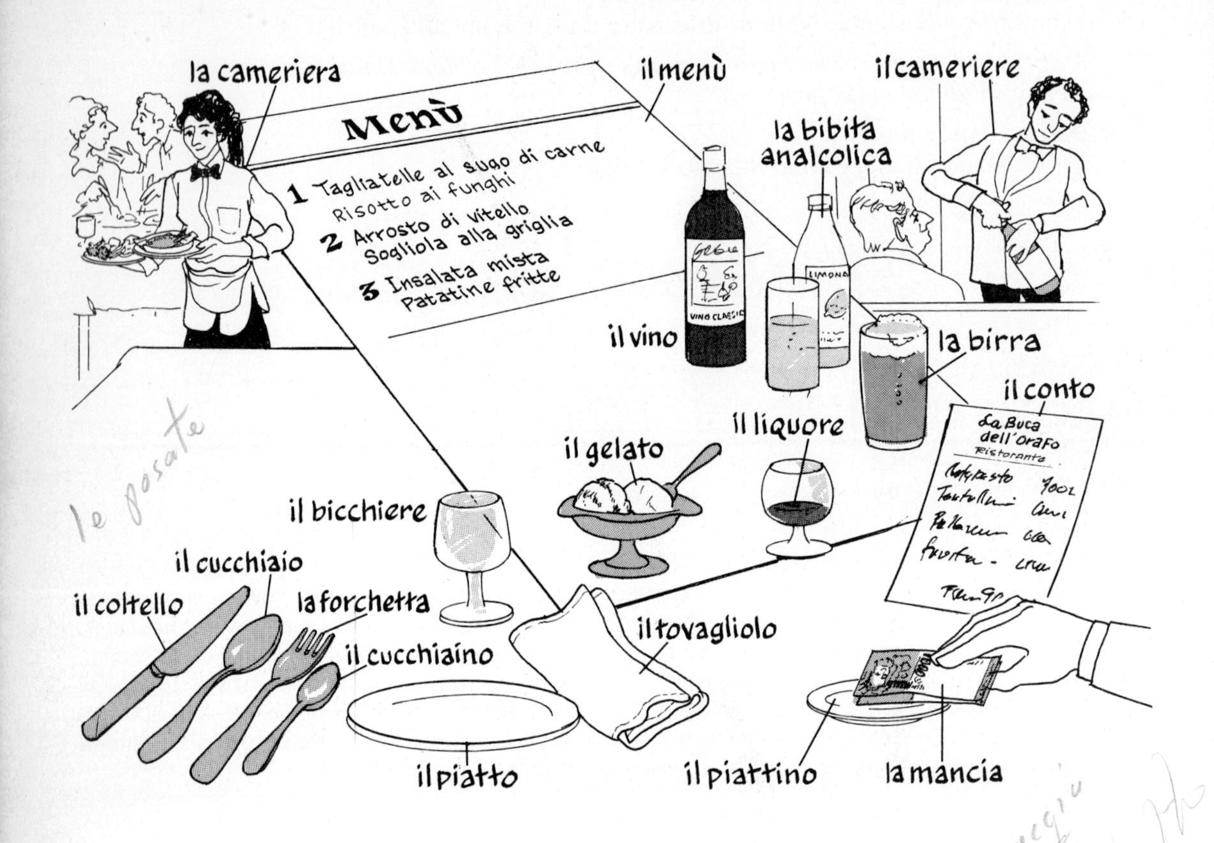


**Il menu**

| | |
|---|---|
| ANTIPASTI | *Hors d'oeuvres* |
| **prosciutto e melone** | *ham and melon* |
| **salumi vari** | *assorted cold cuts* |
| PRIMI PIATTI | *First Course* |
| **tagliatelle al sugo di carne**[2] | *tagliatelle with meat sauce* |
| **spaghetti al pomodoro** | *spaghetti with tomato sauce* |
| **risotto ai funghi** | *dish made with rice and mushrooms* |
| **minestra di verdura** | *vegetable soup* |
| SECONDI PIATTI | *Second Course* |
| **arrosto di vitello** | *veal roast* |
| **sogliola alla griglia** | *grilled sole* |
| **bistecca di manzo ai ferri** | *grilled beef steak* |
| **pollo alla cacciatora** | *chicken hunter's style* |
| CONTORNI | *Side Dish* |
| **insalata mista** | *mixed salad* |
| **patate fritte** | *fried potatoes* |
| **fagiolini verdi al burro** | *green beans with butter* |
| **piselli al prosciutto** | *peas with ham* |

[2] In Italian, the preposition **a** combined with the definite article is often used with reference to one food (**spaghetti**) combined with another (**pomodoro**), and to designate a style of food preparation (sogliola *alla* griglia).

Copia del Davide di Michelangelo in Piazza della Signoria a Firenze.

#### *EXERCISE*

G. *You are in Florence for the first time. You want to find a restaurant behind the Duomo recommended by your professor. Your pensione is in via Borgo San Jacopo. Look at the map on page 177 and carefully tell how you will arrive at your destination. Then with a partner decide where else you want to go and exchange directions on how to get there.*

# DIALOGO B

### *AL RISTORANTE «BELLAVISTA»*

*L'avvocato Zucchi e la moglie pranzano al ristorante "Bellavista", il cui proprietario, Luca Moretti, li riceve, come sempre, con grande cordalità.*

| | |
|---|---|
| LUCA | Buon giorno, avvocato.[3] Buon giorno, signora. Dove preferiscono sedersi? |
| AVVOCATO ZUCCHI | In giardino, se c'è una tavola libera. |

[3] In this dialogue, the restaurant's owner addresses Mr. Zucchi, a usual customer, as **avvocato**. This is because Italians normally address people whose profession is known by a title, such as **dottore**, **avvocato**, **architetto**, **ingegnere**, **professore**, **ragioniere**, which their education has earned them.

Italiani a pranzo in un ristorante all'aperto di Firenze.

| | |
|---|---|
| LUCA | Certo, signori. Mi sẹguano, per favore. |
| AVVOCATO ZUCCHI | Signor Moretti, mi dica . . . che c'è di buono oggi? |
| LUCA | Per primo piatto, tagliatelle al sugo di carne, spaghetti al pomodoro, risotto ai funghi . . . |
| SIGNORA ZUCCHI | Risotto ai funghi per me. Io oggi ho fame! |
| LUCA | E per Lei, avvocato? |
| AVVOCATO ZUCCHI | Niente primo per me. Mi dia invece del prosciutto e melone. |
| LUCA | Benissimo. Carne o pesce per secondo? |
| SIGNORA ZUCCHI | Io vorrei un arrosto di vitello. |
| AVVOCATO ZUCCHI | Per me invece, una sọgliola alla griglia. |
| LUCA | E per contorno? |
| SIGNORA ZUCCHI | Ci porti un'insalata mista. |
| LUCA | Vino bianco o rosso? |
| AVVOCATO ZUCCHI | Una buona bottiglia di rosato e dell'acqua minerale. Ho molta sete. |
| LUCA | Le piace gassata o naturale? |
| AVVOCATO ZUCCHI | Naturale, per favore. |
| LUCA | Frutta e caffè? |
| AVVOCATO ZUCCHI | Soltanto due caffè. |
| LUCA | Grazie signori e . . . Buon appetito![4] |

[4] The expression **Buon appetito!** *(May you have a good appetite!)* is addressed to a person who is about to start a meal. **Grazie, altrettanto!** *(Thank you, and the same to you!)* is the response given by one about to eat.

# Ristorante Tipico Eugubino
# "Taverna del Lupo"

| Coperto | L. 2.7oo |
|---|---|

## Antipasti

| | |
|---|---|
| Tipico Eugubino | L. 6.5oo |
| Prosciutto di montagna | L. 6.5oo |
| Salsiccia di cinghiale | L. 5.000 |
| Salmone | L. 12.000 |
| Aringa affumicata | L. 5.000 |

## Primi piatti

| | |
|---|---|
| Lasagne del lupo (specialità della casa) | L. 6.5oo |
| Cannelloni Francescana (Specialità eugubina) | L. 6.5oo |
| Vincisgrassi (Specialità Alta Umbria) | L. 6.5oo |
| Imbrecciata (Antica ricetta eugubina) | L. 6.000 |
| Passatelli umbri | L. 6.000 |
| Tagliatelle casarecce (Specialità contadina) | L. 6.000 |
| Tagliatelle al tartufo (Specialità autunnale) | L. 18.000 |
| Risotto con asparagi | L. 7.5oo |
| Risotto con funghi | L. 1o.000 |
| Risotto della casa | L. 6.5oo |
| Risotto al tartufo | L. 18.000 |

## Secondi piatti

| | |
|---|---|
| Coniglio del buon ricordo (Compreso il piatto del buon ricordo) | L. 19.000 |
| Anatra in porchetta (Specialità tipica feste campagnole) | L. 11.5oo |
| Cosciotto in porchetta (Specialità fiere e mercati) | L. 11.5oo |
| Agnello allo spiedo (Specialità feste eccezionali e ricordative) | L. 13.000 |
| Spiedino misto alla brace (Specialità "scampagnata") | L. 11.5oo |
| Agnello alla brace | L. 13.000 |
| Bistecca alla brace | L. 13.000 |
| Arrosto misto | L. 13.000 |
| Lombo maiale all'eugubina | L. 1o.000 |
| Scaloppe al tartufo | L. 2o.000 |
| Filetto al pepe verde | L. 15.000 |
| Filetto al tartufo | L. 2o.000 |
| Scaloppe a piacere | L. 11.5oo |
| Salsiccia alla brace | L. 9.000 |
| Braciola di maiale | L. 9.5oo |

## Contorni

| | |
|---|---|
| Melanzane al funghetto | L. 4.5oo |
| Peperonata | L. 4.5oo |
| Verdura cotta | L. 4.5oo |
| Fagioli all'olio | L. 4.5oo |
| Insalata mista | L. 4.5oo |
| Funghi trifolati | L. 4.5oo |
| Asparagi | L. 4.5oo |

***EATING IN ITALY.*** An everyday Italian meal consists of a first course of **pasta** —which in the evening is often replaced by a **minestra** (soup)—and a second course of meat, poultry, or fish, with one or two side dishes of vegetables (cooked or raw) and greens. Many people like to start a meal with **antipasto** [before the meal] and complete it with fruit and cheese and/or dessert. **Pasta** can be substituted with a dish of **antipasto**, such as prosciutto and melon, as Mr. Zucchi does in this dialogue.

Formal dinners always include a variety of **antipasti** *(hors d'oeuvres),* first and second courses, several side-dishes, fruit, cheese, dessert, coffee, and after-dinner liquors or **digestivi** *(to help digestion)* as Italians call them. Many Italians, before having dinner, stop at a bar for an **aperitivo** *(aperitif),* a drink that usually has a low alcoholic content and sometimes no alcohol at all.

### COMPREHENSION QUESTIONS

1. È sposato l'avvocato Zucchi?
2. Come si chiama il proprietario del ristorante "Bellavista"?
3. Chi accompagna i signori Zucchi in giardino?
4. Cosa mangia la moglie dell'avvocato?
5. È vero che all'avvocato Zucchi non piace il prosciutto?
6. Cosa prẹndono per contorno?
7. Ai signori Zucchi piace l'acqua minerale gassata oppure naturale?
8. Quale vino bẹvono il signore e la signora Zucchi?

### EXERCISE

H. *You have finally arrived at the restaurant. Because of the many foreign tourists, you and your friends have to wait for a table. While you wait, explain to your friends the many things you see, the dishes ordered by other customers as well as the menu selections and cost.*

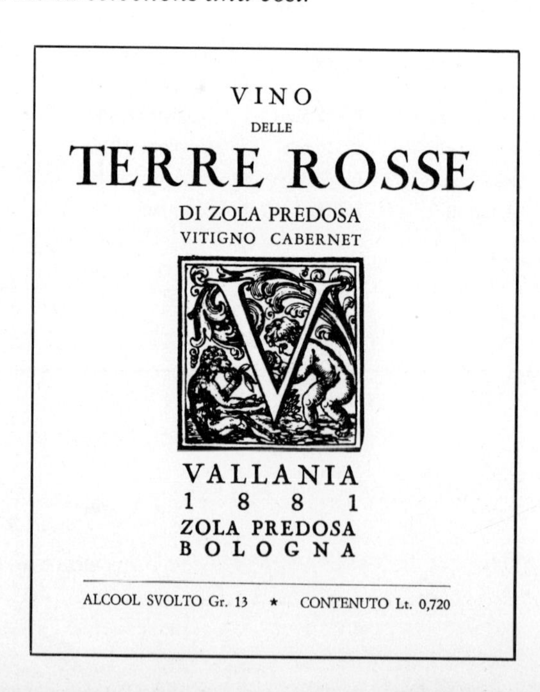

VINO
DELLE
TERRE ROSSE
DI ZOLA PREDOSA
VITIGNO CABERNET
V
VALLANIA
1 8 8 1
ZOLA PREDOSA
BOLOGNA
ALCOOL SVOLTO Gr. 13 ★ CONTENUTO Lt. 0,720

# STRUTTURA E FUNZIONE

il cui proprietario, Luca Moretti

## 4. Use of the Relative Pronoun *cui*

The relative pronoun **cui** is equivalent to the English relative pronoun *whose* (not *whose?* as an interrogative). **Cui** is positioned between the definite article and the noun that is being referred to. The article, of course, agrees in gender and number with the noun, but **cui** is invariable.

| | |
|---|---|
| Gino, **il cui amico** abita all'estero. . . | *Gino, whose friend lives abroad. . .* |
| Rosa, **la cui madre** lavora in banca. . . | *Rosa, whose mother works in a bank. . .* |
| La zia, **i cui nipoti** sono a scuola. . . | *The aunt, whose nephews are in school. . .* |
| Mario, **i cui fratelli** sono insegnanti. . . | *Mario, whose brothers are teachers. . .* |

Note the use with prepositions also:

| | |
|---|---|
| I ragazzi, **con i cui genitori** ho appena parlato, si chiamano Roberto e Antonio. | *The boys, with whose parents I just spoke, are named Robert and Anthony.* |
| La città, **nella cui periferia** loro abitano, è molto vecchia. | *The city, in whose outskirts they live, is very old.* |
| Il ristorante, **per il cui proprietario** io lavoro, ha molti clienti. | *The restaurant, for whose owner I work, has many customers.* |

## 5. *Di chi?*

To ask to whom something belongs, use the possessive interrogative **di chi?**, which is expressed in English by *whose?* or *of whom?*

| | |
|---|---|
| **Di chi** è questo bambino? | *Whose child is this?* |
| **Di chi** sono questi bicchieri? | *Whose glasses are these?* |
| **Di chi** sono quelle scarpe? | *Whose shoes are those?* |

### *EXERCISES*

I. *Complete the following sentences, translating the words in parentheses.*

1. Il liceo, _______ *(whose teachers)* sono ora in vacanza, ha tremila studenti.
2. La signorina, _______ *(whose fork)* è sporca, non può mangiare.
3. Il fornaio, _______ *(in whose bakery)* c'è sempre molta gente, si chiama Giuseppe.
4. Le bambine, _______ *(whose dresses)* sono molto belli, escono adesso con le zie.
5. Giorgio e Stefano, _______ *(with whose car)* ieri siamo andati allo stadio, vengono a cena da noi stasera.
6. L'avvocato, _______ *(whose granddaughter)* abita in Piazza del Duomo, è molto bravo.
7. Non conosco i signori Zardini, _______ *(for whose son)* io ho comprato quei giornali.
8. La chiesa, _______ *(whose doors)* sono ora chiuse, si chiama Santo Stefano.

9. Firenze, ______ *(in whose streets)* c'è sempre tanto trạffico, è la patria di Dante.
10. La cattedrale, ______ *(whose belltower)* è alto 80 metri, è vicino al Battistero.

L. *Give the Italian equivalent of the following sentences.*

1. Whose book is that?
2. Whose dresses are these?
3. Whose hat is this?
4. Mr. Guidotti asks his son: "Whose pens are those?"
5. Whose bill is this?

M. *You are about to have dinner when your friend Stefano comes to your house. Since he is very nosy, and knows you are having company, he asks a lot of questions. Answer his questions as politely as you can.*

1. Di chi è quel coltello?
2. Di chi sono quegli spaghetti?
3. Di chi è questo caffè?
4. Di chi sono questi antipasti?
5. Di chi è questa minestra?
6. Di chi è quell' arrosto?
7. Di chi sono queste patate fritte?
8. Di chi è questa bibita?

Signor Moretti, mi **dica** . . . Mi **dia** invece del prosciutto.

## 6. Imperative of *dare, dire, fare, stare*

| | dare | dire | fare | stare |
|---|---|---|---|---|
| (tu) | **da'** *(give. . . !)* | **di'** *(say. . . !)* | **fa'** *(do/make. . . !)* | **sta'** *(stay/be. . . !)* |
| (Lei) | **dia** | **dica** | **faccia** | **stia** |
| (noi) | **diamo** *(let's give!)* | **diciamo** *(let's say!)* | **facciamo** *(let's do/make!)* | **stiamo** *(let's stay/be!)* |
| (voi) | **date** | **dite** | **fate** | **state** |
| (Loro) | **dịano** | **dịcano** | **fạcciano** | **stịano** |

### EXERCISE

H. *Give instructions according to the example.*

EXAMPLE: ai signori Zossi di stare in città oggi
**Signori Zossi, stịano in città oggi!**

1. a me di **dire** la verità
2. a Simonetta di **dare** un cucchiaio al bambino
3. a lei di **fare** sụbito le pulizie
4. al signor Buono di **stare** a casa
5. al ragionier Stefanucci di **fare** il vaglia
6. a noi di **dire** a Roberto di andare al cịnema da solo
7. alla dottoressa Pardi di **stare** in ufficio fino alle otto
8. a Antonio di **dare** una birra all'amico
9. a quei signori di **stare** alla pensione Ballerini
10. al cameriere di **dare** il menù all'architetto Giovazzi

Mi sẹguano, per favore. Ci porti un'insalata mista.

## 7. Position of Direct and Indirect Object Pronouns with the Imperative

A direct or indirect object pronoun, when used with a formal imperative (the **Lei** and **Loro** forms) and with a familiar imperative (**tu**, **noi**, and **voi** forms), is positioned in the following way:

(a) the pronoun precedes the formal imperative.
(b) the pronoun follows the familiar imperative and is attached to it.

| FORM | seguire | | portare | |
|---|---|---|---|---|
| tu *(fam.)* | sẹgui**lo**! | *follow him!* | pọrta**gli**! | *bring to him!* |
| Lei *(form.)* | **lo** segua! | *follow him!* | **gli** porti! | *bring to him!* |
| noi *(fam.)* | seguiạmo**lo**! | *let's follow him!* | portiạmo**gli**! | *let's bring to him!* |
| voi *(fam.)* | seguịte**lo**! | *follow him!* | portạte**gli**! | *bring to him!* |
| Loro *(form.)* | **lo** sẹguano! | *follow him!* | **gli** pọrtino! | *bring to him!* |

| | |
|---|---|
| Luisa, **pọrtaci** del pane e del formaggio, per favore. | *Luisa, bring us some bread and cheese, please.* |
| Giorgio, ecco il libro di grammạtica; **lẹggilo!** | *Giorgio, here's the grammar book; read it!* |
| Signor Pozzi, **mi spedisca** questa lettera. | *Send me this letter, Mr. Pozzi.* |
| Questa lezione non è difficile. **Imparạtela** per domani! | *This lesson is not difficult. Learn it for tomorrow!* |
| La mamma non sta bene; **prepariạmole** qualcosa da mangiare. | *Mom isn't feeling well; let's prepare something to eat for her.* |
| La bambina non può andare a casa da sola; **l'accompagni** Lei, per piacere. | *The girl cannot go home alone, please accompany her.* |
| **Mi dia** due pacchetti di sigarette americane. | *Give me two packs of American cigarettes.* |

***EXERCISES***

N. *Change the following imperative sentences, substituting the appropriate direct or indirect object pronouns for the words in boldface.*

EXAMPLE: Spedisci il **pacco**! Spedịscilo!

1. Marco, offri un gelato **al cliente**!
2. Bambini, date **i fiori** alla mamma!
3. Camerieri, portate **le posate** in cucina!
4. Signorina Ponti, ascolti **l'avvocato Guerrini**!
5. Compriamo **quella moto**!
6. Per favore, signora Merli, parli **a quell'impiegata**!
7. Telefoniamo **a nostro cognato**!
8. Cercate **quei libri** in biblioteca!
9. Dottore, incontri **i signori Zurli** alla fermata dell'autobus!
10. Alberto, dimẹntica **quella cosa**!

O. *Change the following sentences, changing the verb from the present to the imperative and substituting the appropriate direct or indirect object pronouns for the words in boldface.*

EXAMPLE: Noi compriamo **il vino**. Compriạmolo!

1. Tu guardi **la cattedrale**.
2. Lei ferma **il tassì**.
3. Noi accompagniamo **i bambini**.
4. Voi sorridete **all'infermiera**.

5. Loro ricordano **Lei**.
6. Tu lavi i **tovaglioli**.
7. Noi ammiriamo **il paesaggio**.
8. Loro rispondono **al proprietario**.
9. Voi scrivete **a noi**.
10. Lei legge **il telegrama**.

Venezia **mi piace** sempre di più. **Le piace** gassata o minerale?

## 8. *Piacere*

Italian and English express the idea of liking in very different ways. Where English speakers say that they like something or someone, Italian speakers say that something or someone is pleasing to them. The Italian verb that is equivalent to the English *to like* is **piacere**, an irregular verb. The present, future, and present perfect forms of **piacere** are given below. The auxiliary used with **piacere** is **essere**.

| PRESENTE | FUTURO | PASSATO PROSSIMO |
|---|---|---|
| **piaccio** | **piacerò** | **sono piaciuto, a** |
| **piaci** | **piacerai** | **sei piaciuto, a** |
| **piace** | **piacerà** | **è piaciuto, a** |
| **piacciamo** | **piaceremo** | **siamo piaciuti, e** |
| **piacete** | **piacerete** | **siete piaciuti, e** |
| **piacciono** | **piaceranno** | **sono piaciuti, e** |

Io piaccio a Marisa. — *Marisa likes me.* (I am pleasing to Marisa)
Ci piace molto quel film. — *We like that film very much.* (That film is very pleasing to us.)
Vi piace il vino italiano? — *Do you like Italian wine?*
Mi è piaciuta[5] molto tua sorella. — *I liked your sister very much.*
Gli piaceranno quelle commedie. — *He will like those plays.*

As the examples show, the English subject of *to like* is the Italian indirect object of **piacere**, while the object of the English *to like* is the Italian subject of **piacere**.
Note that when what is liked is an action, **piacere** is always used in the third person singular.

Ai giovani piace **ballare.** (ballare = action) — *Young people like to dance.* (lit. To dance is pleasing to young people.)

A molti fiorentini piace **passeggiare lungo le rive dell'Arno.** — *Many Florentines like to walk along the banks of the Arno.* (lit. To walk along the banks of the Arno is pleasing to many Florentines.)

### *EXERCISES*

P. *Complete each sentence by conjugating* **piacere** *in the tenses indicated.*

EXAMPLE: (futuro) A Marta *piacerà* molto quel film.

1. (presente) A lui ______ gli spaghetti al pomodoro.
2. (passato prossimo) Alla professoressa Doni ______ questa trattoria.
3. (futuro) È vero che a voi ______ noi?
4. (presente) Ai loro genitori ______ viaggiare in automobile.

[5] Since **tua sorella** is the subject of the sentence, the past participle of **piacere** must agree with it in gender and number.

5. (presente) A me ______ il gelato.
6. (futuro) A noi ______ i vini italiani.
7. (passato prossimo) A chi ______ l'arrosto di vitello?
8. (futuro) A Luisa ______ loro.

Q. *Complete the following sentences.*

1. *(I don't like)* ______ scrivere molte lettere.
2. *(They will like)* ______ molto Mario.
3. *(We liked)* ______ fare le spesa al supermercato.
4. *(She likes)* ______ le discoteche di quella città.
5. *(He didn't like)* ______ i dintorni di Bologna.
6. *(You/fam.s./will like)* ______ i miei antipasti.

R. *Give the Italian equivalents of the following.*

1. Giorgio, do you like me?
2. Why didn't she like us?
3. He will like them immediately.
4. Do you like her?
5. I like you a lot, Anna.

S. *Your boyfriend/girlfriend is very insecure about your relationship. He/she has to be constantly reassured that you like him/her. Answer his/her questions as candidly as you can.*

1. Ti piaccio io?
2. Ti è piaciuto il pranzo che ho preparato?
3. Perchè non piaccio a Luisa?
4. Ti piace il mio nuovo vestito?
5. Ti piace nuotare?
6. Piaceremo noi ai tuoi zii canadesi?
7. Ti piacciono i funghi?
8. Ti piacerò ancora quando sarò vecchio(a)?

### TOPICS FOR CONVERSATION

1. (For two students) Next Sunday 12 people, all colleagues of your spouse, will be coming over for dinner. You tell your spouse that you do not have enough silverware and dinnerware. Then discuss what dishes to serve. Change roles and repeat.
2. (For two students) It's **Ferragosto** *(August 15),* a national holiday in Italy. All the stores are closed and there is no bus service. Most of the local population has gone away, either to the beach or to the mountains. You are finally able to find a **trattoria** that is open. You enter and sit at a table. When the only waiter (or waitress) on duty comes to your table, you order soup, a steak, a mixed salad, an apple, and a glass of red wine. Before you have finished eating, the waiter offers you a **digestivo** on the house and starts talking with you. The waiter is curious to know who you are, where you come from, where you have learned his language, how long you will be staying in town, whether you are married or not, etc. Change roles and repeat.
3. (For five students, or four students and instructor) Two couples enter a good restaurant in a large city and are welcomed by the waiter, who takes them to the only vacant table near the door of the garden. The waiter gives the customers the **lista del giorno** (possibly that of a real Italian restaurant or one prepared for this purpose by your instructor) and while they are looking at it, asks them what they want to eat.

Marito e moglie a pranzo in un ristorante di Positano.

# VOCABOLARIO

NOUNS

| | |
|---|---|
| l'**antipasto** (*pl.* gli antipasti) | *hors d'oeuvres (different kinds of)* |
| l'**avvocato** | *lawyer, counselor* |
| la **bella vista** | *beautiful view* |
| l'**Arno** | *the river that runs through Florence* |
| il **bicchiere** | *glass* |
| la **bịbita analcọlica** | *soft drink* |
| la **bịbita** | *drink* |
| la **birra** | *beer* |
| la **bontà** | *goodness* |
| il **caldo** | *heat* |
| la **cameriera** | *waitress, maid* |
| il **cameriere** | *waiter* |
| il **conto** | *check, bill, account* |
| il **campanile** | *belltower* |
| il **colle** | *hill* |
| la **collina** | *hill* |
| il **coltello** | *knife* |
| il **contorno** | *side dish* |
| il **cucchiaio** | *spoon* |
| il **cucchiaino** | *teaspoon* |
| la **culla** | *cradle* |
| la **cụpola** | *dome* |
| il **digestivo** | *after dinner liqueur* |
| il **fagiolino verde** | *green bean* |
| la **fame** | *hunger* |
| il **fiume** | *river* |
| il **fresco** | *cool air* |
| il **fungo** (*pl.* i funghi) | *mushroom* |
| il **gelato** | *ice cream* |
| la **giornata** | *day* |
| il **liquore** | *liqueur, liquor* |
| la **lista del giorno** | *menu* |
| la **mancia** | *tip, gratuity* |
| la **minestra** | *soup* |

| | |
|---|---|
| la **patria** | *fatherland, native land* |
| il **piattino** | *saucer* |
| il **piatto** | *dish, plate* |
| il **piazzale** | *square* |
| il **pisello** | *pea* |
| il **pomodoro** | *tomato* |
| il **prosciutto** | *ham* |
| il **risotto** | *a dish made with rice* |
| la **riva** | *bank, shore* |
| **rosato** | *rosè wine* |
| la **serata** | *evening* |
| i **salumi** | *cold cuts* |
| la **sogliola** | *(filet of) sole* |
| la **strada** | *street* |
| il **sugo** | *sauce, gravy, juice* |
| il **sugo di carne** | *meat sauce* |
| il **tovagliolo** | *table napkin* |
| la **trattoria** | *restaurant* |
| il **vento** | *wind* |

ADJECTIVES

| | |
|---|---|
| **gassato, a** | *carbonated* |
| **pulito, a** | *clean* |

VERBS

| | |
|---|---|
| **ammirare** | *to admire* |
| **ballare** | *to dance* |
| **cenare** | *to have supper* |
| **cercare** | *to look for* |
| **circondare** | *to surround* |
| **piacere** | *to like, to be pleasing to* |
| **pranzare** | *to dine, have dinner* |
| **ricevere** | *to receive* |
| **sedersi** | *to sit down, to be seated* |
| **seguire** | *to follow* |
| **sudare** | *to perspire* |
| **tirare** | *to blow, pull* |

OTHER WORDS

| | |
|---|---|
| **che** | *whoever, whomever, anyone, who, people who, those who* |
| **cui** | *whose* |
| **insomma** | *in short, to sum up* |
| **lungo** | *along* (adv.) |
| **oppure** | *or* |

COGNATES

| | |
|---|---|
| l'**aperitivo** | *aperitif* |
| l'**appetito** | *appetite* |
| l'**aria** | *air, breeze* |
| l'**arrosto** | *roast* |
| l'**arrosto di vitello** | *veal roast* |
| la **cattedrale** | *cathedral* |
| la **causa** | *cause* |
| la **cordialità** | *cordiality* |
| la **discoteca** | *discotheque* |
| **divino, a** | *divine* |
| la **forchetta** | *fork* |
| **fresco, a** (*pl.* freschi, fresche) | *fresh, cool* |
| **fritto, a** | *fried* |
| il **giardino** | *garden* |
| la **griglia** | *grill* |
| il **melone** | *melon* |
| il **menù** | *menu* |
| **minerale** | *mineral* |
| **misto, a** | *mixed* |
| **naturale** | *natural* |
| la **patata** | *potato* |
| la **pazienza** | *patience* |
| **pittoresco, a** (*pl.* pittoreschi, pittoresche) | *picturesque* |
| la **proprietaria** | *owner* (f) |
| il **proprietario** | *owner* (m) |
| il **Rinascimento** | *Renaissance* |
| gli **spaghetti** | *spaghetti* |
| la **tavola** | *table* |
| la **Toscana** | *Tuscany* |
| l'**umidità** | *humidity* |

IDIOMS

| | |
|---|---|
| **a causa di** | *because of, due to* |
| **alla cacciatora** | *hunter's style* |
| **alla griglia** | *grilled* |
| **ai ferri** | *grilled* |
| **all'aperto** | *in the open air* |
| **andare diritto** | *to go straight ahead* |
| **avere la bontà di** | *to be so kind as to* |
| **avere pazienza** | *to be patient* |
| **avere sete** | *to be thirsty* |
| **Buon appetito!** | *Enjoy your meal!* |
| **Che c'è di buono oggi?** | *What's good today?* |
| **fare due passi** | *to take a short walk* |
| **Grazie, altrettanto!** | *Thanks, and the same to you!* |
| **per contorno** | *as a side dish* |
| **per primo piatto** | *as a first course* |
| **per secondo (piatto)** | *as a second course* |
| **voltare a destra** | *to turn to the right* |
| **voltare a sinistra** | *to turn to the left* |

# LESSON 10

| COMMUNICATION SKILLS | STRUCTURES | CULTURE |
|---|---|---|
| More on giving commands<br>More on shopping<br>Using double object pronouns | 1. Imperative of **andare**, **rimanere**, **tenere**, **venire**<br>2. Position of **ne** and **ci** with an imperative<br>3. Imperative of reflexive verbs<br>4. **Da'**, **di'**, **fa'**, **sta'** + reflexive and direct/indirect object pronouns<br>5. The **tu** form of the imperative in a negative sentence<br>6. **Scęgliere** and **cucire**<br>7. **Bastare**<br>8. Double object pronouns depending on the same verb | Italian fashion<br>Shopping for clothes<br>Lucca<br>Prato |

## DIALOGO A

***IN UN NEGOZIO DI ABBIGLIAMENTO***

*Mąssimo ha bisogno di un abito nuovo e di altri capi di vestiario. Il commesso del negozio in cui Massimo si è recato l'aiuta a scęgliere e gli vende varie cose.*

COMMESSO Le piace questa giacca grigia?
MĄSSIMO No, è troppo chiara.

Nel laboratorio del sarto d'alta moda Emilio Pucci di Firenze.

COMMESSO Provi questa giacca blu![1] È la sua misura. Si guardi allo specchio, prego.

MASSIMO Mi sta a pennello. Quanto costa?

COMMESSO È in svẹndita. 198.000 lịre.

MASSIMO Benịssimo, la compro.

COMMESSO Grazie, signore. Desịdera altro?

MASSIMO Sì, un paio di calzoni da usare con la giacca.

COMMESSO Venga con me. I calzoni sono vicino alla vetrina. Come vede, ne abbiamo molti.

MASSIMO Ecco, questi mi piạcciono. Dove me li posso provare?

COMMESSO Vada nel camerino di prova, laggiù a destra. Ha anche bisogno di camicie, di cravatte?

MASSIMO No, vorrei invece dei calzini marrone.[1]

COMMESSO Quanti ne vuole?

MASSIMO Due paia bạstano.

COMMESSO Ecco a Lei, signore. Ho messo tutto in questa scạtola. Se La posso servire di nuovo, torni da noi.

MASSIMO Certo, Lei è stato molto gentile. Arrivederci.

### *COMPREHENSION QUESTIONS*

1. Che cosa c'è in un negozio d'abbigliamento?
2. Di che cosa ha bisogno Mạssimo?
3. Che cosa vende a Mạssimo il commesso?
4. Cosa c'è vicino alla vetrina del negozio?
5. Dove si deve andare per provare dei capi di vestiario?
6. Quante camicie e quante cravatte compra Mạssimo?
7. Quanto costa la giacca blu?
8. Dove ha messo il commesso tutte le cose comprate da Mạssimo?

[1] The adjectives **blu** *(blue)* and **marrone** *(brown)* remain invariable: **la camicia blu, le camicie blu, il vestito marrone, i vestiti marrone**. Two other commonly used colors, **arancione** *(orange)* and **rosa** *(pink)*, are also invariable.

***THE BENETTON SUCCESS STORY.*** One of the best-known success stories is the Benetton label. In the last twenty-five years the Benetton family has built one of the fashion's greatest empires. The founder, Luciano Benetton, began by selling hand-made sweaters door to door. In 1987 the Benetton label sold fifty-two million pieces with a net profit of more than one hundred million dollars. More than 62% was due to export. So many Benetton stores have opened in North America that, to fill the many American requests, a production center was recently established in North Carolina. The secrets of Benetton's popularity are the quality, the versatility combined with a modern, youthful design, and the relatively low prices.

***ITALIAN FASHION.*** Italian fashion has undergone a tremendous change in the last thirty years, passing from a relatively small local business to a large-scale industrial production. The houses of Armani, Trussardi, Missoni, Valentino, and others have conquered the Italian as well as the foreign markets due to the outstanding quality and originality of their products. Italian stylists got their inspiration from various sources: famous paintings, historical periods, films, and well-known novels. All their models, ranging from the finest silk to cotton, reveal a great sensibility for color combination, a wonderful sense of proportion, and an unusual creativity.

# STRUTTURA E FUNZIONE

Venga con me. Vada nel camerino di prova.

## 1. Imperative of *andare, rimanere, tenere, venire*

| | ANDARE | RIMANERE | TENERE | VENIRE |
|---|---|---|---|---|
| (tu) | **va** *(go!)* | **rimani** *(stay!)* | **tieni** *(hold!)* | **vieni** *(come!)* |
| (Lei) | **vada** | **rimanga** | **tenga** | **venga** |
| (noi) | **andiamo** *(let's go!)* | **rimaniamo** *(let's stay!)* | **teniamo** *(let's hold!)* | **veniamo** *(let's come!)* |
| (voi) | **andate** | **rimanete** | **tenete** | **venite** |
| (Loro) | **vạdano** | **rimạngano** | **tẹngano** | **vẹngano** |

***EXERCISE***

A. *Using the imperative, tell the following people to do what is indicated.*

EXAMPLE: a Enrico di **andare** sụbito a casa.
Enrico, va sụbito a casa!

1. a Mạssimo di **rimanere** a scuola.
2. al signore e alla signora Adami di **andare** al Piazzale Michelạngelo stasera.
3. a lui di **venire** all'una.
4. al cameriere di **tenere** una tạvola lịbera per noi.

5. alla dottoressa Pagliai di **rimanere** in città.
6. a me di andare a **comprare** delle uova e un po' di formaggio.
7. agli amici di **venire** in chiesa con noi.
8. a lui di **tenere** sempre la mạcchina nel posteggio.
9. alle insegnanti di **rimanere** in classe con i loro studenti.
10. a Elena Guidotti di **andare** a trovare i suoi parenti.

## 2. Position of *ne* and *ci* with an Imperative

When used with the formal **Lei** and **loro** forms of the imperative, **ne** and **ci** precede the verb. With the familiar **tu**, **noi**, and **voi** imperative forms they follow the verb and are attached to it.

**FORMAL IMPERATIVE**

Signora Rossi, apra due finestre per favore!
*Please open two windows, Mrs. Rossi!*

Signora Rossi, **ne** apra due per favore!
*Please open two of them, Mrs. Rossi!*

Signori, prẹndano alcuni ombrelli!
*Gentlemen, take some umbrellas!*

Signori, **ne** prẹndano alcuni!
*Gentlemen, take some of them!*

Dottore, vada sụbito all'ospedale!
*Doctor, go to the hospital right away!*

Dottore, **ci** vada subito!
*Doctor, go there right away!*

**FAMILIAR IMPERATIVE**

Giovanni, mangia due mele!
*Giovanni, eat two apples!*

Giovanni, **mạngiane** due!
*Giovanni, eat two of them!*

Cominciamo alcuni esercizi!
*Let's begin a few exercises!*

**Cominciạmone** alcuni!
*Let's begin a few of them!*

Portate molte valigie alla stazione!
*Take many suitcases to the station!*

**Portạtene** molte alla stazione!
*Take many of them to the station!*

Anna, torna a casa alle due!
*Anna, return home at 2 o'clock!*

Anna, **tọrnaci** alle due!
*Anna, return here at 2 o'clock!*

### *EXERCISES*

B. *Rewrite the following sentences, replacing the words in boldface with the pronoun* ***ne***.

1. Signor Rossi, compri **della frutta** al supermercato!
2. Ragazzi, portate **alcuni libri** al professor Mazzola!
3. Cameriere, faccia sụbito preparare **tre minestre di verdura!**
4. Marisa, cerca **della parole** nel mio vocabolario!
5. Spieghiamo **una lezione** a quegli alunni!
6. Signori e signore, dịano **un po' di pane** a quei pọveri!

C. *Rewrite the following sentences, replacing the words in boldface with the adverbial pronoun* ***ci***.

1. La madre dice alla figlia: «Rosa, stasera porta tua sorella **al cinema!**»
2. Ragioniere, vada **in banca** alle dieci e mezzo!
3. La prọssima settimana venite **a Roma** in mạcchina!
4. Ragazzi, andiamo tutti **in chiesa!** Oggi è domenica.
5. Luisa e Anna, tornate **in classe!** Il professore spiega la lezione ora.
6. Roberto, resta **in biblioteca** a studiare con me!

D. *Answer the following questions replacing the words in boldface with the pronoun ne or the adverbial pronoun ci.*

1. Sei andato **in centro** con Susanna?
2. Hai visto **tante cravatte**?
3. Ha cercato di andare **al mercato**, Anna?
4. Hanno **molti calzoni** da usare con quella giacca blu?
5. Carla ha trovato **due o tre camicie**?
6. Siete rimasti **al negozio d'abbigliamento** più di un'ora?
7. Avete comprato **parecchie cose** alla Standa?
8. Ritornerai a comprare **dei calzini marrone**?

Si guardi allo specchio!

## 3. Imperative of Reflexive Verbs

Reflexive verbs in **-arsi**, **-ersi**, and **-irsi** form the imperative like the verbs conjugated below:

| | alzarsi | mettersi | vestorsi |
|---|---|---|---|
| (tu) | **alzati** *(get up!)* | **mettiti** *(put yourself . . . !)* | **vestiti** *(get dressed!)* |
| (Lei) | **si alzi** | **si metta** | **si vesta** |
| (noi) | **alziamoci** *(let's get up!)* | **mettiamoci** *(let's put ourselves . . . !)* | **vestiamoci** *(let's get dressed!)* |
| (voi) | **alzatevi** | **mettetevi** | **vestitevi** |
| (Loro) | **si alzino** | **si mettano** | **si vestano** |

Note that **si** precedes the imperative (**si guardi**), while **ti**, **ci**, and **vi** follow the verb and are attached to it.

### *EXERCISES*

E. *Put the verb in parentheses in the proper form of the imperative.*

1. (lavarsi) Giacomo, ______ prima di uscire!
2. (fermarsi) Signor Belli, ______ qui da noi domenica!
3. (guardarsi) Bambini, ______ allo specchio; avete la faccia sporca!
4. (mettersi) Alessio e Roberto, ______ i calzini!
5. (alzarsi) Signori, ______ presto domattina!
6. (riposarsi) ______ un po', siamo molto stanchi!
7. (recarsi) Dottore, ______ subito nel reparto radiologico!
8. (provarsi) La mamma esclama: «Marisa ______ questa camicetta allo specchio»!
9. (prepararsi) Signorina, ______ perchè la lezione comincia fra venti minuti.
10. (pettinarsi) Alessia, ______!

F. *You are an early riser, but your two roommates can't get going in the morning. This morning you even have to tell them what to do. Use the verbs in a logical order.*

EXAMPLE: (guardarsi) Non guardatevi allo specchio così a lungo che è tardi!

| | | | |
|---|---|---|---|
| recarsi | lavarsi | mettersi | pettinarsi |
| vestirsi | svegliarsi | alzarsi | prepararsi |

G. *Recast the following sentences, replacing the words in boldface with the pronoun ne.* (Give both possibilities.)

1. Dovremo visitare **molti palazzi** a Venezia.
2. Oggi non abbiamo voluto ricevere **molti clienti**.
3. Tu puoi capire **parẹcchie lingue**.
4. Non possiamo scrivẹre **molti capịtoli**.
5. Ho dovuto provare **due cappotti**.

# PAROLE UTILI

## Negozi di merci varie *(Stores for Various Goods)*

| | |
|---|---|
| la **calzoleria** | *shoe store* |
| il **calzolaio** | *shoemaker* |
| la **merceria** | *haberdashery* |
| la **merciaia** | *haberdasher* |
| la **merce** | *goods, merchandise* |
| le **calze di nylon** | *nylon stockings, pantyhose* |
| la **gonna** | *skirt* |
| le **mutande (da uomo)** | *shorts, underpants* |
| le **mutandine** | *panties* |
| il **negozio di stoffe** | *fabric store* |
| il **reggipetto** | *brassière* |
| la **sottana** | *skirt, petticoat, slip* |
| il **filo (per cucire)** | *(sewing) thread* |
| il **nastro** | *ribbon* |
| lo **spillo** | *pin* |
| lo **spillo di sicurezza** | *safety pin* |
| la **calza** | *stocking* |
| la **sartoria** | *tailor's workshop* |
| il **sarto** | *tailor* |
| la **sarta** | *tailor, dressmaker, seamstress* |
| la **mạcchina da cucire** | *sewing machine* |

# DIALOGO B

### *IN UNA FẠBBRICA DI STOFFE A PRATO*

*Laura Puccetti è una brava sarta di Lucca. Quando lei deve fare dei vestiti per qualche sua cliente, va a Prato da sua cugina Dina. Dina è proprietaria di una pịccola fạbbrica di stoffe e le vende tutto a prezzi di favore. Da Lucca a Prato ci sono circa cento chilọmetri, e ci si arriva comodamente in automọbile oppure con il treno o l'autobus.*

LAURA Dina, quanto costa questa stoffa?
DINA Trentamila lire al metro.
LAURA È un po' cara, no?
DINA Non dimenticare che è pura lana!
LAURA Hai ragione, non è troppo. Dạmmene due tagli.
DINA Ecco anche due nuovi tessuti di cotone e di lino per l'estate. Quale scegli?

A passeggio lungo l'elegante Via Montenapoleone di Milano.

LAURA Sono tutti e due molto belli. Dammi sei metri di quel tessuto a righe . . . e tre metri e mezzo di questa stoffa a maglia.
DINA Hai bisogno d'altro?
LAURA No, per il momento mi bạstano queste stoffe.
DINA Ti mando tutto a casa trạmite il corriere?
LAURA No, porto ogni cosa con me. Sono venuta con la mạcchina oggi.
DINA Come vuoi.
LAURA Grazie, Dina. Ora fammi il conto, per favore.

### *COMPREHENSION QUESTIONS*

1. Come si chiama e dove abita la padrona della fạbbrica di stoffe dove si reca Laura Puccetti?
2. Di dov'è Laura e che cosa fa?
3. È vero che Lucca è molto lontano da Prato?
4. Perchè la padrona della fạbbrica fa a Laura dei prezzi di favore?
5. Perchè costa molto la prima stoffa che Laura compra?
6. Quale tipo di stoffa si usa durante l'estate?
7. Quanti metri del tessuto a righe compra Laura?
8. Com'è andata a Prato Laura?

***EXERCISE***

H. *After Laura bought the material, she continued shopping in the many shops of Prato. When she returned home, she gave a detailed account of what she bought to her friend Caterina. Take Laura's place and say where you went to buy each item.*

EXAMPLE: (spilli) In quella merceria ho comprato degli spilli.

calze scarpe stoffa reggipetto vestito cravatte gonna mutande nastri vari stivali tessuto di cotone

***LUCCA.*** With a population of less than 100,000, Lucca is an important agricultural center, producing some of Italy's best olive oils and several good wines. It is located 74 km. northwest of Florence and not far from the sea. Originally an Etruscan village, it was for several centuries an independent republic, often at war with nearby Pisa. The old city is surrounded by massive walls. Among its most illustrious monuments are the **Duomo di San Martino**, which houses the **Tomba di Ilaria del Carretto**, the work of the Sienese sculptor Jacopo della Quercia, 1371–1438, the **Chiesa di San Frediano** and the **Chiesa di San Michele** and the fourteenth century **Case dei Guinigi** *(The houses of the Guinigi family).*

# STRUTTURA E FUNZIONE

Dammi sei metri di quel tessuto. **Fammi** il conto.

## 4. *Da', di', fa', sta'* + Reflexive and Direct/Indirect Object Pronouns

When pronouns (direct, indirect [except **gli**], reflexive, and **ne**) follow the familiar singular imperative of **dare (da')**, **dire (di')**, **fare (fa')**, and **stare (sta')**, the initial consonant of the pronouns is doubled. (This rule also applies when the adverbial pronoun **ci** is used with **stare**.)

| | | |
|---|---|---|
| **Dammi** quella lettera! | **(da' + mi)** | *Give me that letter!* |
| **Dallo** a Sandra! | **(da' + lo)** | *Give it to Sandra!* |
| **Danne** tre al calzolaio! | **(da' + ne)** | *Give the shoemaker three of them!* |
| **Dicci** la verità! | **(di' + ci)** | *Tell us the truth!* |
| **Dille** che parti domani! | **(di' + le)** | *Tell her you leave tomorrow!* |
| **Dimmi** che mi ami! | **(di' + mi)** | *Tell me that you love me!* |
| **Falli** per lui! | **(fa' + li)** | *Do/Make them for him!* |
| **Fanne** solo poche! | **(fa' + ne)** | *Do/Make only a few of them!* |
| **Fatti** la barba! | **(fa' + ti)** | *Shave [yourself]!* |
| **Stalle** sempre vicino! | **(sta' + le)** | *Stay close to her always!* |
| **Stacci** fino a domenica! | **(sta' + ci)** | *Stay there until Sunday!* |

***EXERCISE***

I. *Change the imperative from the formal to the familiar singular form and make all other necessary changes.*

EXAMPLE: **Ci dica** la verità! **Dicci** la verità!

1. **Mi dica** che lui è tornato!
2. **La faccia** prima di mezzogiorno!
3. **Lo dia** alla merciaia!
4. **Ne faccia** almeno due!
5. **Le stia** vicino in questo difficile momento!
6. **Li dia** a tutti!
7. **Ne dia** parecchie al sarto!
8. **Mi stia** vicino perchè sono sola!
9. **Ci dia** tre metri di quel tessuto rosa!
10. **Ci stia** sei settimane!

***PRATO.*** Only 20 km. north of Florence, Prato is a very rich and prosperous city with a population of over 150,000. It is one of Europe's major centers of the wool industry, to which the people of Prato have dedicated themselves since the early Middle Ages. Most of the city's textile factories are small, efficiently-run family businesses. As a local saying goes, "Florence has the art and Prato has the money."

Non dimenticare che è pura lana!

## 5. The *tu* Form of the Imperative in a Negative Sentence

In a negative sentence, *the infinitive* is used as the **tu** form of the imperative.

| POSITIVE IMPERATIVE PHRASES | NEGATIVE IMPERATIVE PHRASES |
|---|---|
| Dina, fammi il conto!<br>*Dina, make me up the bill!* | Dina, **non farmi** il conto!<br>*Dina, don't make me up the bill!* |
| Alberto, sta' qui con me!<br>*Alberto, stay here with me!* | Alberto, **non stare** qui con me!<br>*Alberto, don't stay here with me!* |
| Rosa, prepara la tạvola in giardino!<br>*Rosa, set the table in the garden!* | Rosa, **non preparare** la tạvola in giardino!<br>*Rosa, don't set the table in the garden!* |
| Mamma, digli che sono a casa!<br>*Mamma, tell them that I'm home!* | Mamma, **non dirgli** che sono a casa!<br>*Mamma, don't tell them that I'm home!* |

### *EXERCISE*

L. *Change all familiar and formal imperative forms from the positive to the negative.*

1. Mi porti del tessuto di lino!
2. Vestiti sụbito!
3. Paga quel conto!
4. Le dica di mangiare tutta la minestra!
5. Abbia pazienza, avvocato!
6. Provati quella camicetta!
7. Ci rimanga tre giorni!
8. Andiamoci sụbito!
9. Danne quattro ai colleghi di tuo fratello!
10. Tornino presto!

Quale **scegli**?

## 6. *Scegliere* and *cucire*

1. The verb **scegliere** *(to choose, select)* is irregular in the present indicative, in the imperative, and in the past participle.

| PRESENTE | IMPERATIVO | PARTICIPIO PASSATO |
|---|---|---|
| **scelgo** *(I choose)* | | **scelto** *(chosen)* |
| **scegli** | **scegli** *(choose!)* | |
| **sceglie** | **scelga** | |
| **scegliamo** | **scegliamo** *(let's choose)* | |
| **scegliete** | **scegliete** | |
| **scelgono** | **scelgano** | |

2. The verb **cucire** *(to sew)* is irregular in some forms of the present indicative and in the imperative.

| PRESENTE | IMPERATIVO |
|---|---|
| **cucio** *(I sew)* | |
| **cuci** | **cuci** *(sew!)* |
| **cuce** | **cucia** |
| **cuciamo** | **cuciamo** *(let's sew!)* |
| **cucite** | **cucite** |
| **cụciono** | **cụciano** |

Mi **bastano** queste stoffe.

## 7. *Bastare*

The verb **bastare** *(to be enough, suffice)* is conjugated in the past with the auxiliary **essere**. The person or thing for whom or which something is enough is preceded in Italian by the preposition **a** (alone or combined with the definite article).

A quello studente **bạstano** tre matite e un quaderno.
*Three pencils and a notebook are enough for that student.*

Ci[2] **sono bastati** due chili di pane.
*Two kilos of bread were enough for us.*

### *EXERCISE*

M. *Complete the following sentences with the correct form of the verbs indicated.*

1. A Rodolfo ________ (bastare-futuro) due bicchieri di vino.
2. Antonietta, ________ (scẹgliere-imperativo) quello che preferisci!
3. Questa sarta ________ (cucire-passato prọssimo) tre nuovi vestiti.
4. La merciaia ________ (vẹndere-passato prọssimo) tutti gli spilli di sicurezza.
5. Adriana, ________ (cucire-imperativo) questa camicetta rosa!
6. Al sarto ________ (bastare-passato prọssimo) tre metri di stoffa.
7. Avvocato Bassi, ________ (scẹgliere-imperativo) quell'automọbile!
8. Tu ________ (cucire-presente) delle sottane per quella cliente.
9. Nella calzoleria Orlando ________ (provare-passato prọssimo) due paia di scarpe.
10. La mamma ha detto alla figlia: «Teresa, ________ (fare-imperativo) le pulizie della casa».

[2] If a personal pronoun is used, it becomes the indirect object of the sentence as in *Ci sono bastati* etc.

Dove **me li** posso provare? **Dammene** due tagli.

## 8. Double Object Pronouns Depending on the Same Verb

In Italian, as well as in English, a direct object pronoun can be used with an indirect object pronoun when both pronouns depend on the same verb.

*Alfred gave his friend a ticket to the game.*
*Alfred gave it to him.*

In Italian the indirect object pronoun precedes the direct object pronoun.

| NUMBER | INDIRECT OBJECT PRONOUNS | FOLLOWED BY: lo, la, li, le, ne BECOMES |
|---|---|---|
| singular | mi | **me** |
| | ti | **te** |
| | le, Le / gli | **glie** |
| | si | **se** |
| plural | ci[3] | **ce** |
| | vi | **ve** |
| | gli | **glie** |
| | si | **se** |

*Note:* With the exception of **gli**, which adds an **-e** (**glie**), indirect object pronouns replace the final **-i** with an **-e** when they are immediately followed by a direct object pronoun.

### Position of Indirect and Direct Object Pronouns in a Sentence

All the rules given for the position of direct and indirect object pronouns (Lessons 4–10) also apply to double object pronouns.

Non mandare il telegramma ai tuoi amici!
*Don't send the telegram to your friends!*

Non mandar**glielo**!
*Don't send it to them!*

Desidero comprarle tre camicette.
*I want to buy her three blouses.*

Desidero comprar**gliene** tre.
*I want to buy three of them for her.*

Dottore, si compri quell'orologio!
*Doctor, buy yourself that clock!*

Dottore, **se lo** compri!
*Doctor, buy it for yourself!*

Vi abbiamo spedito i pacchi ieri.
*We sent you the packages yesterday.*

**Ve li** abbiamo spediti ieri.
*We sent them to you yesterday.*

Daranno a noi solo un po' di pane.
*They will give us only a little bread.*

**Ce ne** daranno solo un po'.
*They will only give us a little of it.*

Marco, dimmi la verità!
*Marco, tell me the truth!*

Marco, di**mmela!**
*Marco, tell it to me!*

Lei è tornata per portarti alcune lettere.
*She has returned to bring you some letters.*

Lei è tornata per portar**tene** alcune.
*She has returned to bring some of them to you.*

[3] Note that the adverbial pronoun **ci** is used in combination with **ne**, it becomes **ce**:
Qui *ci* sono *tre case.* = Qui *ce ne* sono *tre.*

Vi siete comprati quelle belle scarpe?
*Did you buy yourselves those beautiful shoes?*
Facci questo favore!
*Do us this favor!*
Non posso vẹndere le sigarette a Giuliana.
*I cannot sell the cigarettes to Giuliana.*

**Ve le** siete comprate?
*Did you buy them for yourselves?*
Fa**ccelo!**
*Do it for us!*
Non posso vendẹr**gliele.** *or* Non gliele posso vendere.
*I cannot sell them to her.*

### EXERCISES

N. *Substitute the appropriate pronouns for the words in boldface, making all necessary changes.*

1. Rodolfo, spedisci sụbito **quella raccomandata a Luisa!**
2. **Mi** scrive spesso **delle cartoline** dall'Italia.
3. **Ci** puoi ripẹtere **il tuo nụmero di telẹfono.**
4. Non dire **quella cosa ai tuoi amici!**
5. Voglio comprare **una camicia per mio fratello.**
6. Date **a noi quella bella notizia!**
7. È vero che lui deve manda**rvi tre vestiti?**
8. Giovanni, cọmpra**ti un cappotto nuovo!**
9. Perchè desịderi far**le quel piacere?**
10. Rosa porterà **della stoffa alla sarta.**

O. *Give the Italian equivalents.*

1. Antonio, give us many of them!
2. Dr. Bruschi, bring it *(f)* to me tomorrow!
3. I cannot tell it to you *(fam. pl.).*
4. She wishes to buy us some of them *(f).*
5. I have given them to her.

P. *Answer the following questions positively or negatively using double object pronouns in your answers:*

1. Piero, mi hai detto la verità?
2. Ti ha portato delle lẹttere il postino oggi?
3. Antonio, puoi farci un favore?
4. Si è comprato questa valịgia l'avvocato Bruni?
5. Avete mandato il vạglia al dottor Vittini?
6. Ti porterà una buona notizia tuo cognato stasera?
7. Alessandra, desideri dare a tuo nipote un bicchiere di vino?
8. Compra della stoffa al mercato Laura?

### TOPICS FOR CONVERSATION

1. (For three students) A tailor or dressmaker goes first to a **merceria**, then to a **fạbbrica** or **negozio di stoffe** in his or her own town to buy everything needed for his or her trade. Carry on these two conversations. Change roles and repeat.
2. (For three students) Your friend Rodolfo owns a large **negozio di abbigliamento**. You need to buy a new suit, complete with shirt, tie, belt, and socks, or a dress, blouse, etc. Then you go to a nearby **calzoleria** to purchase a pair of boots. Change roles and repeat.
3. First, make a list of all vocabulary items presented in this lesson and in previous lessons referring to clothing and footware. Then tell what your instructor and some of your classmates are wearing. Tell also what, in your opinion, a well-dressed couple should wear when going out to dinner.

# VOCABOLARIO

## NOUNS

| | |
|---|---|
| l'**abbigliamento** | *attire, clothing* |
| l'**ago** (gli aghi) | *needle* |
| la **calza** | *stocking* |
| le **calze di nylon** | *nylon stockings, pantyhose* |
| il **calzoiaio,** la **calzolaia** | *shoemaker, person who sells shoes* |
| la **calzoleria** | *shoe store* |
| il **camerino di prova** | *fitting room* |
| il **capo di vestiario** | *article of clothing* |
| la **cliente,** il **cliente** | *customer* |
| la **commessa** | *clerk, salesperson* |
| la **destra** | *right hand, right side* |
| la **fabbrica** | *factory* |
| il **filo** | *thread* |
| il **filo per cucire** | *sewing thread* |
| la **gonna** | *skirt* |
| la **lana** | *wool* |
| la **macchina da cucire** | *sewing machine* |
| la **merce** | *merchandise, goods* |
| la **merceria** | *haberdashery* |
| la **merciaia,** il **merciaio** | *haberdasher* |
| le **mutande** | *shorts, underpants* |
| le **mutandine** | *panties* |
| il **nastro** | *ribbon* |
| il **negozio di stoffe** | *fabric store* |
| **il pennello** | *brush* |
| il **prezzo** | *price* |
| la **prova** | *trial, test, proof* |
| il **reggipetto** | *brassière* |
| la **sarta** | *seamstress, dressmaker* |
| il **sarto** | *tailor* |
| la **sartoria** | *tailor's workshop* |
| la **sottana** | *petticoat, skirt, slip* |
| lo **spillo di sicurezza** | *safety pin* |
| lo **spillo** | *pin* |
| la **stoffa** | *cloth, fabric, material* |
| la **svendita** | *sale* |
| il **taglio** | *length, cut, style* |
| il **tessuto a righe** | *striped fabric* |
| il **tessuto a maglia** | *knitted fabric* |
| il **tessuto** | *cloth, fabric, material* |
| il **vestiario** | *clothing* |
| la **vetrina** | *shop window* |

## COGNATES

| | |
|---|---|
| **blu** (invariable) | *blue* |
| il **bottone** | *button* |
| il **corriere** | *courier* |
| il **cotone** | *cotton* |
| il **lino** | *linen* |
| il **litro** | *liter* |
| la **misura** | *size, measure* |
| **puro, a** | *pure, real* |
| **vario, a** | *various, several* |

## ADJECTIVES

| | |
|---|---|
| **arancione** (invariable) | *orange* |
| **chiaro, a** | *light, clear, bright* |
| **destro, a** | *right* |
| **grigio, a** | *gray* |
| **marrone** (invariable) | *brown* |
| **rosa** (invariable) | *pink* |

## VERBS

| | |
|---|---|
| **bastare** | *to be enough, suffice* |
| **cucire** | *to sew* |
| **provare** | *to try, try on* |
| **scegliere** | *to choose (irregular)* |
| **vendere** | *to sell* |

## OTHER WORDS

| | |
|---|---|
| **laggiù** | *over there, down there* |
| **tramite** | *by, by means of, through* |

## IDIOMS

| | |
|---|---|
| **a destra** | *to the right* |
| **fare il conto** | *to make, prepare the bill* |
| **in svẹndita** | *on sale* |
| **per il momento** | *for now* |
| **prezzo di favore** | *special price* |
| **servire di nuovo** | *to be of help again* |
| **stare a pennello** | *to fit like a glove* |

# REVIEW 2

A. *Change the following statements into questions you ask an acquaintance of yours. He/she will then give the answers in the negative.*

1. Mangia spesso al ristorante.
2. Ha molti amici francesi.
3. Dorme sempre in classe.
4. Ha molti dọllari in banca.
5. La sua camicia è cara.
6. Va sempre a casa presto la sera.
7. Ha visto un film di Fellini.
8. Verrà a lezione domani.
9. Ha qualcosa in mano.
10. Vede qualcuno nella salumeria.
11. Ha fatto gli esercizi.
12. Ha comprato i biglietti per andare a Milano.
13. Comprerà il formaggio per gli spaghetti.
14. Ha chiuso la porta di casa stamattina.
15. Ha ascoltato la radio in mạcchina.

B. *Answer the following sentences, using the appropriate indirect object pronouns.*

1. Può parlare a Franco?
2. Desidera scrịvere una lẹttera a Sua madre?
3. Vuole mandare delle cartoline al Suo amico?
4. Le ha telefonato Lucia?
5. Ha chiesto al macellaio quanto costa un chilo di carne?
6. Il professore insegnerà l'italiano agli studenti?
7. Che cosa vende il fornaio a Margherita?
8. Ha detto il Suo nome alla signora?

C. *Answer the following questions, using the appropriate direct or indirect object pronouns.*

1. Ha molti amici italiani?
2. La signorina Piccini ha parlato a suo fratello oggi?
3. Ha mai visitato San Francisco?
4. Scriverà a Lorenzo stasera?
5. Legge spesso il giornale in classe?
6. Vede spesso dei film italiani?
7. Quante lingue straniere parla?
8. Vuole spedire un telegramma?
9. Quanti piatti di spaghetti mangia a pranzo?
10. Mi parla in italiano?
11. Appena vedremo Maria daremo il regalo a lei?

D. *Substitute the verb* **piacere** *for* **preferire** *and make all other necessary changes.*

1. Molti giovani preferiscono ballare.
2. Preferisco le tagliatelle al sugo.

3. Giovanni preferirà viaggiare in Amẹrica.
4. Noi preferiamo visitare la Biennale.
5. Tu preferisci l'acqua minerale non gassata.
6. Voi preferite i libri interessanti.

E. *Complete the following sentences with the appropriate relative or interrogative pronouns.*

1. Con ______ parli, Giuseppe?
2. Il film ______ andremo a vedere è molto bello.
3. Il ragazzo di ______ Luisa parla è uno studente del secondo anno.
4. Di ______ sono questi pantaloni?
5. La ragazza con ______ Paolo esce è americana.
6. Parlo dei ragazzi ai ______ avete mandato un pacco.
7. Signorina Luti, a ______ telẹfona?
8. ______ film andrete a vedere stasera?

F. *Give the Italian equivalent of the following sentences.*

1. Last night I slept like a log.
2. Giorgio shook hands with Mr. Adami.
3. This morning Emilio shaved in a hurry.
4. I am hungry and I want to have breakfast.
5. Now Giulia prepares the bill for me.
6. My friend Carla has been living in Naples for a long time.
7. Marta goes grocery shopping every day.
8. Several years ago I lived in a two-story house.

G. *Give the* **passato prọssimo** *and* **futuro** *forms of the indicated verbs.*

1. io (dire) 2. noi (addormentarsi) 3. loro (vedere) 4. tu (chiẹdere) 5. voi (rispọndere) 6. io (vedere) 7. Lei (divertirsi) 8. noi (bere) 9. tu (spiegare) 10. voi (sapere)

H. *Substitute the words in italics with the appropriate pronouns and make all necessary changes.*

1. Marco mangia sempre *un po' di pizza.*
2. Compriamo spesso *dei libri italiani!*
3. Incontriamo *dei professori* in biblioteca?
4. Avete *del pane* a casa?
5. Oggi parleremo *a Giorgio.*
6. Parla *a Giulia* di quel bel film!
7. Avete visto *quei famosi monumenti?*
8. Fa' un piacere *a Luisa* e di' *a lei* la verità!

# LESSON 11

| COMMUNICATION SKILLS | STRUCTURES | CULTURE |
|---|---|---|
| Making comparison of people and things | 1. Unequal comparisons | Soccer and other sports |
| Expressing habitual actions in the past | 2. Equal comparisons | **Il totocalcio** (lottery) |
| | 3. Irregular comparative forms | Christmas in Italy |
| | 4. The superlative | |
| | 5. The imperfect indicative | |
| | 6. Past participle of **difẹndere, pẹrdere, rịdere, trasmẹttere, vịncere** | |
| | 7. Idiomatic expressions | |

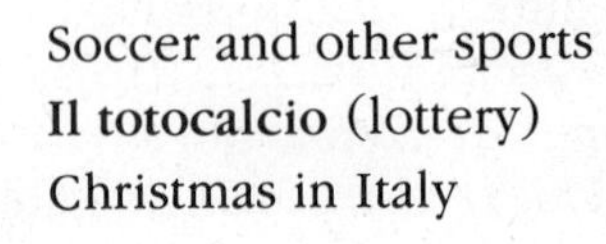

## DIALOGO A

***ALLO STADIO***

*Salvatore, tifoso del Nạpoli, è allo stạdio con Piero, il quale invece fa il tifo per la Fiorentina. La partita di calcio fra le squadre delle città di Napoli e di Firenze sta per incominciare.*

SALVATORE Oggi lo stadio è affollatịssimo!
PIERO Certo questa partita è molto importante. Chissà chi vincerà.
SALVATORE Sicuramente il Nạpoli! È la migliore squadra d'Italia.
PIERO Non sono dello stesso parere.

Partita di calcio nell'affollatissimo stadio di Milano.

| | |
|---|---|
| SALVATORE | E perchè? Me lo spieghi per favore? |
| PIERO | Quest'anno il Napoli non è così forte come l'anno scorso. |
| SALVATORE | Ma che dici Piero! Tu sei più pazzo di quel che credevo! Tutti sanno che i napoletani hanno un maggior controllo della palla e che i giocatori della Fiorentina sono meno veloci di quelli del Nạpoli. E poi . . . |
| PIERO | E poi, cosa? |
| SALVATORE | Il Nạpoli ha Maradona![1] |
| PIERO | È vero, ma la Fiorentina ha un'ọttima difesa e lo fermerà. |
| SALVATORE | Questo lo dici tu. Ad ogni modo, guardiamo la partita e vedrai che ho ragione io. |
| PIERO | O.K., Salvatore . . . però se il Nạpoli non gioca bene e la Fiorentina vịnce, stasera paghi tu da bere! |

### COMPREHENSION QUESTIONS

1. Dove sono Salvatore e Piero?
2. Quali squadre giọcano oggi?
3. Per quale squadra fa il tifo Piero?
4. Perchè Salvatore dice che Piero è pazzo?
5. È italiano Maradona e chi lo fermerà?
6. Chi pagherà da bere se la Fiorentina vince?

[1] Originally from South America, Maradona is the beloved captain of the Neapolitan soccer team.

**Il calcio**, short for **il gioco del calcio** *(soccer)*, is Italy's most popular sport. Virtually all Italian cities, no matter how big or small they may be, have a soccer team, which usually bears the name of the city or town that sponsors it. A few large cities have two teams; these are Roma ("**la Roma**" and "**la Lazio**"), **Milano** ("**il Milan**" and "**l'Inter**"), Genova ("**il Genoa**" and "**la Sampdoria**"), and Torino ("**il Torino**" and "**la Iuventus**").

All the best teams are grouped into three main categories, called **Serie A**, **Serie B**, and **Serie C**, according to their rank each season. The demotion of one of the major teams from class A to class B because of poor performance is a matter of great popular distress and discussion, not only locally but also throughout the peninsula.

# STRUTTURA E FUNZIONE

I giocatori della Fiorentina sono **meno veloci di** quelli del Napoli.
Tu sei **più pazzo di quel che** credevo!

## 1. The Comparative: Unequal Comparisons

We all make comparisons of the *qualities* of people and things all the time:

Robert is *taller than* Anthony.
This film is *less interesting than* the one we saw last night.
A pound of veal *is more expensive than* a pound of beef.
Florence's team is *as good as* Naples'.

Italians, like English-speakers, use three "degrees" of adjectives to make comparisons. English examples are: (a) positive *(interesting, tall)*, (b) comparative *(more/less as interesting; taller, less/as tall)* and (c) superlative *(most interesting, tallest)*. In English, comparisons are completed by using the words *than* and *as*. In this section, we'll deal with the comparative forms; the superlative is explained in section 4.

We also make comparative statements about actions and quantities:

We like to read more than we like to write.
She has less money than her sister.
I drink as much wine as beer.

In Italian, **più** is the equivalent of *more*, **meno** is the equivalent of *less*, and either the preposition **di** or the conjunction **che** is the equivalent of *than*.

| (more . . . than) | | (less . . . than) | |
|---|---|---|---|
| **più** | **di** / **che** | **meno** | **di** / **che** |

1. Use of **di**: The preposition **di** (alone or combined with the definite article) completes a comparison when a person or thing is being compared directly to another person or thing.

| | |
|---|---|
| *Mio padre* è **più** vecchio **di** *mia madre.* | *My father is older than my mother.* |
| *Giovanni* è **meno** intelligente **del** suo amico *Roberto.* | *John is less intelligent than his friend Robert.* |
| *Chi* ha mangiato **meno degli** *altri ragazzi?* | *Who ate less than the other boys?* |
| *Noi* abbiamo **più** denaro **di** *voi.* | *We have more money than you have.* |

With expressions of quantity, usually signaled by a numeral, **di** is also required.

| | |
|---|---|
| La settimana scorsa ho speso **più di centomila lire.** | *Last week I spent more than 100,000 lira.* |
| In quella biblioteca ci sono **meno di duemila libri.** | *In that library there are fewer than 2,000 books.* |

2. Use of **che**: The conjunction **che** completes a comparison when the items being compared (nouns, adjectives, prepositional phrases of place, infinitives of verbs, or adverbs) relate directly to the same subject.

| | |
|---|---|
| Guglielmo ha più **nemici** che **amici.** [2 nouns] | *William has more enemies than friends.* |
| Quell'uomo è **più forte** che **intelligente.** [2 adjectives] | *That man is stronger than he is intelligent.* |
| D'estate c'è più gente **al mare** che **in montagna.** [2 places] | *During the summer there are more people on the beach than in the mountains.* |
| Mi piace meno **sciare** che **nuotare.** [2 verbs] | *I like skiing less than swimming.* |
| L'aria è meno fresca **qui** che **lì.** [2 adverbs] | *The air is less cool (warmer) here than there.* |

When the second term of the comparison is a conjugated verb, the phrase **di quel(lo) che** is used.

| | |
|---|---|
| La Fiorentina è meno forte **di quel che tu pensi.** | *Florence's team is less strong (weaker) than you think.* |
| Questa chiesa è più pịccola **di quello che sembra.** | *This church is smaller than it seems.* |

### *EXERCISES*

A. *Complete the following sentences to form comparatives expressing "more."*

1. Questi meloni sono ______ freschi ______ quelli.
2. Loro hanno ______ denaro ______ noi.
3. Enrico ha ______ sorelle ______ fratelli.
4. In questo stadio ci sono ______ milanesi ______ fiorentini.
5. Firenze è certamente ______ grande ______ Fiẹsole.
6. Le piace ______ cucire ______ lavare.
7. Elena ha sicuramente ______ venticinque anni.
8. Gennaro è stato ______ intelligente ______ quel che pensi.
9. Antonio parla sempre ______ suo cugino.
10. La scuola privata è ______ costosa ______ scuola pụbblica.

B. *Complete the following sentences to form comparatives expressing "less."*

1. Ci sono ______ trattorie all'aperto a Roma ______ a Pạdova.
2. Questo giocatore dimostra di essere ______ veloce ______ quello.
3. In quella discoteca ci sono ______ uomini ______ donne.
4. Quei palazzi sono ______ alti ______ lunghi.
5. La Roma è ______ forte ______ Nạpoli.
6. Anna è stata ______ brava ______ me.
7. Lei legge ______ romanzi ______ voi.
8. I giọvani hanno sempre avuto ______ denaro ______ vecchi.
9. Luciana è forse ______ bella ______ sua sorella.
10. Adriano sarà sempre ______ mattiniero ______ Antonio.

C. *Translate the following sentences.*

1. My brother-in-law is richer than his sister.
2. Mario always studies less than I do.
3. Last year Luciano saw more soccer games than Giovanni.
4. That sewing machine is on sale for less than 150.000 lira.
5. In this clothing store they have more shirts than ties.
6. The blue skirt is less beautiful and more expensive than the red skirt.
7. In that haberdashery they sold more nylon stockings than we think.
8. This restaurant has more waiters than customers.
9. The Po river is longer than the Arno river.
10. The color of this material is more orange than red..

D. *Answer the following questions using the unequal comparisons* **più** *or* **meno** *and a personal opinion. Follow the model:*

EXAMPLE: Quale città è più grande, Ferrara o Verona?
Verona è **più grande di** Ferrara.

1. Chi è meno ricco, tu o tuo fratello?
2. Quale gonna costa meno, quella rossa o quella verde?
3. È vero Anna che hai più stivali che scarpe?
4. Luciana, ti piace più cucinare o fare le pulizie?
5. In Italia avete visto più partite di calcio o più partite di baseball?
6. Chi ha meno denaro, i ragazzi italiani o i ragazzi americani?
7. Allo stadio domani, ci saranno più tifosi del Nạpoli o più tifosi della Fiorentina?
8. È vero che il tassì costa più dell'ạutobus?

Quest'anno il Napoli non è **così forte come** l'anno scorso.

## 2. The Comparative: Equal Comparisons

When we want to say that the qualities of things or people are equal, the comparative expressed in English by *as . . . as* is expressed in Italian by **così . . . come**; *as much as* is expressed as **tanto . . . quanto**.

| | | | |
|---|---|---|---|
| **così . . . come** | *as . . . as* | **tanto . . . quanto** | *as much as* |

1. Use these forms when **così** and **tanto** are immediately followed by an adjective or an adverb.

| | |
|---|---|
| La Fiorentina è **tanto / così** veloce **quanto / come** il Nạpoli. | *Florence's team is just as fast as Naple's team.* |
| Henry legge l'italiano **tanto / così** bene **quanto / come** me.[2] | *Henry reads Italian just as well as I.* |

2. When **così** and **tanto** are not needed for emphasis, they are often omitted.

| | |
|---|---|
| La partita di oggi non è importante **come / quanto** quella di ieri. | *Today's game is not as important as yesterday's.* |
| Tu sei dolce **come / quanto** lo zụcchero. | *You are as sweet as sugar.* |

3. If the word immediately following **tanto** is a noun, the pair **tanto . . . quanto** must be used. Here **tanto** is an adjective, and it must agree in gender and number with the noun.

| | |
|---|---|
| La signora Rossi compra **tanta frutta quanto** la signora Zucchi. | *Mrs. Rossi buys as much fruit as Mrs. Zucchi.* |
| Io ho letto **tanti libri quanto te.** | *I have read as many books as you.* |

4. When the things being compared are verbs, **tanto** and **quanto** must be used:

| | |
|---|---|
| Mi piace **tanto** leggere **quanto** scrivere. | *I like to read as much as to write.* |

### *EXERCISES*

E. *Change the following sentences to make equal comparisons.*

EXAMPLE: Aldo è più basso di Marco.
Aldo è basso **quanto** Marco. *or* Aldo è **così** basso **come** Marco.

1. La barba di Riccardo è più lunga della barba del babbo.
2. Questo pittore milanese è meno famoso di quella pittrice romana.
3. Ci sono più camerieri in questo bar che in quel ristorante.
4. In Italia la birra costa più del vino.
5. Abbiamo meno cucchiai della signora Zọttoli.
6. Il duomo di Ferrara è meno importante di quello di Firenze.
7. I bottoni neri sono più costosi dei bottoni grigi.
8. Ieri loro hanno mangiato meno carne di noi.
9. La mia sarta compra spesso più spilli che filo per cucire.
10. Luisa ama più preparare il pranzo che fare la spesa.

F. *Translate the following sentences.*

1. This liqueur is as sweet as the one I bought yesterday.
2. Mary's soup is not as good as Ann's.
3. Is it true that they received as many letters as we did?
4. My sister-in-law drinks as much coffee as her husband.
5. I like Louise as much as I like Susan.

[2] Note that after **quanto** and **come** the personal object pronouns **me**, **te**, **lui**, **lei**, **noi**, **voi**, and **loro** must be used.

6. No one of my American friends speaks Italian as well as Marc.
7. Who told her that this motorcycle costs as much as mine?
8. This striped fabric is as expensive as that knitted fabric.

G. *Make eight statements about your classmates using equal and unequal comparisons. Follow the models:*

EXAMPLE: Anna è **più** bella **che** intelligente.
Eva è **così** cattiva **come** Debora.
Claudia ha **tanta** pazienza **quanto** Stefano.

I napoletani hanno un **maggior**[3] controllo della palla.

## 3. Irregular Comparative Forms

The adjectives listed below have irregular comparative forms in addition to the regular formation with **più**. These irregular forms often have special meanings.

| POSITIVE FORM | COMPARATIVE: REGULAR FORM | COMPARATIVE: IRREGULAR FORM | ENGLISH EQUIVALENT |
|---|---|---|---|
| buono | più buono | **migliore** | *better* |
| cattivo | più cattivo | **peggiore** | *worse* |
| grande | più grande | **maggiore** | *major, greater, older* |
| piccolo | più piccolo | **minore** | *minor, younger, lesser* |
| alto | più alto | **superiore** | *superior, higher, upper* |
| basso | più basso | **inferiore** | *inferior, lower* |

### Use of *migliore* and *peggiore*

1. When used to refer to a person, **migliore** and **peggiore** emphasize professional abilities or personal skills rather than moral or personal qualities.

**Il dottor Pei è migliore,** ma il dottor Brazzi è **più buono.** — *Dr. Pei is a better physican, but Dr. Brazzi is a better man.*
Come studente Gino è **peggiore** di Leo, ma Leo è **più cattivo** di Gino. — *As a student Gino is worse than Leo, but as a boy Leo is worse than Gino.*

2. When used to refer to things, **migliore** and **peggiore** emphasize material qualities.

Quest'abito è **migliore** di quello. — *This suit is better than that one.*
Il clima è **peggiore** a Torino che a Roma. — *The climate is worse in Turin than in Rome.*

Of the six irregular comparatives, **migliore** and **peggiore** are the ones most frequently used.

[3] When migliore, maggiore, and minore precede a word beginning with a vowel or a consonant (but not s + consonant or z), they may drop the final -e.

### Use of *maggiore* and *minore*

**Maggiore** and **minore** refer to age, importance, quantity, or weight of a person or thing, instead of mere relative size.

Pietro è **maggiore/minore** di Rodolfo di cinque anni. — *Pietro is five years older/younger than Rodolfo.*
Il tuo bisogno è **maggiore/minore** del mio. — *Your need is greater/lesser than mine.*

Note that **maggiore** and **minore** can also be used in a noncomparative sense like English *major* and *minor.*

A Firenze la medicina era una delle arti **maggiori.** — *In Florence medicine was one of the major arts.*
**La Vita Nuova** è un'opera **minore** di Dante. — ***The New Life** is a minor work of Dante's.*

### Use of *superiore* and *inferiore*

**Superiore** and **inferiore** refer to dimension, difference in quality, ability, rank, or position, instead of mere relative height. Instead of **di**, **superiore** and **inferiore** require the preposition **a** (or **a** + definite article) to complete the comparison.

Questo vino è **superiore/inferiore** a quello. — *This wine is superior/inferior to that one.*
Il prezzo di questa casa è **superiore/inferiore** al prezzo che tu hai menzionato. — *The price of this house is higher/lower than the price you mentioned.*

These two adjectives can also be used in a noncomparative sense.

Lei abita al piano **superiore** e lui al piano **inferiore.** — *She lives on the upper floor and he on the lower floor.*

#### *EXERCISE*

H. *Select the most appropriate comparative form to complete these sentences.*

1. Guglielmo e Giovanni sono fratelli. Guglielmo ha 28 anni e Giovanni ne ha soltanto 15. Guglielmo è ______ di Giovanni.
(più grande/maggiore/minore)
2. Piero e Umberto non sono molto bravi a scuola. Piero però cerca di studiare; Umberto invece non fa mai i compiti. Come studente Umberto è certo ______ di Piero.
(inferiore/peggiore/minore)
3. La settimana scorsa ho pagato un conto di 200.000 lire. Stamattina ne ho pagato un altro di 52.000 lire. Il conto che ho appena pagato è ______ a quello pagato alcuni giorni fa.
(più basso/più piccolo/inferiore)
4. Rosa e Antonietta sono cugine. Rosa sa fare un po' di tutto, mentre Antonietta non sa fare proprio niente. Tutti dicono che Rosa è ______ di Antonietta.
(più buona/superiore/migliore)
5. Questo vino ha già dieci anni e costa molto. Quell'altro vino ha solo un anno e ha un prezzo molto basso. Il primo vino è ______ per costo e qualità al secondo.
(migliore/superiore/più buono)
6. L'avvocato Barsanti abita al sesto piano e l'ingegner Venturi al terzo. La famiglia Venturi abita al piano ______ .
(più basso/inferiore/più piccolo)
7. Quella nuova automobile sportiva costa 20 milioni mentre per quella Fiat chiedono soltanto 11 milioni. Il prezzo dell'automobile sportiva è ______ a quello della Fiat.
(superiore/più alto/più grande)

8. Ha fatto bel tempo per tre giorni; oggi invece nẹvica. Il tempo di oggi è ______ del tempo di ieri.
(più brutto/più cattivo/peggiore)
9. Tutti sanno che Dante ha scritto la *Divina Commedia,* ma non tutti conọscono le altre opere del poeta fiorentino, fra le quali il *Convivio.* Il *Convivio* è una delle opere ______ di Dante.
(più pịccole/inferiori/minori)
10. Voi dovete studiare le rẹgole della grammạtica latina con ______ attenzione.
(più grande/superiore/maggiore)

Il Napoli è **la migliore** squadra d'Italia. Oggi lo stadio è **affollatissimo!**
Certo questa partita è **molto importante.**

## 4. The Superlative

Although English has only one superlative, Italian has two: the **superlativo relativo** *(relative superlative)* and the **superlativo assoluto** *(absolute superlative).*

### Superlativo Relativo

The relative superlative corresponds to the English superlative *(most interesting, longest).* To form it, use the definite article before the comparative adjectives formed with **più** or **meno** or before the comparative adjectives **migliore**, **peggiore**, and **maggiore** and **minore**.

Lei è **la più alta** delle due. — *She is the taller of the two.*
Franco è **il meno intelligente** della classe. — *Franco is the least intelligent in his class.*
Questa è **la più bella piazza** del paese. — *This is the most beautiful square in town.*
Il Milan è **la migliore squadra** d'Italia. — *Milan is the best team in Italy.*
È stato **il peggior giorno** dell'anno. — *It has been the worst day of the year.*
Questa è **la maggior chiesa** del mondo. — *This is the greatest church in the world.*
È **il minor problema** che abbiamo. — *It's the smallest problem we have.*

The second term of the comparison is sometimes omitted:

Questo è **il migliore** ristorante! — *This is the best restaurant!*
Questi esercizi sono **i meno diffịcili.** — *These exercises are the least difficult.*

Note that when the superlative follows a noun, the definite article is not repeated before **più**, **meno** or the comparative adjectives **migliore**, **peggiore**, **maggiore**, and **minore**.

Loro vẹndono **gli orologi meno costosi** della città. — *They sell the least expensive watches in town.*
È veramente **l'uomo più forte** della regione. — *He is really the strongest man in the region.*
In quel ristorante ho bevuto **il migliore vino** d'Italia. — *In that restaurant I drank the best wine in Italy.*

Italian uses the preposition **di** (or **di** + definite article) in superlative constructions when English normally uses *in.*

Stiamo nell'albergo più elegante **di** Firenze. — *We are staying at the most elegant hotel in Florence.*
La Marmolada è la più alta montagna **delle** Dolomiti. — *Marmolada is the highest mountain in the Dolomites.*

### Superlativo Assoluto

The absolute superlative corresponds to English expressions such as **very good, extremely intelligent, exceedingly expensive**. The **superlativo assoluto** can be formed in several ways.[4]

1. By using **molto** to modify the adjective.

| | |
|---|---|
| Vittorio è **molto** basso. | *Vittorio is very short.* |
| Lei è una sarta **molto** ạbile. | *She is a very able dressmaker.* |
| Le mie sorelle sono **molto** belle. | *My sisters are very beautiful.* |

2. By dropping the last vowel of an adjective and adding **-issimo** and **-issima**.

| | |
|---|---|
| Studio una lezione **difficilịssima.** | *I am studying an exceedingly difficult lesson.* |
| Ha visto un film **interessantịssimo.** | *He saw a very interesting film.* |
| Maria è un'infermiera **tranquillịssima.** | *Maria is an extremely calm nurse.* |

*Note that:*

(a) Adjectives ending in **-co/-ca** and **-go/-ga** require an **-h** before **-issimo/-issima**.

| | | |
|---|---|---|
| ric**co,** a | ric**ch**ịssimo, a | *very rich* |
| lun**go,** a | lun**gh**ịssimo, a | *very long* |

(b) Adjectives ending in unstressed **-io** and **-ia** drop both these endings before adding **-ịssimo/-ịssima**.

| | | |
|---|---|---|
| serio, a | serissimo, a | *very serious, grave* |
| vecchio, a | vecchissimo, a | *very/extremely old* |

If however, the **-i** in **io** and **ia** is stressed, the **i** is retained.

| | | |
|---|---|---|
| pio, a | piissimo, a | *very pious* |

(c) The adjectives listed below have regular as well as irregular superlative forms.

| ADJECTIVE | REGULAR FORMS | | | IRREGULAR FORMS |
|---|---|---|---|---|
| buono, a | molto buono, a | *or* | **buonịssimo, a** | **ottimo, a** |
| cattivo, a | molto cattivo, a | | **cattivissimo, a** | **pessimo, a** |
| grande | molto grande | | **grandissimo, a** | **massimo, a** |
| piccolo, a | molto piccolo, a | | **piccolissimo, a** | **minimo, a** |
| alto, a | molto alto, a | | **altịssimo, a** | **supremo, a** |
| basso, a | molto basso, a | | **bassịssimo, a** | **infimo, a** |

**Ọttimo** and **pẹssimo** are the most frequently used irregular forms.

| | |
|---|---|
| Alfredo ha sempre delle **ottime** idee. | *Alfred always has excellent ideas.* |
| Ieri ho mangiato una **pessima** bistecca. | *Yesterday I ate an extremely bad steak.* |
| Dante è il **massimo** poeta italiano. | *Dante is the greatest Italian poet.* |
| Non ho il **minimo** desiderio di vederti. | *I haven't the slightest desire to see you.* |
| Ecco il comandante **supremo** dell'esẹrcito. | *Here is the supreme commander of the army.* |
| Questa stoffa è di **infima** qualità. | *This material is of the lowest quality.* |

[4] Sometimes the **superlativo assoluto** is formed by repeating the adjective: **Lei aveva una casa pịccola pịccola.** *She had an extremely small house.*

## EXERCISES

I. *Form a sentence with a* ***superlativo relativo.***

EXAMPLE: questo palazzo/vecchio/città
**Questo palazzo è il più vecchio della città.**

1. il locale/veloce/tutti i treni
2. quest'albero/verde/parco
3. quest'automọbile/costosa/mạcchine europee
4. la mia casa/grande/paese
5. questa strada/lunga/città
6. Giuseppe/ricco/miei amici
7. Carla/giovane/sue nipoti
8. quella trattoria/buona/provincia
9. questo dịalogo/diffịcile/libro
10. Luciana/intelligente/classe

L. *Complete the following sentences with the appropriate form of the* ***superlativo relativo.***

1. Questo è _______ *(the biggest)* stadio d'Italia.
2. Lucia è _______ *(the youngest)* della mia famiglia.
3. Olga Tannini è _______ *(the richest)* signora della città.
4. Enrico è _______ *(the worst)* studente dell'istituto tẹcnico "Enrico Fermi".
5. Questa squadra è stata _______ *(the best)* durante lo scorso campionato.
6. Quel giocatore è _______ *(the fastest)* di tutti.
7. Il "Grand'Hotel" è _______ *(the most elegant)* albergo della città.
8. Questa è la partita _______ *(the least important)* dell'anno.
9. *La Divina Commedia* è considerata _______ *(the greatest)* ọpera di Dante.
10. Tu non hai letto _______ *(the most interesting)* romanzo di Ịtalo Calvino.

M. *Give all possible forms of the* ***superlativo assoluto*** *for the following adjectives.*

1. bravo 2. pịccolo 3. ricco 4. lungo 5. divertente 6. basso 7. forte 8. ụtile 9. buono 10. bianco 11. caro 12. cattivo 13. verde 14. grande 15. bello 16. brutto 17. caldo 18. freddo 19. dolce 20. breve

N. *Complete the following sentences with the appropriate form of the* ***superlativo assoluto.***

1. La camicetta di Ada è (largo) _______ .
2. Quel libro di storia è (interessante) _______ .
3. Mia nonna è una donna (pio) _______ .
4. Quelle ragazze sono (bello) _______ e (ricco) _______ .
5. Quell'uomo è (magro) _______ .
6. Quest'aẹreo è (nuovo) _______ .
7. Lei è una pianista (famoso) _______ .
8. Gregorio non studia mai; è un (cattivo) _______ studente.
9. Quelle mele sono veramente (buono) _______ .
10. Il duomo di Milano è (grande) _______ .

O. *Form original sentences with the following forms of the* ***superlativo relativo*** *and the* ***superlativo assoluto****. Follow the model:*

EXAMPLE: (pessimi) Alberto fa sempre dei **pẹssimi** compiti.

1. bellissima
2. massimo
3. il più buono
4. la peggiore
5. ọttimo
6. le meno costose
7. il migliore
8. difficilịssimi

# PAROLE UTILI

## Allo stadio *(At the Stadium)*

| | | | |
|---|---|---|---|
| l'**arbitro** | *referee, umpire* | la **palla** | *ball* |
| l'**atlẹta** *(m and f)* (*pl.* gli **atleti,** le **atlete**) | *athlete* | la **pallacanestro** | *basketball* |
| | | la **pallanuoto** | *waterpolo* |
| | | la **pallavolo** | *volleyball* |
| il **calcio** | *soccer, football* | il **pallone** | *soccer ball* |
| il **cannoniere** | *goalscorer* | il **portiere** | *goalkeeper* |
| il **centravanti** (*pl.* i centravanti) | *center forward* | il **pugilato** | *boxing* |
| | | lo **scudetto** | *championship* |
| la **classịfica** | *position, ranking* | lo **sportivo** | *sportsman* |
| la **ginnastica** | *gymnastics* | la **sportiva** | *sportswoman* |
| il **gioco** | *game* | il **torneo** | *tournament* |
| il **nuoto** | *swimming* | | |

***EXERCISE***

P. *You received a brochure from a sports training camp. Tell your partner all that is available in this camp. Use the drawings for suggestions.*

NOTE: what sports?
who is playing?
who else is at the game?
etc.

# PARTE NARRATIVA B

### UN SORPRENDENTE PAREGGIO

Il Napoli non ha vinto e la Fiorentina non ha perso. La partita fra le due squadre rivali è terminata con un sorprendente pareggio: due a due. I giocatori del Napoli hanno confermato di essere i più veloci; quelli della Fiorentina hanno però difeso la loro porta con la massima destrezza.

Gli ultimi dieci minuti di gioco sono stati i più eccitanti dell'intero incontro. Mentre i tifosi della Fiorentina urlavano a squarciagola e battevano le mani, il cannoniere della squadra viola[5] ha segnato la rete del pareggio su calcio di rigore.

Dopo la partita Salvatore e Piero sono andati a bere una birra in un bar vicino allo stadio. Il bar era pieno di sportivi che parlavano dei risultati delle varie partite trasmessi qualche minuto prima dall'annunciatore della RAI TV.[6] In un angolo del bar, un signore che aveva in mano parecchie schedine del Totocalcio offriva da bere agli amici che lo circondavano ridendo. Chissà, forse aveva fatto tredici!

Quando un'ora dopo Salvatore e Piero sono usciti dal bar per tornare a casa, fuori pioveva.

### COMPREHENSION QUESTIONS

1. Chi ha vinto la partita fra le squadre di Napoli e di Firenze?
2. Perchè gli ultimi minuti di gioco sono stati i più eccitanti dell'intero incontro?
3. Dove sono andati i due amici dopo la partita?
4. Che cosa hanno preso Salvatore e Piero e chi ha pagato da bere?
5. Perchè il signore che era in un angolo del bar offriva da bere agli amici?
6. Com'era il tempo quanto Salvatore e Piero sono usciti dal bar?

***IL TOTOCALCIO.*** This is Italy's most popular national lottery, with millions and millions of loyal players of both sexes. It takes place every week during the soccer season. A printed form, called **la schedina**, lists 13 pairs of teams scheduled to play that week. After the pairs of names are several blank columns; players indicate their guesses on the outcome of the games, marking *1, 2,* or *X: 1* for the first team to win, *X* for a tie, and *2* for a victory by the second team. They can fill in as many as they wish at a cost of a five hundred lire each. To win big, a player must guess correctly the results of all 13 soccer games. If no one hits 13, those who score 12 are the winners. If, as is usual, there are few 12 scores, the pots are sizable.

Not all the money collected by the state agency that runs **Totocalcio** is given out in prizes. More than half is allocated to **CONI — Comitato Olimpico Nazionale Italiano** *(National Italian Olympic Committee)* to help finance all national and international competitive sports.

All completed **schedine** must be turned in and paid for at local **Totocalcio** offices or authorized agents, such as neighborhood **tabaccherie**, several hours before the games are played on Sunday afternoon.

[5] The Florentine soccer team is also known as **la squadra viola** because its players wear a purple-colored shirt. Note that **viola** is invariable like **blu** and **marrone**.

[6] RAI TV stands for **Radio Televisione Italiana** *(Italian Radio and Television).*

# STRUTTURA E FUNZIONE

**Urlạvano** a squarciagola e **battevano** le mani. **Offriva** da bere.

## 5. The Imperfect Indicative

### Use

The imperfect corresponds to the English expressions formed by:

*was/were* + the gerund of a verb

*I was studying Italian at the university.*
*They were listening to her.*

*used to* + the infinitive

*She used to teach in that school.*
*We used to write every week.*

*would* + the infinitive

*He would often bring me several books.*
*You would go home early every night.*

The Italian imperfect is a past tense used:

1. to express habitual actions in the past

| | |
|---|---|
| Tutte le domẹniche la famiglia Brambilla **mangiava** al ristorante. | *Every Sunday the Brambilla family ate at a restaurant.* |
| Durante l'inverno **ci alzạvamo** spesso molto tardi. | *During the winter we often used to get up very late.* |
| Quando loro **abitạvano** in campagna, **venivano** spesso da noi. | *When they used to live in the country, they often came to see us.* |
| Il professore di latino **entrava** sempre in classe alle otto. | *The Latin professor always entered class at 8 o'clock.* |

2. to indicate time, weather, a state of mind, or state of affairs

The **passato prossimo** expresses an action that was definitely completed in the past (the action began and ended in the past). The imperfect, by contrast, expresses a past action without any reference to its beginning or to its end.

| | |
|---|---|
| Ieri i ragazzi non sono andati al cinema perchè **dovevano** studiare. | *Yesterday the boys did not go to the movies because they had to study.* |
| Mentre loro **parlavano,** io **pensavo.** | *While they were talking, I was thinking.* |
| Sạbato Teresa è rimasta a casa perchè fuori **pioveva.** | *Saturday Teresa stayed home because it was raining.* |
| Mentre i tifosi del Nạpoli **battẹvano** le mani, io **urlavo** a squarciagola. | *While Naple's fans were clapping their hands, I was screaming at the top of my lungs.* |
| La sua automọbile ci **piaceva** moltissimo anche se **costava** poco. | *We used to like his car a lot even though it did not cost much.* |

### Formation

To form the imperfect indicative, drop the **-re** from the infinitive and add the following endings: **-vo**, **-vi**, **-va**, **-vamo**, **-vate**, **-vano**.

| urlare | battere | offrire |
|---|---|---|
| **urlavo** *(I used to scream)* | **battevo** *(I used to beat)* | **offrivo** *(I used to offer)* |
| **urlavi** | **battevi** | **offrivi** |
| **urlava** | **batteva** | **offriva** |
| **urlavamo** | **battevamo** | **offrivamo** |
| **urlavate** | **battevate** | **offrivate** |
| **urlạvano** | **battẹvano** | **offrịvano** |

Note that in pronunciation, the stress falls on the next-to-the-last syllable, except for the third person plural, which is stressed on the second-from-the-last syllable.

> Un signore che **aveva** in mano delle schedine.
> Il bar **era** pieno di sportivi.

### Imperfect of *essere* and *avere*

**Essere** is irregular in the imperfect, but **avere** follows a regular pattern.

| essere | avere |
|---|---|
| **ero** *(I used to be, I was)* | **avevo** *(I used to have, I had)* |
| **eri** | **avevi** |
| **era** | **aveva** |
| **eravamo** | **avevamo** |
| **eravate** | **avevate** |
| **erano** | **avẹvano** |

### *EXERCISES*

Q. *Give the appropriate form of the imperfect.*

1. volere (noi) 2. offrire (voi) 3. scrivere (lei) 4. prẹndere (noi) 5. ẹssere (tu) 6. finire (lei) 7. dormire (Lei) 8. avere (noi) 9. pagare (noi) 10. vịncere (tu)

R. *Complete the sentences with the appropriate form of the imperfect.*

1. Quando John _____ (abitare) in Italia, _____ (studiare) all'Università di Perugia.
2. Giuliana _____ (venire) spesso a casa mia l'anno scorso, ma ora non più.
3. Il tifoso del Milan _____ (battere) le mani e _____ (urlare) a squarciagola.
4. Ieri Enzo _____ (avere) un fortịssimo mal di testa.
5. Quando Margherita _____ (essere) pịccola, _____ (andare) a scuola anche il sạbato.

6. Arturo mi ________ (incontrare) sempre davanti all'Accademia di Belle Arti.

7. L'estate passata, quand'io ______ (essere) al mare, ______ (alzarsi) molto presto.

8. Mentre loro ______ (riposarsi) noi ______ (leggere) il giornale.

9. Ieri sera, mentre la mamma ________ (preparare) la cena, il babbo ________ (ascoltare) la radio.

10. Quando noi ______ (trovarsi) in quella scuola, spesso ______ (giocare) a pallacanestro.

S. *Complete the following sentences with the appropriate forms of the **passato prossimo** and/or the **imperfect** according to the context.*

**EXAMPLE:** Alle otto, quando loro ______ (uscire), noi ______ (essere) già a scuola.

Mentre io ______ (parlare), mia sorella ________ (ascoltare) la radio.

Alle otto, quando loro **sono usciti**, noi **eravamo** già a scuola.
Mentre io **parlavo**, mia sorella **ascoltava** la radio.

1. Luisa e Giuseppe ______ (arrivare) ieri sera proprio mentre lui ed io ________ (mangiare).

2. Domenica passata Caterina mi ________ (telefonare) quand'io ______ (giocare) a tennis con suo fratello.

3. Quando noi ______ (essere) bambini, ______ (andare) tutte le domeniche al cinema.

4. Sabato Vittoria ______ (uscire) mentre fuori ______ (piovere).

5. Mentre Giuliano ______ (parlare) con l'avvocato Bianchi, l'ingegner Venturi ______ (entrare) nell'ufficio del direttore.

6. Mentre il marito e i figli ______ (dormire), la signora Politi ______ (andare) a fare la spesa.

7. L'annunciatore della RAI TV ______ (leggere) i risultati delle partite mentre Luciano e Alfredo ________ (prendere) una birra al bar.

8. Domenica scorsa lei ______ (vestirsi) molto bene perchè ______ (dovere) andare al ristorante.

9. Ieri mattina ______ (nevicare) e così la mamma e la zia ______ (rimanere) tutto il giorno in casa.

10. Mentre l'arbitro ______ (guardare), il giocatore della Fiorentina ______ (segnare) una bellissima rete.

T. *Tell your partner what you used to like, dislike, do, think, feel, etc., when you were a child. Start your sentence this way: "**Quando ero bambino io . . .**" (preferire, leggere, dormire, giocare, andare, etc.)*

Il Nạpoli non ha **vinto** e la Fiorentina non ha **perso**.

## 6. Past Participle of *difendere, perdere, ridere, trasmettere, vincere*

The following verbs, although regular in the formation of the present and future indicative and of the imperative, have an irregular past participle.

| | | |
|---|---|---|
| **difendere** | *(to defend)* | **difeso** |
| **perdere** | *(to lose)* | **perso**[7] |
| **ridere** | *(to laugh)* | **riso** |
| **trasmettere** | *(to broadcast, transmit)* | **trasmesso** |
| **vincere** | *(to win)* | **vinto** |

***EXERCISE***

U. *Give the appropriate forms of the imperfect, the future and the* **passato prọssimo** *of the following verbs.*

1. transmẹttere (noi) 2. vịncere (lei) 3. terminare (tu) 4. segnare (io) 5. pẹrdere (voi) 6. paragonare (Luisa) 7. difẹndere (tu) 8. confermare (Lei) 9. bạttere (voi) 10. uscire (loro)

I tifosi della Fiorentina **urlavano a squarciagola**.

## 7. Idiomatic Expressions

The following Italian idioms are used quite frequently.

| | |
|---|---|
| **battere le mani** | *to clap one's hands, to applaud* |
| **essere dello stesso parere** | *to share the same opinion, to agree* |
| **essere di diverso parere** | *to have a different opinion, to disagree* |
| **fare il tifo per** | *to root for* |
| **fare rete** | *to score a goal* |
| **segnare la/una rete** | *to score the/a goal* |
| **stare per** + an infinitive | *to be about to* |
| **urlare a squarciagola** | *to scream at the top of one's lungs* |

| | |
|---|---|
| Quando la commedia è finita, molta gente **ha battuto le mani.** | *When the play ended, many people applauded.* |
| I miei genitori sono sempre **dello stesso parere.** | *My parents always agree.* |
| Quello che tu dici sarà forse vero, ma io sono **di diverso parere.** | *What you say is perhaps true, but I disagree.* |
| I miei cugini **fanno il tifo** per il Nạpoli. | *My cousins root for Naples.* |
| Quest'anno il cannoniere della Iuventus **ha segnato** moltissime **reti.** | *This year the goalscorer for Iuventus has scored very many goals.* |

[7] Note that **perdere** also has a regular past participle: **perduto**.

| | |
|---|---|
| Chi **ha fatto rete?** | *Who has scored a goal?* |
| Il rạpido **sta per arrivare** sul binario nove. | *The rapido is due to arrive on Track 9.* |
| Lui **urla a squarciagola** perchè oggi la sua squadra ha vinto la partita. | *He is screaming at the top of his lungs because today his team has won the game.* |

### EXERCISE

V. *Answer the following questions using one or more appropriate idiomatic expressions in your answers:*

1. Che cosa fanno i tifosi allo stadio?
2. Che cosa è necessario fare per vịncere una partita?
3. Che cosa fanno gli spettatori quando la loro squadra vince?
4. Due persone a cui non piace la stessa squadra di che parere sono?
5. Che cosa stava per fare il cannoniere quando è caduto?

### TOPIC FOR CONVERSATION

Two friends, Matteo and Ruggero, are discussing the outcome of the soccer game between Team A and Team B, which has just ended with the victory of the former. Matteo, who roots for Team B, says that his team lost for two main reasons: (1) the goalkeeper wasn't feeling well that day, and (2) the referee was surely not very good in his opinion and Team B is still the country's best soccer team and will finally win the championship.

Ruggero doesn't at all share his friend's opinion. During the discussion, he tells Matteo that he doesn't understand anything about sports because it's clear to all fans that Team A has always been stronger and faster than Team B. The real reason why Team B lost the game was not due to one or more mistakes on the part of the referee, but to the fact that Team B's centerforward and goalkeeper are not as good as those of Team A.

*Instructions:* Two students assume the roles of Matteo and Ruggero, substituting for Teams A and B the names of the teams they are rooting for.

## PRIMA LETTURA

This is the first of 10 readings which are designed to give you additional cultural information, to enrich your vocabulary, to reinforce grammatical structures already presented and to increase your comprehension, writing and speaking skills.

### IL NATALE IN ITALIA[8]

Secondo una tradizione antichịssima, pochi giorni prima di Natale in molte case italiane, genitori e figli prepạrano insieme il presepe. La parte centrale del presepe è la stalla dentro la quale ci sono il bue, l'ạsino, la Madonna, San Giuseppe e Gesù Bambino che dorme nella mangiatoia. In alcuni presepi ci sono anche ạngeli, cani, gatti, e pẹcore, vari pastori, la stella cometa, e i re Magi. I presepi più grandi e più belli d'Italia — e forse anche del mondo — sono quelli preparati ogni

[8] The reading contains several new words, most of which you may be able to guess. When in trouble, check the **Vocabulary** at the end of this lesson.

Vigilia di Natale in Italia.

anno in alcune chiese di Nạpoli. Questi presepi sono considerati delle vere ọpere d'arte.

Più recente è invece l'uso dell'ạlbero natalizio che in tante case ha sostituito il presepe. L'ạlbero natalizio non si trova però soltanto nelle case, ma anche nelle strade, nelle piazze e soprattutto nelle vetrine dei negozi. Con i suoi splendenti ornamenti esso rallegra giọvani e vecchi. La mattina del venticinque dicembre i bambini italianị si ạlzano presto perchè sono curiosi di vedere quello che Papà Natale ha messo sotto il loro ạlbero o accanto al presepe.

In qualche regione della penịsola, particolarmente nel meridione, i bambini ricẹvono doni il sei gennaiọ, festa dell'Epifania, e non a Natale. La notte fra il cinque e il sei di gennaio la Befana, una donna molto vecchia e brutta, entra nelle case dalla cappa del camino per mettere i suoi doni nelle calze che i bambini hanno attaccato la sera prima al caminetto. Ai bimbi buoni la Befana regala giocạttoli e dolci; a quelli cattivi, invece, essa lascia soltanto dei pezzi di carbone.

## READING COMPREHENSION

A. *Answer the following questions based on the content of the* ***Prima Lettura.***

1. Chi prepara il presepe nelle famiglie italiane?
2. Perchè la stalla è la parte centrale del presepe?
3. Dove si trovano i più bei presepi d'Italia e per quale ragione essi sono importanti?

4. L'uso del presepe è più antico o più recente di quello dell'ạlbero natalizio?
5. È vero che l'ạlbero si trova soltanto nelle case?
6. Dov'è che Papà Natale lascia i suoi doni la notte fra il 24 e il 25 dicembre?
7. Quand'è la festa dell'Epifania, prima o dopo Natale?
8. Chi è la Befana, la moglie di Papà Natale?
9. Come entra nelle case la Befana?
10. È vero che la Befana lascia dei giocạttoli ai bambini del meridione e dei pezzi di carbone a quelli che ạbitano nelle regioni settentrionali?

***WRITING***

B. *Summarize in your own words the information contained in the* ***Lettura "Natale in Italia"****.*

***SPEAKING***

C. *Tell the class how you and your family celebrate Christmas, comparing it with the way the Italians celebrate this holiday.*

# VOCABOLARIO

## NOUNS

| | |
|---|---|
| l'**ạlbero** | *tree* |
| l'**ạlbero natalizio** | *Christmas tree* |
| l'**ạngolo** | *corner* |
| l'**ạrbitro** | *referee, umpire* |
| l'**ạsino** | *donkey* |
| il **calcio di rigore** | *penalty kick* |
| il **calcio** | *soccer; kick* |
| il **caminetto** | *fireplace* |
| il **cane** | *dog* |
| il **cannoniere** | *goalscorer* |
| la **cappa del camino** | *chimney* |
| il **carbone** | *coal* |
| il **centravanti** (*pl.* i centravanti) | *center forward* |
| la **classịfica** | *position, ranking* |
| la **destrezza** | *skill, ability, dexterity* |
| il **dono** | *gift* |
| il **gatto** | *cat* |
| il **Gesù Bambino** | *Baby Jesus* |
| il **giocatore** | *player* |
| il **giocạttolo** | *toy* |
| il **gioco** (*pl.* i giochi) | *game* |
| l'**incontro** | *match* |
| la **Madonna** | *the Virgin Mary* |
| la **mangiatoia** | *manger* |
| il **meridione** | *south* |
| il **nuoto** | *swimming* |
| l'**ọpera d'arte** | *work of art* |
| l'**ornamento** | *ornament, Christmas decoration* |
| la **pallacanestro** | *basketball* |
| la **palla** | *ball* |
| la **pallanuoto** | *waterpolo* |
| la **pallavolo** | *volleyball* |
| il **pallone** | *soccerball* |
| il **Papà Natale** | *Santa Claus* |
| il **pareggio** | *tie* |
| il **parere** | *opinion* |
| la **partita di calcio** | *soccer game* |
| la **partita** | *game, match* |
| il **pastore** | *shepherd* |
| la **pẹcora** | *sheep* |
| la **porta** | *goal area* |
| il **portiere** | *goalkeeper* |
| il **presepe** | *nativity scene, crèche* |
| il **pugilato** | *boxing* |
| la **rete** | *goal* |
| la **schedina** (Totocalcio) | *lottery ticket* |
| lo **scudetto** | *championship* |
| la **squadra** | *team* |
| la **stella cometa** | *comet* |
| il **tifoso** | *fan* |

## ADJECTIVES

| | |
|---|---|
| **affollatịssimo, a** | *very crowded* |
| **affollato, a** | *crowded* |
| **antico, a** (*pl.* antichi, antiche) | *ancient, old* |
| **diverso, a** | *different, several* |
| **inaspettato, a** | *unexpected* |
| **inferiore** (*comp. of* basso) | *inferior, lower* |
| **ịnfimo, a** (*sup. abs. of* basso) | *very, most inferior; lowest* |

| | |
|---|---|
| **maggiore** (*comp. of* grande) | *larger, greater* |
| **mạssimo, a** (*sup. abs. of* grande) | *largest, greatest* |
| **migliore** (*comp. of* buono) | *better* |
| **minimo, a** (*sup. abs. of* pịccolo) | *smallest, littlest* |
| **minore** (*comp. of* pịccolo) | *smaller, littler* |
| **ọttimo, a** (*sup. abs. of* buono) | *excellent, best* |
| **pazzo, a** | *crazy, mad* |
| **peggiore** (*comp. of* cattivo) | *worse* |
| **pessimo, a** (*sup. abs. of* cattivo) | *worst, very bad* |
| **splendente** | *shining* |
| **viola** | *purple* |

### IDIOMS

| | |
|---|---|
| **bạttere le mani** | *to clap one's hands, applaud* |
| **essere dello stesso parere** | *to share the same opinion, to agree* |
| **essere di diverso parere** | *to have a different opinion, to disagree* |
| **fare il tifo per** | *to root for* |
| **fare rete, segnare una/la rete** | *to score a/the goal (in a soccer game)* |
| **stare per** + *an infinitive* | *to be about to* |
| **urlare a squarciagola** | *to scream at the top of one's lungs* |

### VERBS

| | |
|---|---|
| **battere** | *to beat, strike, hit* |
| **confermare** | *to confirm* |
| **difẹndere** | *to defend* |
| **giocare** | *to play (a game)* |
| **incominciare** | *to begin* |
| **menzionare** | *to mention* |
| **paragonare** | *to compare* |
| **pensare** | *to think* |
| **perdere** | *to lose* |
| **piovere** | *to rain* |
| **ridere** | *to laugh* |
| **segnare** | *to score, mark* |
| **terminare** | *to end, finish* |
| **trasmẹttere** | *to broadcast* |
| **urlare** | *to scream* |
| **vincere** | *to win* |

### OTHER WORDS

| | |
|---|---|
| **chissà** | *I wonder, who knows* |
| **cọsì . . . come** | *as (much) . . . as* |
| **dentro** | *inside, within* |
| **difeso** (*past part. of* difẹndere) | *defended, protected* |
| **lì** | *there* |
| **perso** (*past part. of* pẹrdere) | *lost* |
| **ridendo** | *laughing* |
| **secondo** | *according to* |
| **stasera** | *tonight* |
| **tanto . . . quanto** | *as (much) . . . as* |
| **trasmesso** (*past part. of* trasmẹttere) | *broadcast(ed)* |
| **vinto** (*past part. of* vincere) | *won, beaten, defeated, vanquished* |

### COGNATES

| | |
|---|---|
| **abile** | *able* |
| l'**angelo** | *angel* |
| l'**animale** | *animal* |
| l'**annunciatore** | *announcer* |
| l'**atleta** (*pl.* gli atleti, le atlete) | *athlete* (m and f) |
| il **controllo** | *control* |
| **eccitante** | *exciting* |
| **elegante** | *elegant* |
| l'**Epifania** | *Epiphany, Twelfth Night* |
| la **festa** | *feast, holiday* |
| la **ginnạstica** | *gymnastics* |
| **importante** | *important* |
| i **Magi** (i re Magi) | *the Magi* |
| il **melone** | *melon* |
| la **parte** | *part* |
| **particolarmente** | *particularly* |
| la **penisola** | *peninsula* |
| **pio, a** | *pius, devout* |
| **recente** | *recent* |
| la **regione** | *region* |
| il **risultato** | *result* |
| il **rivale** | *rival, enemy* |
| **sicuramente** | *surely* |
| **sorprendente** | *surprising* |
| la **sportiva** | *sportswoman* |
| lo **sportivo** | *sportsman* |
| la **stalla** | *stable* |
| **superiore** (*comp. of* alto) | *superior, higher, upper* |
| **supremo** (*sup. abs. of* alto) | *supreme, highest, uppermost* |
| il **torneo** | *tournament* |
| la **tradizione** | *tradition* |

# LESSON 12

| COMMUNICATION SKILLS | STRUCTURES | CULTURE |
|---|---|---|
| Using expressions for weather and other natural phenomena<br>Expressing continuing past actions<br>Using adverbs | 1. Nouns with two plural forms<br>2. Imperfect indicative of **bere**, **dire**, **fare**<br>3. Impersonal verbs<br>4. Continuity of past actions: the imperfect with **da**<br>5. Adverbs<br>6. Comparative and superlative of adverbs<br>7. Idiomatic expressions | Life in Italy; Population, climate, traffic<br>Weights and measures<br>Government |

## PARTE NARRATIVA A

### *UNA NEVICATA INASPETTATA*

Pioveva da qualche giorno quando giovedì sera la pioggia si è trasformata improvvisamente in neve. Ha così nevicato fitto, fitto tutta la notte.

All'alba di venerdì sui tetti e sulle strade c'erano almeno dieci centimetri[1] di neve. Fuori faceva un gran freddo e non poca gente ha preferito rimanere sotto le

[1] About four inches.

lenzuola. Perchè rischiare di scivolare sul ghiaccio e magari di rompersi una gamba?

Quel giorno tanto nel centro quanto nella periferia ci sono stati numerosi incidenti automobilịstici, specialmente durante le ore di punta. Quando il tempo è cattivo è meglio lasciare l'automọbile in garage! Sạbato però il tempo è nuovamente cambiato. È tornato il sole e con il sole poco dopo è sparita[2] tutta la neve.

### COMPREHENSION QUESTIONS

1. Da quanto tempo pioveva quando ha cominciato a nevicare?
2. È vero che ha nevicato solo per due ore?
3. Che cosa ha visto la gente sui tetti delle case venerdì mattina?
4. Com'era il tempo fuori e perchè era diffịcile camminare per le strade?
5. Perchè è meglio lasciare l'automọbile in garage quando nẹvica?
6. Quando è che è ritornato il sole?

### SOME FACTS ON ITALIAN LIFE

***POPULATION.*** Italy has a population of more than 57 million, all living in an area of a little more than 116,000 square miles. Ranking after Japan, the Netherlands, Belgium, West Germany, and the United Kingdom, it is one of the world's most densely populated nations. The regions with the greatest number of people per square kilometer are Campania in the south and Lombardy and Ligura in the north. The eight largest Italian cities are: **Roma**, capital of the region of **Lazio** *(Latium);* **Milano**, capital of **Lombardia** *(Lombardy);* **Nạpoli**, capital of **Campania**; **Torino**, capital of **Piemonte** *(Piedmont);* **Gẹnova**, capital of **Liguria**; **Palermo**, capital of **Sicilia** *(Sicily);* **Bologna**, capital of **Emilia-Romagna**; and **Firenze**, capital of **Toscana** *(Tuscany).*

***CLIMATE.*** Italy has a generally mild climate because it is protected by the Alps in the north and it is warmed by the **Mediterrạneo** *(the Mediterranean Sea),* which surrounds it on three sides. In some of the northern regions winter can be rather cold with occasionally heavy snowstorms, while in the rest of the peninsula cloudy and rainy days are common. The southern regions usually have warm winters, and periods of very hot and dry summer weather, particularly in Sicily.

***TRAFFIC.*** Several million cars have been added to Italian roads in the last 30 years. As a result, city traffic is heavy and often causes what Italians call **ingorghi stradali** *(traffic jams),* particularly during rush hours. To alleviate these problems, in large cities and some not-so-large ones, the **centro stọrico** *(the historic downtown area)* has recently been closed to all local traffic, except for public transportation, authorized vehicles, tourist buses, and cars with foreign plates.

[2] The verb **sparire** *(to disappear)* conjugates exactly like **finire**, **capire**, etc. **Sparire** is an intransitive verb, requiring **essere** as its auxiliary.

Ingorgo stradale a Roma durante le ore di punta.

**WEIGHTS AND MEASURES**

Unit of Measurements:

| | | |
|---|---|---|
| 1. **Peso** *(weight)* | | |
| 1 gm. | un **grammo** | |
| 100 gm. | un **ettogrammo** | |
| 1000 gm. | un **chilogrammo** *or* un **chilo** = 1 kg. (2.2 lbs) | |
| 100 kg. | un **quintale** (220.46 lbs) | |
| 1000 kg. | una **tonnellata** (2,204.61 lbs) | |
| 2. **Lunghezza** *(length)* | | |
| 1/100 of a meter | un **centimetro** | 1 cm. |
| | un **metro** | 1 m. (39.37 inches) |
| 1000 m. | un **chilometro** | 1 km. (0.621 miles) |
| 3. **Liquidi** *(liquids)* | | |
| 1/4 of a liter | un **quarto di litro** | |
| 1/2 of a liter | un **mezzo litro** | |
| | un **litro** (1.056 quarts or 1 kg. of water) | |

**TEMPERATURA** *(temperature)*

To convert F° to C° (Centigrade) use the following formula:

$$C^\circ = \frac{5}{9}(F^\circ - 32)$$

EXAMPLE: 86 F° = 30 C°.

# STRUTTURA E FUNZIONE

Non poca gente ha preferito rimanere sotto **le lenzuola**.

## 1. Nouns with Two Plural Forms

Several masculine nouns have two plural forms, one masculine and the other feminine. These words, however, cannot be used indiscriminately since they have different meanings.

The most commonly used[3] are:

| il braccio *(arm)* | **i bracci** | *arms of a cross* |
|---|---|---|
| | **le braccia** | *arms of the body* |

**I bracci** di quella croce sono più larghi che lunghi. — *The arms of that cross are wider than they are long.*
Martina ha delle belle **braccia.** — *Martina has beautiful arms.*

| il ciglio *(brow, edge)* | **i cigli** | *edges of a ditch* |
|---|---|---|
| | **le ciglia** | *eyelashes* |

**I cigli** della strada ẹrano verdi. — *The edges of the road were green.*
Lui ha delle **ciglia** molto lunghe. — *He has very long eyelashes.*

| il lenzuolo *(sheet)* | **i lenzuoli** | *more than one sheet* |
|---|---|---|
| | **le lenzuola** | *top and bottom sheets in a bed* |

In quel negozio vendono **lenzuoli** d'ogni gẹnere e colore. — *In that store they sell sheets of every type and color.*
La mamma lava **le lenzuola** ogni sạbato. — *Mother washes the bedsheets every Saturday.*

| il membro *(member)* | **i membri** | *members of a club, of society* |
|---|---|---|
| | **le membra** | *members of the body* |

Il Cịrcolo degli Sportivi ha molti **membri.** — *The Sports Club has many members.*
Le braccia sono **membra** del corpo umano. — *The arms are members of the human body.*

| il muro *(wall)* | **i muri** | *several walls* |
|---|---|---|
| | **le mura** | *boundary, enclosure walls* |

Quando apro la finestra della mia cạmera vedo tanti **muri** rossi. — *When I open the window in my room I see many red walls.*
Le antiche **mura** di Firenze ẹrano lunghe parecchi chilọmetri. — *The old walls of Florence were several kilometers long.*

| l'osso *(bone)* | **gli ossi** | *several bones* |
|---|---|---|
| | **le ossa** | *bones in the human body* |

Il macellaio mi ha dato più **ossi** che carne. — *The butcher gave me more bones than meat.*
Sebastiano si è fatto male alle **ossa** della mano destra. — *Sebastiano hurt the bones in his right hand.*

[3] The words **il dito** *(finger)* and **il ginocchio** *(knee)* also have two plurals. The forms you will use most of the time are, however, **le dita** and **i ginocchi**.

Maria ha **le dita** molto lunghe. — *Maria has very long fingers.*
Luigi ha **i ginocchi** sporchi. — *Luigi's knees are dirty.*

***EXERCISES***

A. *Select the appropriate choice to complete the sentences.*

1. ______ di Mario sono molto lunghe. (I bracci, Le braccia)
2. Voglio comprare ______ per il mio letto. (delle lenzuola, dei lenzuoli)
3. ______ del Circolo degli Sportivi sono persone molto atletiche. (I membri, Le membra)
4. ______ di quelle stanze sono sporchi. (Le mura, i muri)
5. Le gambe e i piedi sono ______ del corpo umano. (membri, membra)
6. Quella ragazza ha ______ molto belle. (dei cigli, delle ciglia)
7. Oggi ho un gran male in tutte ______. (gli ossi, le ossa)
8. Alla Standa vendono ______ di ogni colore. (lenzuola, lenzuoli)
9. Il macellaio dà sempre ______ ai clienti che hanno il cane. (degli ossi, delle ossa)

B. *Give the Italian equivalent of the following sentences.*

1. The A.C.I. (Italian Automobile Club) has many members in all Italian cities.
2. Silvana went downtown to purchase a new pair of cotton sheets.
3. Luigi is shorter than I, but his arms are longer than mine.
4. In that shop they sell only white sheets.
5. She gave her dog three bones.
6. There were several cars parked along the edges of the road.

Fuori faceva un gran freddo.

## 2. Imperfect Indicative of *bere, dire, fare*

The verbs **bere**, **dire**, and **fare** are irregular in the imperfect.

| bere | dire | fare |
|---|---|---|
| **bevevo** *(I used to drink)* | **dicevo** *(I used to say, tell)* | **facevo** *(I used to do, make)* |
| **bevevi** | **dicevi** | **facevi** |
| **beveva** | **diceva** | **faceva** |
| **bevevamo** | **dicevamo** | **facevamo** |
| **bevevate** | **dicevate** | **facevate** |
| **bevevano** | **dicevano** | **facevano** |

To form the **imperfetto indicativo** of all other irregular verbs encountered so far, drop **-re** of the infinitive and add the endings **-vo**, **-vi**, **-va**, **-vamo**, **-vate**, **-vano**.

***EXERCISE***

C. *Give the appropriate forms of the **imperfetto** for the infinitives in parentheses.*

1. Barbara ____ (dire) che il latte non ____ (ẹssere) molto fresco.
2. D'inverno, tutte le volte che noi ____ (uscire), ____ (rischiare) di scivolare sul ghiaccio.
3. Lui ____ (bere) soltanto vino e ____ (stare) benịssimo!
4. Cosa ____ (fare) voi quando ____ (abitare) all'ẹstero?
5. Quando lei ____ (fare) le pulizie della casa, sua sorella ____ (sparire).
6. Stefano e Alberto ____ (dire) che la Fiorentina ____ (avere) più tifosi dell'Inter.
7. Quando voi siete tornati, io ero in cucina; ____ (preparare) la cena.
8. Noi facevamo spesso colazione al bar; ____ (mangiare) una pasta e ____ (bere) un cappuccino.
9. Mentre io ____ (fare) i cọmpiti, lei ____ (terminare) di lavare i piatti.
10. Quando Maradona ____ (giocare), la sua squadra ____ (vịncere) sempre.

Pioveva da qualche giorno. **Ha nevicato tutta la notte.**

## 3. Impersonal Verbs

To talk about the weather or other natural phenomena, Italians use impersonal expressions. The verbs in these expressions are generally either in the infinitive or in the third person singular. In the **passato prọssimo** and other compound tenses, they are usually conjugated with **ẹssere**. Yet when they express a continuous action, the auxiliary verb **avere** is preferred.

Some frequently used impersonal verbs are:

| | | | |
|---|---|---|---|
| albeggiare | *to dawn* | piọvere | *to rain* |
| diluviare | *to pour* | soffiare vento | *to be windy* |
| grandinare | *to hail* | tirare vento | *to be windy* |
| lampeggiare | *to lighten* | tuonare, tonare | *to thunder* |
| nevicare | *to snow* | tramontare | *to set, go down* |

| | |
|---|---|
| Siamo arrivati alla stazione mentre **albeggiava.** | *We arrived at the station while dawn was breaking.* |
| Ieri **diluviava;** oggi invece c'è il sole. | *Yesterday it was pouring; today instead it's sunny.* |
| In autunno spesso qui **grandina.** | *In autumn it often hails here.* |
| Ora **tuona** e **lampeggia.** | *Now it's lightning and thundering.* |
| Sulle Dolomiti fra due settimane **nevicherà.** | *In two weeks it will be snowing in the Dolomites.* |
| Quando siamo stati in Francia non **è mai piovuto.** | *When we were in France, it never rained.* |

**EXERCISES**

D. *Modify the following sentences according to the cue given in parentheses.*

EXAMPLE: Oggi piove. (Domani) **pioverà**.

1. Ora tuona e lampeggia. (Domani)
2. Venerdì scorso è piovuto a Cortina d'Ampezzo. (Anche oggi)
3. Noi torniamo a casa mentre diluvia. (Tre giorni fa)
4. Oggi il sole tramonta alle sette. (Ieri sera)
5. La settimana passata, quando loro sono giunti da noi, tirava un vento molto freddo. (La settimana prọssima)
6. Ieri il tempo era veramente burrascoso: grandinava, lampeggiava e tonava. (In questo momento)
7. L'anno scorso lụi usciva sempre di casa quando albeggiava. (Quest'anno)
8. Nẹvica adesso? (Domattina)

E. *Complete, translating the words in parentheses.*

1. L'anno scorso, quand'ero a Londra, *(it rained)*______ per molti giorni.
2. Mario si è alzato mentre fuori *(dawn was breaking)*______ .
3. È vero che la settimana prossima *(it will snow)*______ .
4. *(When the wind is blowing)*______ noi preferiamo restare in casa.
5. In questo paese quando piove, *(it pours)*______ .

# PAROLE UTILI

## Il tempo *(The weather)*

I fenọmeni atmosfẹrici *(Atmospheric phenomena)*

[4] Remember also **la pioggia** (given in Lesson 3) and **il vento** (Lesson 9).

F. *You are a weather forecaster; choose a date and give a detailed weather bulletin for that day. Use the vocabulary from* **Parole Utili** *and include the following in your report:*

EXAMPLE: the temperature (high/lows)
times for sunrise and sunset
wind conditions
etc.

*Note: check the weather section of any newspaper for a guide*

# DIALOGO B

### *MEGLIO TARDI CHE MAI!*

*Oliviero e Gustavo sono due giọvani atletici ai quali piace molto fare dello sport. Spesso, quando è bel tempo, s'incọntrano davanti al Cịrcolo dello Sport per fare insieme una partita a tennis. Oggi però Gustavo è insolitamente in ritardo. Quando Oliviero vede l'amico, gli dice:*

OLIVIERO Gustavo, ẹccoti finalmente! Meglio tardi che mai!
GUSTAVO Scụsami, Oliviero, ma non è colpa mia. La mia mạcchina è dal meccạnico. Ho dovuto prẹndere l'autobus. Mi dispiace. . . .
OLIVIERO Va bene, non importa.
GUSTAVO Dove giochiamo oggi?
OLIVIERO Nel campo vicino alla piscina. Lì si gioca meglio che negli altri campi.
GUSTAVO È lịbero adesso?
OLIVIERO Sì, ma dobbiamo far presto.
GUSTAVO Okay[5], andiạmoci sụbito.

### *COMPREHENSION QUESTIONS*

1. Come si chiạmano i due giovani ai quali piace fare dello sport?
2. È vero che i due giọvani giocano insieme per la prima volta?
3. Perchè è in ritardo Gustavo?
4. Cosa dice Oliviero a Gustavo quando vede l'amico?
5. Oliviero e Gustavo vanno a nuotare in piscina?
6. Dove si gioca meglio a tennis nel Cịrcolo dello Sport?

# STRUTTURA E FUNZIONE

Pioveva da qualche giorno.

## 4. Continuity of Past Action: the Imperfect with *da*

The sentence **Pioveva da qualche giọrno** literally means in English *It was raining for a few days.* The real equivalent is *It had been raining for a few days.* In Italian

[5] The American expression *okay* is widely used in Europe, particularly by young people.

the **imperfect** + **da** does what *had been* + *for* does in English. This construction expresses the continuity of a past action.

| | |
|---|---|
| Quando i miei cugini sono arrivati, noi **eravamo** al mare **da** dieci giorni. | *When my cousins arrived, we had been at the beach for ten days.* |
| Giovanna ha telefonato al marito per dirgli che lo **aspettava da** un'ora. | *Giovanna called her husband to tell him that she had been waiting for him for one hour.* |
| **Studiạvano** l'italiano **da** sei mesi quando sono partiti per l'Italia. | *They had been studying Italian for six months when they left for Italy.* |

### *EXERCISES*

G. *Give the Italian equivalents of the words in parentheses.*

1. Quando ho lasciato il paese, ________ *(they had been living)* in quella casa da dieci anni.
2. Ero stanco perchè ________ *(I had been playing)* a tennis da un'ora e mezzo.
3. ________ *(She had been waiting for us)* soltanto da pochi minuti.
4. Il giorno in cui ti abbiamo telefonato, ________ *(you had been)* sulle Dolomiti da tre giorni.
5. Quando abbiamo ricevuto il telegramma di Antonio ________ *(we had been resting)* da non più di un'ora.
6. ________ *(I had been traveling)* su quel rạpido da due ore quando il treno, senza nessuna ragione, si è fermato in mezzo alla campagna.

H. *Give the English equivalents of the following Italian sentences.*

1. L'aspettavamo da due ore quando lui ci ha telefonato per dirci che non poteva più venire.
2. Da una settimana il professore spiegava sempre le stesse rẹgole, ma solo pochi studenti le ricordạvano.
3. Da quanto tempo guardavate la televisione?
4. Sergio aveva conosciuto Marisa a Madrid e loro si scrivẹvano da sei mesi ogni dieci giorni.

I. *Answer the following questions by saying for how long these actions had been going on:*

1. Da quanto tempo nuotavi in piscina quando ha cominciato a piọvere?
2. Da quanti minuti eri sull'ạutobus quando questo si è fermato?
3. Da quante ore pioveva quando c'è stato quell'incidente automobilịstico?
4. Da quanto tempo nevicava quando è uscito il sole?
5. Da quante ore giocavate a tennis quando è arrivato Oliviero?
6. Da quanti giorni la mạcchina era dal meccạnico quando sei andato a prenderla?

Gustavo è **insolitamente** in ritardo. Eccoti, **finalmente**!

## 5. Adverbs

Adverbs are words that are used to modify the meaning of:

(a) a verb.

| | |
|---|---|
| I due uomini conversano **brevemente** davanti al loro ufficio. | *The two men converse briefly in front of their office.* |

(b) an adjective.

| | |
|---|---|
| Questo è un luogo **veramente** tranquillo. | *This is a really peaceful place.* |

(c) another adverb.

| | |
|---|---|
| Lui parlava **estremamente** bene tre lingue. | *He used to speak three languages extremely well.* |

In English adverbs are usually formed by adding *-ly* to an adjective. Italian adverbs are formed in several ways:

1. adding -**mente** to the feminine singular form of adjectives ending in -**o**.

| | |
|---|---|
| certa + **mente** = **certamente** | *certainly* |
| improvvisa + **mente** = **improvvisamente** | *suddenly* |
| insolita + **mente** = **insolitamente** | *unusually* |
| sicura + **mente** = **sicuramente** | *surely* |
| vera + **mente** = **veramente** | *really, truly* |

2. Adding -**mente** to the singular form of adjectives ending in -**e**.

| | |
|---|---|
| breve + **mente** = **brevemente** | *briefly* |
| dolce + **mente** = **dolcemente** | *softly, sweetly* |
| interessante + **mente** = **interessantemente** | *interestingly* |
| veloce + **mente** = **velocemente** | *quickly, swiftly* |

3. When an adjective ends in -**le** or -**re**, drop the vowel before adding -**mente**.

| | |
|---|---|
| facile + **mente** = **facilmente** | *easily* |
| finale + **mente** = **finalmente** | *finally* |
| familiare + **mente** = **familiarmente** | *familiarly* |
| singolare + **mente** = **singolarmente** | *singularly* |

4. A number of Italian adverbs, however, do not end in -**mente**. A few common ones are:

| | |
|---|---|
| **adagio** | *slowly* |
| **bene** | *well* |
| **male** | *badly* |
| **molto** | *much* |
| **piano** | *slowly, softly* |
| **poco** | *little* |
| **presto** | *soon, early* |
| **spesso** | *often* |
| **tardi** | *late* |
| **volentieri** | *willingly* |

### EXERCISES

L. *Complete the following sentences by using the adverbial form of the adjectives in parentheses.*

1. Quell'uomo si veste sempre (pọvero) ______ .
2. Desịdero conọscere la signora Rocchi (personale) ______ .
3. Ieri sera lui ha parlato (breve) ______ con suo figlio.
4. L'alunno ha risposto (pronto) ______ alle domande dell'insegnante.
5. Il ministro parla (pụbblico) ______ della situazione polịtica.
6. Lei (naturale) ______ voleva tornare a casa sua; non le piaceva stare lontano dai suoi genitori.
7. Il marito e la moglie discụtono (aperto) ______ di questo e di quello.
8. Voi avete fatto i cọmpiti troppo (veloce) ______ .
9. Ieri la mia squadra ha giocato (ottimo) ______ .
10. L'avvocato Bossi ha spesso ragione perchè pensa (chiaro) ______ a tutti i problemi che possono presentarsi.

M. *Complete the following sentences by giving the Italian equivalents of the English adverbs in parentheses.*

1. *(suddenly)* Sono arrivati ______ ieri notte.
2. *(negatively)* Perchè rispondi sempre ______ alle mie domande.
3. *(technically)* Enrico è un ingegnere ______ molto preparato.
4. *(politically)* Questo è un momento ______ difficile.
5. *(necessarily)* Dovete uscire adesso? No, non ______ .
6. *(artistically)* Firenze è ______ una delle più ricche città del mondo.
7. *(willingly)* Quell'impiegato non fạ mai nulla ______ .
8. *(softly)* Lui le parlava sempre ______ .
9. *(slowly)* Pietro camminava ______ perchè non si sentiva bene.
10. *(surely)* Tu sei ______ molto intelligente.

Lì si gioca **meglio** che negli altri campi.

## 6. Comparative and Superlative of Adverbs

### Comparative

The comparative of an adverb is formed with the words **più/meno** ______ **di** or **che**, **cosi** ______ **come**, or **tanto** ______ **quanto**, as shown in the following sentences. Note that the use of **di** and **che** *(than)* after **più** or **meno** is the same as with adjectives, as explained in Lesson 11.

| | |
|---|---|
| I telegrammi viaggiano **più velocemente delle** lẹttere. | *Telegrams travel more quickly than letters.* |
| Lui scrive il francese **meno correttamente di** quel che tu pensi. | *He writes French less correctly than you think.* |
| Si viaggia **più comodamente** in treno **che** in autobus. | *One travels more comfortably by train than by bus.* |
| Quest'insegnante spiega la lezione **tanto chiaramente quanto** l'altro. | *This teacher explains the lesson as clearly as the other one.* |
| Lei non risponde alle mie domande **così prontamente come** vorrei. | *She is not answering my questions as promptly as I would like.* |

### Superlative

The **superlativo assoluto** of an adverb is normally formed with **molto** + *the adverb.*

| | |
|---|---|
| **molto** adagio | *very/most slowly* |
| **molto** bene | *very well* |
| **molto** brevemente | *very/most briefly* |
| **molto** chiaramente | *very/most clearly* |
| **molto** facilmente | *very/most easily* |
| **molto** spesso | *very/most often* |

Sometimes Italians express the superlative of an adverb by adding **-mente** to the feminine form of an adjective in the **superlativo assoluto**. If you encounter it, you can recognize it, but the construction **molto** + *the adverb* is the one you should use most of the time.

| ADJECTIVE | | ADVERB | |
|---|---|---|---|
| brevissima | *very brief* | **brevissimamente** | *very briefly* |
| chiarissima | *very clear* | **chiarissimamente** | *very clearly* |
| fortissima | *very strong* | **fortissimamente** | *very strongly* |
| singolarissima | *very singular* | **singolarissimamente** | *very singularly* |
| velocissima | *very quick* | **velocissimamente** | *very quickly* |

The adverbs **bene**, **male**, **molto**, and **poco** have the following comparative and superlative forms:

| | COMPARATIVE | SUPERLATIVE |
|---|---|---|
| bene<br>*(well)* | **meglio**<br>*(better)* | **molto bene, benissimo, ottimamente**<br>*(very/most well, best)* |
| male<br>*(badly)* | **peggio**<br>*(worse)* | **molto male, malissimo, pessimamente**<br>*(very/most badly, worst)* |
| molto<br>*(much)* | **più, di più**<br>*(more)* | **moltissimo**<br>*(very much, most)* |
| poco<br>*(little)* | **meno, di meno**<br>*(less)* | **molto poco, pochissimo**<br>*(very little, least)* |

Ieri non stavo bene; ora però sto **meglio;** domani mi sentirò benissimo. — *Yesterday I wasn't well; now, however, I feel better; tomorrow I will feel very well.*

Tu leggi il francese **peggio** di me, ma loro lo leggono **malissimo.** — *You read French worse than I, but they read it very badly.*

Stefano studia **molto,** ma deve studiare **di più.** — *Stefano studies a lot, but he must study more.*

Lei mangia **poco** e ogni giorno che passa mangia **di meno.** — *She eats little and every day that goes by she eats less.*

### *EXERCISES*

N. *Complete the following sentences with the appropriate adverbs.*

1. La mia automobile va ____ *(fast)*, ma quella di Giovanni va ____ *(faster)* della mia.

2. Loro mangiano ____ *(well)*, ma noi mangiamo ____ *(better)*.

3. A Roberto piacciono ______ *(a lot)* le tagliatelle, a me invece piacciono ______ *(more)* le lasagne.
4. Oggi io sto ______ *(well)* e domani starò ______ *(better)*.
5. Laura parla inglese ______ *(worse)* di Carlo, ma Alberto lo parla ______ *(very badly)*.
6. Un espresso viaggia ______ *(quickly)*, ma un telegramma viaggia ______ *(very quickly)*.
7. Quelle scarpe cọstano ______ *(little)* e questi sạndali cọstano ancora ______ *(less)*.
8. I signori Graziani vanno ______ *(often)* a teatro, ma la loro figlia ci va ______ *(more often)* di loro.
9. Tu sai tante cose, ma ______ *(badly)*; Riccardo invece sa ______ *(little)*, ma quello che lui sa, lo sa ______ *(very well)*.
10. Ragazzi, non vi capisco. Per favore, spiegạtevi ______ *(more clearly)*!

O. *Change the following sentences by using adverbs which are opposites of those in boldface.*

EXAMPLE: Lui mangia **adagio**. Lui mangia **velocemente**.

1. **Difficilmente** potremo finire questo lavoro prima delle sei.
2. La signora Bigazzi vive molto **poveramente**.
3. Emilio pensa sempre **positivamente**.
4. Lisa conosce l'inglese **molto bene**.
5. Possiamo discụtere **brevemente** di polịtica.
6. L'ho ricevuto molto **freddamente**.
7. Parlạvano sempre molto **dolcemente**.
8. Io vi capisco **meglio** di tutti.
9. Avete fatto **benịssimo** a telefonarci.
10. Arriva sempre a scuola **molto presto**.

P. *Answer the following questions using a superlative form of the adverbs. Follow the model:*

EXAMPLE: Loro capiscono **meglio** di Andrea?
No, loro capiscono **molto meglio**.

1. Io scrivo **peggio** di voi?
2. Voi studiate **meno** degli studenti inglesi?
3. Luisa parla **più adagio** di Stefano?
4. Andate **più spesso** in Francia adesso?
5. Anna, mangi **meno** di tua sorella?
6. Gli Italiani guidano **più velocemente** degli Americani?
7. Siete arrivati **facilmente** a casa?
8. Ti sei svegliato **presto** stamattina?

Fuori faceva un gran freddo. Oggi Gustavo è in ritardo.

## 7. Idiomatic Expressions

Learn the following idioms and note the difference in meaning between those that have similar elements.

| | | | |
|---|---|---|---|
| essere/fare *(for things or weather)* | **freddo**<br>**un gran freddo**<br>**caldo**<br>**un gran caldo** | *to be* | *cold*<br>*very cold*<br>*warm*<br>*very warm, hot* |
| avere *(for people)* | **freddo**<br>**un gran freddo**<br>**caldo**<br>**un gran caldo** | *to be, feel* | *cold*<br>*very cold*<br>*warm*<br>*very warm, hot* |

Ieri **era freddo** e **fa freddo** anche oggi; io però non **ho freddo** qui. — *Yesterday it was cold and it's cold today too; however, here I do not feel cold.*

Melania **ha caldo** perchè è seduta accanto al caminetto. — *Melania is warm because she is seated next to the fireplace.*

Durante l'estate **fa** spesso **un gran caldo** e quando si **ha caldo** si suda. — *During the summer it's often hot, and when one is warm one sweats.*

**essere in ritardo** *to be late (persons and things)*

Mio fratello **è in ritardo** perchè il suo treno **è in ritardo.** — *My brother is late because his train is late.*

**fare tardi** *to be late (persons only)*

Se non ti alzi presto, **farai tardi.** — *If you do not get up early, you will be late.*

**fare presto** *to be quick, hurry up, make haste*

Ragazzi, **fate presto;** è ora di andare a scuola! — *Boys, hurry up; it's time to go to school!*

**fare dello sport** *to practice a sport/sports*

Sono molto atlẹtici; **fanno** sempre **dello sport.** — *They are very athletic; they always practice sports.*

**fare una partita a . . .** *to play a game of . . .*

Vọgliono **fare una partita** a pallavolo. — *They want to play a game of volleyball.*

Perchè non **facciamo una partita** a carte? — *Why don't we play a game of cards?*

### *EXERCISES*

Q. *Put the following sentences into Italian.*

1. Mạssimo, hurry up, the bus will be here in a few minutes!
2. Today is warm, but I am cold. I don't feel well.
3. We want to play a game of tennis with you, girls.
4. His train was late last night.
5. If you *(fam. pl.)* do not get dressed immediately, you will be late.
6. During the summer it is hot in Florida.
7. Do they practice any sports? Which one?

R. *Answer the following questions using one of the idiomatic expressions.*

1. Paolo, perchè ti sei messo il cappotto?
2. Che tempo fa oggi?
3. Perchè l'autobus non è ancora arrivato?
4. Vuoi giocare con me oggi?
5. Come sarà la giornata domani?
6. Professore, perchè Lei è arrivato alle nove e non alle otto?

### TOPICS FOR CONVERSATION

1. *(Two students) Ask a fellow student about the weather back home during a specific season and then compare it with the weather during the same season where you come from. Change roles and repeat.*
2. *(Two students) A friend, who likes to play basketball, asks you to play a game. Since you don't play basketball well—you aren't tall enough—you both decide to play tennis. After the game, you will take a dip in the swimming pool near the tennis courts. Change roles and repeat.*

## SECONDA LETTURA

### LO STATO ITALIANO

Lo stato italiano è una repụbblica parlamentare costituita il 2 giugno del 1946. Prima di tale data era una monarchia costituzionale. Il Parlamento è formato dalla Cạmera dei Deputati[6] e dal Senato. I membri del Parlamento sono eletti dal pọpolo e rimạngono in cạrica[7] per cinque anni. I deputati e i senatori elẹggono, ogni sette anni, il Presidente della Repụbblica. Il Presidente della Repụbblica è il Capo dello Stato e il primo cittadino della nazione. Egli ha il potere di dissolvere il Parlamento e di ordinare nuove elezioni.

Il Presidente del Consiglio dei Ministri—o Primo Ministro—è il capo del governo. Egli è nominato dal Presidente della Repụbblica in consultazione con i capi dei principali partiti polịtici. La nọmina del Primo Ministro e degli altri membri del governo dev'essere confermata, trạmite voto di fiducia[8], dalla maggioranza del Parlamento.

I membri del Parlamento hanno il potere di fare le leggi: ai membri del governo è invece riservato il potere esecutivo. Il potere giudiziario è affidato alla magistratura[9], i cui membri non sono eletti, ma sono nominati dopo aver superato uno speciale concorso statale[10]. Per diventare giụdici è necessario avere il dottorato in giurisprudenza. La Corte Costituzionale è formata da quịndici giụdici, dei quali cinque sono scelti dal Presidente della Repubblica, cinque dal Parlamento e altri

[6] Cạmera dei Deputati: *Chamber of Deputies.* There are at least 630 **deputati**. The Senate has at least 315 members, plus 5 senators appointed for life by the President of the Republic. All former presidents become senators for life.

[7] **rimạngono in cạrica**: *they remain in office*

[8] **trạmite voto di fiducia**: *by means of a confidence vote*

[9] **la magistratura**: *the judiciary.*

[10] **dopo aver superato uno speciale concorso statale**: *after having passed a special civil service examination.* [Note that the infinitive of some verbs (such as **avere, fare, dovere, povere** and **volere**) may drop the final *-e* before another word.]

Riunione a Roma del parlamento italiano.

cinque da tutti gli altri giudici. Essa è l'unica corte italiana che può dichiarare incostituzionale un atto del Parlamento.

Per ragioni amministrative la penisola italiana è divisa in venti regioni. Ogni regione conta varie province (95 in tutto) e ciascuna provincia ha numerosi comuni. Il capo del comune è il sindaco, eletto dalla popolazione locale. Le regioni hanno un loro governo regionale che non è però del tutto autonomo[11]. In ogni provincia infatti il governo centrale è rappresentato dal Prefetto, che è un alto funzionario[12] del Ministero degli Interni[13].

In tutto il territorio nazionale le funzioni di polizia[14] sono esclusivamente affidate al Corpo di Polizia e all'Arma dei Carabinieri[15], in stretta cooperazione con la Guardia di Finanza[16], principalmente impegnata nella lotta contro il contrabbando.

[11] del tutto autonomo: *completely autonomous*

[12] un alto funzionario: *a high official*

[13] *Il Ministero degli Interni (Ministry of the Interior)* has as its primary duty the maintenance of public order in Italy. It also concerns itself with national security. In the United States some of the duties of the **Ministero degli Interni** are entrusted to the Attorney General.

[14] le funzioni di polizia: *police duties*

[15] **Il Corpo di Polizia** *(National Police Force)* is under the jurisdiction of the **Ministero degli Interni**; its officers are trained in the National Police Academy. The **Arma dei Carabinieri** is a national police corps that is part of the Italian army insofar as discipline and military structure are concerned. Its officers attend the **Accademia Militare di Modena**, the Italian counterpart of West Point Academy. The members of the **Arma** whose Latin motto is "**Semper Fidelis**" *(Always Faithful),* are called **carabinieri** from the name of the gun (**la carabina**) they used to carry.

[16] **La Guardia di Finanza** *(Customs Officer Corps)* performs a wide variety of duties, which in the United States are entrusted to the Coast Guard and to Agencies of the Departments of Justice and Treasury. Its officers also graduate from the **Accademia Militare di Modena**.

***READING COMPREHENSION***

A. *Answer the following questions based on the content of the* **Seconda Lettura.**

1. Lo stato italiano è una repụbblica o una monarchia?
2. Com'è formato il Parlamento italiano?
3. I membri del Parlamento rimạngono in cạrica per dieci anni?
4. Chi elegge il Presidente della Repụbblica?
5. Chi è il Presidente della Repụbblica?
6. Che potere ha?
7. Chi è il Presidente del Consiglio dei Ministri?
8. Da chi è nominato?
9. Chi deve confermare la nọmina dei ministri?
10. I membri del Parlamento hanno potere esecutivo?
11. A chi è affidato il potere giudiziario?
12. Che cosa è necessario per diventare giụdici?
13. Da quanti giudici è formata la Corte Costituzionale?
14. In quante regioni è divisa l'Italia?
15. Chi elegge il capo del comune?
16. Chi rappresenta il governo centrale in ogni provincia?
17. A chi sono affidate le funzioni di polizia?
18. Da che cosa deriva il nome «Carabinieri»?

***WRITING***

B. *Summarize in your own words the content of the* **Lettura "Lo Stato Italiano".**

***SPEAKING***

C. *Compare and contrast your governmental system with the Italian system.*

# VOCABOLARIO

NOUNS

l'**alba** — *dawn*
il **braccio** (*pl.* i bracci, le braccia) — *arm*
la **brina** — *frost*
il **campo** — *court, field*
il **carabiniere** — *police officer*
la **carta** (una partita a carte) — *card (a game of cards)*
la **cifra** — *figure, number, sum*
il **ciglio** (*pl.* i cigli, le ciglia) — *brow, edge*
la **colpa** — *fault*
il **consiglio** — *council, advice*
il **Consiglio dei Ministri** — *Cabinet*
il **contrabbando** — *smuggling*
il **diluvio** — *downpour*
il **dito** (*pl.* le dita) — *finger*
il **gelo** — *ice, cold*
il **ghiaccio** — *ice*
il **ginọcchio** — *knee*
la **grạndine** — *hail*
l'**incidente automobilịstico** — *automobile/car accident*
l'**ingorgo stradale** — *traffic jam*
la **legge** — *law*
il **lenzuolo** (*pl.* i lenzuoli, le lenzuola) — *(bed) sheet*
il **liquido** — *liquid*
la **lotta** — *struggle*
la **lunghezza** — *length*
il **muro** (*pl.* i muri, le mura) — *wall*
la **nevicata** — *snow storm*
la **nọmina** — *appointment*
la **nuvola** — *cloud*
l'**ora di punta** — *rush hour*
l'**osso** (*pl.* gli ossi, le ossa) — *bone*
il **peso** — *weight*
la **piscina** — *swimming pool*
il **popolo** — *people*

| | |
|---|---|
| il **potere** | *power* |
| il **prefetto** | *head of a province* |
| il **quintale** | *quintal* |
| il **ritardo** | *delay* |
| il **temporale** | *thunderstorm* |
| il **tetto** | *roof* |
| la **tonnellata** | *ton* |
| il **tramonto** | *sunset* |
| l'**uragano** | *hurricane* |

## ADJECTIVES

| | |
|---|---|
| **burrascoso, a** | *stormy* |
| **ciascuno, a** | *each* |
| **estivo, a** | *summery* |
| **freddo, a** | *cold* |
| **impegnato, a** | *engaged, busy* |
| **invernale** | *wintery* |
| **mite** | *mild* |
| **nuvoloso, a** | *rainy* |
| **primaverile** | *springlike, spring* |
| **rigido, a** | *very cold, rigid* |
| **sereno, a** | *clear* |
| **stretto, a** | *narrow, tight* |

## VERBS

| | |
|---|---|
| **affidare** | *to entrust* |
| **cambiare** | *to change* |
| **costituire** | *to constitute* |
| **dichiarare** | *to declare* |
| **diluviare** | *to pour (rain)* |
| **dissolvere** | *to dissolve* |
| **diventare** | *to become* |
| **eleggere** | *to elect* |
| **formare** | *to form* |
| **grandinare** | *to hail* |
| **importare** | *to matter; to be important* |
| **lasciare** | *to let, leave* |
| **nevicare** | *to snow* |
| **nominare** | *to appoint* |
| **ordinare** | *to order* |
| **rappresentare** | *to represent, perform* |
| **rischiare** | *to risk* |
| **rompere, rompersi** | *to break* |
| **scivolare** | *to slip, fall* |
| **soffiare** | *to blow* |
| **sparire** | *to disappear, vanish* |
| **superare** | *to pass (a test), overcome* |
| **tramontare** | *to set, go down* |
| **trasformare, trasformarsi** | *to transform, change* |
| **tuonare, tonare** | *to thunder* |

## OTHER WORDS

| | |
|---|---|
| **adagio** | *slowly* |
| **almeno** | *at least* |
| **contro** | *against* |
| **insolitamente** | *unusually* |
| **magari** | *perhaps, maybe* |
| **meglio** | *better, rather (adv.)* |
| **nuovamente** | *again, newly* |
| **piano** | *slowly, softly* |
| **scelto** (past part. of scegliere) | *chosen, picked, selected* |
| **volentieri** | *willingly, gladly* |

## COGNATES

| | |
|---|---|
| **atlẹtico, a** (*pl.* atlẹtici, atlẹtiche) | *athletic* |
| **atmosfẹrico, a** (*pl.*) | *atmospheric* |
| **autunnale** | *autumnal* |
| il **centimetro** | *centimeter* |
| il **cittadino** | *citizen* |
| il **comune** | *township, municipal government* |
| la **consultazione** | *consultation* |
| la **cooperazione** | *cooperation* |
| la **Corte Costituzionale** | *Constitutional Court* |
| la **corte** | *court, tribunal* |
| la **data** | *date* |
| il **deputato** | *deputy* |
| **diviso** (*past part. of* dividere) | *divided* |
| il **dottorato** | *doctorate* |
| **eletto** (*past part. of* eleggere) | *elected* |
| l'**elezione** | *election* |
| **esclusivamante** | *exclusively* |
| **esecutivo, a** | *executive* |
| il **fenomeno** | *phenomenon* |
| il **garage** | *garage* |
| il **giudice** | *judge* |
| **giudiziario, a** | *judicial, judiciary* |
| la **giurisprudenza** | *jurisprudence* |
| il **governo** | *government* |
| **incostituzionale** | *unconstitutional* |
| la **maggioranza** | *majority* |
| il **meccanico** (*pl.* i meccanici) | *mechanic* |
| il **membro** (*pl.* i membri, le membra) | *member* |
| il **ministero** | *ministry* |
| la **monarchia** | *monarchy* |
| **nazionale** | *national* |

| | |
|---|---|
| la **nazione** | *nation* |
| **parlamentare** | *parliamentary* |
| il **Parlamento** | *Parliament* |
| il **partito** | *party* |
| la **polizia** | *police* |
| la **popolazione** | *population* |
| il **presidente** | *president* |
| il **primo ministro** | *premier, prime minister* |
| **principale** | *principal* |
| **principalmente** | *principally* |
| la **provincia** | *province* |
| **regionale** | *regional* |
| la **repubblica** | *republic* |
| il **senato** | *senate* |
| la **statistica** | *statistics* |
| lo **stato** | *state* |
| la **temperatura** | *temperature* |
| la **tempesta** | *tempest* |
| il **territoro** | *territory* |
| **unico, a** (*pl.* unici, uniche) | *unique, only* |

IDIOMATIC EXPRESSIONS

| | |
|---|---|
| **avere caldo/un gran caldo** | *to feel warm, hot/very warm, very hot* |
| **avere freddo/un gran freddo** | *to feel cold/very cold* |
| **essere/fare caldo/un gran caldo** | *to be warm, hot/very warm, hot* |
| **essere/fare freddo/un gran freddo** | *to be cold/very cold* |
| **essere in ritardo** | *to be late* |
| **fare dello sport** | *to practice a sport, sports* |
| **fare presto** | *to hurry up, to be quick* |
| **fare tardi** | *to be late* |
| **fare una partita a . . .** | *to play a game of . . .* |
| **nevicare fitto, fitto** | *to snow hard* |
| **rimanere in carica** | *to hold (remain in) office* |

# LESSON 13

| COMMUNICATION SKILLS | STRUCTURE | CULTURE |
|---|---|---|
| Expressing conditional or hypothetical statements *("I would . . .")* in the present and the future<br>Varying shades of meaning by using suffixes<br>Using future perfect and conditional perfect tenses | 1. Present conditional of **-are**, **-ere**, **-ire** verbs<br>2. Present conditional of **avere**, **essere**<br>3. Present conditional of irregular verbs<br>4. Present conditional of **dovere**, **potere**, **volere**<br>5. Nouns and adjectives combined with a suffix<br>6. Compound tenses: future perfect and conditional perfect<br>7. Idiomatic expressions | Fiesole<br>Office work<br>The Italian peninsula |

## DIALOGO A

***UNA GIRATINA IN MACCHINA***

*Francesca vorrebbe fare una breve gita sui colli intorno a Firenze con la sua amica Marta.*

FRANCESCA Marta, vorresti fare una giratina in mạcchina con me?
MARTA Vorrei, ma veramente non dovrei.

**FIẸSOLE** is located 4 kilometers northeast of Florence at an elevation of 1,000 feet. Fiẹsole has a population of over 13,000. It is an important tourist resort because of its extensive Etruscan and Roman ruins and its beautiful eleventh century Romanesque cathedral.

Both Fiẹsole and Florence were originally Etruscan settlements, eventually taken over by the Romans. The Etruscans (**gli etruschi**) were a highly civilized people who inhabited the ancient Italian region of **Etruria**, an area corresponding more or less to today's Tuscany. They flourished from the fifteenth to the fourth century B.C., when they were finally defeated by Rome.

FRANCESCA Perchè no?
MARTA Avrei un lavoretto da fare.
FRANCESCA Non potresti farlo domattina?
MARTA Sì, è vero, ma . . . dove andremmo?
FRANCESCA A Fiẹsole.
MARTA Quanto tempo staremmo fuori?
FRANCESCA Un'oretta o poco più.

*Quando Francesca e Marta arrịvano a Fiẹsole, ammịrano la splẹndida veduta di Firenze e dintorni.*

MARTA Come si sta bene qui! Non ho l'auto, altrimenti verrei spesso quassù.
FRANCESCA Guarda quante ville. Ti piacerebbe averne una?
MARTA Sarebbe fantạstico! Chissà quanto costerebbe.
FRANCESCA Molti milioni, certamente. Tu quale preferiresti?
MARTA Quella villetta rosa, laggiù. Fra gli ạlberi, la vedi?
FRANCESCA Te la venderei, ma non è mia.
MARTA Non prẹndermi in giro, Francesca. Un giorno però, quando avrò guadagnato tanto denaro . . .
FRANCESCA Potrai comprare tutto quello che vorrai. Ma noi adesso dobbiamo tornare a Firenze . . .
MARTA Hai ragione. Andiamo.

### *COMPREHENSION QUESTIONS*

1. Cosa chiede Francesca a Marta?
2. Dov'è Fiẹsole? Vicino a Bologna?
3. Quanto tempo stanno fuori Francesca e Marta?
4. Che cosa vedono le due ragazze quando arrịvano a Fiẹsole?
5. Che cosa piace molto a Marta?
6. Potrebbe comprarsi una casa adesso Marta?

# STRUTTURA E FUNZIONE

Chissà quanto **costerebbe**. Te la **venderei**. Quale **preferiresti**?

## 1. Present Conditional of *-are, -ere, -ire* Verbs

In English, when you need to express an action or situation that depends on other

Fiesole: stradetta in salita.

conditions being met, or to express a hypothetical future situation, you have to use the conditional verb form.

*I* ***would buy*** myself a new car, but I don't have enough money.
She ***would go out,*** but it's raining now.

### Use

1. In Italian, the conditional is used for these same purposes.

| | |
|---|---|
| **Comprerei** quella casa, ma non ho abbastanza denaro. | *I would buy that house, but I haven't enough money.* |
| Me lo[1] **venderebbero,** ma non voglio comprarlo. | *They would sell it to me, but I don't want to buy it.* |
| Lui **preferirebbe** partire sụbito, ma aspetterà fino alle sẹdici. | *He would prefer to leave immediately, but he will wait until 4 P.M.* |

2. The conditional is also used in Italian to express what is reported by rumor or hearsay.

| | |
|---|---|
| Secondo lei, loro **preferirẹbbero** andare in Spagna. | *According to her, they prefer to go to Spain.* |
| Mi dịcono che il signor Massai **vendèrebbe** la casa. | *They tell me that Mr. Massai is going to sell his home.* |

[1] *Note:* all direct and indirect object pronouns, **ne** included, precede the conditional.

### Formation

In English the conditional is formed with the auxiliary *would.* In Italian, however, appropriate conditional endings are added to the stem of the infinitive.

These endings are

| -are and -ere verbs | -ire verbs |
|---|---|
| **-erei** | **-irei** |
| **-eresti** | **-iresti** |
| **-erebbe** | **-irebbe** |
| **-eremmo** | **-iremmo** |
| **-ereste** | **-ireste** |
| **-erebbero** | **-irebbero** |

| guardare | vẹndere | preferire |
|---|---|---|
| guard**erei** *(I would look at)* | vend**erei** *(I would sell)* | prefer**irei** *(I would prefer)* |
| guard**eresti** | vend**eresti** | prefer**iresti** |
| guard**erebbe** | vend**erebbe** | prefer**irebbe** |
| guard**eremmo** | vend**eremmo** | prefer**iremmo** |
| guard**ereste** | vend**ereste** | prefer**ireste** |
| guard**erebbero** | vend**erebbero** | prefer**irebbero** |

1. For verbs whose infinitives end in **-ciare** and **-giare**, drop the **-i** of the stem before adding the conditional endings.

| cominciare | mangiare |
|---|---|
| cominc**erei** *(I would begin)* | mang**erei** *(I would eat)* |
| cominc**eresti** | mang**eresti** |
| cominc**erebbe** | mang**erebbe** |
| cominc**eremmo** | mang**eremmo** |
| cominc**ereste** | mang**ereste** |
| cominc**erebbero** | mang**erebbero** |

**Mangerebbero** tutti i giorni in quell'ọttimo ristorante, ma **costerebbe** troppo. — *They would eat in that very good restaurant every day, but it would cost too much.*

Quando **cominceresti** a insegnare il latino in quella scuola? — *When would you begin to teach Latin in that school?*

2. For verbs whose infinitives end in **-care** and **-gare**, add an **-h** before adding the conditional endings.

| dimenticare | pagare |
|---|---|
| dimentic**h**erei *(I would forget)* | pag**h**erei *(I would pay)* |
| dimentic**h**eresti | pag**h**eresti |
| dimentic**h**erebbe | pag**h**erebbe |
| dimentic**h**eremmo | pag**h**eremmo |
| dimentic**h**ereste | pag**h**ereste |
| dimentic**h**erẹbbero | pag**h**erẹbbero |

**Dimenticherebbe** facilmente anche il suo anniversario di matrimonio. — *He would easily forget even his wedding anniversary.*

Per quella macchina noi **pagheremmo** una cifra molto alta. — *For that car we would pay a very high sum.*

Sarebbe fantastico! Avrei un lavoretto da fare.

## 2. Present Conditional of *avere* and *essere*

| avere | essere |
|---|---|
| **avrei** *(I would have)* | **sarei** *(I would be)* |
| **avresti** | **saresti** |
| **avrebbe** | **sarebbe** |
| **avremmo** | **saremmo** |
| **avreste** | **sareste** |
| **avrebbero** | **sarebbero** |

Devono lavorare, altrimenti **sarebbero** già in centro. *They must work, otherwise they would already be downtown.*

**Avrebbe** molte cose da fare, ma ora è stanco. *He would have a lot to do, but he is tired now.*

### *EXERCISES*

A. *Supply the appropriate form of the conditional.*

1. (vendere) Vittoria ______ la macchina, ma nessuno vuole comprarla.
2. (preferire) Io ______ andare in vacanza sulle Dolomiti.
3. (dimenticare) I nostri figli ______ volentieri di fare i compiti.
4. (ascoltare) Loro ______ la radio, ma ora viene a trovarli un amico.
5. (desiderare) È vero che loro ______ guadagnare di meno ma essere più felici?
6. (spedire) Noi ______ tutte quelle lettere ma non abbiamo francobolli.
7. (alzarsi) Per quale ragione voi ______ alle quattro del mattino?
8. (avere) Scusi, signor Giusti, ______ un lavoro per me?
9. (essere) Credo che tu ______ felice di poter andare a sciare.
10. (incassare) Noi ______ un assegno però adesso la banca è chiusa.

B. *Change the verbs in the following sentences to the conditional.*

1. Al ristorante noi abbiamo ordinato una bella bistecca.
2. Loro dichiarano di non sapere niente.
3. Giovanni, a chi affiderai la mia automobile?
4. L'annunciatore della RAI TV trasmetteva i risultati di tutte le partite.
5. Voi non ridete mai.
6. Chi ha perso la palla?
7. Lui non nomina mai i suoi genitori.
8. Che cosa pensiamo?
9. Giorgio, tu capisci questa lezione?
10. Le barche scivolano sull'acqua.

C. *Answer the following questions using the appropriate conditional verb form.*

1. Perchè desideresti andare in Francia?
2. Guadagneresti di più in questo ufficio?
3. Credi che ti piacerebbe quella commedia?
4. Con quale treno arriveremmo prima?
5. Giochereste a tennis con noi dopo pranzo?
6. Quando vorresti fare una gita sui colli?
7. Ti alzeresti presto o tardi la mattina?
8. Pagheresti anche il mio biglietto?

Dove andremmo? Quanto tempo staremmo fuori?
Verrei spesso quassù?

## 3. Present Conditional of Irregular Verbs

Verbs that have irregular stems in the future also have those stems in the conditional. To form the conditional, add the endings **-ei**, **-esti**, **-ebbe**, **-emmo**, **-este**, **-ebbero** to the stem of the future.

Of the verbs studied so far, the following have irregular future and conditional forms:

| VERB | FUTURE | STEM OF THE FUTURE | CONDITIONAL |
|---|---|---|---|
| andare | andrò | andr- | **andrei** |
| bere | berrò | berr- | **berrei** |
| dare | darò | dar- | **darei** |
| dire | dirò | dir- | **direi** |
| fare | farò | far- | **farei** |
| rimanere | rimarrò | rimarr- | **rimarrei** |
| sapere | saprò | sapr- | **saprei** |
| stare | starò | star- | **starei** |
| tenere | terrò | terr- | **terrei** |
| vedere | vedrò | vedr- | **vedrei** |
| venire | verrò | verr- | **verrei** |

Following are the conditional forms of some frequently used irregular verbs:

| andare | bere | fare | sapere | venire |
|---|---|---|---|---|
| **andrei** | **berrei** | **farei** | **saprei** | **verrei** |
| *(I would go)* | *(I would drink)* | *(I would do, make)* | *(I would know)* | *(I would come)* |
| **andresti** | **berresti** | **faresti** | **sapresti** | **verresti** |
| **andrebbe** | **berrebbe** | **farebbe** | **saprebbe** | **verrebbe** |
| **andremmo** | **berremmo** | **faremmo** | **sapremmo** | **verremmo** |
| **andreste** | **berreste** | **fareste** | **sapreste** | **verreste** |
| **andrebbero** | **berrebbero** | **farebbero** | **saprebbero** | **verrebbero** |

Loro **berrebbero** spesso del vino italiano. — *They would often drink some Italian wine.*
Te lo **darei,** ma ora non posso. — *I would give it to you, but now I can't.*
Signor Betti, il direttore La **vedrebbe** ma oggi è occupatissimo. — *Mr. Betti, the director would see you, but today he is extremely busy.*

***EXERCISE***

D. *Supply the appropriate form of the conditional of the verb in parentheses.*

1. Voi (venire) ______ a pranzo da noi domani sera?
2. Giorgio (fare) ______ una giratina, ma non ha tempo.
3. Scusi, a Cortina, Lei dove (stare) ______, in un albergo o in una pensione?
4. Noi (bere) ______ dell'acqua minerale, ma non ce n'è.

5. Che cosa tu (dare) ______ al babbo per Natale?
6. Io (tenere) ______ sempre la mạcchina in garage.
7. Signora, Le (piacere) ______ provarsi quest'ạbito.
8. Loro (sapere) ______ dirmi dov'è Piazza Garibaldi?
9. Ragazzi, mi (fare) ______ questo piacere?
10. Io non (offrire) ______ quel vino a nessuno, non è affatto buono!
11. Chi (eleggere) ______ i nuovi deputati?
12. Loro (dimenticare) ______ facilmente ogni cosa.
13. Io (terminare) ______ di lavorare alle sẹdici.
14. Giorgio, quando (lasciare) ______ il lavoro alla banca?
15. Voi (alzarsi) ______ sempre troppo tardi.

**Vorrei**, ma non **dovrei**. **Potresti** farlo domattina.

## 4. Present Conditional of *dovere, potere, volere*

The conditional of these verbs is often used instead of the indicative in order to make a more polite, hypothetical, or less forceful statement of intention *(would like to)*, possibility *(could)*, or obligation *(should)*.

**dovrei** *I should, ought to, would have to*
**potrei** *I could, would be able to*
**vorrei** *I would like to, would want to*

Lo **comprerebbe,** ma non ha denaro. *She/He would buy it, but has no money.*
Lo **vorrebbe comprare**[2], ma non ha denaro. *She/He would like to buy it, but has no money.*
Lo **potrebbe comprare,** ma non vuole. *She/He could buy it, but doesn't want to.*
Lo **dovrebbe comprare,** ma non vuole. *She/He should buy it, but doesn't want to.*

The pattern of equivalence is:

| ENGLISH | ITALIAN |
|---|---|
| *would* + verb | conditional of the verb |
| *would like* + verb | conditional of **volere** + infinitive of the verb |
| *could* + verb | conditional of **potere** + infinitive of the verb |
| *should* + verb | conditional of **dovere** + infinitive of the verb |

For these three verbs, as for those in Section 3, to form the conditional add the regular endings to the stem of the future:

| dovere | potere | volere |
|---|---|---|
| **dovrei** | **potrei** | **vorrei** |
| **dovresti** | **potresti** | **vorresti** |
| **dovrebbe** | **potrebbe** | **vorrebbe** |
| **dovremmo** | **potremmo** | **vorremmo** |
| **dovreste** | **potreste** | **vorreste** |
| **dovrebbero** | **potrebbero** | **vorrẹbbero** |

[2] When the conditional of **dovere**, **potere**, and **volere** is followed by an infinitive, direct and indirect object pronouns (**ne** included) may either precede **dovere**, **potere**, and **volere** or be attached to the infinitive.

### EXERCISES

E. *For each sentence first give the conditional, then give the forms used in Italian to express intention, possibility, and obligation.*

EXAMPLE: Lui paga. Lui pagherehbe: vorrebbe pagare, potrebbe pagare, dovrebbe pagare.

1. Maristella mangia. 2. Noi paghiamo. 3. Il babbo viene. 4. Voi siete. 5. Loro spedịscono. 6. Tutti fanno. 7. Lisa cambia. 8. Io non bevo. 9. Lei sa. 10. Tu dici.

F. *Complete the following sentences giving the Italian equivalents of the English verbs in parentheses.*

1. __________ *(We would like to remain)* qui per altre due settimane.

2. __________ *(They should write)* di più ma non sanno cosa dire.

3. __________ *(I could tell her)* di rimanere da noi domenica.

4. È vero che voi __________ *(should leave)* immediatamente?

5. __________ *(She could do it)*, ma ora non ha tempo.

6. __________ *(We would like to do it)*, ma non dobbiamo.

7. Signor Neri, __________ *(could you get up)* prima domani mattina?

8. Loro __________ *(shouldn't bring us)* nulla!

9. __________ (*Would you*/fam. sing./*want*) qualcosa da bere?

10. __________ *(Could Antonio see)* quel film con me?

## PAROLE UTILI

**In ufficio; la contabilità** *(At the Office; Accounting)*

***EXERCISE***

G. *You have come to the office of an accounting firm to interview for a job. Describe the kind of office you hope to be working in while you are waiting to be interviewed. Use the* ***Parole Utili*** *in your description.*

## PARTE NARRATIVA B

***UN LAVORO D'UFFICIO***

Quando Francesca ha chiesto[3] all'amica di andare a Fiẹsole con lei, Marta avrebbe dovuto rispọndere che non poteva accompagnarla. Quel pomeriggio, infatti, lei sarebbe dovuta tornare in ufficio per finire di registrare alcuni documenti.

Marta — che ha recentemente ottenuto il diploma di ragionera — lavora adesso a orario ridotto presso l'Ufficio dell'Anagrafe. Essa non è soltanto una brava contạbile ed un'esperta stenọgrafa, ma è anche capace di bạttere a mạcchina più di 90 parole al minuto.

Il suo capoufficio apprezza molto le qualità personali e professionali della giovane collega e pochi giorni fa le ha annunciato che, a partire dal mese di ottobre, lei avrà un impiego a tempo pieno con un ọttimo stipendio.

[3] **chiesto** is the irregular past participle of **chiẹdere**: *to ask.*

***COMPREHENSION QUESTIONS***

1. Dove lavora l'amica di Francesca?
2. Che cosa doveva fare Marta quel pomeriggio?
3. È vero che Marta ha ottenuto il diploma di infermiera?
4. Che cosa vuol dire "lavorare a orario ridotto"?
5. Piace Marta al suo capoufficio?
6. Quando è che Marta cambierà lavoro e riceverà uno stipendio migliore?

# STRUTTURA E FUNZIONE

una **giratina** in macchina  un **lavoretto** da fare  quella **villetta** rosa

## 5. Nouns and Adjectives Combined with a Suffix

Italians can play many variations on shades of meaning by the imaginative use of suffixes added to nouns or adjectives.

1. The final vowel of the noun or adjective is dropped before adding a suffix.
2. If the final vowel is preceded by a **-c** or a **-g**, an **-h** must be added before a suffix beginning with an **-i** or an **-e**.

| NOUN/ADJECTIVE | + SUFFIX | = ALTERED NOUN/ADJECTIVE |
|---|---|---|
| **girata** *(walk, stroll)* | **gira + tina** | = **giratina** *(short walk/stroll)* |
| **barca** *(boat)* | **barc + h + etta** | = **barchetta** *(small boat)* |
| **cattivo, cattiva** *(bad/naughty)* | **cattiv + ello/ella** | = **cattivello/cattivella** *(a bit bad/naughty)* |

The most commonly used suffixes are:

(a) **-ino/-ina, -etto/-etta, -ello/-ella.** These suffixes indicate smallness of size, a sense of affection or endearment.

| | |
|---|---|
| Loro hanno comprato una **casetta** in montagna. | *They bought a nice house in the mountains.* |
| Antonietta è **piccolina** per la sua età. | *Antonietta is a bit small for her age.* |
| Quel **vecchietto** abita al terzo piano. | *That little old man lives on the third floor.* |
| Nel giardino ci sono molti **alberelli.** | *In the garden there are many little trees.* |

(b) **-one** (m) and **-ona** (f). These denote large size or quantity.

| | |
|---|---|
| Nell'Ufficio dell'Anagrafe ci sono parecchi **libroni.** | *In the Office of Vital Statistics there are many big books.* |
| Teresa è una **ragazzona;** è alta due metri! | *Teresa is a big girl, she is two meters tall!* |
| Lui ha un **nasone** come Pinocchio. | *He has a big nose like Pinocchio.* |
| Che cosa c'è in quelle **scatolone?** | *What is there in those big boxes?* |

(c) **-accio** and **-accia** indicate strong disapproval or convey the idea of a bad or ugly quality.

| | |
|---|---|
| Non comprare quella **stoffaccia!** | *Do not buy that poor material!* |
| Oggi fa freddo e fuori piove. Che **tempaccio!** | *Today it's cold and it's raining outside. What ugly weather!* |
| Loro conoscono molte **parolacce.** | *They know many bad words.* |
| In quella scuola ci sono parecchi **ragazzacci.** | *In that school there are several bad boys.* |

While numerous nouns and some adjectives may add most or all of the suffixes given above, several combine with only one or two. Note also that **uomo** has the following irregular forms: **omino, ometto** *(little man)*, **omone** *(big man)*, **omaccio** *(bad/ugly man)*.

Roberto ha solo undici anni, ma è già un **ometto.** — *Robert is only 11 years old, but he is already a little man.*

***EXERCISES***

H. *Add the suffixes **-ino/-ina, -one/-ona** and **-accio/-accia** to the following words.*

1. orologio 2. cravatta 3. cappello 4. penna 5. ombrello 6. parola 7. professore 8. problema 9. vestito 10. camicia 11. quaderno 12. fratello 13. sorella 14. bottiglia 15. lavoro 16. scatola

I. *Add the suffixes **-etto/-etta** to the following words.*

1. borsa 2. ragazzo 3. strada 4. sorriso 5. scarpa 6. albergo 7. amica 8. lungo 9. bagno 10. larga 11. romanzo 12. parola 13. pezzo 14. amico 15. villa 16. lavoro

L. *Add the suffixes **-ello/-ella** to the following words.*

1. signorina 2. povero 3. bambina 4. studente 5. sottana 6. ạlbero 7. finestra 8. vino 9. cattiva 10. asino 11. monaca 12. pastore 13. pizza 14. bambino 15. misera 16. professore

M. *Give the Italian equivalent of the following phrases using the suffixes **-one/-ona**.*

1. a big car 2. a big man 3. a big hat 4. the big shirt 5. a big green salad 6. the big steak

N. *Give the Italian equivalent of the following phrases using the suffixes **-ino/-ina**.*

1. a small train 2. the nice sister 3. a small road 4. the little leg 5. a small French girl 6. a little foot

O. *Give the Italian equivalent of the following words using the suffixes **-etto/-etta**.*

1. a nice little woman 2. a little shoe 3. a nice little nose 4. the little notebook 5. a nice church 6. the little man

P. *Give the Italian equivalent of the following words using the suffixes **-accio/-accia**.*

1. a bad storm 2. the ugly hand 3. a bad man 4. a bad letter 5. the ugly palace 6. the bad egg

Q. *Answer the following question negatively by giving the opposite noun + suffix than the one in the question.*

1. Pinocchio ha un nasino?
2. Gabriella è una ragazzona?
3. Hai messo tutto in una scatolaccia?
4. Avete comprato una macchinetta?
5. Ti sei messo un cappellone?
6. Hai trovato il vino in quel negoziaccio?
7. I tuoi occhiali sono su quel lettino?
8. Sai che Antonio è un ometto?

Quando **avrò guadagnato** Le **avrebbe dovuto** rispondere.
**Sarebbe dovuta** ritornare.

## 6. Compound Tenses: Future Perfect and Conditional Perfect

### Formation

The future perfect and conditional perfect tenses in English are formed with the future and present conditional tenses of *to have* plus the past participle of the verb.

| | | |
|---|---|---|
| (future perfect) | *I will have studied.* | *I will have gone.* |
| (conditional perfect) | *I would have studied.* | *I would have gone.* |

Italian uses the future and the conditional of the auxiliary verbs **ẹssere** and **avere** plus the past participle.

1. Intransitive verbs.

| FUTURE PERFECT | | CONDITIONAL PERFECT | |
|---|---|---|---|
| **sarò**<br>**sarai**<br>**sarà**<br>**saremo**<br>**sarete**<br>**saranno** | + past participle of the verb | **sarei**<br>**saresti**<br>**sarebbe**<br>**saremmo**<br>**sareste**<br>**sarebbero** | + past participle of the verb |

| | |
|---|---|
| Loro **saranno arrivati** a casa. | *They will have arrived home.* |
| Io **sarei andato** volentieri in centro. | *I would gladly have gone downtown.* |
| Luisa **sarà rimasta** in Italia tre settimane. | *Luisa will have remained in Italy three weeks.* |
| Voi **sareste venuti** al cịnema con noi. | *You would have gone to the movies with us.* |
| Dove **sarebbe nato** tuo fratello? | *Where would your brother have been born?* |

2. Transitive verbs and some intransitive verbs requiring the auxiliary verb **avere**, such as **dormire** and **viaggiare**.

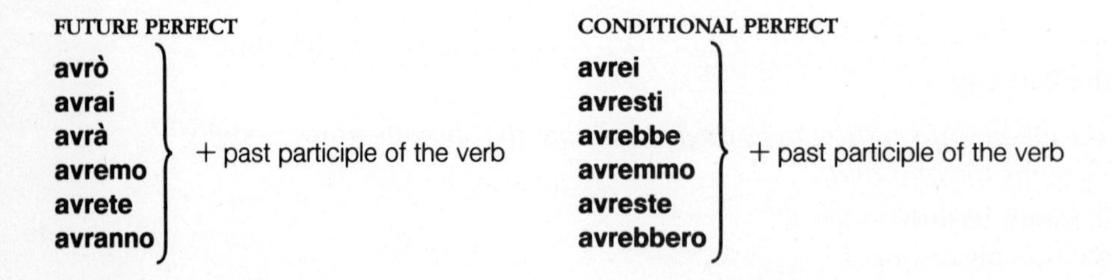

| FUTURE PERFECT | | CONDITIONAL PERFECT | |
|---|---|---|---|
| **avrò**<br>**avrai**<br>**avrà**<br>**avremo**<br>**avrete**<br>**avranno** | + past participle of the verb | **avrei**<br>**avresti**<br>**avrebbe**<br>**avremmo**<br>**avreste**<br>**avrebbero** | + past participle of the verb |

| | |
|---|---|
| **Avranno mangiato** troppo. | *They will have eaten too much.* |
| Tu **avrai dormito** tutto il pomeriggio. | *You will have slept all afternoon.* |
| **Avrẹbbero viaggiato** in treno e non in mạcchina. | *They would have traveled by train and not by car.* |
| Che cosa **avrà comprato** alla Standa? | *What will he have bought at Standa?* |

3. Reflexive verbs.

| FUTURE PERFECT | | CONDITIONAL PERFECT | |
|---|---|---|---|
| **mi sarò** | + past participle of the verb | **mi sarei** | + past participle of the verb |
| **ti sarai** | | **ti saresti** | |
| **si sarà** | | **si sarebbe** | |
| **ci saremo** | | **ci saremmo** | |
| **vi sarete** | | **vi sareste** | |
| **si saranno** | | **si sarebbero** | |

Quando arriveremo a casa, loro **si saranno** già **addormentati.** — *When we arrive home, they will have already fallen asleep.*

Marco **si sarebbe messo** il cappotto, ma non l'aveva. — *Marco would have put his coat on, but he didn't have it.*

4. Essere and avere

| essere | | avere | |
|---|---|---|---|
| FUTURE PERFECT | CONDITIONAL PERFECT | FUTURE PERFECT | CONDITIONAL PERFECT |
| **sarò stato, a** | **sarei stato, a** | **avrò avuto** | **avrei avuto** |
| **sarai stato, a** | **saresti stato, a** | **avrai avuto** | **avresti avuto** |
| **sarà stato, a** | **sarebbe stato, a** | **avrà avuto** | **avrebbe avuto** |
| **saremo stati, e** | **saremmo stati, e** | **avremo avuto** | **avremmo avuto** |
| **sarete stati, e** | **sareste stati, e** | **avrete avuto** | **avreste avuto** |
| **saranno stati, e** | **sarebbero stati, e** | **avranno avuto** | **avrebbero avuto** |

## Use

1. Italians use the future perfect tense to express an action that will already have happened by the time a second action takes place. Note that the verb of the second action is always in the future tense.

Dopo che **avremo mangiato,** andremo al cinema. — *After we have eaten (we will have eaten), we will go to the movies.*

Gli parlerete dopo che **si saranno riposati** un po'. — *You will talk to them after they have rested (will have rested) a little.*

Quando **avrò finito** di scrivere la lettera, comprerò il francobollo. — *When I have finished writing (will have finished writing) the letter, I will buy the stamp.*

The **future perfect** may also be used to express probability or possibility in the past. It corresponds, more or less, to such English expressions as *it must have been, it probably was.*

I suoi genitori non erano a casa; **saranno andati** a pranzo fuori. — *His parents were not at home; they must have gone out to dinner.*

Lei non mi ha detto niente; Marco **avrà dimenticato** di darle la mia lettera. — *She didn't say anything to me; Marco probably forgot to give her my letter.*

2. In Italian the conditional perfect expresses what is reported by rumor, hearsay, speculation, or supposition.

Secondo lui, io non **avrei studiato** abbastanza. — *According to him, I did not study enough.*

Franca non **sarebbe partita,** dice Antonio. — *Franca did not leave, Antonio says.*

Note that the conditional perfect is *required* in Italian after verbs of saying or knowing in the past. (English uses the present conditional.)

Sapevo che lui **sarebbe venuto** da noi per Natale. — *I knew that he would come (would have come) to see us at Christmas time.*

Non mi hanno detto che voi **sareste tornati** in ufficio. — *They didn't tell me that you would go (would have gone) back to the office.*

Ha telefonato per dire che Alessandra **avrebbe fatto** tardi. — *She called to say that Alessandra would be (would have been) late.*

3. Note how the following sentences are expressed in Italian, using the conditional of **dovere**, **potere**, and **volere** plus the infinitive.

L'**avrebbe comprato,** ma non aveva denaro. — *She would have bought it, but had no money.*

L'**avrebbe voluto comprare** (**avrebbe voluto comprar**lo), ma non aveva denaro. — *She would have liked to buy it, but had no money.*

L'**avrebbe potuto comprare** (**avrebbe potuto comprar**lo), ma non le piaceva. — *She could have bought it, but did not like it.*

L'**avrebbe dovuto comprare** (**avrebbe dovuto comprar**lo), ma non le piaceva. — *She should have bought it, but did not like it.*

The pattern of equivalence is:

| ITALIAN | ENGLISH |
|---|---|
| perfect conditional of the verb | *would have* + past participle |
| perfect conditional of **volere** + infinitive | *would have liked* + past participle |
| perfect conditional of **potere** + infinitive | *could have* + past participle |
| perfect conditional of **dovere** + infinitive | *should have* + past participle |

When **dovere**, **potere**, and **volere** are conjugated in a compound tense followed by an intransitive verb, the auxiliary used is that required by the intransitive verb.

Giulia **sarebbe dovuta andare** a Milano. (andare:aux.**ẹssere**) — *Giulia should have gone to Milan.*

**Avrebbero potuto dormire** tutta la notte. (dormire:aux.**avere**) — *They could have slept all night.*

Voi **sareste potuti rimanere** a casa. (rimanere:aux.**ẹssere**) — *You would have been able to stay home.*

Le ragazze **avrẹbbero voluto viaggiare** da sole. (viaggiare:aux.**avere**) — *The girls would have liked to travel by themselves.*

### *EXERCISES*

R. *Change the following verbs from the future to the future perfect.*

1. Lui morirà. 2. Noi faremo. 3. Voi verrete. 4. Olga viaggerà. 5. Noi ci riposeremo. 6. Piero nascerà. 7. Voi aprirete. 8. Loro chiuderanno. 9. Lei cucinerà. 10. Tu ti alzerai. 11. I ragazzi urleranno. 12. Il libro si romperà. 13. Lampeggerà. 14. Noi giocheremo. 15. Voi vincerete.

S. *Answer the following questions using the conditional perfect in your answers.*

1. Perchè avresti voluto incassare quell'assegno?
2. Come ci sarẹbbero dovuti andare, in ạutobus o in mạcchina?
3. Perchè avrei dovuto scrịvere tante lẹttere?

4. Non avrebbero potuto portare qualcosa anche a noi?
5. Avreste bevuto anche voi del vino spagnolo?
6. Ragazzi, sareste tornati volentieri a Cortina?
7. Sarebbe stato meglio restare a casa ieri sera?
8. Dov'è che sarebbe nata sua moglie, a Torino o a Milano?
9. Sarẹbbero stati più felici negli Stati Uniti?
10. A che ora ha detto che li avrebbero visti?

T. *Express the following sentences in Italian.*

1. They should have bought a new computer.
2. She would have wanted to rest a bit.
3. According to him, they would have been dead already.
4. Mario, you should have gotten up earlier!
5. They say that I would have been happier alone.
6. I would have liked to use an adding machine.

Non **prendermi in giro**, Francesca.

## 7. Idiomatic Expressions

Learn the following idioms:

| | |
|---|---|
| **a cominciare da, a partire da** | *beginning with* |
| **battere a mạcchina** | *to type* |
| **fare una gita** | *to take an excursion* |
| **fare un giro/giretto in mạcchina** | *to go for a drive/short drive* |
| **fare il giro della città/di una cosa** | *to tour a city/make a tour of something* |
| **lavorare a orario ridotto** | *to work part-time, hold a part-time job* |
| **lavorare a tempo pieno** | *to work full-time, hold a full-time job* |
| **prendere in giro (qualcuno)** | *to make fun of someone, pull one's leg, tease someone* |

Maddalena non era una brava dattilọgrafa; **batteva a mạcchina** solo 50 parole al minuto.
**A cominciare dal** 5 luglio io sarò al mare con i miei cugini.
La prọssima settimana **faremo una gita** in montagna.
Siamo tornati tardi perchè **abbiamo fatto un giretto** in mạcchina.
Lui **ha** già **fatto** due volte **il giro** del mondo.
In quell'ufficio **lavorano** tutti **a tempo pieno.**
Non guadagna molto perchè **lavora a orario ridotto.**
Quando Guglielmo parla, tutti lo **prendono in giro.**

### *EXERCISES*

U. *Complete the following sentences with an appropriate idiomatic expression.*

1. Sì, lavoro tutto il giorno. Lavoro ______ .
2. Questa lettera non si legge molto bene. Sarebbe meglio ______ .
3. Conosco questa città molto bene perchè ho fatto ______ .
4. Dopo la nascita di sua figlia, la signora Pesci è andata in ufficio solo due giorni alla settimana. Ha lavorato ______ .
5. Patrizio non è mai serio; lui ______ tutti.

V. *Form sentences using each of the eight idioms listed above.*

### *TOPICS FOR CONVERSATION/COMPOSITION*

1. Write a brief letter to a friend describing first the locality where you presently live (big/small city, part of the country, etc.), then the type of accommodations you have (a house, an apartment, a room in a university dormitory, etc.) giving as much detail as possible.
2. (Three students) There is an opening for a full-time job in a business office. Typing, shorthand, and bookkeeping are required. The pay is excellent. The office is located in a very nice area with ample parking facilities. The person that will be hired will also have a full month's paid vacation. Two candidates are interviewed by the **capoufficio**.

   The older, a **ragionere, a**, is a good accountant, 32 years old, knows several foreign languages, but only types 50 words a minute and knows no shorthand. The younger, 21 years old, recently graduated from a **Scuola per Segretarie** *(Secretarial School),* one of the best in the country. The secretary can type extremely fast (about 100 words a minute), and is an outstanding stenographer. Since they are both very good, the boss decides to: 1) offer the **ragionere, a** a part-time job (with the possibility of full-time employment in a few months) to help with foreign correspondence and office accounts, 2) to offer the secretary the full-time job. Both candidates gladly accept.

# TERZA LETTURA

### *LA PENISOLA ITALIANA*

Se osserviamo una carta geografica, notiamo che l'Italia si trova nell'Europa meridionale e che ha una forma molto strana: quella d'un grande stivale, circondato da tre parti dai mari Tirreno, Ionio e Adriatico. L'Italia è perciò una grande penisola confinante a nord-ovest con la Francia, a nord con la Svizzera e l'Austria e a nord-est con la Iugoslavia.

Una massiccia catena di montagne, le Alpi, separa l'Italia settentrionale dal resto dell'Europa. La vetta più alta è il Monte Bianco che sorge fra l'Italia e la Francia (oltre 4800 metri). All'interno, tutta la penisola è percorsa da nord a sud da un'altra catena di monti, però più bassi delle Alpi, chiamati gli Appennini. Potremmo dire che questi monti costituiscono la spina dorsale del paese.

Il fiume più lungo d'Italia è il Po che passa per Torino, in Piemonte, e che attraversa la fertilissima pianura padana. Altri fiumi importanti, anche per motivi storici, sono il Tevere, che divide in due Roma; l'Adige, che passa per Verona, leggendaria patria di Giulietta e Romeo, immortalati da Shakespeare, e l'Arno, che bagna Pisa e Firenze, culla del Rinascimento italiano e europeo. L'Italia vanta anche numerosi e pittoreschi laghi, specie nel nord, fra i quali il Lago di Como, il Lago di Garda e il Lago Maggiore.

I principali porti della nazione sono quelli di Genova, città natale di Cristoforo Colombo e capitale della Liguria; di Venezia e di Bari a nord e a sud della costa adriatica; e di Napoli, il cui golfo è considerato uno fra i più belli del mondo. A sud di Napoli inizia la meravigliosa costiera che va da Sorrento ad Amalfi e da qui prosegue sino a Capo Palinuro ed oltre. Notevole è anche il porto di Palermo, capitale della Sicilia, che è, insieme alla Sardegna, una delle due maggiori isole italiane.

La capitale è Roma, nota come «la città eterna», sede del governo a della Città del Vaticano. Il Vaticano, creato come stato indipendente nel 1929, è sotto la sovranità

Una strada del centro di Perugia.

Ruderi romani.

Isoletta del Lago di Garda.

del papa e comprende la Basilica e la Piazza San Pietro, il Palazzo Apostọlico e numerosi altri palazzi.

In Italia si trova anche la piccolịssima e antica Repụbblica di San Marino la quale, secondo la leggenda, sarebbe stata fondata nel IV secolo dopo Cristo. San Marino ọccupa l'intero Monte Titano, alto 749 metri e ha ụna popolazione di oltre 20.000 abitanti. La reppụblica dista 135km. da Bologna e soltanto 27 da Rimini, sulla costa adriạtica.

#### READING COMPREHENSION

A. *Answer the following questions based on the content of the* ***Terza Lettura.***

1. Con quali altri paesi europei confina l'Italia?
2. Che cos'è l'Italia, un'ịsola oppure una penịsola? Che forma ha?
3. È vero che in Italia ci sono soltanto molte pianure?
4. Cosa sono gli Appennini? Sono più alti delle Alpi?
5. Qual è il fiume più lungo d'Italia e quali città attravẹrsano gli altri maggiori fiumi?
6. Come si chiamano i due giọvani immortalati da Shakespeare e dove essi vivẹvano?
7. Secondo voi questa città è nel nord oppure nel sud dell'Italia?
8. Quali sono i principali porti italiani e in quali regioni si trovano?
9. Dov'è la Città del Vaticano e chi ne è il capo?
10. Quando sarebbe stata fondata la Reppụblica di San Marino, dov'è e quanti abitanti ha?

#### WRITING

B. *Summarize in your own words the information contained in the* ***Lettura "La Penịsola Italiana".***

***SPEAKING***

C. *Look at the map of Italy at the beginning of this book; be prepared to identify and locate the following.*

1. bordering countries
2. mountain chains
3. rivers
4. ports
5. lakes
6. independent states
7. cities
8. regions

# VOCABOLARIO

NOUNS

l'**Adriạtico** — *Adriatic Sea*
l'**archivista** (*pl.* gli archivisti, le archiviste) — *file clerk*
l'**auto** (*pl.* le auto) — *car, automobile*
la **calcolatrice** — *adding machine*
il **capoufficio** (*pl.* i capiufficio) — *office manager, boss*
la **carta geogrạfica** — *map*
la **catena** — *mountain range, chain*
la **Città del Vaticano** — *Vatican City*
la, il **contạbile** — *accountant*
la **contabilità** — *accounting*
la **costiera** — *coastline*
la **dattilografia** — *typing*
la **dattilografa** — *typist*
il **dattilografo** — *typist*
**l'elaboratore elettrọnico** (*pl.* gli elaboratori elettrọnici) — *computer*
l'**Europạ** — *Europe*
la **giratina** — *short tour, short walk*
la **giratina in mạcchina** — *short drive*
la **gita** — *excursion*
l'**impiego** — *job, work, employment*
l'**Ionio** — *Ionian Sea*
l'**Iugoslavia** — *Yugoslavia*
il **lavoro d'ufficio** — *office work*
il **lavoro a orario ridotto** — *part-time work*
il **lavoro a tempo pieno** — *full-time work*
la **mạcchina calcolatrice** — *adding machine*
il **monte** — *mountain*
l'**oretta** — *about an hour*
la **ragioniera** — *accountant*
il **sẹcolo** — *century*
la **sede** — *seat*
la **sovranità** — *sovereignty*
la **spina dorsale** — *backbone*
la **stenọgrafa** — *stenographer*
lo **stenọgrafo** — *stenographer*
**la stenografia** — *shorthand*
il **Tirreno** — *Tyrrhenian Sea*
i'**Ufficio dell'Anagrafe** — *Office of Vital Statistics*
la **veduta** — *view*
la **vetta** — *top, peak, summit*

ADJECTIVES

**capace** — *able, capable*
**confinante** — *bordering*
**massiccio, a** (*pl.* massicci, massicce) — *solid, massive*
**natale** — *native*
**notẹvole** — *considerable, important*
**noto, a** — *known*
**settentrionale** — *northern*

VERBS

**annunciare** — *to announce*
**apprezzare** — *to appreciate*

| | |
|---|---|
| **bagnare** | *to bathe, wet, wash, flow* |
| **chiedere** | *to ask* |
| **comprendere** | *to include, understand* |
| **creare** | *to create, make* |
| **distare (da)** | *to be . . . away from* |
| **fondare** | *to found, establish* |
| **guadagnare** | *to earn (money)* |
| **iniziare** | *to initiate, begin* |
| **percorrere** | *to run through, cross* |
| **registrare** | *to register, record* |
| **scivolare** | *to slide, slip* |
| **separare** | *to separate, divide* |
| **sorgere** | *to rise, arise* |
| **vantare** | *to boast* |

## OTHER WORDS

| | |
|---|---|
| **altrimenti** | *otherwise* |
| **chiesto** (*past part. of* chiedere) | *asked* |
| **domattina** | *tomorrow morning* |
| **intorno** | *around* |
| **laggiù** | *down there* |
| **oltre** | *over, beyond* |
| **perciò** | *therefore, thus* |
| **percorso** (*past part. of* percorrere) | *crossed* |
| **presso** | *at* |
| **quassù** | *up here* |
| **specie** | *especially* |

## COGNATES

| | |
|---|---|
| **adriatico, a** (*pl.* adriatici, adriatiche) | *Adriatic* |
| la **capitale** | *capital* |
| la **costa** | *coast* |
| il **documento** | *document* |
| **esperto, a** | *expert* |
| l'**est** | *east* |
| **eterno, a** | *eternal* |
| **europeo, a** | *European* |
| **fantastico, a** (*pl.* fantastici, fantastiche) | *fantastic* |
| **fertile** | *fertile* |
| la **forma** | *form, shape* |
| **geografico, a** (*pl.* geografici, geografiche) | *geographic* |
| **immortalato, a** | *immortalized* |
| **indipendente** | *independent* |
| la **qualità** | *quality* |
| **recentemente** | *recently* |
| il **registro** | *register, book* |
| il **resto** | *rest, remainder* |
| la **segretaria** | *secretary* |
| lo **stipendio** | *stipend, salary, wages* |
| **storico, a** (*pl.* storici, storiche) | *historic(al)* |
| **strano, a** | *strange* |
| il **sud** | *south* |
| la **villa** | *villa* |

## IDIOMATIC EXPRESSIONS

| | |
|---|---|
| **a cominciare da, a partire da** | *beginning with* |
| **battere a macchina** | *to type* |
| **fare il giro della città** | *to make a tour of the city, tour the city* |
| **fare una gita** | *to make an excursion* |
| **fare un giro/una giratina in macchina** | *to go for a drive/short drive* |
| **lavorare a orario ridotto** | *to work part-time, to hold a part-time job* |
| **lavorare a tempo pieno** | *to work full-time, to have a full-time job* |
| **prendere in giro qualcuno** | *to make fun of someone, pull one's leg, tease someone* |

# LESSON 14

| COMMUNICATION SKILLS | STRUCTURES | CULTURE |
|---|---|---|
| Using the **gerundio** (= English *-ing* form) | 1. Present indicative of verbs ending in **-gliere** and **-urre**<br>2. Irregular past participles<br>3. The **gerundio**<br>4. Uses of the **gerundio**<br>5. Position of reflexive and direct/indirect object pronouns with the **gerundio**<br>6. **Stare** plus the **gerundio**<br>7. Idiomatic expressions | Naples<br>Opera  |

## PARTE NARRATIVA A

***UNA TESI DI LAUREA***

Pochi giorni or sono Giacomo Messina si è laureato a pieni voti presso l'Istituto Orientale dell'Università di Napoli. Nella sua tesi di laurea, divisa in tre parti, egli ha tradotto ed esaminato le principali opere d'un poeta e scrittore cinese del XVIII sẹcolo. Giacomo, che conosce bene anche altre lingue e letterature asiatiche, intenderebbe seguire, se possịbile, la carriera universitaria.

Per festeggiare il lieto avvenimento, i suoi genitori hanno deciso di fare una bella festa invitando parenti ed amici a pranzo in uno dei migliori ristoranti della città. Dovendo preparare la lista degli invitati, la signora Messina domanda al figlio quale ristorante egli sceglie e quali amici desidera invitare. Giacomo coglie subito l'occasione per chiedere alla madre se può invitare una sua giovane collega, la signorina Olga Radici.

Avendo capito che Olga è la ragazza di Giacomo, la signora Messina sorride e poi dice al figlio: «Certamente, Giacomo. Tuo padre ed io saremo felici di fare la sua conoscenza».

### COMPREHENSION QUESTIONS

1. La città in cui abita Giacomo Messina si trova al nord o al sud della penisola italiana?
2. Presso quale università si è laureato Giacomo?
3. È vero che Giacomo ha studiato la letteratura giapponese?
4. Perchè i suoi genitori vogliono fare una festa?
5. Chi è Olga Radici e per quale motivo Giacomo chiede a sua madre di invitarla?
6. Dove andranno a mangiare tutti gli invitati?

***NAPOLI.*** An old Italian saying is "**Vedi Napoli e poi muori**" *(See Naples and [then] die),* the idea being that after having seen Naples, one has seen everything and may, therefore, die. And, indeed, Naples may well be the most picturesque, colorful, and exuberant of all Italian cities. The capital of the region of Campania, it is the third most populated city in the peninsula, as well as a very important industrial, agricultural, and business center. Its harbor is one of Europe's largest and busiest. Like many towns in southern Italy and Sicily, Naples was founded, in the eighth century B.C., by Greek settlers (its Greek name, **nea-polis**, means *new city*). The Greeks soon merged with the local population, the Samnites, an ancient Italian people. Eventually, after several bloody wars, the Romans subjugated the Neapolitans.

In the centuries after Rome's fall, in early modern times, Naples was ruled by Spanish and French kings. It was the capital first of the Kingdom of Naples (Spanish) and later on of the Kingdom of the Two Sicilies (French Bourbon). Francesco II, the last Bourbon king, lost his throne following a daring landing at Marsala, Sicily, in May of 1860 by Garibaldi at the head of a small group of badly armed patriots.

Among the many beautiful monuments in Naples are the **Palazzo Reale di Capodimonte**, the **Maschio Angioino**, the **Castel dell'Ovo**, several splendid churches, and numerous magnificent palaces. Also famous are the **San Carlo Opera House**, the **Università** (established in 1224), and the **Museo Nazionale**, which houses one of the most complete and important archeological collections in Europe.

Many great Italians were born in Naples, among them the philosopher Giambattista Vico and the composer Domenico Scarlatti. Naples is also a well-known center of popular music; **le canzoni napoletane** are among the world's best-loved songs.

Veduta panoramica di Napoli.

# STRUTTURA E FUNZIONE

Giacomo **coglie** subito l'occasione.

## 1. Present Indicative of Verbs Ending in *-gliere* and *-urre*

1. Second conjugation verbs ending in **-gliere** are irregular only in the first person singular and the third person plural of the present indicative. They are completely regular in the future, the conditional, and the imperfect. The present indicative of **accogliere** (to receive, accept), **cogliere** (to pick, catch), **raccogliere** (to pick up, collect), and **sciogliere** (to untie, loosen, set free) is the same as the model below.

togliere *(to take away, remove)*

| PRESENT | IMPERFECT | FUTURE |
|---|---|---|
| **tolgo** | **toglievo** | **toglierò** |
| **togli** | **toglievi** | **toglierai** |
| **toglie** | **toglieva** | **toglierà** |
| **togliamo** | **toglievamo** | **toglieremo** |
| **togliete** | **toglievate** | **toglierete** |
| **tolgono** | **toglievano** | **toglieranno** |

2. Some second conjugation verbs end in **-urre**. This seemingly strange ending is the result of a contraction of Latin verbs ending in **-ducere**. Thus **condurre** *(to lead),* **introdurre** *(to introduce),* **produrre** *(to produce),* and **tradurre** *(to translate)* derive from the Latin infinitives **conducere, introducere, producere,** and **traducere**. All verbs in **-urre** form the present and the imperfect indicative from the stem of their Latin roots **(conduc-, introduc-, produc-, traduc-)** as illustrated by the model:

| PRESENT | IMPERFECT |
|---|---|
| **traduco** | **traducevo** |
| **traduci** | **traducevi** |
| **traduce** | **traduceva** |
| **traduciamo** | **traducevamo** |
| **traducete** | **traducevate** |
| **traducono** | **traducevano** |

The stem for the future and the conditional is the infinitive without its final **-e** + the endings **-ò, -ai, -à, -emo, -ete, -anno** and **-ei, -esti, -ebbe, -emmo, -este, -ebbero**

| FUTURE | CONDITIONAL |
|---|---|
| **tradurrò** | **tradurrei** |
| **tradurrai** | **tradurresti** |
| **tradurrà** | **tradurrebbe** |
| **tradurremo** | **tradurremmo** |
| **tradurrete** | **tradurreste** |
| **tradurranno** | **tradurrebbero** |

## *EXERCISES*

A. *Change the verbs in the following sentences to the imperfect and the future.*

1. Noi decidiamo di accompagnarti a casa.
2. La Fiat produce auto e aeroplani.
3. L'accogliamo sempre con molto piacere.
4. Lucia si laurea in lingue orientali.
5. Perchè state con loro e non con noi?
6. Che cosa raccogli?
7. Loro sorridono sempre.
8. Io traduco spesso dall'inglese all'italiano.
9. Quando fate i compiti?
10. Loro festeggiano un lieto avvenimento.

B. *Complete the following sentences translating the verbs in parentheses.*

1. Durante le lezioni di spagnolo ____________ molte poesie.
   *(we used to translate)*

2. Quando torneranno a casa, ____________ a cena da loro.
   *(they will invite me)*

3. ____________ di bạttere a mạcchina tre lettere.
   *(He used to ask us)*

4. Mentre ____________ le scarpe, lei comprava una borsa.
   *(I was choosing)*

5. ______________ a casa sua.
(She would never receive him)

6. Il professore ________ i suoi allievi a visitare il museo.
(will lead)

7. Il capoufficio __________ un importante documento.
(is examining)

8. La mamma _________ il dolce fra tutti i suoi figlioli.
(will divide)

9. ______________ qui una settimana, ma non può.
(He would remain)

10. È vero che tu ________ tutto quello che sai?
(will tell)

**divisa** **trascritto** **tradotto**

## 2. Irregular Past Participles

Below are some useful words, second conjugation verbs, that have irregular past participles. Some you already know; some are new.

| | |
|---|---|
| accogliere *(to receive, accept)* | **accolto** |
| aggiungere *(to add)* | **aggiunto** |
| chiedere[1] *(to ask)* | **chiesto** |
| cogliere *(to pick, catch)* | **colto** |
| comprendere *(to understand, include)* | **compreso** |
| condurre *(to lead, take to)* | **condotto** |
| correggere *(to correct)* | **corretto** |
| correre *(to run)* | **corso** |
| decidere *(to decide)* | **deciso** |
| dividere *(to divide)* | **diviso** |
| eleggere *(to elect)* | **eletto** |
| giungere[2] *(to arrive)* | **giunto** |
| intendere *(to intend, hear, understand)* | **inteso** |
| introdurre *(to introduce)* | **introdotto** |
| percorrere *(to pass through, travel)* | **percorso** |
| produrre *(to produce)* | **prodotto** |
| raccogliere *(to collect, pick up)* | **raccolto** |
| raggiungere *(to reach)* | **raggiunto** |
| rompere *(to break)* | **rotto** |
| sciogliere *(to untie, loosen, set free)* | **sciolto** |
| sorgere[3] *(to rise, arise)* | **sorto** |
| tacere[4] *(to be silent)* | **taciuto** |
| togliere *(to take away, remove)* | **tolto** |
| togliersi *(to take off)* | **toltosi** |
| tradurre *(to translate)* | **tradotto** |
| vivere[5] *(to live)* | **vissuto** |

[1] **Chiedere** means *to ask* in order to obtain, whereas **domandare** means *to ask* in order to know.

[2] **Giungere** is conjugated with the auxiliary **essere**.

[3] **Sorgere** is an intransitive verb whose auxiliary is **essere**.

[4] **Tacere** is irregular in the present, but regular in the imperfect, future, and conditional. (See Lesson 15.)

[5] When **vivere** is used transitively, it is conjugated with **avere** (**Io ho vissuto una lunga vita**). Otherwise, it is conjugated with **essere** (**Sono vissuto in Italia per due anni**).

## EXERCISES

C. *Give the present and imperfect forms of the following verbs.*

1. rọmpere (lui) 2. elẹggere (Lei) 3. giụngere (noi) 4. cọrrere (voi) 5. vịvere (Loro) 6. divịdere (noi) 7. vịvere (Luigi) 8. trascrịvere (io) 9. cọgliere (voi) 10. intẹndere (tu)

D. *Give the future and the conditional forms of the following verbs.*

1. corrẹggere (tu) 2. elẹggere (essi) 3. sọrgere (loro) 4. decịdere (voi) 5. seguire (Lei) 6. rọmpere (noi) 7. tacere (voi) 5. cọgliere (lui) 9. decịdere (io) 10. raggiụngere (io)

E. *Restate the following sentences, changing the verbs in boldface to the* ***passato prọssimo.***

1. I miei genitori **decịdono** di andare al mare oggi.
2. Il rạpido **giunge** a Venezia alle diciotto.
3. Voi non **intendete** mai nulla.
4. Che cosa **esạmina** la signorina Belli all'Ufficio dell'Anagrafe?
5. Loro **vịvono** in Australia e non negli Stati Uniti.
6. Perchè voi **rompete** quei piatti?
7. Gli insegnanti di quella scuola **corrẹggono** sempre i compiti in classe.
8. In Italia il Parlamento **elegge** il Presidente della Repụbblica.
9. Alfredo, perchè **togli** quella pagina dal libro di latino?
10. Noi **accogliamo** gli invitati sorridendo.
11. Loro **rẹndono** il giornale al babbo.
12. Che cosa **aggiungi** in quella lẹttera?

Dovendo preparare la lista
Avendo capito che Olga è la ragazza di Giacomo

## 3. The *Gerundio*

Italians use the gerund to express situations that are rendered in English by the *-ing* forms of verbs. The Italian gerund has two tenses: (a) for the present, **gerundio presente**, and (b) for the past, **gerundio composto.**

### Formation of the *Gerundio Presente*

1. To form the **gerundio presente**:

for **-are** verbs: add the ending **-ando** to the stem of the infinitive
for **-ere, ire** verbs: add the ending **-endo** to the stem of the infinitive

| | | |
|---|---|---|
| parlare | **parlando** | *speaking* |
| viaggiare | **viaggiando** | *traveling* |
| ricẹvere | **ricevendo** | *receiving* |
| piọvere | **piovendo** | *raining* |
| capire | **capendo** | *understanding* |
| partire | **partendo** | *leaving* |

2. For ẹssere and **avere**:

| | | |
|---|---|---|
| ẹssere | **essendo** | *being* |
| avere | **avendo** | *having* |

3. For most irregular verbs, follow the above rule.

| | | |
|---|---|---|
| andare | **andando** | *going* |
| dare | **dando** | *giving* |
| potere | **potendo** | *being able* |
| stare | **stando** | *staying* |
| volere | **volendo** | *wanting* |

4. For **bere**, **dire**, and **fare** add **-endo** to the stem of the Latin infinitives from which these verbs derive.

| | | |
|---|---|---|
| bere | **bevendo** | *drinking* |
| dire | **dicendo** | *saying* |
| fare | **facendo** | *doing, making* |

5. For verbs ending in **-urre**, add **-endo** to the stem of the Latin infinitives from which these verbs derive.

| | | |
|---|---|---|
| condurre | **conducendo** | *leading* |
| introdurre | **introducendo** | *introducing* |
| produrre | **producendo** | *producing* |
| tradurre | **traducendo** | *translating* |

### Formation of the *Gerundio Composto*

1. For all verbs except ẹssere and **avere**:
   (a) Verbs requiring ạvere in compound tenses use **avendo** + past participle of the verb.

| | | |
|---|---|---|
| dire | **avendo detto** | *having said* |
| dormire | **avendo dormito** | *having slept* |
| ricẹvere | **avendo ricevuto** | *having received* |
| viaggiare | **avendo viaggiato** | *having traveled* |

   (b) Verbs requiring ẹssere use **essendo** + past participle of the verb.

| | | |
|---|---|---|
| andare | **essendo andato, a** | *having gone* |
| venire | **essendo venuto, a** | *having come* |

2. For **essere** and **avere**:

| | | |
|---|---|---|
| essere | **essendo stato, a** | *having been* |
| avere | **avendo avuto** | *having had* |

### *EXERCISES*

F. *Provide the* **gerundio presente** *of the verbs below.*

1. volere 2. dire 3. tradurre 4. sapere 5. mẹttere 6. vịncere 7. fare 8. pagare 9. sọrgere 10. guadagnare 11. giocare 12. difẹndere 13. lasciare 14. sparire 15. superare

G. *Give the* **gerundio composto** *of the verbs below.*

1. ritornare 2. elẹggere 3. cọgliere 4. andare 5. dire 6. offrire 7. viaggiare 8. giụngere 9. rimanere 10. sọrgere

# PAROLE UTILI

Il teatro *(Theater)*

***EXERCISE***

H. *You and a friend are at La Scala Opera House in Milano. Your friend has never been to an opera. The friend asks questions. Explain the surroundings and the performance you are about to see.*

# DIALOGO B

***AL TEATRO SAN CARLO***

*È calato il sipario sul primo atto dell'opera "La Traviata" di Giuseppe Verdi. Durante l'intervallo, mentre Giacomo e Olga stanno conversando nel ridotto del teatro, Guglielmo Malpezzi, avendoli visti, si ferma a fare due chiacchiere con gli amici.*

GUGLIELMO Giacomo, che pensi di questa produzione della Traviata?
GIACOMO Mi sembra eccellente. Ottima la messa in scena e bravissimi i cantanti.

***NOTES ON ITALIAN OPERA***

***GIUSEPPE VERDI.*** Giuseppe Verdi was the composer of many celebrated operas, including such masterpieces as **Rigoletto**, **Il Trovatore**, **La Traviata**, **Un ballo in maschera**, **La forza del destino**, **Don Carlos**, **Aida**, **Otello**, and **Falstaff**. He was born of very humble origin in 1813 in the village of Roncole di Busseto, in the province of Parma. After completing **Aida** in 1871, he stopped writing operas and was silent for sixteen years, except for a masterful Requiem Mass. This was first performed in 1874 on the occasion of the death of Alessandro Manzoni, author of **I promessi sposi**, Italy's greatest novel.

At the age of 74, Verdi wrote his powerful **Otello** and at 80 he composed his ebullient **Falstaff**. A close friend of Verdi, Arrigo Boito, a composer in his own right, wrote the libretti for these two operas. Most critics consider Verdi's last two works to be among the greatest operas ever written. Verdi's highly melodic works are still among the most frequently performed works on the stages of opera houses the world over.

***LUCIANO PAVAROTTI and MIRELLA FRENI.*** These leading international opera singers were born in Italy. They frequently sing at the Metropolitan, Chicago, and San Francisco Opera Houses. In recent years, several productions in which they took principal roles have been broadcast live on TV.

OLGA — Per me Luciano Pavarotti è il miglior tenore del mondo!
GUGLIELMO — Anche Mirella Freni ha una bella voce! Solo vedendola cantare, ci rendiamo conto delle sue notevoli qualità drammatiche.
GIACOMO — Hai ragione. Come soprano, è perfetta nel ruolo di Violetta.
OLGA — Giacomo, stanno abbassando le luci. . . .
GIACOMO — Sì, sarà bene tornare ai nostri posti. A più tardi, Guglielmo.
GUGLIELMO — Ciao, ragazzi; a più tardi.

**Il tenore Luciano Pavarotti durante una sua recente tournée in China.**

***COMPREHENSION QUESTIONS***

1. In quale città si trova il Teatro San Carlo?
2. È vero che Giuseppe Verdi ha scritto solo "La Traviata"?
3. Cosa stanno facendo Olga e Giącomo quando li vede Guglielmo Malpezzi?
4. A chi dei tre giovani amici piace di più Pavarotti?
5. Perchè è importante vedere e non solo sentire cantare Mirella Freni?
6. Cosa è necessario fare quando si abbąssano le luci?

# STRUTTURA E FUNZIONE

Hanno deciso di fare una bella festa **invitando** parenti e amici. Guglielmo Malpezzi, **avendoli** visti, si ferma a fare due chiacchiere con gli amici.

## 4. Uses of the *Gerundio*

1. The **gerundio presente** may express a secondary action by the subject that occurs at the same time as that of the main verb of the sentence. The subject of the gerund, though not expressed, is the same as that of the main verb.

**Dovendo** uscire, mi vesto. — *Since I must (Having to) go out, I am getting dressed.*
**Andando** a casa, ho incontrato tuo zio. — *Going home, I met your uncle.*

2. The **gerundio composto** can express a secondary action by the subject that occurred prior to the action expressed by the main verb of the sentence.

**Avendo capito** che Olga è la ragazza di Giącomo, la signora Messina sorride. — *Having understood that Olga is Giacomo's girlfriend, Mrs. Messina smiles.*
**Essendo partiti** alle tre, sono arrivati a Fiẹsole alle quattro. — *Since they had left at 3 o'clock, they arrived in Fiẹsole at 4:00.*

3. Both the **gerundio presente** and the **gerundio composto** are used to express time, cause, and condition. Equivalent sentences in English are often introduced by *while* and *after* (time), *because* and *since* (cause), and *if* (condition), as well as the *having* + past participle construction.

**Aprendo** la porta, Giulia ha salutato l'amica. — *While she was opening the door, Giulia greeted her friend.*
**Avendo mangiato** tutto ciò che aveva in casa, lei è uscita a fare la spesa. — *After she ate (Having eaten) everything she had in the house, she went out shopping for food.*
**Essendo** stanchi, sono andati sụbito a letto. — *Since they were tired, they went to bed immediately.*
**Avendo guadagnato** molto, ho potuto mandare la mia famiglia a Cortina. — *Because I earned a lot, I was able to send my family to Cortina.*
**Partendo** adesso, sarete a Torino fra due ore. — *If you leave now, you will be in Turin in three hours.*

4. The **gerundio presente** is also used to express the manner in which an action takes place.

**Sbagliando** s'impara. — *One learns by making mistakes.*
Siamo andati a scuola **correndo.** — *We went to school running.*
Marietta è tornata a casa **piangendo.** — *Marietta went back home crying.*

Due giovani a passeggio. Camminare conversando con un amico è sempre molto piacevole.

### *EXERCISES*

I. *Complete the following sentences, replacing the English words in parentheses with the* ***gerundio presente*** *or* ***composto,*** *according to the context.*

1. __________ *(If you want)* potete restare a dormire a casa nostra.

2. ______________ *(Having forgotten)* di scrịverle, le ho telefonato.

3. ____________________ *(While she was preparing)* il pranzo, la signora Messina cantava.

4. ________________ *(Since we had seen)* quel film tre giorni fa, abbiamo deciso di non uscire.

5. __________ tutti i cọmpiti, sono andato a giocare a tennis.
*(After I finished)*

6. __________ sempre le stesse cose, finirai per ricordarle.
*(By repeating)*

7. __________ la radio, lui conosceva già quelle importanti notizie.
*(Having listened)*

8. __________ la lẹttera oggi, essa arriverà a Genova domani.
*(By mailing)*

9. __________ due reti, il centravanti del Nạpoli era felicịssimo.
*(Because he had scored)*

10. __________ molti urlạvano a squarciagola.
*(While clapping their hands)*

L. *Form one sentence, substituting the* ***gerundio presente*** *for the verb in boldface.*

EXAMPLE: Non **voglio** studiare. Non faccio i cọmpiti.
Non volendo studiare, non faccio i cọmpiti.

1. **Andiamo** spesso al cịnema. Vediamo parecchi film stranieri.
2. **Prendo** l'autobus. Arrivo prima a casa.
3. **Dormite** troppo. Non avrete abbastanza tempo per studiare.
4. **Abiti** in campagna. Vieni in città due volte la settimana.
5. **Compriamo** quell'automọbile sportiva. Spenderemo moltịssimo.
6. **Cominciate** a lavorare sụbito. Finirete prima.
7. **Giochiamo** a palla. Ci divertiremo.
8. **Bevi** troppa birra. Domani ti sentirai male.

M. *Form one sentence, substituting the* ***gerundio composto*** *for the verb in boldface.*

EXAMPLE: Non **è voluto** partire. È rimasto da noi.
Non essendo voluto partire, è rimasto da noi.

1. **Sono rimasto** in centro per tre ore. Sono tornato a casa più tardi del sọlito.
2. **Hanno studiato** la lezione. Hanno risposto a tutte le domande del professore.
3. **Siete dovute** uscire presto stamattina. Non avete potuto fare colazione.
4. **Ha cambiato** casa. Ora non abita più in via Manzoni.
5. **Abbiamo preso** l'espresso delle tre. Siamo giunti a Roma prima delle cinque.
6. **Ha cantato** per due ore. Il tenore è molto stanco.
7. **Ho dimenticato** di fare la spesa. Non posso preparare la cena.
8. Sono i primi in classịfica. **Hanno vinto** anche questa partita.

ARENA DI VERONA
Ente Autonomo
59° FESTIVAL DELL'OPERA LIRICA
11 luglio - 2 settembre
11, 15, 19, 25, 30 luglio
2, 4, 11, 13, 16 agosto
RIGOLETTO
di Giuseppe Verdi
12, 18, 24, 28, 31 luglio
8, 14, 22, 27, 30 agosto
AIDA
di Giuseppe Verdi
26, 29 luglio - 1, 9, 12, 15, 23, 28 agosto
NABUCCO
di Giuseppe Verdi

> Solo **vedendola** cantare, ci rendiamo conto delle sue notevoli qualità drammatiche.

## 5. Position of Reflexive and Direct/Indirect Object Pronouns with the *Gerundio*

1. Reflexive, direct object, and indirect object pronouns, including **ne**, all follow the **gerundio presente** and are attached to it.

| | |
|---|---|
| **Sentendola** cantare, ci rendiamo conto delle sue notevoli quanità drammatiche. | *Hearing her sing, we realize her remarkable dramatic qualities.* |
| *Si mette il cappello* **guardandosi** allo specchio. | *She puts on her hat while looking at herself in the mirror.* |
| **Dandomeli,** Antonio sorrideva. | *While he was giving them to me, Antonio was smiling.* |
| **Alzandosi,** Pamela è caduta. | *Getting up, Pamela fell.* |

2. With the **gerundio composto**, these pronouns are attached to **avendo** or essendo.

| | |
|---|---|
| **Avendogliene dati** due, ci siamo sentiti meglio. | *After giving (having given) two of them to him, we felt better.* |
| **Essendomi vestita,** sono uscita. | *After getting (having gotten) dressed, I went out.* |
| **Avendoli visti** al bar Paolo, li abbiamo salutati. | *When we saw (having seen) them at Paolo's Bar, we greeted them.* |

### *EXERCISES*

N. *Give the appropriate form of the* **gerundio presente** *or the* **gerundio composto.**

1. ________ *(Having spoken to her)*, ho compreso che lei aveva ragione.
2. ________ *(After we gave them to you*/fam. pl.*)*, siamo tornati in biblioteca.
3. È un libro molto interessante; ________ *(if you read it)*, imparerete molte cose nuove.
4. ________ *(If you buy two of them)*, signora, Lei spenderà un po' meno.
5. ________ *(While waiting for him)*, ho fumato sei sigarette!
6. ________ *(By writing it*/f*)*, farete un piacere ai vostri genitori.
7. ________ *(After we got dressed)*, abbiamo fatto colazione in giardino.
8. ________ *(Since I rested)* l'intero pomeriggio, la sera sono andata a ballare.
9. ________ *(Upon seeing me)*, Vittorio mi dice: «Ciao, Carla; come stai oggi?»
10. ________ *(Having returned there)*, loro sono rimasti due mesi a Firenze.

O. *Replace the word(s) in boldface with the correct object pronoun(s).*

1. Avendo ricevuto **la notizia**, la mamma era contentissima.
2. Essendo andati **al cinema**, hanno visto un bel film.
3. Avendo finito **gli studi**, Giorgio si è laureato.
4. Essendosi messo **il cappotto**, Leo è uscito mentre nevicava.
5. Avendo dato **il pallone ai bambini**, io sono tornato a casa.
6. Telefonando **a Luisa**, le ho detto di scrivermi subito.
7. Avendo lasciato **il libro** a scuola, non ha potuto fare i compiti.
8. Essendo ritornate **a Milano**, hanno potuto vedere le loro amiche.

Giacomo, stanno abbassando le luci.

## 6. *Stare* Plus the *Gerundio*

In order to express an action while it is taking place (whether present, past or future), Italians use the verb **stare** followed by a **gerundio presente**. This construction is not as common in Italian as it is in English.

| | |
|---|---|
| Francesco, che cosa **stai facendo** qui? | *Francesco, what are you doing here?* |
| Quando mio padre è entrato in camera, io mi **stavo alzando.** | *When my father entered the room, I was getting up.* |
| Quando le telefonerò, lei **starà cucinando.** | *When I call her, she will be cooking.* |

***EXERCISE***

P. *Answer the following questions using* **stare** *plus the* **gerundio** *to express an action in progress. Follow the model.*

EXAMPLE: Cosa facevi quando ho visto te e Giuliano?
**Stavo andando** al cinema.

1. Cosa comprate al supermercato?
2. A che cosa giocava Silvio quando lui è caduto?
3. Quando telefoneranno i tuoi parenti?
4. Che cosa fa tuo cugino?
5. Dove andavi quando è arrivato il postino?
6. Cosa faceva Mario mentre Rosa sorrideva?
7. Cosa faceva la nonna quando noi siamo entrati in cucina?
8. Che faccio io ora?
9. Mentre gli allievi traducevano la poesia, che faceva il professore?
10. Che fanno questi ragazzi a casa vostra?

Si ferma a **fare due chiacchiere** con gli amici.

## 7. Idiomatic Expressions

Practice the following idioms.

| | |
|---|---|
| **cogliere l'occasione** { **per** + verb / **di** + noun } | *to seize the opportunity* |
| **fare due chiacchiere** | *to have a chat* |

| | |
|---|---|
| **fare una festa** | *to give a party* |
| **laurearsi a pieni voti** | *to graduate from a university with the highest marks* |
| **mettere in scena** | *to stage* |
| **rendersi conto di** | *to realize* |

**Abbiamo colto l'occasione dell'**arrivo di Luigi per venire da voi.
Quando incontro Giovanni, **faccio** spesso **due chiacchiere** con lui.
A Natale **faremo una** bella **festa** a casa mia invitando tutti i nostri amici.
Giuseppe è molto bravo; **si è laureato** in ingegneria **a pieni voti.**
Quel regista **ha messo in scena** numerose commedie di Pirandello.
**Si sono resi conto** dell'intelligenza di quella ragazza straniera.

### *EXERCISE*

Q. *Answer the following questions using the idiomatic expressions.*

1. Cosa fai quando incontri i tuoi amici?
2. Tua sorella ha studiato legge? Era brava?
3. Che cosa facciamo per il compleanno di Luca?
4. Hai capito che questa casa costava troppo?
5. Che cosa ha fatto quel famoso regista?

### *TOPIC FOR CONVERSATION*

(Three students) A few days ago in New York a student and music lover attended a performance of Verdi's *Otello* at the Metropolitan Opera House. The major singers were tenor Plácido Domingo, soprano Mirella Freni, and a young Italian-American baritone whose name, however, the person does not recall. The ticket was available only because the conductor, a well-known maestro, is a friend of the family. The seat was good, not too far from the stage, and so it was possible to see and hear everything very well. The student liked the entire performance very, very much: the singing, the staging, the orchestra, and, of course, the conducting.

During the intermission between the first and the second act, the student went to the lobby for a cup of coffee, but could not get one. Since there were so many people there, it was necessary to go back to the seat because the second act was about to begin. After that, the student never left the **poltrona** again. That night, upon returning home, the student was questioned by his or her parents, who wanted to know everything the student did and saw at the Metropolitan.

*Instructions:* Two students, assuming the roles of the mother and the father, will ask questions of a third classmate, the student who attended Verdi's opera.

# QUARTA LETTURA

### *L'OPERA IN ITALIA*

Si legge spesso sui giornali che il teatro d'opera starebbe da qualche tempo attraversando una grave crisi. Tuttavia ogni anno, quando all'inizio della stagione operistica, riaprono i botteghini,[6] trovare un palco libero, una poltrona e persino

[6] **i botteghini:** *box offices*

**Teatro alla Scala di Milano—Rappresentazione dell' "Aida" di Giuseppe Verdi.**

un posto in piedi[7] nel loggione[8] diviene impresa sempre più diffịcile. Questo vuol dire quindi che la famosa crisi del teatro d'opera non è dovuta alla mancanza di interesse da parte del pụbblico, quanto ad altri motivi.

In Italia, essendo l'opera popolarịssima da sẹcoli, ci sono teatri lirici non solo nei centri principali, ma anche in città e cittadine di provincia.[9] Ora l'allestimento e la messa in scena di qualsiasi[10] opera—senza neppure contare il compenso dovuto ai cantanti—raggiunge delle cifre astronọmiche. I maggiori teatri italiani—quali la Scala di Milano, il San Carlo di Nạpoli, la Fenice di Venezia, l'Ọpera di Roma, Il Comunale di Firenze e il Mạssimo di Palermo—ricẹvono forti sovvenzioni dallo stato e riescono così a fronteggiare i loro impegni finanziari.

I teatri minori, invece—ce ne sono di famosissimi, come il Teatro Regio di Parma, celebre per il raffinato gusto musicale del suo pubblico—ricevono dei sussidi di gran lunga inferiori[11] e rịschiano spesso di dover chiụdere le loro porte e per sempre. La maggior parte di questi teatri, tuttavia, grazie all'abilità dei loro amministrattori e al contịnuo sostegno della popolazione locale, riescono non soltanto a sopravvivere, ma anche a mettere in scena delle rappresentazioni che per livello artistico sono talvolta superiori a quelle date in alcuni dei teatri più prestigiosi.

Così ogni anno, dal nord al sud della penịsola, le immortali e amate melodie di Verdi, Bellini, Rossini, Puccini e Donizetti e di altri grandi compositori italiani e stranieri, continuano a inondare le sale gremite dei teatri lirici italiani, grandi e pịccoli.

[7] **un posto in piedi**: *standing room*

[8] **loggione**: *theater gallery*

[9] **cittadine di provincia**: *small provincial towns*

[10] **qualsiasi** means *any;* it has only one form for the masculine and the feminine, singular and plural.

[11] **di gran lunga inferiori**: *much, much smaller*

### READING COMPREHENSION

A. *Answer the following questions based on the content of the **Quarta Lettura**.*

1. Se uno vuole vedere un'opera, dove va a comprare il biglietto?
2. È vero che si trovano sempre posti nei teatri d'opera italiani?
3. Qual è il vero motivo della crisi del teatro?
4. In quali città si trovano i più prestigiosi teatri d'opera italiani e come si chiamano?
5. Per quale motivo è conosciutịssimo il Teatro Regio di Parma?
6. In che maniera lo stato aiuta i teatri?
7. È vero che soltanto i maggiori teatri pọssono mettere in scena delle ọttime rappresentazioni?
8. Come si chiamano alcuni dei grandi compositori italiani?
9. Perchè molti teatri minori possono continuare a rappresentare opere?
10. Avete visto qualche opera voi? Quale e dove?

### WRITING

B. *Summarize in your own words the content of the **Lettura "L'opera in Italia"**.*

### SPEAKING

C. *Talk about your first experience at the opera or at the theater.*

EXAMPLE: what was the performance?
who was the star?
what was your reaction to the performance?
etc.

# VOCABOLARIO

NOUNS

| | |
|---|---|
| l'**allestimento** | *preparation* |
| l'**avvenimento** | *event, happening* |
| il **botteghino** | *theater box office* |
| la, il **cantante** | *singer* |
| la **chiacchièra** | *chat* |
| la **cittadina** | *small city, town* |
| il **compenso** | *remuneration, pay* |
| la **conoscenza** | *acquaintance* |
| il **gusto** | *taste* |
| l'**impegno** | *commitment* |
| l'**impresa** | *enterprise, venture* |
| l'**inizio** | *beginning* |
| l'**intervallo** | *intermission* |
| l'**invitata,** l'**invitato** | *guest* |
| il **loggione** | *theater gallery* |
| la **luce** | *light* |
| la **mancanza** | *lack* |
| la **messa in scena** | *staging, mise-en-scene* |
| il **palco** (*pl.* i palchi) | *box* |
| il **palcoscẹnico** (*pl.* i palcoscẹnici) | *stage* |
| la **poltrona** | *seat, stall, armchair* |
| il **posto** | *seat, place* |
| la **regia** | *direction* |
| il **ridotto** | *foyer* |
| la **sala** | *hall* |
| il **sipario** | *curtain* |
| il **sostegno** | *support, backing* |
| la **sovvenzione** | *subsidy* |
| lo **spettacolo** | *performance, show* |
| la **stagione operịstica** | *opera season* |
| il **teatro d'opera** | *opera house* |
| il **teatro di prosa** | *playhouse, theater* |

## ADJECTIVES

**dovuto, a** *due (to)*
**gremito, a** *crowded (with), full*

## VERBS

**abbassare** *to dim, lower*
**accogliere** *to receive, accept*
**aggiungere** *to add*
**calare** *to drop, lower*
**cantare** *to sing*
**cogliere** *to pick, catch*
**condurre** *to lead, take to*
**correre** *to run*
**divenire** (*conjugates like* venire) *to become*
**esaminare** *to examine, study*
**festeggiare** *to celebrate*
**fronteggiare** *to face*
**inondare** *to flood, fill*
**intendere** *to intend, want*
**introdurre** *to introduce*
**invitare** *to invite*
**laurearsi** *to graduate* ( from a college or university)
**produrre** *to produce*
**raccogliere** *to collect, pick up*
**raggiungere** *to reach*
**rendere** *to give back, render*
**riaprire** *to open again*
**sciogliere** *to untie, lossen, set free*
**sopravvivere** (*conjugates like* vivere) *to survive*
**tradurre** *to translate*
**togliere** *to remove, take away*

## OTHER WORDS

**or sono** *ago*
**persino** *even*
**qualsiasi** *any*

## COGNATES

l'**amministratore** *administrator*
**astronomico, a** (*pl.* astronomici, astronomiche) *astronomic*
**asiatico, a** (*pl.* asiatici, asiatiche) *Asiatic, Oriental*
il **baritono** *baritone*
il **basso** *bass*
la **carriera** *career*
**cinese** *Chinese*
la **compositrice** *woman composer*
il **compositore** *composer*
il **direttore d'orchestra** *conductor*
**drammatico, a** (*pl.* drammatici, drammatiche) *dramatic*
**finanziario, a** *financial*
**immortale** *immortal*
l'**interesse** *interest*
la **letteratura** *literature*
**lirico, a** (*pl.* lirici, liriche) *lyric*
la **lista** *list*
il **livello** *level*
la **melodia** *melody*
il **mezzosoprano** *mezzo*
**musicale** *musical*
**operistico, a** (*pl.* operistici, operistiche) *operatic*
l'**orchestra** *orchestra*
**orientale** *Oriental, Eastern*
**perfetto, a** *perfect*
**prestigioso, a** *prestigious*
la **produzione** *production*
**raffinato, a** *refined*
la **rappresentazione** *performance*
il **ruolo** *role*
il or la **soprano** (*pl.* i or le soprano) *soprano*
il **sussidio** *subsidy*
il **tenore** *tenor*
**universitario, a** *university*
la **voce** *voice*

## IDIOMS

**cogliere l'occasione** *to seize the opportunity*
**fare due chiacchiere** *to have a chat*
**fare una festa** *to give a party*
**laurearsi a pieni voti** *to graduate with the highest marks* (from a college or university)
**mettere in scena** *to stage*
**rendersi conto** *to realize*

# LESSON 15

| COMMUNICATION SKILLS | STRUCTURES | CULTURE |
| --- | --- | --- |
| Expressing past actions completed before other past actions (past perfect)<br>Using impersonal constructions in place of **noi**<br>How to talk about parts of your body and clothing | 1. Compound tenses: the **trapassato remoto**<br>2. The infinitive used as a noun<br>3. Impersonal forms<br>4. Reflexive verbs plus parts of the body or items of clothing<br>5. Selected verbs<br>6. Uses of the past participle<br>7. Idiomatic expressions | Theater-going<br>More on clothing<br>Soccer |

## DIALOGO A

***APPUNTAMENTO PER VENERDÌ SERA***

*La prima rappresentazione del balletto "Il lago dei cigni" allestita*[1] *da una cẹlebre compagnia di ballo di Mosca, avrà luogo fra qualche giorno. Riccardo, che tre mesi fa aveva comprato due biglietti per andare a vedere questo spettạcolo con la fidanzata, non sa ancora se lei potrà accompagnarlo. Infatti uscire la sera non è sempre possịbile per Lisetta, essendo lei pediatra presso una clịnica per bambini.*

*Lisetta, saputo che la sera di venerdì non sarà di turno, telẹfona al fidanzato per dargli la buona notizia.*

[1] Note that the verb **allestire** conjugates exactly like **finire**, **capire**, **preferire**, etc.

LISETTA Riccardo, venerdì sera sarò lịbera. Sei contento?

RICCARDO Contentịssimo! Potremo così andare a teatro insieme.

LISETTA Ci si incontra al sọlito posto?

RICCARDO No, verrò io a prẹnderti con la mạcchina.

LISETTA A che ora?

RICCARDO Alle otto in punto. Lo spettạcolo inịzia alle nove.

LISETTA Va bene, sarò pronta.

RICCARDO È importante, perchè se si arriva in ritardo, si rimane in piedi sino alla fine del primo atto.

LISETTA Sta' tranquillo. Sarò puntualịssima.

RICCARDO Ciao cara. A venerdì.

### COMPREHENSION QUESTIONS

1. Che cos'è il "Lago dei cigni?" Un'opera, un film o un romanzo?
2. Chi ha preparato questa rappresentazione?
3. Perchè Riccardo non sa ancora se la fidanzata potrà andare a teatro con lui?
4. In che giorno della settimana avrà luogo questa rappresentazione?
5. Per andare a teatro Lisetta prenderà l'autobus?
6. Che cosa deve fare chi arriva a teatro dopo che lo spettacolo è cominciato?

Carla Fracci, famosa prima ballerina del teatro italiano.

# STRUTTURA E FUNZIONE

Tre mesi fa **aveva comprato** due biglietti.

## 1. Compound Tenses: The *Trapassato Prossimo*

### Formation

The **trapassato prọssimo** (past perfect tense) is formed with the imperfect of the auxiliary (**avere** or **ẹssere**) plus the past participle.

| 1. Verbs requiring **avere**: | 2. Verbs requiring **essere**: | 3. Reflexive verbs: |
|---|---|---|
| comprare | andare | alzarsi |
| **avevo comprato** *(I had bought)* | **ero andato, a** *(I had gone)* | **mi ero alzato, a** *(I had gotten up)* |
| **avevi comprato** | **eri andato, a** | **ti eri alzato, a** |
| **aveva comprato** | **era andato, a** | **si era alzato, a** |
| **avevamo comprato** | **eravamo andati, e** | **ci eravamo alzati, e** |
| **avevate comprato** | **eravate andati, e** | **vi eravate alzati, e** |
| **avevano comprato** | **erano andati, e** | **si erano alzati, e** |

4. Avere and ẹssere:

| avere | ẹssere |
|---|---|
| **avevo avuto** *(I had had)* | **ero stato, a** *(I had been)* |
| **avevi avuto** | **eri stato, a** |
| **aveva avuto** | **era stato, a** |
| **avevamo avuto** | **eravamo stati, e** |
| **avevate avuto** | **eravate stati, e** |
| **avẹvano avuto** | **erano stati, e** |

### Use

In talking about the past, we often need to express an action that took place before another past action. The **trapassato prọssimo** serves that purpose in Italian. It is normally used in conjunction with other past tenses that express the other action: imperfect, **passato prossimo**, conditional perfect, and **passato remoto** (the past absolute, a tense to be presented later).

Quando Umberto **è tornato,** i suoi fratelli **erano** già **partiti.**
(è tornato: passato prossimo; erano partiti: trapassato prossimo)
*When Umberto came back, his brothers had already left.*

**Stạvano dicendo** la verità, come noi gli **avevamo chiesto.**
(stavano dicendo: imperfect; avevamo chiesto: trapassato prossimo)
*They were telling the truth as we had asked them to.*

Ci **avevi detto** che **saresti andato** a lavorare sạbato.
(avevi detto: passato prossimo; saresti andato: conditional perfect)
*You told us that you would go (would have gone) to work this Saturday.*[2]

[2] The conditional perfect is required since the conditional is introduced by a past tense in the main clause. (See Lesson 13, 6, 2.)

***EXERCISES***

A. *Give the* ***trapassato pro̧ssimo*** *forms for the verbs in boldface, making all other necessary changes.*

1. Le **raggiungeremo** a Venezia.
2. Chi **spedisce** il telegramma a Marisa?
3. Noi **ci svegliavamo** sempre molto presto.
4. Dove **allo̧ggiano** i vostri amici?
5. Chi **rimane** qui durante le vacanze?
6. Perchè voi **dormite** così poco?
7. Lui lo **sapeva** già.
8. Marianna **si mette** un a̧bito nuovo.
9. Con chi **esce** Francesca?
10. Ragazzi, che cosa **fate**?

B. *Complete the following sentences.*

1. Elena non era a casa perchè ________ dal mȩdico.
*(she had gone)*
2. Tante volte ________ di parla̧rvene!
*(I had told him)*
3. Quando tu gli hai telefonato, Umberto ________ per il sud.
*(had already left)*
4. Il capoufficio ________ alla sua segretaria di portargli i registri.
*(had asked)*
5. Non avevamo freddo perchè prima di uscire ________ il cappotto e il cappello.
*(we had put on)*
6. Era vero che tu ________ di non andare a vedere la partita?
*(had decided)*

C. *Answer the following questions using a verb in the* ***trapassato pro̧ssimo****.*

1. Perchè Antonio non era a scuola?
2. Dov'era andata Stefa̧nia quando tu hai telefonato?
3. Che cosa aveva preparato Carlo quando ti ha invitato a casa sua?
4. Perchè Teodoro aveva freddo?
5. Perchè Nicola era ancora a casa?
6. Quando siete andati allo stadio giocava ancora il Milan?
7. Qual era l'ultimo film che avevamo visto?
8. Perchè sei andato dal medico giovedi?

Uscire la sera non è sempre fa̧cile per Lisetta.

## 2. The Infinitive Used as a Noun

In Italian an infinitive without an article may be used as the subject noun of a sentence. English verb forms ending in *-ing* often serve the same function.

| | |
|---|---|
| **Studiare** è necessario per chi vuole imparare. | *Studying is necessary for those who want to learn.* |
| **Andare** a casa in tassì è conveniente, ma costoso. | *Going home by taxi is convenient, but expensive.* |
| **Parlare** in pubblico è sempre stato fa̧cile per lei. | *Speaking in public has always been easy for her.* |

A direct or indirect object pronoun that follows the infinitive is attached to it.

| | |
|---|---|
| **Spedirlo** tardi è meglio che non **spedirlo** affatto. | *Mailing it late is better than not mailing it at all.* |

***EXERCISE***

D. *Complete the following sentences giving the Italian equivalents of the English words in parentheses.*

1. ______ (*Marketing for food*) è conveniente quando i negozi hanno tante buone cose da vendere.
2. ______ (*Writing*) in francese è sempre stato facilissimo per mio fratello.
3. ______ (*Going to the movies*) sarà certo divertente.
4. ______ (*Being a pediatrician*) è un lavoro che piace molto a Lisetta.
5. ______ (*Having a lot of money*) non vuole dire che uno sarà sempre felice.
6. ______ (*Buying it*) adesso costa troppo; acquisteremo quell'automobile quando sarà meno cara.
7. ______ (*Talking to her about it*) non sarà facile perchè lei non vuole nemmeno vedermi.
8. ______ (*Inviting*) molti amici a pranzo farà felice Giacomo.
9. ______ (*Winning*) questa partita è molto importante per la Fiorentina.
10. Qualche volta ______ (*travelling*) di notte può essere difficile.

Ci si incontra al solito posto? Se si arriva in ritardo, si rimane in piedi.

## 3. Impersonal Forms: Transitive, Intransitive and Reflexive Verbs

In Lesson 9 we encountered impersonal expressions in which the implied subject is indefinite or very general. In addition, in everyday usage, the impersonal form is often used in place of the *noi* form.

1. The impersonal pronoun **si** must precede the third-person singular of the verb in an impersonal construction.

| PERSONAL CONSTRUCTION | IMPERSONAL CONSTRUCTION |
|---|---|
| A che ora ci incontriamo? | A che ora **ci si**[3] **incontra?** |
| *What time are we meeting?* | |
| Dormivamo meglio in campagna. | **Si dormiva** meglio in campagna. |
| *We slept better in the country.* | |

[3] In making a reflexive verb impersonal, the reflexive pronoun ci must always be used before si.

| PERSONAL CONSTRUCTION | IMPERSONAL CONSTRUCTION |
|---|---|
| Lo compreremmo, ma non possiamo. | Lo **si comprerebbe,**[4] ma non **si può.** |
| *We would buy it, but we can't.* | |
| Ci riposeremo di più domani. | **Ci si riposerà** di più domani. |
| *We will rest longer tomorrow.* | |

When ẹssere, stare, diventare, divenire, and a few other verbs are used impersonally, predicate nouns or adjectives are in the plural, even though the verb is singular.

| | |
|---|---|
| Siamo sempre gentili con loro. | **Si è** sempre **gentili** con loro. |
| *We are always kind to them.* | |
| Siamo tutte infermiere qui. | **Si è** tutte **infermiere** qui. |
| *We are all nurses here.* | |

2. All compound tenses of the impersonal construction are formed with ẹssere. Note that if the verb to be used impersonally is usually conjugated with avere, the past participle ends in -o. When the verb requires ẹssere, the past participle ends in -i or -e.

| PERSONAL CONSTRUCTION | IMPERSONAL CONSTRUCTION |
|---|---|
| Abbiamo speso troppo denaro. | **Si è speso** troppo denaro. |
| *We spent too much money.* | |
| Avremmo dormito meglio a casa. | **Si sarebbe dormito** meglio a casa. |
| *We would have slept better at home.* | |
| Siamo andati al cịnema. | **Si è andati** al cịnema. |
| *We went to the movies.* | |
| Ci siamo riposati per tre ore. | **Ci si è riposati** per tre ore. |
| *We rested for three hours.* | |
| Non ci eravamo ancora vestite. | Non **ci si era** ancora **vestite.** |
| *We had not yet gotten dressed.* | |

### *EXERCISE*

E. *Change the following sentences to the impersonal form.*

1. Verremo con voi ma questo pomeriggio andiamo in centro.
2. Siamo partite presto perchè i ragazzi dovevano andare dal mẹdico.
3. Staremo buoni altrimenti non potremo vedere il film.
4. Parlavamo troppo quand'eravamo a scuola.
5. Siamo diventate magre perchè non mangiamo abbastanza.
6. Ci riposiamo un po'. Siamo molto stanche.
7. L'anno scorso tornavamo spesso dal lavoro alle dieci di sera.
8. Gli daremmo tutto quello che desidera, ma lui non vuol niente.
9. Ci siamo vestiti e subito dopo siamo usciti.
10. Quando eravamo al liceo, traducevamo molto bene dal latino all'italiano.
11. Abbiamo giocato molto bene ieri con la Fiorentina.
12. Quando eravamo bambini, ci conoscevamo molto bene.

[4] The direct object pronoun lo comes before si + verb. The impersonal pronoun si must always directly precede the impersonal verb.

## PAROLE UTILI

### Al balletto *(At the ballet)*

| | |
|---|---|
| l'**intẹrprete** (*pl.* gli, le **intẹrpreti** | *performer, actor* |
| il **cartellone** | *season schedule* |
| il **personaggio** | *character* |

***CLASS PROJECT: FASHION SHOW***

F. *Prepare a fashion show. Work in groups of twos. Comment on the outfits worn, including the accessories. Students could wear styles from various periods (roaring twenties, the sixties, etc.) or create outfits of the future. (Note: this could be videotaped.)*

[5] The words **il gemello, la gemella** also mean *twin brother, twin sister.*

# PARTE NARRATIVA B

***IN ABITO DA SERA***

Alle otto Lisetta scende le scale e incontra, davanti al portone di casa, Riccardo che è appena arrivato. Stasera lei è veramente elegante; sotto la pelliccia indossa un ạbito da sera che le sta benissimo. Non porta nè orecchini, nè collane; soltanto l'anello di fidanzamento e al polso della mano destra un semplice braccialetto d'oro. Anche Riccardo è vestito molto bene. Si è messo lo smoking e ai polsini della camicia di seta porta i gemelli regalạtigli da Lisetta per il suo compleanno. I due giovani salgono sụbito in mạcchina. L'auto corre rapidamente per le vie del centro arrivando poco dopo nel posteggio del teatro.

Giunti circa mezz'ora prima della rappresentazione, Riccardo e Lisetta trọvano facilmente i loro posti a pochi metri dal palcoscẹnico. Si siẹdono e lẹggono nel programma della serata i nomi degli intẹrpreti, del direttore d'orchestra, del coreọgrafo ed altre informazioni interessanti sulla compagnia di ballo russa.

A poco a poco il teatro si riempie e quando si alza il sipario, tutti tacciono e il balletto ha inizio.

***COMPREHENSION QUESTIONS***

1. A che ora si incontrano Lisetta e Riccardo?
2. Che cosa indọssano i due fidanzati?
3. Com'è arrivato a casa di Lisetta Riccardo?
4. Dove parchẹggiano l'automobile?
5. Quando Lisetta e Riccardo arrịvano a teatro, i posti sono già tutti occupati?
6. Cosa fanno i due fidanzati prima dell'inizio dello spettacolo?

SERVIZIO POSTEGGI ASSOCIAZIONE NAZIONALE
COMBATTENTI E REDUCI FIRENZE s. r. l.
Via S. Gallo, 57 - FIRENZE - Telefono 489.216

**SERVIZIO SOSTA AUTO**

**Tariffa L. 700**
**per ogni ora o frazione**
I.V.A. Inclusa Matr. D

№ 98337

Data ........................ Ora ..............

Targa ........................

ESIGERE SEMPRE I TAGLIANDI CORRISPONDENTI
AlI'AMMONTARE DELLA SOMMA PAGATA

***A NIGHT AT THE THEATER.*** Theater-going in Italy is usually a more formal affair than in most places in the United States. Both women and men like to dress up for the occasion, and many ladies love to show off their best jewels and gowns, particularly on the first night of an opera performance. A great number of Italian women manage to own a real fur coat, no matter how expensive it may be. There are, of course, many types of fur coats, each beautifully styled and appropriately priced. In recent years the number of Italian men who also wear fur coats has increased considerably.

All'interno del teatro d'opera "La Fenice" di Venezia.

# STRUTTURA E FUNZIONE

Si è messo lo smoking.

## 4. Reflexive Verbs Plus Parts of the Body or Items of Clothing

English speakers talk about "their shoes" or "my arm" or "her hair." When Italians talk about their bodies or clothing, they do not use possessive adjectives. Rather, they use a reflexive construction and an article with the part of the body or the item of clothing.

| | |
|---|---|
| **Mi lavo** la faccia. | *I wash my face.* |
| **Si mette** le scarpe. | *She puts on her shoes.* |
| **Ci tagliamo** i capelli. | *We cut our hair.* |

In compound tenses, the past participle agrees with the subject.

| | |
|---|---|
| **I ragazzi** si sono **lavati** le mani. | *The boys washed their hands.* |
| **Rita** si era **messa** il capello. | *Rita had put on her hat.* |

When the past participle is preceded by a direct object pronoun, it agrees with it in gender and number.

| | |
|---|---|
| I ragazzi **se le** sono **lavate.** | *The boys washed them. (the hands)* |
| Rita **se l'era messo.** | *Rita had put it on. (the hat)* |

Even when the subject is plural, the object (part of the body or article of clothing) is usually singular in Italian. In English it is plural.

| | |
|---|---|
| Si lạvano **la faccia.** | *They are washing their faces.* |
| Si sono messe **il cappello.** | *They put on their hats.* |

This practice does not apply, however, to words used mostly in the plural, such as **le mani, i capelli, le scarpe, i pantaloni.**

| | |
|---|---|
| Le signore si sono pitturate **le labbra.** | *The ladies made up their lips.* |
| Si sono messi **i pantaloni.** | *They put on their pants.* |

### *EXERCISES*

G. *Give the tenses indicated in Italian and their English equivalents.*

1. vestirsi (noi, passato prossimo)
2. coricarsi (io, passato prossimo)
3. pettinarsi (Maria, passato prossimo)
4. lavarsi (voi, futuro)
5. affrettarsi (tu, condizionale passato)
6. addormentarsi (le bambine, passato prossimo)
7. levarsi (io, imperfetto)
8. preoccuparsi (loro, futuro)
9. prepararsi (lui, presente)
10. svegliarsi (voi, ragazzi, futuro passato)

H. *Complete the following sentences, giving the Italian equivalents of the English words in parentheses.*

1. Ieri mattina Giovanni ________ *(washed his pants)* perchè ẹrano molto sporchi.
2. Non pọssono parlarvi adesso perchè loro ________ *(do not feel very well)*.
3. ________ *(She used to comb her hair)* cinque volte al giorno.
4. Prima di andare a teatro con il fidanzato, Lisetta ________ *(looked at herself)* molte volte allo specchio.
5. Che cosa fanno Gino e Lisa? ________ *(They are getting dressed)*
6. Vittorio ________ *(put on his silk shirt)* con la cravatta a farfalla e i gemelli d'oro.
7. I nostri genitori ________ *(will worry)* se non torneremo a casa prima di cena.
8. ________ *(You/*fam. pl.*/used to get up)* sụbito dopo l'alba.
9. Quando sono andati a letto, ________ *(they fell asleep)* immediatamente.
10. ________ *(They would enjoy themselves)* molto con noi, ma preferịscono rimanere a casa.

I. *Answer the following questions replacing the italicized words with the direct object pronoun. Make all other necessary changes.*

1. Giạcomo, ti sei già levato *la cravatta?*
2. Vi siete puliti *le scarpe?*
3. I dottori si sono asciugati *le mani?*
4. Tu, Marta, ti sei tagliata *il piede?*
5. Perchè non vi siete messi *il cappotto* oggi?
6. Ti sei lavata *i capelli?*
7. Perchè tua sorella si è messa *l'abito da sera?*
8. Ti sei comprato *delle riviste* in quel negozio?

Salgono subito in macchina. Si siedono. Tutti tacciono.

## 5. Conjugation, Meaning and Use of Some Verbs

1. **Correre** *(to run),* **salire** *(to climb, go up, get on),* **scẹndere** *(to come down, descend, get off).* These require the auxiliary verb **avere** when the object of one's running, climbing, or descending is indicated.

| | |
|---|---|
| Mario Andretti ha corso spesso **la «Indianapolis 500».** | *Mario Andretti has often raced the Indianapolis 500.* |
| Questo sportivo ha salito **la parete** orientale di quella montagna. | *This sportsman climbed the eastern wall of that mountain.* |
| Perchè avete sceso **la scala** tanto velocemente? | *Why did you come down the stairs so rapidly?* |

When these verbs are used with reference to a point of departure and/or arrival, however, the auxiliary **ẹssere** is required.

| | |
|---|---|
| I bambini **sono corsi** dalla mamma. | *The children ran to their mother.* |
| Pia **è salita** dal primo al quarto piano. | *Pia climbed from the first to the fourth floor.* |
| Lei **è scesa** dal treno alle due. | *She got off the train at two o'clock.* |

Mario Andretti, con il figlio Michael, anche lui corridore automobilistico.

Note that **salire** is irregular in the first person singular and the third person plural of the present indicative. It is, however, regular in the formation of the imperfect, the future, and the conditional.

salire

**salgo**
**sali**
**sale**
**saliamo**
**salite**
**salgono**

2. The three verbs **morire**, **sedere/sedersi**, and **tacere** are irregular in the present indicative.

| morire[6] | sedere[7] | sedersi | tacere |
|---|---|---|---|
| **muoio** *(I die)* | **siedo** *(I sit)* | **mi siedo** *(I sit down)* | **taccio** *(I am silent, I become silent)* |
| **muori** | **siedi** | **ti siedi** | **taci** |
| **muore** | **siede** | **si siede** | **tace** |
| **moriamo** | **sediamo** | **ci sediamo** | **taciamo** |
| **morite** | **sedete** | **vi sedete** | **tacete** |
| **muoiono** | **siedono** | **si siedono** | **tacciono** |

***EXERCISE***

L. *Complete the following sentences.*

1. ______ *(We would sit down)* insieme a voi, ma la mamma ci sta chiamando.
2. Quegli sportivi ______ *(ran)* "le Mille Miglia" l'anno scorso.
3. Quando Adriana ci ha visti, ______ *(she ran)* a salutarci.
4. Quand'ero giovane, ______ *(I used to climb the stairs)*, ora però preferisco prẹndere l'ascensore.
5. Tutte le volte che le parlo, ______ *(she is silent)* sempre.
6. In quell'ospedale parecchie persone torneranno a casa, altre invece ______ *(will die)*.
7. ______ *(While I was going down the stairs)*, ho incontrato mio cugino Giancarlo.
8. Alberto, perchè ______ *(did you get off the bus)* senza nemmeno dirmi "ciao"?
9. Ieri non ci sentivamo bene e per questo motivo ______ *(we immediately ran to the doctor)*.
10. Gli invitati ______ *(went up to the fourth floor)*, ma quando il campanello ha squillato non ha risposto nessuno.

[6] **Morire** is an intransitive verb conjugated with **essere**.

[7] **Sedere/sedersi** has both a regular and an irregular future and conditional: **sederò** and **sederei**, **siederò** and **siederei**, etc.

Saputo finalmente **Giunti** circa mezz'ora prima
La rappresentazione **allestita**

## 6. Uses of the Past Participle

The Italian past participle has other uses in addition to forming compound tenses.

1. It is often used as an adjective, agreeing in gender and number with the noun it modifies.

| | |
|---|---|
| Abbiamo mangiato il pranzo **cucinato** nel forno. | *We ate the dinner cooked in the oven.* |
| Ci piace la rappresentazione **allestita** da quella coreọgrafa. | *We like the performance staged by that choreographer.* |

2. It sometimes replaces the **gerundio composto** in a secondary clause. When this happens, it agrees in gender and number with the subject of the main verb.

| | |
|---|---|
| **Giunte** a Roma, le ragazze hanno sụbito telefonato a casa. | **Essendo giunte** a Roma, le ragazze hanno sụbito telefonato a casa. |

*Having arrived in Rome, the girls immediately called home.*

| | |
|---|---|
| **Saputo** che non eri a casa, sono andato a cercarti in ufficio. | **Avendo saputo** che non eri a casa, sono andato a cercarti in uffico. |

*Having learned that you weren't at home, I went looking for you at the office.*

3. Reflexive, direct, or indirect object pronouns are attached to a past participle.

| | |
|---|---|
| **Conosciụtele** le ha invitate a pranzo. | *After meeting (having met them), he invited them to dinner.* |
| **Vestịtici,** siamo usciti. | *After getting (after having gotten) dressed, we went out.* |
| **Datole** il libro, le ho detto: «Leggilo!» | *After giving (having given) her the book, I told her, "Read it!"* |

### *EXERCISES*

M. *Give the appropriate forms of the following verbs.*

1. morire (loro, *pres. ind.*) 2. salire (voi, *future*) 3. allestire (lui, *pres. ind*) 4. sedersi (io, *imperf.*) 5. vedere (tu, *future*) 6. scẹndere (lei, *pres. ind.*) 7. tạcere (io, *pres. ind.*) 8. cọrrere (tu, *condit.*) 9. sedere (loro, *future*) 10. sapere (voi, *future*)

N. *Give the past participle of the following verbs.*

1. scẹgliere 2. nạscere 3. tạgliare 4. indossare 5. sọrgere 6. colpire 7. evitare 8. rispọndere 9. corrẹggere 10. dire 11. rimanere 12. chiẹdere 13. cucinare 14. trovarsi 15. bere

O. *Complete the following sentences.*

1. Ecco la lettera ______ *(written)* da mio padre alla signora Rosari.
2. ____________ *(Having arrived)* in paese, l'autobus si è fermato davanti all'ufficio postale.
3. Il pallone, ______ *(kicked)* dal portiere, è giunto davanti alla porta avversaria.

4. ______ la macchina, Luciano è tornato a casa.
*(Having washed)*

5. ______ lei e la figlia sono andate a fare la spesa.
*(Having gotten dressed)*

6. Quello spettacolo, ______ da tutti i miei amici, non è piaciuto a nessuno.
*(seen)*

7. ______ le sue cose, la professoressa è uscita dalla classe.
*(Having picked up)*

8. Loro hanno comprato una macchina ______ in Inghilterra.
*(made)*

9. A Natale loro ricevono spesso dei pacchi ______ dall'estero.
*(shipped)*

10. ______ tutto ciò che sapeva, aspettava la mia risposta.
*(Having told me)*

La rappresentazione **avrà luogo** fra qualche giorno.

## 7. Idiomatic Expressions

Practice the following idioms.

| | |
|---|---|
| **avere inizio** | *to begin* |
| **avere luogo** | *to take place* |
| **essere di turno** | *to be on duty* |
| **lavorare a turno** | *to work in shifts* |
| **rimanere a piedi** | *to walk, be left walking* |
| **rimanere in piedi** | *to stand, be left standing* |

Due settimane fa hanno **avuto inizio** le partite del campionato di calcio.
La lezione di quel famoso regista non ha **avuto luogo** perchè lui non stava bene.
All'ospedale oggi **è di turno** il dottor Malpezzi.
In quella clinica le infermiere **lavorano a turno.**
Il cinema era pienissimo e noi **siamo rimasti in piedi.**
I miei cugini hanno perso l'autobus e così **sono rimasti a piedi.**

***EXERCISE***

P. *Answer the following questions using the idiomatic expressions.*

1. Devi lavorare stasera?
2. C'era molta gente al concerto?
3. Dove sarà la partita?
4. Hai la macchina oggi?
5. Quando cominciano le partite della Serie B?

### TOPIC FOR CONVERSATION

(Two students) A asks B to the theater next Sunday. B would like to go; however, before accepting the invitation, B wishes to have the following information:

1. What opera they are going to see. 2. Who the singers are and who is conducting the orchestra. 3. How much the tickets cost and who is going to buy them. 4. What time the performance will begin and when they can expect to be back home. (B must get up early on Monday morning to go to the Office of Vital Statistics to obtain some important documents.)

A gives B the following answers:

1. They are not going to see an opera, but a famous ballet. 2. Two young American dancers, in Italy for the first time, are the performers. A does not remember the name of the conductor, nor that of the ballet's choreographer. 3. A has already obtained the tickets, and they don't cost anything since they were given by a relative who works for the theater's **direttore amministrativo**. 4. The performance will begin at 8 P.M. and they should be home no later than 10:30.

B gladly accepts A's kind invitation.

# QUINTA LETTURA

### IL GIOCO DEL CALCIO

Di tutti gli sport praticati in Italia il calcio è quello che la gente segue in generale con maggiore interesse ed entusiasmo. La partita ha luogo fra due squadre, ciascuna di undici giocatori, il cui scopo principale è quello di calciare fra i pali della porta avversaria[8] una palla di cuoio—chiamata pallone—durante i due tempi di gioco.[9] Naturalmente più reti sono segnate, meglio è.

I giocatori dimọstrano la loro bravura passandosi con precisione la palla, che colpịscono con il piẹde, il capo e talvolta anche con altre parti del corpo (fuorchè con le mani o le braccia), evitando allo stesso tempo gli interventi dei calciatori rivali, intenti a bloccare la loro azione di penetrazione. L'ụnico membro della squadra di calcio che può toccare il pallone con le mani è il portiere, al quale è affidata la difesa della porta.

Non soltanto le grandi città e i capoluoghi di provincia, ma virtualmente tutti i paesi italiani hanno una loro squadra di calcio. Numerose sono anche le organizzazioni calcịstiche universitarie e scolastiche; ci sono anche squadre di calcio dirette e finanziate da sportivi locali, nonchè da aziende e ditte pụbbliche e private.

Le squadre principali, formate da professionisti e non da dilettanti, sono divise in tre gruppi: gruppo di Serie A, di Serie B e di Serie C. La serie alla quale ogni sịngola squadra appartiene è determinata annualmente dalla graduatoria in classifica che la squadra ha raggiunto al tẹrmine dei due gironi[10] di andata e di ritorno, giocati durante la stagione calcịstica. La squadra che ha ottenuto il maggior numero di punti vince il campionato.

[8] **fra i pali della porta avversaria**: *between the opponent's goal posts*

[9] **durante i due tempi di gioco**: *during the first and second halves of the game*

[10] **al tẹrmine dei due gironi**: *at the end of the first and second series*

Gruppo di tifosi del Napoli con bandiere.

### *READING COMPREHENSION*

A. *Answer the following questions based on the content of the* ***Quinta Lettura.***

1. Qual è lo sport che piace di più agli Italiani?
2. Quanti giocatori ci sono in tutto sul campo?
3. Chi vince la partita?
4. È vero che tutti i giocatori pọssono toccare il pallone con le mani ma non con il capo?
5. Un giocatore per fare rete dove deve mandare il pallone?
6. Soltanto le città e i paesi pọssono avere una squadra di calcio?
7. In quali squadre giọcano i giocatori professionisti?
8. Che cosa deve fare una squadra per vịncere il campionato?
9. Tu sai giocare a calcio? Sei mai stato(a) a vedere una partita di calcio?
10. Nel liceo dove hai studiato c'era una squadra di calcio?

### *WRITING*

B. *Summarize in your own words the content of the* ***Lettura "Il gioco del calcio."***

### *SPEAKING*

C. *Explain a soccer game (or other game) you have seen recently.*

# VOCABOLARIO

## NOUNS

| | |
|---|---|
| l'**abito da sera** | *evening gown, evening dress* |
| l'**anello** | *ring* |
| l'**anello di fidanzamento** | *engagement ring* |
| l'**ascensore** | *elevator* |
| l'**azienda** | *firm, business* |
| la **bravura** | *ability, skill* |
| il **calciatore** | *soccer player* |
| il **capoluogo** (*pl.* capoluoghi) | *provincial town* |
| il **cartellone** | (opera season/ballet concert) *schedule* |
| la **catena (d'oro)** | *(gold)chain* |
| il **cigno** | *swan* |
| la **collana** | *necklace* |
| il **compleanno** | *birthday* |
| la **cravatta a farfalla** | *bow tie* |
| il **cuoio** | *leather* |
| **(di cuoio)** | *(made of leather)* |
| il **dilettante** | *amateur* |
| la **ditta** | *firm, business* |
| la **fidanzata,** il **fidanzato** | *fiancée, fiancé* |
| il **fidanzamento** | *engagement* |
| il **gemello,** la **gemella** | *twin brother, twin sister* |
| i **gemelli** (*s.* il gemello) | *cufflinks* |
| il **gioiello** | *jewel* |
| il **girone di andata** | *first series* |
| il **girone di ritorno** | *second series* |
| la **graduatoria** | *ranking, list* |
| l'**interprete** (*pl.* gli, le interpreti) | *performer, actor/ actress* |
| la **maschera** | (theater) *usher* |
| **Mosca** | *Moscow* |
| l'**orecchino** | *earring* |
| l'**oro** | *gold* |
| **(d'oro)** | *(made of gold)* |
| la **palla** | *ball* |
| il **pallone** | *soccer ball* |
| il **palo** | *post, pole* |
| la **parete** | *wall* |
| la **pelliccia** | *furcoat* |
| il **polsino** | *shirt cuff* |
| il **polso** | *wrist* |
| il **portone** | *front gate, main door* |
| il **programma della serata** | *evening program* |
| la **scala** | *staircase* |
| le **scale** | *stairs* |
| la **seta** | *silk* |
| **(di seta)** | *(made of silk)* |
| lo **scopo** | *purpose, aim* |
| lo **smoking** | *tuxedo* |
| il **termine** | *end* |

## ADJECTIVES

| | |
|---|---|
| **avversario, a** | *opposing* |
| **calcistico, a** (*pl.* calcistici, calcistiche) | *soccer, football* |
| **diretto, a** | *managed* |
| **numerato, a** | *numbered* |

## VERBS

| | |
|---|---|
| **allestire (***conjugates like* finire) | *to stage, prepare* |
| **appartenere** | *to belong* |
| **bloccare** | *to block, cut off* |
| **calciare** | *to kick* |
| **colpire** | *to hit* |
| **cucinare** | *to cook* |
| **determinare** | *to determine* |
| **evitare** | *to avoid* |
| **indossare** | *to wear* |
| **iniziare** | *to begin, start* |
| **regalare** | *to give as a present* |
| **riempire** | *to fill (up)* |
| **riempirsi** | *to fill oneself* |
| **salire** | *to climb, get on, go up* |
| **tacere** | *to be/become silent* |
| **tagliare** | *to cut* |
| **tagliarsi** | *to cut oneself* |
| **toccare** | *to touch* |

## OTHER WORDS

| | |
|---|---|
| **annualmente** | *yearly* |
| **ciò** | *this, that, it* |
| **fino** | *until* |
| **fuorchè** | *except, save* |
| **sino** | *until* |
| **talvolta** | *sometimes* |

## COGNATES

| | |
|---|---|
| l'**appuntamento** | *appointment* |
| l'**azione** | *action* |
| la **ballerina,** il **ballerino** | *dancer* |
| il **balletto** | *ballet* |
| il **ballo** | *ball, dance* |
| il **braccialetto** | *bracelet* |
| la **clinica** | *clinic, nursing home* |
| la **compagnia di ballo** | *ballet company* |
| **determinato** (*past part.* of determinare) | *determined* |
| la **difesa** | *defense* |
| l'**entusiasmo** | *enthusiasm* |
| **finanziato, a** | *financed* |
| **generalmente** | *generally* |
| l'**organizzazione** | *organization* |
| il **pediatra** (*pl.* i pediatri, le pediatre) | *pediatrician* |
| la **penetrazione** | *penetration* |
| il **personaggio** | *personage, character* |
| la **precisione** | *precision* |
| **privato, a** | *private* |
| **professionista** (*pl.* professionisti, e) | *professional* |
| il, la **professionista** | *professional person* |
| il **punto** | *point, period* |
| **(in punto)** | *(sharp)* |
| **puntuale** | *punctual, ready* |

## IDIOMS

| | |
|---|---|
| **avere inizio** | *to begin* |
| **avere luogo** | *to take place* |
| **ẹssere di turno** | *to be on duty* |
| **lavorare a turno** | *to work in shifts* |
| **rimanere a piedi** | *to walk, be left walking* |
| **rimanere in piedi** | *to stand, be left standing* |

# REVIEW 3

A. *Substitute the appropriate pronouns for the words in parentheses, making all necessary changes.*

1. Il signor Viola venderebbe (la sua auto) (a Giorgio).
2. Mio fratello non vuole dare (a te) (il suo biglietto).
3. Roberto ha portato (dei fiori) (a Lucia).
4. Non posso vẹndere (la mia casa) (a Gina).
5. Maria è tornata; chiedi (a lei) (il suo libro)!
6. Il cameriere porterà (due paste) (ai signori Picchi).
7. Per piacere, potrebbe dire (a me) (il suo indirizzo)?
8. Avrei dato volentieri (a voi) (dieci dọllari).
9. La signora Mancini parlerà (a noi) (delle sue vacanze).
10. Un signore offriva (la birra) (agli amici).

B. *Answer the following questions using the appropriate pronouns.*

1. Può spiegarmi le rẹgole di questo gioco, per favore?
2. Suo fratello Le darà dei regali?
3. Darebbe il Suo nụmero di telẹfono a Franco?
4. Vuole guardare questa partita di calcio?
5. Ha detto alla Sua amica di venire a scuola?
6. Potrebbe spedire questa lẹttera a Michele?
7. I vostri amici vi hanno portato la rivista "Oggi"?
8. Mi darebbe un pò di pane?

C. *Change the following sentences to the imperfect and present conditional tenses.*

1. Dico sempre la verità a Luisa.
2. Enrico comincia a lẹggere un libro.
3. Mangiamo volentieri una pizza a cena.
4. Margherita non dimẹntica mai le chiavi di casa.
5. Tu mi spieghi la lezione.
6. Secondo lui Marco non studia mai abbastanza.
7. I miei amici ci danno dei biglietti per la partita.
8. Il signor Buti fa volentieri una festa.

D. *Give the correct forms of the present perfect or the imperfect, as appropriate, for the infinitives in parentheses.*

1. Domenica passata Carla ______ (arrivare) mentre io ______ (essere) all'ufficio.
2. Quando noi ______ (uscire) ______ (fare) bel tempo.
3. Quando Stẹfano ______ (avere) dieci anni ______ (andare) a scuola ogni giorno.
4. Anna ______ (scrịvere) tre lẹttere mentre ______ (ascoltare) un concerto alla radio.

5. Ieri la signorina Fossi ______ (partire) mentre ______ (diluviare).

6. La settimana passata io non ______ (venire) da voi perchè ______ (dovere) lavorare.

E. *Give the correct forms of the future or the future perfect, as appropriate, for the infinitives in parentheses.*

1. Dopo che noi ______ (mangiare), ______ (andare) al cinema.
2. Quando Maria ______ (studiare), ______ (guardare) la televisione.
3. Io ______ (venire) a parlarvi dopo che io ______ (riposarsi).
4. Tu ______ (spedire) questa lettera dopo che ______ (comprare) i francobolli.
5. Dopo che noi ______ (fare) questa gita ______ (riposarsi).
6. Quando loro ______ (tornare) a casa io ______ (andare) a vederli.

F. *Form a sentence in Italian using each of the following words.*

1. fingers 2. arms 3. walls 4. bones 5. eyelashes 6. knees

G. *Give the Italian equivalent of the following sentences.*

1. Will you come with us? Certainly!
2. Luciano drives quickly.
3. She arrived suddenly.
4. Rosa speaks badly of Elisa.
5. Speak, but briefly!
6. We often go to the stadium.
7. It's late and I must leave.
8. Come home early!

H. *Give the Italian equivalents of the phrases in parentheses and then answer the questions that follow.*

*Giovanni sta camminando in una strada del centro quando incontra Sandra, che non vede da molto tempo, ed è contento di parlarle.*

GIOVANNI Ciao, Sandra, dove *(have you been)* ______ tutto questo tempo? *(I have not seen you)* ______ da molti mesi.

SANDRA *(I travelled)* ______ in Europa poi *(I went)* ______ a studiare inglese negli Stati Uniti.

GIOVANNI Un'ottima esperienza, immagino. *(Did you like it)* ______?

SANDRA Moltissimo. Tutti i giorni *(I got up)* ______ presto e *(I went)* ______ a lezione, poi *(I eat)* ______ all'università. Nel pomeriggio *(I was)* ______ libera e spesso *(I played)* ______ a tennis, *(I took)* ______ delle giratine in macchina o *(I met)* ______ degli amici. *(I did)* ______ anche molte altre cose interessanti e *(I enjoyed myself)* ______ molto. *(I returned)* ______ solo ieri. Ma, *(tell me)* ______ dove *(are you going)* ______?

GIOVANNI *(I must)* ______ incontrare Francesco fra poco in Piazza del Duomo e *(we will go)* ______ a pranzo insieme. Perchè *(don't you come)* ______ con noi? *(We will eat)* ______ alla trattoria "I cinque amici" e *(you will be able to tell us)* ______ tutto del tuo soggiorno americano.

SANDRA Volentieri, è un'ottima idea! *(Let's go)* ______!

***DOMANDE***

1. Giovanni dove incontra Sandra?
2. Da quanto tempo Giovanni non vede Sandra?
3. Dove è stata Sandra?
4. Negli Stati Uniti Sandra ha studiato tutto il tempo?
5. Si è divertita?
6. Giovanni dove incontrerà Francesco?
7. Dove andranno Francesco e Giovanni?
8. È vero che Sandra non può andare con loro?

I. *Translate the expression in parentheses into the proper form of the comparative.*

1. Luigi ci ha detto che le tagliatelle di sua moglie non ẹrano *(as)*______ buone *(as)*______ quelle che ha mangiato da noi.
2. Se non mi sbaglio loro abitavano al piano *(lower)*______, mentre noi abitavamo al piano *(upper)*______.
3. Loro dịcono che Anna è *(the best)*______ studentessa.
4. Ragazzi, come state oggi, *(better)*______ o *(worse)*______ di ieri?
5. D'estate c'è più gente al mare *(than)*______ in montagna.
6. Voi siete certamente *(more)*______ bravi ______ lui.

# LESSON 16

| COMMUNICATION SKILLS | STRUCTURES | CULTURE |
|---|---|---|
| Expressing possibility, doubt, uncertainty, and desire using the subjunctive | 1. Imperative of **bere**, **morire**, **salire**, **scegliere**, **sedersi**, **tacere**, **tradurre**<br>2. Present subjunctive: regular verbs<br>3. Present subjunctive: irregular verbs<br>4. Past subjunctive<br>5. Use of the subjunctive: I<br>6. Sequence of tenses—indicative/subjunctive: I<br>7. Idiomatic expressions | Rural vs. urban life<br>Torino<br>Italian industry |

## DIALOGO

***TRASFERIMENTO IN CITTÀ***

*Eugenio Traversi, capoofficina in una grande fạbbrica di Torino, ha intenzione di lasciare il paese dove ạbita e di andare a vịvere con la famiglia in città. Desịdera perciò discụtere con Gabriella, sua moglie, i vantaggi del loro trasloco a Torino.*

EUGENIO  Gabriella, siẹditi qui un momento, per favore! Vorrei parlarti.
GABRIELLA  Eccomi, Eugenio. Dimmi pure.

Veduta di Torino, del fiume Po e dell'imponente Mole Antonelliana.

**_TORINO._** Con una popolazione di oltre 1.000.000 di abitanti, Torino è fra le prime quattro più grandi città d'Italia. Essa è anche la capitale del Piemonte, che è una delle più ricche, produttive e storicamente più importanti regioni della penisola. La città, attraversata dal Po, vanta numerosi monumenti fra i quali la famosa "Mole Antonelliana". Vicino a Torino e nelle altre regioni del Piemonte si producono alcuni fra i migliori vini italiani. Famosi sono anche i vini spumanti *(sparkling wines)* della provincia di Asti.

EUGENIO Benchè mi dispiaccia lasciare il nostro paese, penso che dobbiamo trasferirci[1] in città. Sono stufo di andare tutte le mattine avanti e indietro. Tu che ne dici?

GABRIELLA Credo che tu abbia avuto un'ottima idea. È giusto che tu possa riposarti un po' dopo tanti anni di lavoro!

EUGENIO Certo abitare a Torino renderà la mia vita molto più facile . . .

GABRIELLA Inoltre è importante che i nostri figlioli frequentino un buon liceo e qui in paese non abbiamo licei.

EUGENIO Hai ragione, ma ricordati che vivere in città costerà di più . . . specialmente l'affitto.

GABRIELLA È vero, però tutto considerato, mi sembra che i vantaggi superino gli svantaggi.

EUGENIO Quando potremo trasferirci?

GABRIELLA Scegli tu la data. Per me, prima traslochiamo, meglio è.

[1] Il verbo **trasferire/trasferirsi** si coniuga *(is conjugated)* esattamente come **finire** al presente indicativo e all'imperativo.

***DOMANDE***

*Rispondete alle seguenti domande sul contenuto del dialogo "Trasferimento in città".*

1. Che lavoro fa Eugenio Traversi e dove abita la sua famiglia?
2. Di che cosa parla Eugenio con la moglie?
3. Per quale motivo lui desidera andare a vịvere in città?
4. Gabriella è d'accordo con il marito?
5. È vero che la vita in città costa meno della vita in un piccolo paese?
6. Quale altro importante vantaggio il trasloco a Torino offrirà ai figli dei signori Traversi?

# STRUTTURA E FUNZIONE

Gabriella, **siediti** qui un momento, per favore!

## 1. Imperativo dei Verbi *bere, morire, salire, scegliere, sedersi, tacere, tradurre*

| bere | morire | salire | scẹgliere[2] | sedersi[3] | tacere | tradurre[4] |
|---|---|---|---|---|---|---|
| **bevi** | **muori** | **sali** | **scegli** | **siẹditi** | **taci** | **traduci** |
| **beva** | **muoia** | **salga** | **scelga** | **si sieda** | **taccia** | **traduca** |
| **beviamo** | **moriamo** | **saliamo** | **scegliamo** | **sediạmoci** | **taciamo** | **traduciamo** |
| **bevete** | **morite** | **salite** | **scegliete** | **sedetevi** | **tacete** | **traducete** |
| **bevano** | **muoiano** | **salgano** | **scelgano** | **si siedano** | **tacciano** | **traducano** |

**Bevete** questo vino! È ọttimo.
Colpendolo, il soldato dice al nemico: **«Muori!»**
**Saliamo** da lui per dargli la buona notizia!
Il commesso del negozio dice al cliente: «Signor Battisti, **scelga** quest'ạbito!»
**Siẹditi** per qualche minuto!
**Tacete** adesso! Avete parlato abbastanza.
Signorina, **traduca** questa frase!

[2] Come **scẹgliere** si cọniugano all'imperativo tutti gli altri verbi in **-gliere: accọgliere, cọgliere, raccọgliere, sciọgliere**, ecc.

[3] L'imperativo di sedere è: **siedi, sieda, sediamo, sedete, siẹdano.**

[4] Come **tradurre** si cọniugano anche gli altri verbi in **-urre: condurre, produrre**, ecc.

***ESERCIZI***

A. *Completate le seguenti frasi traducendo le parole in parẹntesi.*

1. Terminata la lezione, l'insegnante esclama: «Ragazzi adesso ______ *(collect your books)* e ______ *(go home)*!»
2. Seccata, la madre ọrdina al figliolo. «Enrico ______ *(drink your milk)* e ______ *(eat)* quella bella mela!»
3. La moglie del direttore sorride alle invitate dicendo: «______ *(Please, ladies, sit down)*!»
4. Bambini, ______ *(be silent)*! Non posso sentire quello che lui mi dice.
5. All'università il professore le ha detto: «Signorina, per domani, ______ *(translate)* queste cinque frasi.»
6. Prima di uscire la moglie ha ricordato al marito: «Riccardo, ______ *(do not drink)* troppo vino con gli amici stasera!»
7. Signori, ______ *(go up)* al quarto piano! Il ragionier Massimi ạbita lì.
8. Se volete guadagnare molto, ______ *(produce)* di più.
9. Antonietta, ______ *(sit down)* vicino a me e ______ *(do not cry)*.
10. Nel negozio di abbigliamento Bruno dice all'amico: «Alberto, ______ *(choose)* quella bella giacca blu!»

Mi sembra che i vantaggi **superino** gli svantaggi.

## 2. Congiuntivo Presente: Verbi Regolari

Il congiuntivo è un modo verbale che esprime la possibilità e l'incertezza. È generalmente usato in proposizioni secondarie *(dependent clauses)* quando l'azione espressa[5] dal verbo è considerata come possịbile, desiderạbile oppure incerta.

In italiano il congiuntivo ha quattro tempi:

| | |
|---|---|
| Tempi sẹmplici | presente *(present)* |
| *(simple tenses)* | imperfetto *(imperfect)* |
| Tempi composti | passato *(perfect)* |
| *(compound tenses)* | trapassato *(pluperfect)* |

[5] **Espresso, a** è il participio passato del verbo **esprịmere** *(to express).*

### Formazione del Presente Congiuntivo dei Verbi in *-are, -ere, -ire*

| Verbi in | -are | -ere | -ire |
|---|---|---|---|
| 1,2,3 persona singolare | **-i** | **-a** | **-a** |
| 1 persona plurale | | **-iamo** | |
| 2 persona plurale | | **-iate** | |
| 3 persona plurale | **-ino** | **-ano** | **-ano** |

| parlare | ricẹvere | dormire |
|---|---|---|
| **parli** | **riceva** | **dorma** |
| **parli** | **riceva** | **dorma** |
| **parli** | **riceva** | **dorma** |
| **parliamo** | **riceviamo** | **dormiamo** |
| **parliate** | **riceviate** | **dormiate** |
| **parlino** | **ricevano** | **dormano** |

1. Al congiuntivo presente i verbi in -**iare**,[6] pẹrdono la -**i** della radice *(stem)* davanti alle desinenze *(endings)* che cominciano con -**i**.

   **viaggiare:** viagg**i**, viagg**i**, viagg**i**, viagg**iamo**, viagg**iate,** viagg**ino**

2. Al congiuntivo presente i verbi in -**care** e -**gare** aggiụngono una -**h** davanti a tutte le desinenze.

   **dimenticare:** dimenti**chi**, dimenti**chi**, dimenti**chi**, dimenti**chiamo**, dimenti**chiate**, dimenti**chino**

3. Il congiuntivo presente *(present subjunctive)* dei verbi **capire**, **finire**, **preferire** (e degli altri verbi che si coniụgano alla stessa maniera), si forma aggiungendo il suffisso -**isc** alle desinenze della 1, 2, e 3 persona singolare e della 3 persona plurale.

| capire | finire | preferire |
|---|---|---|
| **capisca** | **finisca** | **preferisca** |
| **capisca** | **finisca** | **preferisca** |
| **capisca** | **finisca** | **preferisca** |
| **capiamo** | **finiamo** | **preferiamo** |
| **capiate** | **finiate** | **preferiate** |
| **capiscano** | **finiscano** | **preferiscano** |

4. Poichè le prime tre persone singolari del presente congiuntivo hanno la stessa desinenza, il pronome personale soggetto dev'essere solitamente espresso per evitare ambiguità.

   Mio padre desidera che **io parli** al professor Maggi.
   Mio padre desidera che **tu parli** al professor Maggi.
   Mio padre desidera che **lui/lei parli** al professor Maggi.

[6] Al congiuntivo presente il verbo **sciare** mantiene la -**i** della radice nelle prime tre persone singolari e nella terza persona plurale: **scii**, **scii**, **scii**, **sciamo**, **sciate**, **scịino**.

### Congiuntivo Presente di *essere* e *avere*

| ẹssere | avere |
|---|---|
| **sia** | **abbia** |
| **sia** | **abbia** |
| **sia** | **abbia** |
| **siamo** | **abbiamo** |
| **siate** | **abbiate** |
| **siano** | **abbiano** |

***ESERCIZI***

B. *Coniugate i seguenti verbi al congiuntivo presente.*

1. rispondere (noi) 2. evitare (tu) 3. indossare (lei) 4. avere (io) 5. vịvere (loro) 6. ricẹvere (noi) 7. esclamare (Luigi) 8. costare (il trasloco) 9. capire (tu) 10. ẹssere (loro) 11. iniziare (io) 12. colpire (loro)

C. *Date la forma del congiuntivo presente dei seguenti verbi.*

1. loro frequẹntano 2. tu scrivi 3. lei desidera 4. io penso 5. loro sẹmbrano 6. Rosa taglia 7. i ragazzi stụdiano 8. io abito 9. il treno arriva 10. loro tẹmono 11. tu e io dormiamo 12. Sergio e Maria preferịscono.

È giusto che tu **possa**

## 3. Congiuntivo Presente: Verbi Irregolari

La maggior parte dei verbi irregolari fọrmano il congiuntivo presente usando la stessa radice dell'indicativo presente.

| | |
|---|---|
| bevo | beva |
| faccio | faccia |
| conduco | conduca |
| dico | dica |

La prima persona plurale del congiuntivo è uguale alla prima persona plurale dell'indicativo.

| | |
|---|---|
| **andare** | vada, andiamo, andiate, vạdano |
| **bere** | beva, beviamo, beviate, bẹvano |
| **cọgliere**[7] | colga, cogliamo, cogliate, cọlgano |
| **condurre**[8] | conduca, conduciamo, conduciate, condụcano |
| **dare** | dia, diamo, diate, dịano |
| **dire** | dica, diciamo, diciate, dịcano |

[7] I verbi in **-gliere** fọrmano il presente congiuntivo come **cọgliere**. Esempio: **scẹgliere** = **scelga, scegliamo, scegliate, scẹlgano.**

[8] I verbi in **-urre** fọrmano il congiuntivo come **condurre**. Esempio: **tradurre** = **traduca, traduciamo, traduciate, tradụcano.**

| | |
|---|---|
| **dovere** | deva (debba), dobbiamo, dobbiate, devano (debbano) |
| **fare** | faccia, facciamo, facciate, facciano |
| **morire** | muoia, moriamo, moriate, muoiano |
| **piacere** | piaccia, piacciamo, piacciate, piacciano |
| **potere** | possa, possiamo, possiate, possano |
| **rimanere** | rimanga, rimaniamo, rimaniate, rimangano |
| **salire** | salga, saliamo, saliate, salgano |
| **sapere** | sappia, sappiamo, sappiate, sappiano |
| **sedersi** | mi/ti/si sieda, ci sediamo, vi sediate, si siedano |
| **stare** | stia, stiamo, stiate, stiano |
| **tacere** | taccia, taciamo, taciate, tacciano |
| **tenere** | tenga, teniamo, teniate, tengano |
| **uscire** | esca, usciamo, usciate, escano |
| **venire** | venga, veniamo, veniate, vengano |
| **volere** | voglia, vogliamo, vogliate, vogliano |

***ESERCIZI***

D. *Date il congiuntivo presente delle seguenti forme verbali.*

1. Mario tace 2. tu puoi 3. io verrei 4. voi morirete 5. lei rimane 6. noi usciamo 7. loro diranno 8. Anna andrebbe 9. tu hai fatto 10. io sapevo 11. loro vogliono 12. lei ha tenuto 13. lei coglie 14. noi stiamo 15. tu bevevi 16. loro dovevano 17. mi siedo 18. lei salirà 19. i ragazzi sono andati 20. io conduco 21. Maria traduceva 22. tu sei

Credo che **tu abbia avuto** un'ottima idea.

## 4. Congiuntivo Passato: Verbi Regolari E Irregolari

1. Il congiuntivo passato *(perfect subjunctive)* dei verbi transitivi e intransitivi che richiedono l'ausiliare **avere** si forma[9] alla seguente maniera:

| | | |
|---|---|---|
| SINGOLARE | | |
| 1,2,3 persona | **abbia** | |
| PLURALE | | |
| 1 persona | **abbiamo** | |
| 2 persona | **abbiate** | + il participio passato del verbo |
| 3 persona | **abbiano** | |

| parlare | ricevere | dormire |
|---|---|---|
| **abbia parlato** | **abbia ricevuto** | **abbia dormito** |
| **abbia parlato** | **abbia ricevuto** | **abbia dormito** |
| **abbia parlato** | **abbia ricevuto** | **abbia dormito** |
| **abbiamo parlato** | **abbiamo ricevuto** | **abbiamo dormito** |
| **abbiate parlato** | **abbiate ricevuto** | **abbiate dormito** |
| **abbiano parlato** | **abbiano ricevuto** | **abbiano dormito** |

[9] si forma = *is formed*

2. Il congiuntivo passato dei verbi intransitivi si forma come segue:

| SINGOLARE | |
|---|---|
| 1,2,3 persona | **sia** |
| PLURALE | |
| 1 persona | **siamo** |
| 2 persona | **siate** + il participio passato del verbo |
| 3 persona | **siano** |

| arrivare | rimanere | partire |
|---|---|---|
| **sia arrivato, a** | **sia rimasto, a** | **sia partito, a** |
| **sia arrivato, a** | **sia rimasto, a** | **sia partito, a** |
| **sia arrivato, a** | **sia rimasto, a** | **sia partito, a** |
| **siamo arrivati, e** | **siamo rimasti, e** | **siamo partiti, e** |
| **siate arrivati, e** | **siate rimasti, e** | **siate partiti, e** |
| **siano arrivati, e** | **siano rimasti, e** | **siano partiti, e** |

3. Congiuntivo passato dei verbi essere e avere.

| essere | avere |
|---|---|
| **sia stato, a** | **abbia avuto** |
| **sia stato, a** | **abbia avuto** |
| **sia stato, a** | **abbia avuto** |
| **siamo stati, e** | **abbiamo avuto** |
| **siate stati, e** | **abbiata avuto** |
| **siano stati, e** | **abbiano avuto** |

***ESERCIZI***

E. *Coniugate i seguenti verbi al passato congiuntivo.*

1. arrivare (noi) 2. chiedere (io) 3. domandare (tu) 4. perdere (voi) 5. uscire (le ragazze) 6. partire (Rosa) 7. sentire (Lei) 8. offrire (tu) 9. essere (lei) 10. spedire (lei) 11. scrivere (voi) 12. esclamare (noi) 13. temere (io) 14. viaggiare (tu) 15. morire (Giuseppe) 16. dare (lui e io) 17. correre (noi) 18. rispondere (Loro) 19. cogliere (voi) 20. avere (noi)

F. *Cambiate i seguenti verbi dal passato prossimo al congiuntivo passato.*

1. siete tornate 2. ho letto 3. hanno dormito 4. avete voluto 5. è uscito 6. hai deciso 7. ho voluto 8. è nevicato 9. abbiamo raggiunto 10. hai temuto 11. hanno speso 12. hai visto 13. lui è stato 14. hai dovuto 15. sono partita 16. avete detto 17. abbiamo fatto 18. ha piovuto 19. il sole è sorto 20. sei giunta

Benchè mi **dispiaccia**     È importante che i nostri figli **frequentino**

## 5. Uso del Congiuntivo: Parte I

In italiano, contrariamente all'inglese, il congiuntivo è usato non solo nella lingua scritta, ma anche in quella parlata. È infatti il corretto uso del congiuntivo quello

I giardini di Villa Sciarra a Roma.

che distingue la persona colta[10] da quella meno istruita. I quattro tempi *(tenses)* del congiuntivo pọssono ẹssere introdotti in una proposizione secondaria come indicato qui sotto:

1. Da alcuni verbi che esprịmono:
   (a) un opinione, un'impressione, una speranza o un dubbio *(opinion, impression, hope, or doubt).*

   **crẹdere, pensare, sperare, sembrare** *(to seem),* **negare** *(to deny),* **aspettare, aspettarsi** *(to expect)*

   (b) un comando, una richiesta, un desiderio o una volontà *(command, demand, desire, or wish)*

   **volere, chiẹdere, richiedere** *(to request),* **comandare** *(to command),* **ordinare, desiderare**

   (c) una preferenza, un timore, un piacere o un dispiacere *(preference, fear, pleasure, or displeasure).*

   **preferire, temere, aver paura** *(to fear),* **non sapere, aver piacere, ignorare** *(to ignore),* **dispiacersi, rallegrarsi** *(to rejoice)*

[10] Gli aggettivi colto, a e istruito, a vọgliono dire *(mean) educated.*

I verbi della proposizione principale *(main clause)* che introdụcono il congiuntivo dẹvono ẹssere immediatamente seguiti dalla congiunzione *(conjunction)* **che** e hanno un soggetto diverso da quello del verbo della proposizione secondaria.

| | |
|---|---|
| Il signor Mazzali crede che suo figlio sia già partito. | *Mr. Mazzali believes his son has already left.* |
| Lui non vuole che voi rimaniate in centro. | *He doesn't want you to remain downtown.* |
| Loro tẹmono che tu non abbia studiato abbastanza. | *They fear you didn't study enough.* |

Se la proposizione principale e quella secondaria hanno lo stesso soggetto, il verbo della proposizione secondaria è all'infinito (presente o passato), e non al congiuntivo.

| | |
|---|---|
| Il signor Mazzali crede di partire alle tre. | *Mr. Mazzali believes he is leaving at three o'clock.* |
| Lui non vuole rimanere in centro. | *He doesn't want to remain downtown.* |
| Tẹmono di non aver studiato abbastanza. | *They fear they didn't study enough.* |

2. Dalle congiunzioni:

| | |
|---|---|
| **affinchè** / **di modo che** / **perchè** | *so that* |
| **benchè** / **quantunque** / **sebbene** | *although* |
| **nonostante** | *even though* |
| **a patto che** | *on condition that* |
| **a meno che . . . non** | *unless* |
| **purchè** | *provided that* |
| **qualora** | *in case* |
| **prima che** | *before* |
| **senza che** | *without* |

Notare che le congiunzioni **prima che** e **senza che** sono seguite dal congiuntivo solo quando il soggetto delle proposizioni principali e secondarie sono diversi. Se i soggetti sono gli stessi, il verbo della proposizione secondaria è all'infinito e non al congiuntivo.

| SOGGETTI DIVERSI | STESSI SOGGETTI |
|---|---|
| Io le telefono prima che lei parta. | Io le telẹfono prima di partire. |
| *I call her before she leaves.* | *I call her before I leave.* |
| Lei parla senza che nessuno la[11] capisca. | Lei parla senza capire quello che dice. |
| *She talks without anyone understanding her.* | *She talks without understanding what she is saying.* |

Con le altre congiunzioni, i soggetti della proposizione principale e della proposizione secondaria pọssono ẹssere gli stessi oppure diversi.

| | |
|---|---|
| Gli do il libro **perchè** lo legga. | *I give him the book so that he reads (will read) it.* |
| Parlo ad alta voce **di modo che** tutti mi capiscano. | *I speak in a loud voice so that everyone understands (will understand) me.* |
| Oggi siete stanchi **benchè** ieri abbiate dormito molto. | *You are tired today, although you slept a lot last night.* |

[11] I pronomi oggetto diretti e indiretti (incluso **ne**) precẹdono sempre il verbo coniugato al congiuntivo.

| | |
|---|---|
| Lui è magrissimo **nonostante** mangi molto. | *He is extremely thin, even though he eats a lot.* |
| Domani andremo in campagna **a meno che** non piova. | *Tomorrow we will go to the country, unless it rains.* |
| Andiamo al cinema **a patto che** veniate con noi. | *We are going to the movies on condition that you come with us.* |
| Comprerò quella cravatta **purchè** mio padre mi abbia spedito l'assegno. | *I'll buy that tie, provided that my father mailed me the check.* |
| **Qualora** loro vẹngano, telefonạtemi! | *In case they come, call me!* |
| Uscirò **quantunque** sia tardi. | *I'll go out, although it's late.* |
| Non fa molto freddo **sebbene** sia nevicato. | *It's not too cold, although it snowed.* |
| Ve lo diciamo **affinchè** lo sappiate. | *We are telling it to you so that you know it.* |

3. Da un'espressione impersonale (positiva o negativa) oppure da un verbo impersonale, usato positivamente o negativamente, come:

(a) (non) + **essere** + aggettivo/avverbio + **che**

| | |
|---|---|
| (non) **è bene che** | *(it's not) it's well that* |
| (non) **è giusto che** | *(it's not) it's right/fair* |
| (non) **è possibile/impossibile che** | *(it's not) it's possible/impossible* |
| (non) **è probabile/improbabile che** | *(it's not) it's probable/improbable* |

(b) (non) + verbo impersonale + **che**

| | |
|---|---|
| (non) **occorre che** | *(it's not) it's necessary that* |
| (non) **bisogna che** | *(it's not) it's necessary that* |
| (non) **basta che** | *(it's not) it's enough that* |
| (non) **sembra che** | *(it doesn't seem) it seems that* |
| **può darsi che** | *it may be that* |
| **non importa che** | *it doesn't matter that* |

| | |
|---|---|
| **È bene che** io gli parli subito. | *It's well for me to speak to him immediately.* |
| Non **è possibile che** lei sia già partita. | *It's not possible that she has already left.* |

L'espressione impersonale formata da **ẹssere** + **vero** richiede l'indicativo se la frase è positiva (**È vero che Marco è stanco**); se la frase è negativa richiede invece il congiuntivo (**Non è vero che Marco sia stanco**).

| | |
|---|---|
| **È probạbile che** lei non ạbiti più lì. | *It's probable that she no longer lives there.* |
| **Non è giusto che** lui sia morto così giọvane. | *It's not fair that he died so young.* or *It's not fair for him to have died so young.* |
| **Occorre che** loro vengano qui domani. | *They must come here tomorrow.* or *It's necessary for them to come here tomorrow.* |
| **Sembra che** voi siate stati in centro. | *It seems that you were (have been) downtown.* |
| **Può darsi che** Gino abbia avuto ragione. | *It may be that Gino was right.* |

Quando il soggetto della proposizione secondaria non è chiaramente indicato, l'infinito è usato invece del congiuntivo.

| | |
|---|---|
| Non è bene bere troppo. | *It's not good to drink too much.* |
| Bisogna lavorare per guadagnare. | *One must work to earn money.* |

***ESERCIZI***

G. *Completate le seguenti frasi con il congiuntivo presente dei verbi fra parentesi.*

1. Noi speriamo che lui (venire) presto.
2. Benchè voi (avere) fame, non potete ancora mangiare.
3. Ho paura che lei (perdersi).

4. È probabile che la squadra di calcio (vincere).
5. Lui desidera che noi (viaggiare) in autobus.
6. A meno che lei non (telefonare), non possiamo partire.
7. È possibile che gli studenti non (capire) questa lezione.
8. Lei teme che tu non (potere) venire a Roma con noi.

È importante che i nostri figlioli **frequentino**

## 6. Concordanza dei Tempi[12] — Indicativo/congiuntivo: Parte I

Una volta stabilito che il congiuntivo è il modo che si deve usare nella proposizione secondaria, il tempo del verbo al congiuntivo è determinato dal verbo della proposizione principale, secondo la seguente regola generale:

| PROPOSIZIONE PRINCIPALE *(main clause)* | PROPOSIZIONE SECONDARIA *(dependent clause)* |
|---|---|
| **verbo** | **verbo** |
| *Indicativo Presente*<br>*Indicativo Futuro*<br>*Imperativo* | **(a)** *Congiuntivo Presente: (present)* se l'azione espressa dal verbo della proposizione secondaria è simultanea a quella del verbo della proposizione principale.<br>**(b)** *Congiuntivo Passato: (perfect)* se l'azione espressa dal verbo della proposizione secondaria è anteriore a quella del verbo della proposizione principale. |

**AZIONE SIMULTANEA**

**Spero** che Massimo **sia** a casa ora. (Indic. Pres. / Cong. Pres.) — *I hope Massimo is home now.*

**È importante** che lei non **dica** nulla. (Indic. Pres. / Cong. Pres.) — *It's important that she doesn't say anything.*

Non **capiranno** molto **quantunque** studino. (Indic. Futuro / Cong. Pres.) — *They will not understand much, although they study.*

**Parlategli** affinchè lo **sappiano.** (Imperativo / Cong. Pres.) — *Talk to them so that they know it.*

**Bisogna** che voi **studiate** di più. (Indic. Pres. / Cong. Pres.) — *It's necessary that you study more.*

**AZIONE NON SIMULTANEA**

Non **credo** che loro **siano usciti.** (Indic. Pres. / Cong. Passato) — *I don't believe they went out.*

Tu **penserai** che io non le **sia piaciuto.** (Indic. Futuro / Cong. Passato) — *You'll think she didn't like me.*

**Temi** che lei non l'**abbia visto?** (Indic. Pres. / Cong. Passato) — *Are you afraid she hasn't seen it?*

Non **è possible** che lui **sia morto.** (Indic. Pres. / Cong. Passato) — *It's not possible that he died.*

**Ha fame** nonostante **abbia** già **mangiato.** (Indic. Pres. / Cong. Passato) — *He/She is still hungry even though he/she has already eaten.*

[12] Concordanza dei Tempi: *Sequence of tenses.*

### *ESERCIZI*

H. *Completate le seguenti frasi coniugando il verbo in parẹntesi.*

1. (andare) Non penso che Gustavo ______ all'università nel pomeriggio.
2. (ẹssere) Benchè lei ______ pọvera, ha sempre qualcosa da mangiare.
3. (dire) È inụtile che io ti ______ quanto mi dispiace.
4. (volere) Hanno paura che voi non ______ pagare il conto.
5. (bere) È bene che tu ______ tutto il latte.
6. (avere) Giạcomo, taci a meno che tu non ______ qualcosa d'importante da dire!
7. (fare) Oggi mangerò purchè la mamma ______ lạ spesa.
8. (scrịvere) Qualora voi ci ______, noi certo vi risponderemo.
9. (scegliere) Occorre che io ______ un regalo per il suo compleanno.
10. (portare) Ordinate che loro vi ______ sụbito una bella bistecca!

I. *Completate le seguenti frasi traducendo i verbi in parẹntesi.*

1. Non penso che voi ______ *(understood)* quello che ho detto ieri sera.
2. Comprerà quel vestito purchè lei ______ *(received)* l'assegno del padre.
3. Non viene da noi sebbene lui ______ *(arrived)* tre giorni fa.
4. Mi sembra che voi, ragazzi, ______ *(spent)* troppo denaro alla Standa.
5. È probạbile che Giorgio e Luca ______ *(have already come back)* da Verona.
6. Credete che Vittoria ______ *(decided)* quale vestito da sera indossare?
7. È impossịbile che lei ______ *(made)* quello sbaglio; è troppo intelligente!
8. Sebbene io ______ *(learned)* il tedesco, non lo ricordo bene.
9. Nonostante loro ______ *(have had)* molte cose da fare, non sono affatto stanchi.
10. È importante che Lei, dottor Alberti, ______ *(met)* il direttore amministrativo.

L. *Traducete le seguenti frasi.*

1. It's possible that we saw her last week.
2. Although she told me the truth, I am not happy.
3. She doubts that her husband spoke to me.
4. I'll be back before they finish writing.
5. They don't believe she was abroad last year.
6. I fear he is crazy.
7. It seems that they always travel first class.
8. Antonio and Rosa will leave before she comes.
9. It's better to be silent.
10. I am going to work on condition that they work too.

M. *Rispondete alle seguenti domande cominciando la frase con* **credo che** *e il congiuntivo*

1. A che ora sono arrivati i vostri amici in paese?
2. Quando va a vivere a Torino il signor Traversi?
3. Perchè tuo cognato vuole andare a vivere in città?
4. Quali sono i vantaggi di vivere in città?
5. È più facile vivere in paese o in città?
6. Quale mese hanno scelto i signori Traversi per trasferirsi in città?

Eugenio **ha intenzione di** lasciare il paese.

## 7. Espressioni Idiomatiche

**andare avanti** — *to be fast* (with reference to a watch)
**andare avanti e indietro** — *to go back and forth, to commute*
**andare indietro** — *to be slow* (with reference to a watch)
**andare su e giù** — *to go up and down*
**avere intenzione di** (fare qualcosa) — *to intend to* (do something)
**essere stufo (a) di** — *to be sick and tired of, to be fed up*

Non **abbiamo intenzione di** dirgli tutto.
Quei ragazzi non **avevano intenzione di** fare il cọmpito.
Mariangela **è stufa di** aspettare il fidanzato; lui è sempre in ritardo.
I bambini **andavano su e giù** per le scale.
Quando abitava in campagna, **andava avanti e indietro** fra il paese e la città.
Il tuo orologio non **va avanti, va indietro.** Non sono le 8,30, ma le 8,48.

***ESERCIZI***

N. *Completate le seguenti frasi traducendo le parole in parẹntesi.*

1. Non è possịbile che loro ______ *(intend)* partire domattina.
2. Mi sembra che il vostro orologio ______ *(is fast)*, mentre il mio ______ *(is slow)*.
3. Le mie amiche ________________ *(used to be sick and tired)* di vedere sempre gli stessi film.

4. L'avvocato Rossetti ______________ *(goes back and forth)* perchè ha l'ufficio in centro e la famiglia in periferia.

5. L'inverno, quando volete sciare, ______________ *(you go up and down)* fra Milano e Cortina d'Ampezzo.

O. *Rispondete alle seguenti domande con un'espressione idiomatica adatta:*

1. Qual è l'ora esatta?
2. Gabriella, puoi andare sopra a prendermi il vestito?
3. Abiti nella stessa città dove lavori?
4. Perchè non ti piace lavorare in quel supermercato?
5. Che cosa hai intenzione di fare dopo l'università?

### ESERCIZI DI CONVERSAZIONE

A. *Rispondete alle seguenti domande di carạttere generale.*

1. Dove ạbiti adesso?
2. Hai mai abitato in un pịccolo paese o in una grande città?
3. Che cosa hai intenzione di fare quando avrai finito gli studi universitari?
4. La tua famiglia ha mai traslocato? Quando, dove e perchè?
5. Pensi che sia più costoso vịvere in città oppure in campagna?
6. Ti piacerebbe lavorare in una grande città?
7. Quali vantaggi credi che offra la vita cittadina?
8. Il tuo orologio va avanti oppure segna l'ora giusta?
9. Hai mai avuto intenzione di andare a fare un lungo viaggio in paesi stranieri?
10. Sei stufo(a) di rispondere a tutte queste domande?

B. *Argomento della conversazione.*

PARTE PRIMA. Tu sei ragioniere(a) e lavori da otto anni in una grande banca di Milano che ha succursali *(branch offices)* in altre città del nord. Poche ore fa il Presidente del Consiglio di Amministrazione ti ha comunicato che intenderebbe trasferirti a Verona dove occuperesti il posto di direttore/direttrice della succursale di quella città. La banca ti aumenterebbe di molto lo stipendio e ti pagherebbe anche tutte le spese di trasferimento (tu sei sposato[a], con tre figli, due maschi e una fẹmmina).

PARTE SECONDA. La sera, quando torni a casa dal lavoro, dai la buona notizia a tutti i membri della tua famiglia e discuti con loro i vantaggi e gli svantaggi del prọssimo trasloco. Verona dista da Milano oltre 155 km. e non potrai quindi andare avanti e indietro. Venderete perciò l'appartamento di Milano e ne comprerete un altro, più grande, a Verona. I ragazzi dovranno cambiare scuola, ma questo non è affatto un problema perchè a Verona ci sono delle ọttime scuole—licei e istituti tecnici—e il trasferimento avrà luogo soltanto dopo la fine dell'anno scolastico. Inoltre, essendo Verona molto più pịccola di Milano, lì sarà meno costoso vivere e la vita dovrebbe essere più tranquilla. Per questi motivi a nessuno in casa tua dispiace andare a vivere nella città di Giulietta e Romeo.

*Istruzioni:* Uno studente assume il ruolo del Presidente del Consiglio di Amministrazione, un altro quello del ragioniere (della ragioniera). Il colloquio fra i due avviene nella banca.

Alla conversazione (Parte Seconda) fra il ragioniere/la ragioniera e i membri della sua famiglia, devono partecipare almeno quattro persone. Marito, moglie e due figli (un maschio e una fẹmmina). Anche i figli dẹvono fare domande, particolarmente riguardo la scuola, amici, ecc.

Un'operaia al lavoro negli stabilimenti della FIAT a Torino.

# SESTA LETTURA

### *LO SVILUPPO DELL'INDUSTRIA IN ITALIA*

Prima del 1860 l'Italia era un paese la cui economia dipendeva in grandịssima parte dall'agricoltura. Le sue industrie, molte delle quali a carattere artigianale[13], erano quasi tutte concentrate nelle regioni settentrionali, e in particolare in Piemonte, in Lombardia, nel Vẹneto e a Prato, in Toscana. Di queste le più importanti ẹrano quelle tessili e cioè la produzione e la lavorazione della seta, del lino, del cotone e della lana.

A partire dagli ultimi decenni dell'Ottocento[14], grazie soprattutto all'utilizzazione dell'energia elẹttrica, nạscono in parecchie località della penisola varie indụstrie che contribuịscono[15] in maniera notevole a migliorare il tenore di vita[16] della popolazione. Grandi impianti siderurgici aprono le loro porte in Liguria, nell'isola d'Elba, a Piombino, a Terni, a Nạpoli e a Taranto. Allo stesso tempo il continuo incremento della rete ferroviaria[17] e la sempre crescente richiesta di

[13] molte delle quali a carạttere artigianale: *many of which produced handmade articles*

[14] l'Ottocento: *the nineteenth century*

[15] contribuiscono: *help to;* contribuire si coniuga come finire.

[16] il tenore di vita: *the quality of life*

[17] rete ferroviaria: *railway network*

macchinari da parte delle Ferrovie dello Stato[18] accelerano lo sviluppo delle industrie meccaniche. Negli stabilimenti[19] di grandi società quali la Breda, l'Ansaldo e poi L'Olivetti, si fabbricano[20] locomotive, apparecchi elettrici e macchine da scrivere, mentre la Fiat a Torino e l'Alfa Romeo a Milano, daranno eventualmente al paese le prime automobili *"made in Italy"* e provocheranno la formazione di numerose altre industrie minori, collegate con l'industria automobilistica[21] e quella dei trasporti.

Lo sviluppo industriale, interrotto per molti anni dalle due guerre mondiali, riprende con rinnovato vigore subito dopo il 1945, quando il paese è appena uscito dagli orrori e devastazioni della guerra. Dal 1950 al 1963 ha luogo in Italia quello che è chiamato "il miracolo economico"[22], e cioè la trasformazione dell'economia italiana da principalmente agricola a essenzialmente industriale. In questo periodo aumentano considerevolmente gli scambi con l'estero e in numerosi settori industriali le esportazioni superano di gran lunga[23] le importazioni, con effetti indubbiamente favorevoli sulla bilancia dei pagamenti[24]. Fra le industrie più fiorenti ci sono quelle mecchaniche, chimiche e metallurgiche.

Oggi l'Italia è uno dei maggiori paesi industrializzati del mondo occidentale e i prodotti delle sue industrie sono ricercati[25] e venduti in ogni angolo del mondo.

## COMPRENSIONE

A. *Rispondete alle seguenti domande basate sulla **Sesta Lettura**.*

1. Che carattere avevano le poche industrie italiane prima del 1860?
2. Quali erano allora i principali prodotti dell'industria tessile e in quali parti del paese erano concentrate queste industrie?
3. Qual'è la cosa che ha principalmente favorito lo sviluppo di molte industrie verso la fine del secolo scorso?
4. È vero che le più importanti industrie siderurgiche erano tutte in Piemonte e in Lombardia?
5. Come si chiamavano e si chiamano anche oggi le grandi società che producono materiale ferroviario e apparecchi elettrici?
6. La I e la II Guerra Mondiale hanno aiutato lo sviluppo dell'industria in Italia?
7. In che periodo ha luogo il famoso "miracolo economico"?
8. Che cosa avviene in questi anni?
9. In che modo il "miracolo economico" aiuta la bilancia dei pagamenti?
10. Quali sono oggi le maggiori industrie italiane?

## COMPOSIZIONE

B. *Scrivete un riassunto basato sulla lettura "Lo sviluppo dell'industria in Italia".*

[18] le Ferrovie dello Stato: *the State Railway System*
[19] stabilimenti: *plants, factories*
[20] si fabbricano: *are made*
[21] l'industria automobilistica: *automotive industry*
[22] «il miracolo economico»: *the economic boom*
[23] di gran lunga: *by far*
[24] la bilancia dei pagamenti: *the balance of payments*
[25] sono ricercati: *are wanted, sought after*

***RELAZIONE***

C. *Dopo aver fatto delle ricerche, fate una presentazione orale su un prodotto italiano conosciuto e ricercato.*

# VOCABOLARIO

## SOSTANTIVI

| | |
|---|---|
| l'**apparecchio** | *instrument, apparatus* |
| il **capoofficina** (*pl.* i capiofficina) | *foreman* |
| il **decennio** | *ten-year period, decade* |
| il **dispiacere** | *regret, sorrow, displeasure* |
| le **Ferrovie dello Stato** | *State Railway System* |
| la **guerra** | *war* |
| l'**impianto** | *plant, installation* |
| l'**incremento** | *increase* |
| la **lavorazione** | *processing, work* |
| la **richiesta** | *demand, request* |
| lo **scambio** | *exchange* |
| la **speranza** | *hope* |
| la **succursale** | *branch office* |
| lo **sviluppo** | *development* |
| il **timore** | *fear* |
| il **trasloco** | *move, removal* |
| la **volontà** | *will* |

## AGGETTIVI

| | |
|---|---|
| **artigianale** | *handmade* |
| **automobilistico, a** (*pl.* automobilistici, automobilistiche) | *motor* |
| **colto, a** | *educated* |
| **crescente** | *growing* |
| **fiorente** | *flourishing, blooming* |
| **giusto, a** | *fair, right, just* |
| **istruito, a** | *educated, cultured* |
| **occidentale** | *Western, West* |
| **siderurgico, a** (*pl.* siderurgici, siderurgiche) | *iron* (relating to the iron and steel industry) |
| **stufo, a** | *sick and tired, fed up* |

## VERBI

| | |
|---|---|
| **accelerare** | *to speed up, quicken* |
| **aspettarsi** | *to expect* |
| **aumentare** | *to increase, augment* |
| **bisognare** | *to need, be necessary* |
| **collegare** | *to connect, join* |
| **comandare** | *to command, order* |
| **concentrare** | *to assemble, concentrate, gather together* |
| **considerare** | *to consider, examine* |
| **contribuire** (si coniuga come **finire**) | *to contribute, help* |
| **dipendere** (participio passato: **dipeso**) | *to depend* |
| **discutere** | *to discuss* |
| **dubitare** | *to doubt* |
| **esprimere** (participio passato: **espresso**) | *to express* |
| **fabbricare** | *to make, manufacture, produce, build, erect* |
| **frequentare** | *to attend, frequent* |
| **ignorare** | *to ignore* |
| **interrompere** (participio passato: **interrotto,** si coniuga come **rompere**) | *to interrupt* |
| **negare** | *to deny* |
| **occorrere** (participio passato: **occorso**) | *to be necessary, need, to have to* |
| **provocare** | *to provoke, cause* |
| **rallegrarsi** | *to rejoice* |
| **rendere** (participio passato: **reso**) | *to make, render, give back* |
| **ricercare** | *to look for, seek after* |
| **richiedere** (si coniuga come **chiedere**) | *to request, demand* |
| **ricordare** | *to remember* |
| **rinnovare** | *to renew* |
| **riprendere** (participio passato: **ripreso;** si coniuga come **prendere**) | *to resume, take up again* |
| **sembrare** | *to seem, appear, look like* |
| **superare** | *to outnumber* |
| **trasferire** (si coniuga come **finire**) | *to transfer, move, relocate* |
| **trasferirsi** (si coniuga come **finire**) | *to move, transfer, relocate* |
| **traslocare** | *to move out* |

## ALTRI VOCABOLI

| | |
|---|---|
| **affinchè** | *so that* |
| **avanti** | *forward, forwards* |
| **benchè** | *although* |
| **indietro** | *back, backward, backwards* |
| **a meno che non** | *unless* |
| **di modo che** | *so that* |
| **nonostante** | *even though* |
| **a patto che** | *on condition that* |
| **prima che** | *before* |
| **purchè** | *provided that* |
| **qualora** | *in case* |
| **quantunque** | *although* |
| **sebbene** | *although* |
| **soprattutto** | *above all* |

## PAROLE SIMILI

| | |
|---|---|
| **agricolo, a** | *agricultural* |
| **l'agricoltura** | *agriculture* |
| **chimico, a** (*pl.* chimici, chimiche) | |
| il **comando** | *command, order* |
| **considerevolmente** | *considerably* |
| la **devastazione** (*pl.* le devastazioni) | *devastation, ravages* |
| il **dubbio** | *doubt* |
| **economico, a** (*pl.* economici, economiche) | *economic(al)* |
| l'**effetto** | *effect* |
| **elettrico, a** (*pl.* elettrici, elettriche) | *electric(al)* |
| l'**energia** | *energy* |
| l'**esportazione** | *export* |
| **essenzialmente** | *essentially, mainly* |
| **eventualmente** | *eventually* |
| **favorevole** | *favorable* |
| la **formazione** | *formation* |
| l'**importazione** | *import* |
| **impossibile** | *impossible* |
| l'**impressione** | *impression* |
| **improbabile** | *improbable* |
| **indubbiamente** | *undoubtedly* |
| l'**industria** | *industry* |
| **industriale** | *industrial* |
| **industrializzato, a** | *industrialized* |
| **interrotto, a** | *interrupted* |
| la **località** | *locality* |
| la **locomotiva** | *locomotive, engine* |
| il **macchinario** | *machinery* |
| la **maniera** | *manner, way* |
| **meccanico, a** (*pl.* meccanici, meccaniche) | *mechanical* |
| **metallurgico, a** (*pl.* metallurgici, metallurgiche) | *metallurgic(al)* |
| il **miracolo** | *miracle* |
| l'**orrore** | *horror* |
| il **pagamento** | *payment* |
| **possibile** | *possible* |
| la **preferenza** | *preference* |
| la **produzione** | *production* |
| la **richiesta** | *request, demand* |
| il **settore** | *sector* |
| la **società** | *society, company* |
| lo **svantaggio** | *disadvantage* |
| **tessile** | *textile* |
| il **trasferimento** | *transfer, move, removal* |
| la **trasformazione** | *transformation* |
| l'**utilizzazione** | *utilization* |
| il **vantaggio** | *advantage* |
| il **vigore** | *vigor* |

## FRASI IDIOMATICHE

| | |
|---|---|
| **andare avanti** | *to be fast* (with reference to a watch) |
| **andare avanti e indietro** | *to go back and forth, commute* |
| **andare indietro** | *to be slow* (with reference to a watch) |
| **andare su e giù** | *to go up and down* |
| **avere intenzione di fare qualcosa** | *to intend to do something* |
| **essere stufo(a) di . . .** | *to be sick and tired, fed up* |

# LESSON 17

| COMMUNICATION SKILLS | STRUCTURES | CULTURE |
| --- | --- | --- |
| More on using the subjunctive | 1. Present indicative, imperative, and present subjunctive of **muọvere, porre, spẹgnere**<br>2. Future and present conditional of **cadere, muọvere, porre, vịvere;** past participle of **esprịmere, muọvere, porre, spẹgnere**<br>3. Use of the subjunctive: II<br>4. Formation of the imperfect subjunctive<br>5. Formation of the pluperfect subjunctive<br>6. Sequence of tenses—indicative/subjunctive: II<br>7. Idiomatic expressions | Italian politics<br>Italian movies |

## DIALOGO A

***CHI VINCERÀ LE ELEZIONI?***

*Durante ogni campagna elettorale, gli esponenti dei vari partiti politici fanno a gara nel promettere ai loro concittadini nuove riforme e tante altre belle cose.*

*Fra quelli che non crẹdono più a queste promesse elettorali ci sono anche tre vecchi signori, Gustavo Merli, Vincenzo Botta e Augusto Melchiorri.*

GUSTAVO Avete sentito? Sempre le stesse promesse. Ma chi le metterà in atto?
VINCENZO Nessuno, come al sòlito. Non cambierà nulla qualunque partito vinca le elezioni!
GUSTAVO Questo perchè oggi ci sono troppi partiti . . .
AUGUSTO E nessuno è forte abbastanza da poter governare da solo il paese!
VINCENZO Esattamente. Avremo un altro governo di coalizione e quando questo cadrà, ricomincerà di nuovo la crisi . . .
AUGUSTO Purtroppo! Se invece nel passato più Italiani avẹssero votato per uno dei due maggiori partiti, la situazione oggi sarebbe diversa.
GUSTAVO Hai ragione, Augusto. Ma, dimmi: tu per chi voterai?
AUGUSTO Per la Democrazia Cristiana.
GUSTAVO Davvero? Pensavo che tu fossi liberale.
AUGUSTO Sono liberale, ma do sempre il mio voto alla D.C. E voi due, per chi voterete?
GUSTAVO Io per i repubblicani. Per me, è l'ụnico partito che ponga in evidenza i veri mali del paese.
AUGUSTO E tu, Vincenzo?
VINCENZO Io voterò per i socialisti. Mi piace molto Craxi[1].

## DOMANDE

*Rispondete alle seguenti domande sul contenuto del dialogo "Chi vincerà le elezioni?"*

1. Quando è che gli uọmini polịtici fanno tante belle promesse ai loro concittadini?
2. Parlano di sport i signori Merli, Botta e Melchiorri?
3. È vero che in Italia non ci sono abbastanza partiti polịtici?
4. Perchè è necessario formare un altro governo di coalizione?
5. Per quale partito voterà il signor Melchiorri?
6. A chi dei tre vecchi signori piace Bettino Craxi?

**I PARTITI POLITICI ITALIANI.** In Italia ci sono numerosi partiti polịtici, grandi e pịccoli, fra i quali i più importanti sono: la Democrazia Cristiana (DC), il Partito Comunista (PCI), il Partito Socialista (PSI), il Partito Repụbblicano (PRI) e il Partito Liberale (PLI). Dal 1948 ad oggi però la scena polịtica italiana è dominata dalla DC e dal PCI che ottẹngono[2] sempre il maggior nụmero dei voti. Anche se la DC riceve ancora più voti del Partito Comunista, essa non ha tuttavia la maggioranza e deve quindi allearsi con altri partiti minori del centro-destra o del centro-sinistra per formare con il loro aiuto un governo capace di ottenere il voto di fiducia del Parlamento e di governare perciò il paese.

[1] Bettino Craxi è il capo del Partito Socialista Italiano.
[2] Il verbo ottenere *(to obtain)* si coniuga esattamente come tenere.

Incontro di uomini politici a Roma.

## STRUTTURA E FUNZIONE

È l'unico che **ponga** in evidenza i veri mali del paese.

### 1. Indicativo Presente, Imperativo e Congiuntivo Presente dei Verbi *muovere, porre e spegnere.*

| muọvere[3] *(to move)* | porre[4] *(to place, put, set)* | spẹgnere[5] *(to extinguish, turn off)* |
|---|---|---|
| | INDICATIVO PRESENTE | |
| **muovo** | **pongo** | **spengo** |
| **muovi** | **poni** | **spegni** |
| **muove** | **pone** | **spegne** |
| **moviamo** | **poniamo** | **spegniamo** |
| **movete** | **ponete** | **spegnete** |
| **muovono** | **pongono** | **spengono** |

[3] Quando muovere è usato riflessivamente (muọversi), significa *to move (oneself), stir, go, leave.* Io muovo la tạvola *(I move the table);* io mi muovo *(I move, go, leave).*

[4] Comporre si coniuga come porre; significa *to compose.* Il gerundio presente di porre e comporre è ponendo, componendo.

[5] In Toscana si ụsano anche le forme: spengo, spengi, spenge, spengiamo, spengete, spẹngono.

| muovere *(to move)* | porre *(to place, put, set)* | spęgnere *(to extinguish, turn off)* |
|---|---|---|
| | IMPERATIVO | |
| **muovi** | **poni** | **spegni** |
| **muova** | **ponga** | **spenga** |
| **moviamo** | **poniamo** | **spegniamo** |
| **movete** | **ponete** | **spegnete** |
| **muovano** | **pongano** | **spengano** |
| | CONGIUNTIVO PRESENTE | |
| 1<br>2 **muova**<br>3 | 1<br>2 **ponga**<br>3 | 1<br>2 **spenga**<br>3 |
| **moviamo** | **poniamo** | **spegniamo** |
| **moviate** | **poniate** | **spegniate** |
| **muovano** | **pongano** | **spengano** |

Quando questo **cadrà**, ricomincerà di nuovo la crisi.

## 2. Futuro e Condizionale Presente di *cadere, muovere, porre* e *vivere*. Participio Passato dei Verbi *esprimere, muovere, porre, spegnere*

| cadere[6] | muọvere[7] | porre[8] | vịvere |
|---|---|---|---|
| | FUTURO | | |
| **cadrò** | **moverò** | **porrò** | **vivrò** |
| **cadrai** | **moverai** | **porrai** | **vivrai** |
| **cadrà** | **moverà** | **porrà** | **vivrà** |
| **cadremo** | **moveremo** | **porremo** | **vivremo** |
| **cadrete** | **moverete** | **porrete** | **vivrete** |
| **cadranno** | **moveranno** | **porranno** | **vivranno** |
| | CONDIZIONALE | | |
| **cadrei** | **moverei** | **porrei** | **vivrei** |
| **cadresti** | **moveresti** | **porresti** | **vivresti** |
| **cadrebbe** | **moverebbe** | **porrebbe** | **vivrebbe** |
| **cadremmo** | **moveremmo** | **porremmo** | **vivremmo** |
| **cadreste** | **movereste** | **porreste** | **vivreste** |
| **cadrebbero** | **moverebbero** | **porrebbero** | **vivrebbero** |

PARTICIPIO PASSATO

esprimere = **espresso**
muovere = **mosso**
porre = **posto**
spegnere = **spento**

[6] Cadere vuol dire *to fall.*

[7] L'imperfetto indicativo di muọvere è: movevo, movevi, moveva, movevamo, movevate, movẹvano.

[8] Il participio passato di comporre *(to compose)* è composto.

Grande dimostrazione a Roma per la pace nel mondo.

### ESERCIZI

A. *Completate le seguenti frasi coniugando nella forma appropriata dell'imperativo, dell'indicativo presente o del congiuntivo presente i verbi in parentesi.*

1. (muovere) Desịdero che voi non ______ nulla dal salotto.
2. (porre) Marisa e Carla, ______ i bicchieri e i piatti in cucina!
3. (muoversi) Io non ______ di qui qualunque cosa lui dica.
4. (spẹgnere) Non è necessario che voi ______ la radio; mi piace molto questa mụsica.
5. (comporre) Giorgio crede che la pianista ______ una nuova canzone.
6. (spegnere) ______ la sigaretta quando tu entri in casa sua!
7. (muoversi) È probạbile che loro non ______ da Roma.
8. (porre) Non vogliamo che tu ______ l'ombrello bagnato su quella poltrona.
9. (muọvere) Giovanni, ______ l'automọbile dalla strada e mẹttila nel garage!
10. (spẹgnere) Quando loro ẹscono, ______ sempre la luce.

B. *Completate le seguenti frasi traducendo i verbi in parẹntesi.*

1. Quando farà freddo la nonna ______ *(will move)* la sua poltrona vicino al caminetto.
2. Bambini, se correrete troppo in fretta, ______ *(you will fall)*.
3. ______ *(I would move)* l'automọbile dal garage, ma il babbo non vuole.
4. Prima di addormentarsi ______ *(they turned off)* la radio.

5. Quando Sandra andrà a fare la spesa, ________ *(she will put)* tutto nella sua sportina.

6. I nostri parenti ________ *(would live)* volentieri all'estero, ma non vogliono imparare un'altra lingua straniera.

7. Il marito domanda alla moglie: «Carla, dove ________ *(did you put)* la mia macchina da scrịvere?»

8. Tutti, camminando sul ghiaccio, ________ *(would fall)* facilmente!

9. Uscito dalla stazione, il treno ________ *(moved)* sempre più velocemente.

10. Chi ________ *(composed)* la musica di quel balletto?

11. Non è possibile che la zia ________ *(turned off)* il forno perchè lei era fuori.

12. I miei vecchi nonni ________ *(never move)* dal loro paesino.

13. ________ *(She expressed)* il desiderio di andare in vacanza a Cortina d'Ampezzo.

14. Il Ministro della Pubblica Istruzione ________ *(will emphasize)* i più importanti problemi della scuola italiana.

15. ________ *(I will extinguish)* la sigaretta prima di salire sull'autobus.

Non cambierà nulla **qualunque** partito **vinca** le elezioni.

## 3. Uso del Congiuntivo: Parte II

Il congiuntivo può anche ẹssere introdotto:

(a) da un superlativo relativo o dagli aggettivi **ụnico, a; solo, a; primo, a; ultimo, a;** ecc. quando la proposizione secondaria è preceduta dal pronome relativo **che** o da altri pronomi relativi.

| | |
|---|---|
| Laura è **la più bella** ragazza **che** io **abbia** mai **visto.** | *Laura is the most beautiful girl I have ever seen.* |
| Loro sono gli **ụnici che** mi **capiscano.** | *They are the only ones who understand me.* |
| Questo è l'**ultimo** abito **che** lui **venda.** | *This is the last suit he sells.* |

(b) dal pronome relativo **che**, quando è preceduto da **niente, nulla** o **nessuno** nella frase principale.

| | |
|---|---|
| Non c'è **nulla che** io **possa** fare per voi. | *There is nothing I can do for you.* |
| Non conosce **nessuno che insegni** l'inglese così bene come lei. | *He doesn't know anyone who teaches English as well as she does.* |
| Qui non hanno **niente che** ci **piaccia.** | *They have nothing here that we like.* |

(c) da **qualunque/qualunque cosa** *(whatever)*, **chiunque** *(whoever, whomever)* e **dovunque** *(wherever)* nella proposizione secondaria.

| | |
|---|---|
| Non imparerà mai nulla **qualunque** libro lui **legga.** | *He will never learn anything whatever book he reads.* |
| Sarò felice **chiunque venga.** | *I will be happy whoever comes.* |
| **Dovunque** tu **vada,** io ti seguirò. | *Wherever you go, I will follow you.* |

(d) dal pronome **che** con significato finale o specifico.

| | |
|---|---|
| Cerco una casa **che sia** abbastanza grande. | *I am looking for a large enough house.* |
| Quella ditta vuole un direttore amministrativo **che abbia studiato** all'estero. | *That firm wants a manager who studied abroad.* |
| Ho bisogno d'una dattilọgrafa **che batta** a mạcchina 80 parole al minuto. | *I need a typist who types 80 words per minute.* |

(e) dai verbi **chiẹdere, domandare, non capire, non sapere** seguiti, nella proposizione secondaria, da **chi, che cosa, dove, come, quando** e **perchè**.

| | |
|---|---|
| Non capisco **che cosa vogliate.** | *I don't understand what you want.* |
| Mi domando spesso **chi** loro **cẹrchino.** | *I often ask myself whom they are looking for.* |
| Domanderò a mio padre **dove sia andato** Giuseppe. | *I'll ask my father where Giuseppe has gone.* |

***ESERCIZI***

C. *Completate le seguenti frasi coniugando il verbo in parẹntesi.*

1. (essere) Desideriamo comprare un'automọbile che non ______ troppo costosa.
2. (andare) Non sappiamo quando lui ______ in centro.
3. (prẹndere) Qualunque treno tu ______, non arriverai in tempo a Bologna.
4. (avere) Luisa e Giovanna sono le ụniche amiche che loro ______.
5. (andare su e giù) Non è necessario che voi ______ tutte le mattine.
6. (avere) Non credo che tu ______ l'intenzione di parlargli adesso.
7. (volere) Non capisco perchè lei ______ rimanere a casa stasera.
8. (sapere) È vero che tu non conosci nessuno che ______ fare quel lavoro?
9. (venire) Gli chiederò chi ______ questo pomeriggio.
10. (potere) Questo è il miglior vino italiano che loro ______ comprare in quel negozio.

D. *Traducete le seguenti frasi.*

1. I will not answer, whoever calls me.
2. This is the most interesting film I have seen.
3. His mother doesn't know where he went last night.
4. Although Rodolfo attends the university, I never see him in the library.
5. I don't want to buy anything that costs too much.

Pensavo che tu fossi liberale.

## 4. Formazione dell'Imperfetto Congiuntivo

L'imperfetto congiuntivo *(imperfect subjunctive)* dei verbi in **-are**, **-ere** e **-ire** si forma aggiungendo alla radice dell'infinito le seguenti desinenze *(endings):*

| -are | -ere | -ire | parlare | ricẹvere | dormire |
|---|---|---|---|---|---|
| **-assi** | **-essi** | **-issi** | **parlassi** | **ricevessi** | **dormissi** |
| **-assi** | **-essi** | **-issi** | **parlassi** | **ricevessi** | **dormissi** |
| **-asse** | **-esse** | **-isse** | **parlasse** | **ricevesse** | **dormisse** |
| **-assimo** | **-essimo** | **-issimo** | **parlassimo** | **ricevessimo** | **dormissimo** |
| **-aste** | **-este** | **-iste** | **parlaste** | **riceveste** | **dormiste** |
| **-assero** | **-essero** | **-issero** | **parlassero** | **ricevessero** | **dormissero** |

Imperfetto congiuntivo di **essere** e **avere**:

| essere | avere |
|---|---|
| **fossi** | **avessi** |
| **fossi** | **avessi** |
| **fosse** | **avesse** |
| **fossimo** | **avessimo** |
| **foste** | **aveste** |
| **fossero** | **avessero** |

Imperfetto congiuntivo dei verbi irregolari:

| | |
|---|---|
| **bere** | bevessi, bevessi, bevesse, bevẹssimo, beveste, bevẹssero |
| **condurre**[9] | conducessi, conducessi, conducesse, conducẹssimo, conduceste, conducẹssero |
| **dare** | dessi, dessi, desse, dẹssimo, deste, dẹssero |
| **dire** | dicessi, dicessi, dicesse, dicẹssimo, diceste, dicẹssero |
| **fare** | facessi, facessi, facesse, facẹssimo, faceste, facẹssero |
| **muovere** | movessi, movessi, movesse, movẹssimo, moveste, movẹssero |
| **porre**[10] | ponessi, ponessi, ponesse, ponẹssimo, poneste, ponẹssero |
| **stare** | stessi, stessi, stesse, stẹssimo, steste, stẹssero |

### *ESERCIZI*

E. *Coniugate all'imperfetto congiuntivo i seguenti verbi.*

1. dipendere (lui) 2. trasferirsi (io) 3. rendere (noi) 4. recarsi (tu) 5. collegare (voi) 6. volere (Lei) 7. bere (noi) 8. comporre (voi) 9. dovere (essi) 10. produrre (voi)

[9] L'imperfetto congiuntivo di **produrre** e **tradurre** si forma come quello di **condurre**: **producessi, producessi, producesse**, ecc.; e **traducessi, traducessi, traducesse**, ecc.

[10] L'imperfetto congiuntivo di **comporre** è sịmile a quello di **porre**: **componessi, componessi, componesse**, ecc.

F. *Cambiate i seguenti verbi dalla forma del congiuntivo presente a quella del congiuntivo imperfetto.*

1. io risponda 2. voi possiate 3. lui colga 4. tu tenga 5. lei muoia 6. io stia 7. io debba 8. lei si sieda 9. egli sappia 10. tu faccia 11. voi usciate 12. Lei dica 13. Loro vạdano 14. io piaccia 15. noi stiamo

Se gli Italiani **avessero votato**

## 5. Formazione del Trapassato Congiuntivo *(Pluperfect Subjunctive):* Verbi Regolari e Irregolari

1. Verbi transitivi e intransitivi che richiẹdono l'ausiliare **avere**:

imperfetto congiuntivo di **avere** + il participio passato del verbo

| parlare | ricẹvere | dormire |
|---|---|---|
| **avessi parlato** | **avessi ricevuto** | **avessi dormito** |
| **avessi parlato** | **avessi ricevuto** | **avessi dormito** |
| **avesse parlato** | **avesse ricevuto** | **avesse dormito** |
| **avessimo parlato** | **avessimo ricevuto** | **avessimo dormito** |
| **aveste parlato** | **aveste ricevuto** | **aveste dormito** |
| **avessero parlato** | **avessero ricevuto** | **avessero dormito** |

2. Verbi intransitivi:[11]

imperfetto congiuntivo dell'ausiliare **essere** + il participio passato del verbo

| arrivare | rimanere | partire |
|---|---|---|
| **fossi arrivato, a** | **fossi rimasto, a** | **fossi partito, a** |
| **fossi arrivato, a** | **fossi rimasto, a** | **fossi partito, a** |
| **fosse arrivato, a** | **fosse rimasto, a** | **fosse partito, a** |
| **fossimo arrivati, e** | **fossimo rimasti, e** | **fossimo partiti, e** |
| **foste arrivati, e** | **foste rimasti, e** | **foste partiti, e** |
| **fossero arrivati, e** | **fossero rimasti, e** | **fossero partiti, e** |

3. Trapassato congiuntivo dei verbi **essere** e **avere**:

| essere | avere |
|---|---|
| **fossi stato, a** | **avessi avuto** |
| **fossi stato, a** | **avessi avuto** |
| **fosse stato, a** | **avesse avuto** |
| **fossimo stati, e** | **avessimo avuto** |
| **foste stati, e** | **aveste avuto** |
| **fossero stati, a** | **avessero avuto** |

[11] Essendo essere l'ausiliare dei verbi riflessivi, il trapassato congiuntivo di questi verbi si forma come quello dei verbi intransitivi. Esempio: **mi fossi vestito, ti fossi vestito, si fosse vestito, ci fọssimo vestiti, vi foste vestiti, si fọssero vestiti.**

***EZERCIZI***

G. *Completate le seguenti frasi con l'imperfetto congiuntivo.*

1. Era giusto che io (spedire) sụbito quel pacco.
2. Temẹvano che io e Paolo non gli (dare) nulla.
3. Credevo che voi (votare) per i socialisti.
4. Era possịbile che il nuovo partito (porre) in evidenza i mali del paese.
5. Credevamo che gli italiani (ẹssere) meno liberali.
6. La Democrazia Cristiana era l'ụnico partito che (potere) ricevere la maggioranza dei voti.
7. Sperava che voi (fare) tutti gli esercizi.
8. Cercạvano un partito che non (promẹttere) sempre le stesse cose.

H. *Completate le seguenti frasi con il trapassato congiuntivo.*

1. Il babbo non voleva che lei (scrịvere) quella lettera.
2. Era impossịbile che voi (andare) all'ẹstero l'anno scorso.
3. I suoi genitori desiderạvano che Giorgio (rimanere) a casa con loro.
4. Avevi paura che noi (farsi) male?
5. Era l'ụnica cosa che ci (piacere).
6. Pensạvano spesso che io (uscire) con Giovanna.
7. Non sapevo che tu (dare) la tua auto a Giorgio tre settimane fa.
8. Era molto diffịcile che noi li (conọscere) all'università.

Pensavo che tu fossi

## 6. Concordanza dei Tempi—Indicativo/ Congiuntivo: Parte II

Quando il congiuntivo è introdotto da un verbo al passato nella proposizione principale, è necessario osservare la seguente rẹgola generale.

| PROPOSIZIONE PRINCIPALE | PROPOSIZIONE SECONDARIA |
|---|---|
| **Verbo indicativo** | **Verbo congiuntivo** |
| *Imperfetto*<br>*Passato Prọssimo*<br>*Trapassato Prọssimo*<br>*Passato Remoto*[12] | **(a)** *Imperfetto: (Imperfect)* se l'azione espressa dal verbo della proposizione secondaria è simultạnea nel passato a quella espressa dal verbo della proposizione principale.<br>**(b)** *Trapassato: (Pluperfect)* se l'azione espressa dal verbo della proposizione secondaria non è simultạnea a quella espressa dal verbo della proposizione principale. |

AZIONI SIMULTẠNEE NEL PASSATO

| | |
|---|---|
| **Speravo** che voi **rimaneste** a casa. | *I hoped that you remained at home.* |
| **Era** meglio che lui non vi **parlasse.** | *It was better that he didn't talk with you.* |
| Non **sapẹvano** perchè io mi **trasferissi** a Boston. | *They didn't know why I was moving to Boston.* |
| **Ẹrano** le migliori scarpe che **avessero.** | *They were the best shoes they had.* |
| Mi **pareva** che fuori **piovesse.** | *It seemed to me that it was raining outside.* |

[12] Il passato remoto è un tempo che sarà introdotto nella diciottẹsima lezione.

AZIONI NON SIMULTANEE NEL PASSATO

| | |
|---|---|
| Non **credeva** che loro **fossero usciti** così tardi. | *He didn't believe they had gone out so late.* |
| **È stato** bene che tu le **avessi** già **parlato.** | *It was good that you had already spoken to her.* |
| Mi **domandava** chi **avesse vissuto** in quel palazzo. | *He was asking me who had lived in that palace.* |
| Ieri **faceva** caldo sebbene la notte prima **avesse nevicato.** | *Yesterday it was warm although it had snowed the night before.* |

### *ESERCIZI*

I. *Completate le seguenti frasi coniugando il verbo in parẹntesi al congiuntivo imperfetto o trapassato a seconda del senso della frase.*

1. (arrivare) Noi ieri temevamo che loro ______ tre ore prima.
2. (ẹssere) Tu pensavi che io ______ ancora a scuola, non è vero?
3. (parlare) Non occorreva che Giovanni le ______ proprio in quel momento.
4. (abitare) Non conoscẹvano nessuno che ______ nella loro stessa strada.
5. (dire) Sebbene lunedì tu non ci ______ nulla, il giorno dopo noi sapevamo che tu eri stato a Napoli.
6. (conọscere) La Standa cercava un'impiegata che ______ due lingue straniere.
7. (piạcere) Di tutte quelle ragazze, Rosetta era l'ụnica che ______ a mia madre.
8. (spẹndere) Era impossịbile che voi ieri ______ tutto quel denaro.
9. (potere) Mi chiedevo spesso chi mai ______ aiutarlo in quell'ora.
10. (avere) Quello era il miglior prosciutto che lei ______.

L. *Nelle frasi seguenti cambiate il verbo della proposizione principale dal presente al passato e poi riscrivete le frasi come illụstrano gli esempi dati.*

ESEMPIO: Penso che lui sia in classe.
Pensavo che lui **fosse** in classe.
Non credo che tu sia stata buona.
Non credevo che tu **fossi stata** buona.

1. Ragazzi, bisogna che voi studiate di più.
   Ragazzi, bisognava che ______.
2. Chi crede che lui sia partito ieri sera?
   Chi credeva che lui ______?
3. Non capisce la rẹgola benchè io gliel'abbia già spiegata.
   Non capiva la rẹgola benchè io ______.
4. Non guadagna abbastanza qualunque lavoro lei faccia.
   Non guadagnava abbastanza qualunque lavoro ______.
5. Siete ancora stanchi nonostante vi siate riposati per due ore.
   Eravate ancora stanchi nonostante ______.
6. Qui non c'è nessuno che abbia potuto vedere quel film.
   Qui non c'era nessuno che ______.
7. Perchè non mi chiedi dove io voglia passare le feste natalizie?
   Perchè non mi chiedevi dove io ______?
8. Temo che loro non dịcano sempre tutto quello che sanno.
   Temevo che loro non ______.
9. È fạcile che Tito e Alberto si preọccupino troppo della loro salute.
   Era fạcile che Tito e Alberto ______.
10. Non capiscono dove voi abbiate sentito quella buona notizia.
    Non capivano dove voi ______.

**Due giovani consumano un gelato seduti davanti a un bar di un paesino sul Lago di Garda.**

M. *Date l'equivalente italiano delle seguenti frasi.*

1. I do not think that he prefers to remain here with them.
2. They didn't know he wanted to sell his adding machine.
3. His wife was afraid he had already received the telegram.
4. It wasn't necessary for us to talk to the supervisor.
5. Although she likes me, she never gives me anything.
6. I will write this letter provided he mails it.
7. Whatever toy I buy him, he is never happy.
8. It's not important for you to know so many languages.
9. When it's raining, it is better for you not to go out.
10. Whomever they meet, they always smile.

N. *Rispondete alle seguenti domande usando i diversi tempi del congiuntivo.*

1. Credi che i nuovi partiti politici abbiano effettuato delle buone riforme?
2. Dove pensi che Antonio sia andato?
3. Che cosa bisogna che facciano i vostri figli?
4. Dove volevi che viaggiasse tuo fratello?
5. Che pensi di questo vino?
6. Quale partito speravi che avesse vinto le elezioni?
7. Per chi pensavi che avesse votato Augusto?
8. È bene che ci siano tanti partiti in Italia?

Ma chi le **metterà in atto**?

## 7. Espressioni Idiomatiche

| | |
|---|---|
| **fare a gara** con qualcuno (**in** + def. art.) | *to try to outdo someone, compete with someone* |
| **mettere in atto** | *to put into effect, into practice* |
| **mettersi a fare qualcosa** | *to start doing something* |
| **porre in evidenza qualcosa** | *to emphasize something* |
| **ricominciare di nuovo** | *to start all over again* |
| **smettere di fare qualcosa** | *to stop doing something* |

**Faccio a gara** con loro nell'aiutare i poveri.
Il ministero **mette in atto** le nuove riforme.
**Si è messa a studiare** il latino e il greco da sola.
Non **hanno** ancora **smesso di mangiare.**
Il professore **pone in evidenza** gli sbagli dei suoi alunni.
Stamattina **ha ricominciato di nuovo** a diluviare.

### *ESERCIZI*

O. *Traducete le seguenti frasi.*

1. When his mother left, the child started crying.
2. That book emphasized the Italian economic boom.
3. Those employees will stop working at 5:30 P.M.
4. The film will start all over again in twenty minutes.
5. They will try to outdo me in celebrating his birthday.
6. The president will put several new laws into effect.

### *ESERCIZI DI CONVERSAZIONE*

*Rispondete alle seguenti domande di carattere generale.*

1. Ci sono più partiti in Italia oppure negli Stati Uniti?
2. Come si chiamano i due maggiori partiti politici italiani e americani?
3. Ha ragione la gente se non crede sempre alle promesse degli uomini politici?
4. Da quanti anni la Democrazia Cristiana è il più grande partito italiano?
5. Secondo voi il Partito Comunista Italiano è un partito di sinistra oppure di destra?
6. In Italia chi elegge il presidente della Repubblica?
7. Per quanti anni è eletto il presidente della Repubblica Italiana?
8. Per quanti anni può rimanere in carica il presidente degli Stati Uniti?
9. Chi è il capo del governo in Italia e negli Stati Uniti?
10. Secondo voi quali sono i più famosi presidenti degli Stati Uniti?
11. Ha più membri il Congresso degli Stati Uniti oppure il Parlamento Italiano?
12. Che cos'era l'Italia prima di diventare una repubblica costituzionale?
13. In quante camere è diviso il Parlamento Italiano?
14. È vero che il presidente degli Stati Uniti e il presidente della Repubblica Italiana hanno esattamente gli stessi poteri?

Sophia Loren e Marcello Mastroianni in una scena del film "Matrimonio all'italiana".

# SETTIMA LETTURA

### *IL CINEMA ITALIANO*

Nel 1945 un film di Roberto Rossellini, "Roma città aperta", girato[13] con poca spesa[14] e con attori allora poco conosciuti, divenne[15] famoso in tutto il mondo. Esso iniziò[16] quello che è stato chiamato "il filone neorealista"[17] al quale appartengono anche "Sciuscià" e "Ladri di biciclette" del regista Vittorio De Sica e "La terra trema" di Luchino Visconti.

Dal 1945 ad oggi il cịnema italiano ha acquistato un posto di primaria importanza tanto nella vita culturale quanto in quella econọmico-comerciale del paese. L'industria cinematogrạfica italiana infatti esporta i suoi prodotti in tutto il mondo, Stati Uniti inclusi.

Fra i registi contemporạnei un posto speciale ọccupa Federico Fellini, da molti considerato il vero genio della cinematogrạfia italiana. Le sue pellịcole cinematogrạfiche, da "I Vitelloni" a "La Strada", da "La dolce vita" a "La città delle donne", sono sempre accolte con grande interesse e curiosità da parte del pụbblico e non mancano mai di provocare vivaci polẹmiche e discussioni, specie fra i crịtici.

[13] Il verbo **girare**, usato con riferimento a un film, significa *to shoot.*

[14] **con poca spesa**: *at a low cost*

[15] **divenne**: *it became;* passato remoto del verbo **divenire**

[16] **iniziò**: *it began* passato remoto del verbo **iniziare**

[17] **il filone neorealista**: *the neorealist trend*

La nota regista Lina Wertmuller mentre gira un suo film a Roma.

Mentre nei più recenti film di Fellini notiamo sempre più un tono di carattere autobiografico (basta pensare ad "Amarcord" del 1973), i film di un altro abilissimo regista, Michelangelo Antonioni, hanno al loro centro personaggi del mondo borghese il cui dramma interiore deriva appunto dalla loro incapacità di comunicare con l'esterno.[18] La fama di Antonioni — che ha girato film negli Stati Uniti e in Inghilterra — è principalmente legata alla famosa trilogia "L'Avventura", "La Notte" e "L'Eclissi".

Ugualmente note sono le opere cinematografiche del regista-poeta-romanziere Pier Paolo Pasolini (morto di recente[19]), il quale ferma l'occhio della sua cinepresa[20] sulle vicende quotidiane del popolo minuto[21], come appunto vediamo nel film "L'accattone". Le opere forse più famose di questo regista sono "Il Vangelo secondo Matteo" e, in misura minore[22], "Il Decameron" ispirato al capolavoro di Giovanni Boccaccio.

Numerosi altri bravi registi italiani, quali Pietro Germi, Mario Monicelli, Dino Risi, Lina Wertmuller e altri ancora si sono dedicati al genere definito "commedia all'italiana",[23] che ha il merito considerevole di divertire il grosso pubblico[24],

[18] con l'esterno: *with the outside*

[19] morto di recente: *who died recently*

[20] ferma l'occhio della sua cinepresa: *focuses his movie camera*

[21] il popolo minuto: *the lower classes*

[22] in misura minore: *to a lesser extent*

[23] la commedia all'italiana: *comedy Italian-style*

[24] il grosso pubblico: *the general public*

**Il regista Federico Fellini mentre gira un suo ultimo film.**

mentre allo stesso tempo pone in evidenza i mali, i problemi, i pregiudizi e i casi talvolta strani che affliggono la società italiana.

Certo il successo del film italiano dalla fine della Seconda Guerra Mondiale ai giorni nostri non è soltanto dovuto all'abilità e originalità dei suoi registi, ma anche alla bravura e versatilità dei suoi interpreti. Infatti i migliori film dei registi sopra menzionati sono tutti legati ai nomi di attori e attrici, la maggior parte italiani, quali Marcello Mastroianni, Sophia Loren, Monica Vitti, Giancarlo Giannini, Nino Manfredi, Ugo Tognazzi, Claudia Cardinale, Vittorio Gassman, Anna Magnani, Alberto Sordi e molti altri ancora.

### COMPRENSIONE

A. *Rispondete alle seguenti domande basate sulla **Settima Lettura**.*

1. Quale regista italiano ha girato il film "Ladri di biciclette"?
2. In che anno ha avuto inizio il filone neorealista?
3. Perchè è importante l'industria cinematografica?
4. È vero che Rossellini è il regista di "Amarcord"?
5. Qual è l'elemento principale che notiamo nei più recenti film di Federico Fellini?
6. Antonioni ha girato soltanto film in Italia?
7. I protagonisti dei film di Pasolini appartengono tutti alla borghesia?
8. Pasolini è autore soltanto di film oppure ha fatto anche altre cose?
9. Conoscete i titoli di alcuni fra i migliori film di Antonioni?
10. A quale scrittore si è ispirato Pasolini per girare il suo "Decameron"?
11. Ci sono donne fra i registi italiani?

12. Che tipo di film fanno registi come Pietro Germi, Dino Risi e Mario Monicelli?
13. Nominate l'autore dei seguenti film: "Roma, città aperta", "La dolce vita", "L'accattone".
14. Chi sono, secondo voi, le attrici e gli attori italiani più famosi negli Stati Uniti?
15. Quali film italiani avete visto negli scorsi due anni e qual è il titolo del film che vi è piaciuto di più?

***COMPOSIZIONE***

B. *Scrivete un riassunto basato sulla lettura "Il cinema italiano".*

***RELAZIONE***

C. *Parlate di un film che avete visto recentemente.*

# VOCABOLARIO

## SOSTANTIVI

| | |
|---|---|
| l'**accattone** | *beggar* |
| l'**aiuto** | *help* |
| la **campagna** | *campaign, countryside* |
| il **capolavoro** | *masterpiece* |
| il **concittadino** | *fellow citizen* |
| l'**incapacità** | *inability* |
| il **male** | *ill, evil* |
| il **passato** | *past* |
| la **romanziera,** il **romanziere** | *novelist* |
| la **sinistra** | *left* |
| la **terra** | *earth, land* |
| la **vicenda** | *event* |

## AGGETTIVI

| | |
|---|---|
| **borghese** | *middle class, bourgeois* |
| **democristiano, a** | *Christian Democratic* |
| **interiore** | *internal* |
| **quotidiano, a** | *daily* |
| **sinistro** | *left, sinister* |

## VERBI

| | |
|---|---|
| **affliggere** | *to afflict, torment* |
| **allearsi** | *to unite, join forces* |
| **cadere** | *to fall* |
| **comporre** (participio passato: **composto**) | *to compose* |
| **comunicare** | *to communicate* |
| **dedicarsi** | *to devote oneself* |
| **definire** (si coniuga come **finire**) | *to define, to be called* |
| **derivare** | *to derive* |
| **dominare** | *to dominate* |
| **esportare** | *to export* |
| **girare** | *to turn, turn around, tour, travel, shoot* (a movie) |
| **governare** | *to govern* |
| **includere** | *to include* |
| **legare** | *to tie, connect* |
| **muovere/muoversi** (participio passato: **mosso**) | *to move, stir, leave* |
| **ottenere** | *to obtain* |
| **porre** (participio passato: **posto**) | *to place, put, set* |
| **promettere** (si coniuga come **mettere**) | *to promise* |
| **spegnere/spengere** (participio passato: **spento**) | *to turn off, extinguish* |
| **tremare** | *to tremble, shake* |
| **votare** | *to vote* |

## ALTRE PAROLE

| | |
|---|---|
| **appunto** | *precisely, just, exactly* |
| **chiunque** | *whoever, whomever* |
| **da parte di** | *by, from* |
| **dovunque** | *wherever* |
| **nel passato** | *in the past* |
| **qualunque, qualunque cosa** | *whatever* |
| **ugualmente** | *equally* |

## PAROLE SIMILI

**autobiografico, a** (*pl.* autobiografici, autobiografiche) — *autobiographic(al)*
l'**avventura** — *adventure*
il **carattere** — *character, nature*
il **caso** — *case, chance*
la **cinematografia** — *cinematography*
**cinematografico, a** (*pl.* cinematografici, cinematografiche) — *cinematographic, film*
**commerciale** — *commercial*
**comunista** (*pl.* comunisti, comuniste) — *communist*
**considerevole** — *considerable*
**contemporaneo, a** — *contemporary*
la **coalizione** — *coalition*
**cristiano, a** — *Christian*
il **critico** (*pl.* i critici) — *critic*
**culturale** — *cultural*
la **democrazia** — *democratic*
la **Democrazia Cristiana** — *Christian Democracy*
l'**eclissi** — *eclipse*
**elettorale** — *electoral*
**esattamente** — *exactly*
l'**esponente** — *exponent, representative*
la **fama** — *fame*
il **genio** — *genius*
l'**importanza** — *importance*
**ispirato, a** — *inspired*
il **merito** — *merit*
l'**originalità** — *originality*
la **polemica** — *polemic, controversy*
il **pregiudizio** — *prejudice, bias*
**primario, a** — *primary*
la **promessa** — *promise*
**di recente** — *recently*
la **riforma** — *reform*
la **situazione** — *situation*
**socialista** (*pl.* socialisti, socialiste) — *socialist*
il **successo** — *success*
il **titolo** — *title*
il **tono** — *tone*
la **trilogia** — *trilogy*
la **versatilità** — *versatility*
**vivace** — *vivacious, lively*

## FRASI IDIOMATICHE

**fare a gara** — *to try to outdo, emulate, compete*
**mettere in atto** — *to put into effect, into practice*
**mettersi a** — *to start* (doing something)
**porre in evidenza** — *to emphasize*
**ricominciare di nuovo** — *to start all over again*
**smettere di** — *to stop* (doing something)

# LESSON 18

| COMMUNICATION SKILLS | STRUCTURES | CULTURE |
|---|---|---|
| More on the subjunctive: in hypothetical statements and independent statements<br>Making statements about the remote past | 1. The subjunctive introduced by the conditional + **se**<br>2. Other uses of the subjunctive<br>3. Irregular past participles<br>4. Italian past tenses: **il passato remoto** (remote past)<br>5. **Passato remoto** of irregular verbs: I<br>6. Italian past tenses: **il trapassato remoto** (past perfect)<br>7. Idiomatic expressions | Italians throughout the world<br>Genova, yesterday and today |

## PARTE NARRATIVA

### *RICORDO D'INFANZIA*

Molti anni fa, quand'ero ancora bambino, quasi ogni sạbato uscivo con il nonno, trascorrendo con lui l'intero pomeriggio. Spesso il nonno, che era pittore, mi portava a vedere le mostre dei suoi amici, dove io morivo di noia. In seguito però

Nonno e nipote in bicicletta nella Piazza Ducale di Vigevano, città della Lombardia.

mi accorsi che quando al nonno non piacevano i lavori d'un suo collega pittore o scultore, gli diceva: «Scusami, ma bisogna ch'io vada . . . resterei più a lungo se mio mipote non fosse qui con me. . . .» Per la strada poi, sorridendo, mi diceva: «E adesso andiamo a prenderci un bel gelato!»

Una volta il nonno mi annunciò che se il giorno dopo avesse fatto bel tempo, saremmo andati al cinema "Astra" dove davano un film western che io desideravo vedere da parecchio tempo. Quella notte non chiusi quasi occhio dall'eccitazione. . . .

Al cinema, dopo che il nonno ebbe comprato i biglietti, prendemmo posto nelle prime file della galleria dove c'erano tanti altri ragazzi della mia età. Il film narrava le avventure d'un "cowboy", al quale dei banditi avevano ucciso la moglie e il figlio, mentre lui era in cerca di cibo.

Gruppo di ragazze davanti alla gelateria "Gailli" di Firenze.

Nonostante le continue sparatorie del film e gli urli con cui noi ragazzi ne commentavamo le varie scene, notai ad un tratto che il nonno si era tranquillamente addormentato. Naturalmente io lo lasciai dormire riuscendo così a vedere il film due volte. Ricordo benissimo che quando il nonno si fu svegliato, mi disse uscendo dal cinema: «Una pellicola veramente interessante, no?»

Non dimenticherò mai il mio caro nonno. Magari fosse ancora vivo!

### DOMANDE

*Rispondete alle seguenti domande sul contenuto di "Ricordo d'infanzia".*

1. In quale giorno della settimana il protagonista di "Ricordo d'infanzia" usciva spesso con il nonno?
2. Che lavoro faceva il nonno?
3. Al ragazzo piaceva vedere le mostre dei colleghi del nonno?
4. In quale parte del cinema "Astra" si sono seduti il nonno e il nipote?
5. Di che cosa parlava il film?
6. È vero che mentre il nipote guardava il film, il nonno è uscito fuori a fumare una sigaretta?
7. Al nonno è piaciuto il film?
8. Voleva bene al nonno il nipote?

# STRUTTURA E FUNZIONE

Resterei più a lungo **se** mio nipote non **fosse** qui con me.
Se il giorno dopo **avesse fatto** bel tempo, **saremmo andati** al cinema.

## 1. Il Congiuntivo Introdotto dal Condizionale + se

Questa costruzione è usata per esprịmere un'ipọtesi, una condizione possịbile o impossịbile al presente oppure al passato.

1. Quando la condizione espressa dal verbo della proposizione secondaria è considerata possịbile o impossịbile al presente, bisogna osservare la seguente regola:

| PROPOSIZIONE PRINCIPALE | | PROPOSIZIONE SECONDARIA |
|---|---|---|
| Condizionale Presente | + **se** + | Imperfetto Congiuntivo |

| | |
|---|---|
| **Arriveresti** a casa fra un'ora **se** tu **partissi** sụbito. | *You would be home in one hour if you were to leave home immediately.* |
| **Se** io **avessi** sete, **berrei** un bicchiere d'acqua. | *If I were thirsty, I would drink a glass of water.* |
| **Se** ora non **piovesse, uscirei** a fare due passi. | *If it weren't raining, I would go out for a walk.* |

2. Quando la condizione espressa dal verbo della proposizione secondaria si riferisce al passato, abbiamo invece:

| PROPOSIZIONE PRINCIPALE | | PROPOSIZIONE SECONDARIA |
|---|---|---|
| Condizionale Passato | + **se** + | Trapassato Congiuntivo |

| | |
|---|---|
| Gliel'**avrei dato se** me l'**avesse chiesto.** | *I would have given it to him, if he had asked me for it.* |
| **Avremmo dormito** di più **se** tu non ci **avessi svegliati.** | *We would have slept longer, if you had not awakened us.* |

Se la condizione espressa dal verbo della proposizione secondaria è considerata reale oppure decisamente realizzạbile, i verbi della proposizione secondaria e della proposizione principale sono coniugati all'indicativo, e qualche volta anche all'imperativo.

| | |
|---|---|
| **Se lavoriamo** molto, **guadagniamo** bene. | *If we work hard, we will earn a lot of money.* |
| **Se** tu mi **ascolterai, capirai** tutto. | *If you listen to me, you will understand everything.* |
| **Se hai** fame, **mangia!** | *If you are hungry, eat!* |

3. Come illụstrano le seguenti frasi, il congiuntivo imperfetto è talvolta introdotto dal condizionale presente seguito dalla congiunzione **che** *(that).*

| | |
|---|---|
| Io **vorrei che** voi **vi alzaste** prima la mattina. | *I would like you to get up earlier in the morning.* |
| **Sarebbe** meglio **che** Giovanni non **dicesse** nulla. | *It would be better if Giovanni said nothing.* |
| **Bisognerebbe che** tutti **votassero.** | *It would be necessary that everyone vote.* |

4. Il congiuntivo trapassato, preceduto da **se**, può ẹssere introdotto dal condizionale presente se l'azione espressa dal verbo della proposizione secondaria contịnua al presente.

| | |
|---|---|
| Oggi **farebbe** caldo **se** non **fosse piovuto** tutta la notte. | *It would be warmer today if it had not rained all night long.* |
| **Comprerei** quel vestito **se avessi** già **ricevuto** l'assegno di mio padre. | *I would buy that suit, if I had already received my father's check.* |

5. Il condizionale presente inglese diviene condizionale passato in italiano quando il verbo della proposizione principale è coniugato in un tempo passato.

| | |
|---|---|
| Mi ha detto che **sarebbe venuto** se **avesse potuto.** | *He told me that he would come if he could.* |
| Dicevano che mi **avrębbero scritto** se **avęssero avuto** tempo. | *They said that they would write me if they had the time.* |
| Pensavo che tu le **avresti telefonato** se lei **fosse stata** a casa. | *I thought you would call her if she were at home.* |

### *ESERCIZI*

A. *Cambiate le seguenti frasi come indicato.*

ESEMPIO: Se tira vento, rimango a casa.
Se **tirasse** vento, **rimarrei** a casa.

1. Se fa freddo, mi metto il cappotto.
2. Se parla lui, parlo anch'io.
3. Se abbiamo denaro, andiamo a mangiare al ristorante.
4. Se lei finisce di studiare alle tre, alle tre e mezzo va in biblioteca.
5. Se Giuseppe lo vuole, io glielo do.
6. Se non partite, io vengo da voi.
7. Se tu stai male, oggi non esci.
8. Se i suoi genitori pọssono, gli cọmprano una camicia di seta.
9. Se non riceviamo posta dalla mamma, le mandiamo un telegramma.
10. Se ti riposi un po', ti senti meglio.

B. *Completate le seguenti frasi coniugando il verbo all'infinito al tempo corretto del congiuntivo imperfetto o trapassato.*

1. (telefonare) Glielo avremmo detto se lui ci _______ .
2. (parlare) Potremmo dire qualcosa anche noi se non _______ sempre lui.
3. (invitare) Sarębbero certo venuti da noi, se mio padre li _______ .
4. (avere) Se io _______ molto da fare, non andrei al mare.
5. (essere) Potremmo divertirci di più se ci _______ anche Luigi.
6. (scrivere) La mamma sarebbe più tranquilla se Teresa _______ più spesso.
7. (giocare) Se il Milan _______ con la Fiorentina, il Milan vincerebbe.
8. (urlare) Potremmo capire quello che dịcono se tu non _______ a squarciagola.
9. (dare) Se loro _______ il libro al bambino, lui lo romperebbe sụbito.
10. (guidare) Andrei in mạcchina con Giovanni solo se _______ sua moglie.

C. *Traducete le seguenti frasi.*

1. If they had spoken to her last night, now they would know.
2. They thought her brother would be here at ten o'clock if he could.
3. It would be better for him not to call her tonight.
4. It wouldn't be necessary for you, Dr. Bruni, to go there too.
5. I would like my grandmother to come visit us.

Magari fosse ancora vivo!

## 2. Altri Usi del Congiuntivo

1. Il conguntivo presente può essere usato per esprimere una benedizone *(blessing)*, un'esortazione *(exhortation)*, oppure un'imprecazione *(curse)*. In questi casi il congiuntivo è qualche volta preceduto da **che**.

| | |
|---|---|
| **Che** tu **sia** benedetto! | *May you be blessed.* |
| Dio non **voglia!** | *Heaven forbid!* |
| **Ch'**egli **sia** maledetto! | *May he be damned!* |

2. Il congiuntivo imperfetto è usato per esprimere un'azione, possibile o impossibile, che noi vorremmo avvenisse al presente.

| | |
|---|---|
| **Potessi** parlare! | *If I could only talk!* |
| Magari **fosse** ancora in vita! | *If only he were still alive!* |
| Non la **vedesse** mai più! | *May he never see her again!* |

3. Il trapassato congiuntivo è usato invece quando si desidera esprimere un'azione che noi vorremmo fosse avvenuta nel passato.

| | |
|---|---|
| Magari mi **avessero ascoltato!** | *I wish that they had listened to me!* |
| **Fosse tornata** a casa prima! | *If she had only come home sooner!* |
| L'**avessimo visto!** | *Had we only seen it!* |

***ESERCIZI***

D. *Traducete le seguenti frasi.*

1. May the Lord help us now!
2. If she had only spoken to me!
3. May I tell the truth!
4. May you all be damned!
5. Had they only left yesterday!

I banditi avevano **ucciso**

## 3. Participi Passati Irregolari

I seguenti verbi sono irregolari al participio passato:

| | | | |
|---|---|---|---|
| **accendere** *(to turn on, light)* | **acceso** | **distinguere** *(to distinguish)* | **distinto** |
| **affliggere** *(to afflict, torment)* | **afflitto** | **esistere**[1] *(to exist, be)* | **esistito** |

[1] L'ausiliare di esistere è essere.

| | | | |
|---|---|---|---|
| **discutere** *(to discuss)* | **discusso** | **evadere**[2] *(to escape, run away)* | **evaso** |
| **fingere** *(to pretend, feign)* | **finto** | **ridere**[3] *(to laugh)* | **riso** |
| **friggere** *(to fry)* | **fritto** | **sconfiggere** *(to defeat)* | **sconfitto** |
| **includere** *(to include)* | **incluso** | **soffrire** *(to suffer)* | **sofferto** |
| **mordere** *(to bite)* | **morso** | **uccidere** *(to kill)* | **ucciso** |
| **promettere** *(to promise)* | **promesso** | | |

***ESERCIZI***

E. *Coniugate i seguenti verbi nei tempi indicati fra parẹntesi.*

1. soffrire: tu (pass. pross.) 2. affḷiggere: voi (pass. cong.) 3. rịdere: loro (cond. pass.) 4. mọrdere: noi (trapass. pross.) 5. fịngere: io (pass. cong.) 6. esịstere: tu (pass. pross.) 7. evạdere: i soldati (pass. pross.) 8. discụtere: i signori (trapass. cong.) 9. sconfịggere: noi (pass. pross.) 10. inclụdere: io (trapass. cong.) 11. frịggere: la mamma (pass. cong.) 12. uccịdere: voi (pass. pross.)

Una volta il nonno mi **annunciò**

## 4. I Tempi Passati Italiani: Il Passato Remoto

### Formazione

Il passato remoto (*remote past* o *past absolute*) si forma aggiungendo alla radice dell'infinito dei verbi regolari le seguenti desinenze:

1. Verbi in -are, -ere, -ire:

| -are | -ere | -ire |
|---|---|---|
| **-ai** | **-ei(etti)** | **-ii** |
| **-asti** | **-esti** | **-isti** |
| **-ò** | **-è(ette)**[4] | **-ì** |
| **-ammo** | **-emmo** | **-immo** |
| **-aste** | **-este** | **-iste** |
| **-arono** | **-erono(ẹttero)** | **-irono** |
| annunciare | temere | finire |
| **annunciai** | **temei** | **finii** |
| **annunciasti** | **temesti** | **finisti** |
| **annunciò** | **temè** | **finì** |
| **annunciammo** | **tememmo** | **finimmo** |
| **annunciaste** | **temeste** | **finiste** |
| **annunciarono** | **temerono** | **finirono** |

[2] Quando evạdere è usato nel senso di *to escape, run away,* si coniuga con l'ausiliare ẹssere.

[3] Il verbo rịdere è intransitivo e richiede l'ausiliare avere.

[4] Le desinenze -etti, -ette, -ẹttero sono meno comuni.

2. Passato remoto dei verbi essere e avere:

| essere | avere |
|---|---|
| **fui** | **ebbi** |
| **fosti** | **avesti** |
| **fu** | **ebbe** |
| **fummo** | **avemmo** |
| **foste** | **aveste** |
| **furono** | **ebbero** |

## Uso

Mentre il passato prossimo è generalmente usato per esprimere un'azione che ha avuto luogo in un passato non troppo lontano, il passato remoto è usato per esprimere un'azione completamente finita nel passato e che non ha più nessuna relazione con il presente.

**Andai** a Roma nel 1930 e da allora non sono più stato in Italia. — *I went to Rome in 1930 and I haven't been in Italy since.*

I miei cugini **partirono** per l'Australia quando noi abitavamo a Bologna. — *My cousins left for Australia when we lived in Bologna.*

Gli **parlammo** per l'ultima volta poco prima che lui morisse. — *We spoke to him for the last time just before he died.*

1. Nella lingua parlata, specialmente nelle regioni settentrionali e centrali della penisola, il passato remoto è spesso sostituito dal passato prossimo, anche se l'azione non è più tanto vicina.

   **Siamo tornati** in Europa dieci anni fa. — *We went back to Europe ten years ago.*
   L'**abbiamo visto** nel 1945. — *We saw it in 1945.*

2. Nell'Italia meridionale e nelle isole (specie in Sicilia), il passato remoto è spesso usato al posto del passato prossimo anche quando si parla di azioni avvenute in un passato molto recente.

   Ieri **comprammo** molte cose al mercato. — *Yesterday we bought many things at the market.*
   **Andammo** al cinema giovedì scorso. — *We went to the movies last Thursday.*

3. Nella lingua scritta è necessario usare il passato remoto quando si parla o scrive di eventi storici oppure di fatti che abbiano avuto come protagonisti delle persone (reali o inventate[5]) non più in vita.

   Napoleone **morì** a Sant'Elena. — *Napoleon died on the island of St. Helen.*
   La Prima Guerra Mondiale **cominciò** nel 1914. — *World War I started in 1914.*
   I miei nonni **arrivarono** a Boston trentadue anni fa. — *My grandparents arrived in Boston thirty-two years ago.*

In seguito però **mi accorsi**.

## 5. Passato Remoto dei Verbi Irregolari: Parte I

Non tutte le forme del passato remoto sono completamente irregolari. La maggior parte dei verbi irregolari sono veramente irregolari alla prima e alla terza persona singolare e alla terza persona plurale.

[5] reali o inventate: *real or fictitious*

Questi verbi fọrmano infatti le altre persone aggiungendo:

(a) le desinenze del passato remoto alla radice dell'infinito

mi accorsi, **ti accorgesti,** si accorse, **ci accorgemmo, vi accorgeste,** si accọrsero

(b) le desinenze del passato remoto alla radice dell'infinito latino

dissi, **dicesti,** disse, **dicemmo, diceste,** dịssero

Solo pochi verbi sono del tutto irregolari, per esempio, **dare** e **stare**.

| | |
|---|---|
| **accorgersi**[6] | mi accorsi, ti accorgesti, si accorse, ci accorgemmo, vi accorgeste, si accọrsero |
| **bere** | bevvi, bevesti, bevve, bevemmo, beveste, bẹvvero |
| **chiedere** (**richiẹdere,** *to request*) | chiesi, chiedesti, chiese, chiedemmo, chiedeste, chiẹsero |
| **chiudere** | chiusi, chiudesti, chiuse, chiudemmo, chiudeste, chiụsero |
| **conoscere** (**riconọscere,** *to recognize*) | conobbi, conoscesti, conobbe, conoscemmo, conosceste, conọbbero |
| **dare** | diedi, desti, diede, demmo, deste, diẹdero |
| **dire** | dissi, dicesti, disse, dicemmo, diceste, dịssero |
| **fare** (**rifare,** *to remake, do again*) | feci, facesti, fece, facemmo, faceste, fẹcero |
| **leggere** (**eleggere,** *to elect*) (**rielẹggere,** *to reelect*) | lessi, leggesti, lesse, leggemmo, leggeste, lẹssero |
| **prendere** (**comprendere,** *to understand, include*) (**riprendere,** *to resume, take back*) | presi, prendesti, prese, prendemmo, prendeste, prẹsero |
| **rimanere** | rimasi, rimanesti, rimase, rimanemmo, rimaneste, rimạsero |
| **rispondere** (**corrispọndere,** *to correspond*) | risposi, rispondesti, rispose, rispondemmo, rispondeste, risposero |
| **scrivere** (**trascrịvere,** *to transcribe*) | scrissi, scrivesti, scrisse, scrivemmo, scriveste, scrịssero |
| **stare** | stetti, stesti, stette, stemmo, steste, stẹttero |
| **vedere** (**rivedere,** *to see again, revise*) | vidi, vedesti, vide, vedemmo, vedeste, videro |
| **venire** (**divenire,** *to become*) | venni, venisti, venne, venimmo, veniste, vẹnnero |
| **volere** | volli, volesti, volle, volemmo, voleste, vọllero |

***ESERCIZI***

F. *Coniugate i seguenti verbi al passato remoto.*

1. richiẹdere (io) 2. rivedere (noi) 3. rifare (loro) 4. corrispọndere (tu) 5. stare (voi) 6. divenire (Luisa) 7. trascrivere (lei) 8. vestirsi (noi) 9. riprendere (tu) 10. volere (loro)

G. *Cambiate le seguenti forme verbali al passato remoto.*

1. chiederò 2. ho detto 3. dovremmo 4. mi riposerei 5. ho viaggiato 6. volevano 7. sono venuti 8. ti fermavi 9. leggeremmo 10. dite

H. *Nelle seguenti frasi sostituite al verbo all'infinito il passato remoto.*

1. (ẹssere) In Italia ci ______ la monarchia fino al 1946.
2. (morire) Giuseppe Garibaldi ______ nel 1882.
3. (costare) Quella macchina gli ______ venti milioni di lire.
4. (scrịvere) Francesco Petrarca ______ molte opere in italiano e in latino.
5. (imparare) Quand'erano ragazzi, loro ______ lo spagnolo e il francese.
6. (uscire) Giacomo ______ senza dire nemmeno «ciao».

[6] Il participio passato di **accorgersi** è: **accọrtosi**.

7. (svegliarsi)/(lavarsi)/(fare) Anna ______ , ______ e poi ______ colazione.
8. (segnare) Il 1918 ______ la fine della Prima Guerra Mondiale.
9. (finire) Noi ______ di lavorare perchè eravamo stanchi.
10. (spedire) Per il suo compleanno io le ______ un telegramma.
11. (fermarsi) Il rapido ______ sul binario 11.
12. (dimenticare) Dopo le elezioni gli uomini politici ______ tutte le loro promesse.
13. (rimanere) Perchè voi non ______ più a lungo all'estero?
14. (rispondere) Io gli ______ di non saper nulla.
15. (conoscere) Lei ______ i miei genitori quando loro abitavano a Genova.

Dopo che il nonno **ebbe comprato** i biglietti, noi prendemmo posto.

## 6. I Tempi Passati Italiani: Il Trapassato Remoto

### Formazione

Il trapassato remoto *(past perfect tense)* si forma secondo le seguenti regole:

1. Verbi transitivi e intransitivi:

passato remoto di **avere** + participio passato del verbo

| portare | prendere | dormire |
|---|---|---|
| **ebbi portato** | **ebbi preso** | **ebbi dormito** |
| **avesti portato** | **avesti preso** | **avesti dormito** |
| **ebbe portato** | **ebbe preso** | **ebbe dormito** |
| **avemmo portato** | **avemmo preso** | **avemmo dormito** |
| **aveste portato** | **aveste preso** | **aveste dormito** |
| **ebbero portato** | **ebbero preso** | **ebbero dormito** |

2. Verbi intransitivi:

passato remoto di **essere** + participio passato del verbo

| andare | uscire |
|---|---|
| **fui andato, a** | **fui uscito, a** |
| **fosti andato, a** | **fosti uscito, a** |
| **fu andato, a** | **fu uscito, a** |
| **fummo andati, e** | **fummo usciti, e** |
| **foste andati, e** | **foste usciti, e** |
| **furono andati, e** | **furono usciti, e** |

3. Trapassato remoto di essere e avere:

| essere | avere |
|---|---|
| **fui stato, a** | **ebbi avuto** |
| **fosti stato, a** | **avesti avuto** |
| **fu stato, a** | **ebbe avuto** |
| **fummo stati, e** | **avemmo avuto** |
| **foste stati, e** | **aveste avuto** |
| **furono stati, e** | **ebbero avuto** |

Il trapassato remoto è usato soltanto in una proposizione secondaria dopo le parole **quando, appena** e **dopo che**, precedute nella proposizione principale dal passato remoto.

| | |
|---|---|
| **Quando** loro **furono arrivati,** noi li **salutammo.** | *When they had arrived, we greeted them.* |
| **Appena ebbero finito** di parlare, **si alzarono** e **uscirono.** | *As soon as they had finished speaking, they got up and left.* |
| **Dopo che** lui **ebbe letto** la lettera, la **diede** a sua moglie. | *After he had read the letter, he gave it to his wife.* |

***ESERCIZI***

I. *Cambiate i seguenti verbi dal passato remoto al trapassato remoto.*

1. viaggiai 2. dissi 3. ti vestisti 4. fẹcero 5. deste 6. dormimmo 7. mi fermai 8. pagammo 9. dimenticasti 10. rimasero

L. *Completate le seguenti frasi con la forma corretta del trapassato remoto.*

1. (parlare) Dopo che io gli ______, lui mi disse che avevo ragione.
2. (spiegare) Appena il professore ______ il problema, gli studenti fecero gli esercizi.
3. (vedere) Quando tu ______ il film, tornasti sụbito a casa.
4. (passare) Dopo che loro ______ l'esame, fẹcero una bella festa.
5. (nascere) Appena ______ il bambino, lo chiamarono «Giuseppe».
6. (prendere) Quand'io ______ il caffè, incominciai a leggere il giornale.
7. (accorgersi) Mi salutạrono dopo che loro ______ del mio arrivo.
8. (chiudere) Appena voi ______ la porta, noi andammo in cucina.
9. (conoscere) Dopo che lei ______ la verità, mi chiese di scusarla.
10. (fare) Quando tu ______ le pulizie della casa, andasti fuori con Luigi.

M. *Rispondete alle seguenti domande usando il passato remoto nella proposizione principale e il trapassato remoto nella proposizione secondaria dopo le parole **quando, appena** e **dopo che**.*

ESEMPIO: Quando andasti al balletto con Andrea?
Andai al balletto con Andrea **dopo che ebbi comprato** i biglietti.

1. Quando salutaste i vostri amici?
2. Quando trascorsero le vacanze in Francia Rosa e Luigi?
3. Quando vedeste il vostro caro nonno l'ultima volta?
4. Quando ti disse finalmente la verità?
5. Quando finisti le pulizie?
6. Quando giocarono a tennis i tuoi cugini?

**GENOVA, IERI E OGGI.** La Liguria, una delle regioni meno estese ma più densamente popolate d'Italia, ha come capoluogo regionale Genova, città che fu per vari sẹcoli, insieme a Venezia e a Pisa, una potentissima repubblica marinara. A causa della sua importanza storica e della bellezza dei suoi monumenti e palazzi, alla città è stato dato il titolo di "la Superba" *(the Proud One).*

L'economia di Gẹnova, che oggi conta oltre 700.000 abitanti, dipende in gran parte dalle attività del suo porto, il maggiore della penịsola.

Oltre a Cristoforo Colombo, il più famoso dei suoi figli, a Gẹnova sono nati anche Giuseppe Mazzini, grande patriota e pensatore, Niccolò Paganini, violinista e compositore di fama immortale e Eugẹnio Montale, vincitore nel 1975 del Premio Nobel per la poesia.

Quella notte **non chiusi occhio** dall'eccitazione.

## 7. Espressioni Idiomatiche

**essere in cerca di** — *to be after, to be looking for*
**morire di noia** — *to be bored to death*
**mẹttere in mostra** — *to exhibit*
**non chiụdere ọcchio** — *not to sleep a wink*
**morire di fame** — *to die of starvation, starve to death*
**prẹndere posto** — *to take a seat, sit down*

Era la notte del 24 dicembre e i bambini **non chiụsero ọcchio** per varie ore.
Quel famoso pittore **ha messo in mostra** le sue ụltime ọpere.
Non avendo più nulla da mangiare, **morịrono di fame.**
A quella conferenza tutti **morivano di noia.**
Salimmo sull'autobus e **prendemmo posto** vicino all'autista.
Quando li vidi, **ẹrano** al mercato **in cerca di** verdura fresca.

### ESERCIZI

N. *Scrivete sei frasi usando le espressioni idiomạtiche date sopra.*

1. prẹndere posto 2. morire di fame 3. non chiụdere ọcchio
4. mẹttere in mostra 5. ẹssere in cerca di 6. morire di noia

O. *Rispondete alle seguenti domande usando un'espressione idiomatica adatta.*

1. Perchè mangi così tanto?
2. Come mai sei tanto stanco stasera?
3. Perchè non ti piace andare al museo?
4. Che cosa cercavate in quel negozio?
5. Alessandro, perchè sei in piedi?

### ESERCIZI DI CONVERSAZIONE

A. *Rispondete alle seguenti domande di carattere personale.*

1. Dove abitano i vostri nonni?
2. Li vedete spesso?

3. Cosa facevate con i nonni quando eravate ancora bambini?
4. Conoscete meglio i nonni paterni o quelli materni?
5. Sareste contenti se i vostri nonni abitassero con voi?
6. Pensate che i nonni abbiano un ruolo importante da svolgere nelle famiglie di oggi?

B. *Argomento della conversazione.*

1. Raccontate brevemente un vostro ricordo d'infanzia.
2. Di tutti i vostri parenti (nonni, zii, cugini), chi è quello a cui volete più bene e perchè?
3. Raccontate la storia di un film western che avete visto recentemente.

# OTTAVA LETTURA

## GLI ITALIANI NEL MONDO

Si dice che quando Cristọforo Colombo sbarcò per la prima volta sul continente americano vi incontrò un lucchese[7] che vendeva statuine di gesso[8] ai nativi. Questa divertente storiella[9], frutto della fantasia[10] d'uno scrittore, conferma il fatto che l'Italia dal tempo di Marco Polo ad oggi ha generato un nụmero considerẹvole di navigatori, esploratori e viaggiatori. A riprova di tale asserzione[11], basti pensare che fra la fine del Quattrocento e i primi decenni del Cinquecento non uno, ma quattro grandi navigatori italiani—i genovesi Cristọforo Colombo e Giovanni Caboto e i toscani Amẹrigo Vespucci e Giovanni da Verazzano—attraversạrono varie volte l'Atlạntico alla scoperta di nuove terre.

A partire dalla prima metà dell'Ottocento questi navigatori e esploratori fụrono seguiti da schiere[12] sempre più numerose di italiani d'ogni ceto[13] di cui alcuni lasciạrono la patria per motivi polịtici, altri per spịrito di avventura e la maggioranza per sfuggire alla fame e alla povertà.[14] Iniziò così, verso la fine del sẹcolo scorso, l'emigrazione in massa[15] delle popolazioni delle regioni più pọvere e depresse del sud e, in misura minore, del nord.

Degli italiani che emigrạrono prima della Prima Guerra Mondiale, l'ottanta per cento proveniva dal Meridione e dalla Sicilia. Dei cinque milioni di emigranti meridionali, quattro milioni si stabilịrono negli Stati Uniti d'Amẹrica (la maggior parte negli stati della costa atlạntica), mentre un milione andò a vịvere in Argentina, nel Brasile, in Tunisia, in Algeria, nell'Egitto, in Francia, in Germania e in varie altre nazioni. L'emigrazione, interrotta dallo scoppio[16] della Seconda Guerra Mondiale, riprese[17] dopo la fine delle ostilità e questa volta la maggior parte degli

[7] vi incontrò un lucchese: *he met a man there from Lucca*

[8] statuine di gesso: *small plaster statues*

[9] storiella: *story*

[10] fantasia: *imagination*

[11] A riprova di tale asserzione: *As a proof of such a statement*

[12] fụrono seguiti da schiere: *were followed by multitudes*

[13] ceto: *social class*

[14] per sfuggire alla fame e alla povertà: *to escape hunger and poverty*

[15] l'emigrazione in massa: *mass emigration*

[16] interrotta dallo scoppio: *interrupted by the outbreak.* Interrotto è il participio passato di interrọmpere (si coniuga come rọmpere).

[17] riprese: *resumed,* passato remoto di riprẹndere. Il participio passato è ripreso (si coniuga come prẹndere).

Armani e la moda Italiana a New York.

italiani che avevano deciso[18] di emigrare partirono per il Canadà e l'Australia, che ospitano oggi delle grandi e fiorenti comunità italiane.

Il numero di italiani che hanno lasciato la patria dal 1950 ai giorni nostri è notevolmente diminuito[19] anche perchè l'economia italiana è cambiata da principalmente agrịcola ad essenzialmente industriale e commerciale. Inoltre con la costituzione del Mercato Comune Europeo,[20] molti operai italiani hanno trovato lavoro—anche se per parecchi l'impiego è soltanto stagionale—in paesi o confinanti[21] o vicini all'Italia (come la Svizzera e la Germania), evitando in tal modo la dura necessità di dover attraversare l'ocẹano per andare in cerca di lavoro. Chi non è espatriato si è trasferito dal sud nelle regioni più industrializzate del nord causando quello che è stato chiamato il "fenomeno dell'emigrazione interna".

Anche se oggi non esiste più il problema dell'emigrazione in massa che nel passato ha spopolato[22] interi paesi e province del mezzogiorno, ci sarà sempre chi vorrà, per un motivo o per un altro, andare a vivere all'estero. Questa è appunto la ragione per cui dovunque uno vada riesce[23] quasi sempre a trovare o un altro italiano oppure un figlio o nipote di italiani.

### COMPRENSIONE

A. *Rispondete alle seguenti domande basate sull'Ottava Lettura.*

1. Chi fu il primo cẹlebre viaggiatore ed esploratore italiano?
2. Cosa faceva il lucchese che Cristọforo Colombo avrebbe incontrato appena sbarcato sul continente americano?

[18] avevano deciso: *had decided*

[19] è notevolmente diminuito: *has considerably declined.* Il verbo diminuire si coniuga come finire.

[20] la costituzione del Mercato Comune Europeo: *the establishment of the European Common Market*

[21] confinanti: *bordering*

[22] ha spopolato: *has depopulated.* Spopolare vuol dire *depopulate.*

[23] riesce: *succeed.* Il verbo riuscire si coniuga come uscire, ma vuol dire *to succeed.*

Anche in America ci sono caffè all'aperto.

3. Quali sono e da quali città o regioni provenivano i maggiori navigatori italiani del XV e del XVI sẹcolo?
4. Per quali ragioni lasciạrono la patria i primi emigranti dell'Ottocento?
5. In che perịodo cominciò l'emigrazione in massa degli italiani?
6. In quali paesi del mondo essi andạrono a stabilirsi?
7. Da dove proveniva la maggioranza di questi emigranti?
8. Dove emigrarono gli italiani sụbito dopo la fine della Seconda Guerra Mondiale?
9. È vero che oggi gli italiani non emịgrano più?
10. Quali sono le ragioni per cui molti operai italiani non hanno più bisogno di attraversare l'ocẹano per andare in cerca di lavoro?
11. Cosa vuol dire il "fenọmeno dell'emigrazione interna"?
12. Quando un italiano va all'estero, chi è facile che lui o lei incontri? Perchè?

Vetrina d'un negozio che vende cibo italiano negli Stati Uniti.

### COMPOSIZIONE

B. *Scrivete un riassunto basato sulla lettura "Gli italiani nel mondo".*

### RELAZIONE

C. *Scegliete un americano di origine italiana o un italiano emigrato negli Stati Uniti e dite in che modo ha contribuito alla vita culturale, sportiva, politica, economica e scientifica di questo paese (Philip Mazzei, Enrico Fermi, Arturo Toscanini, Lorenzo Da Ponte, Enrico Caruso, Amadeo Peter Giannini, Fiorello La Guardia, Rodolfo Valentino, Vincent Lombardi, Joe Di Maggio, Lee Iacocca, Mario Cuomo, etc.)*

# VOCABOLARIO

### SOSTANTIVI

| | |
|---|---|
| il **Cinquecento** | *sixteenth century* |
| il **capoluogo** | *capital* |
| la **fila** | *cow* |
| la **galleria** | (theater) *balcony, gallery, tunnel* |
| il **gesso** | *chalk* |
| l'**infanzia** | *childhood* |
| la **metà** | *half* |
| il **Mezzogiorno** | *Southern Italy* |
| la **mostra** | *art show, exhibit* |
| la **noia** | *boredom* |
| l'**operaia**, l'**operaio** | *worker* |
| il **pensatore** | *thinker* |
| il **Quattrocento** | *fifteenth century* |
| il **ricordo** | *memory, souvenir, remembrance, recollection* |
| la **scoperta** | *discovery* |
| la **sparatoria** | *shooting* |
| l'**urlo** | *shout, scream* |
| il **viaggiatore** | *traveler* |
| il **vincitore** | *winner* |

### AGGETTIVI

| | |
|---|---|
| **distinto, a** | *refined, well-bred* |
| **duro, a** | *hard, harsh* |
| **esteso, a** | *large, wide* |
| **marinaro, a** | *seafaring* |
| **stagionale** | *seasonal* |

### VERBI

| | |
|---|---|
| **accendere** (participio passato: **acceso**) | *to turn on, light* |
| **affliggere** (participio passato: **afflitto**) | *to afflict, torment* |
| **commentare** | *to comment on* |
| **diminuire** (si coniuga come **finire**) | *to decline, diminish* |
| **discutere** (participio passato: **discusso**) | *to discuss* |
| **distinguere** (participio passato: **distinto**) | *to distinguish* |
| **emigrare** | *to emigrate* |
| **esistere** (participio passato: **esistito**) | *to exist* |
| **espatriare** | *to leave one's country, go abroad* |
| **evadere** (participio passato: **evaso**) | *to escape, run away* |
| **fingere** (participio passato: **finto**) | *to pretend, feign* |
| **friggere** (participio passato: **fritto**) | *to fry* |
| **generare** | *to generate, produce, give birth to* |
| **includere** (participio passato: **incluso**) | *to include* |
| **mordere** (participio passato: **morso**) | *to bite* |
| **narrare** | *to tell, narrate* |
| **provenire** (participio passato: | *to originate, come from* |

**provenuto;** si coniuga come **venire**)

**realizzare** — *to materialize*

**rieleggere** (si coniuga come **eleggere**)

**rifare** — *to remake, do again*

**riuscire** (si coniuga come **uscire**) — *to succeed*

**rivedere** (si coniuga come **vedere**) — *to see again, revise*

**sbarcare** — *to land, disembark*

**sconfiggere** (participio passato: **sconfitto**) — *to defeat*

**sfuggire (a)** — *to escape, avoid*

**soffrire** (participio passato: **sofferto**) — *to suffer*

**spopolare** — *to depopulate*

**stabilire** (si coniuga come **finire**) — *to establish*

**stabilirsi** (si coniuga come **finire**) — *to settle*

**uccidere** (participio passato: **ucciso**) — *to kill*

## ALTRI VOCABOLI

| | |
|---|---|
| **ad un tratto** | *suddenly* |
| **a riprova di** | *as a proof of* |
| **inoltre** | *moreover* |
| **in seguito** | *later on* |
| **più a lungo** | *longer, for a longer time* |
| **tranquillamente** | *peacefully* |
| **vi** | *there* |

## PAROLE SIMILI

| | |
|---|---|
| l'**asserzione** | *assertion, statement* |
| **atlantico, a** (atlantici, atlantiche) | *Atlantic* |
| l'**Atlantico** | *Atlantic Ocean* |
| il **bandito** | *bandit, outlaw* |
| la **comunità** | *community* |
| il **compositore** | *composer* |
| il **continente** | *continent* |
| **deciso, a** | *decided* |
| **densamente** | *densely* |
| **depresso, a** | *depressed* |
| l'**eccitazione** | *excitement* |
| l'**emigrante** | *emigrant* |
| l'**esploratore** | *explorer* |
| la **fama** | *fame* |
| il **frutto** | *product, fruit, result* |
| **genovese** | *Genoese* |
| **immortale** | *immortal* |
| l'**indiana,** l'**indiano** | *Indian* |
| il **navigatore** | *navigator, sailor* |
| l'**oceano** | *ocean* |
| l'**ostilità** | *hostility* |
| il **Pacifico** | *Pacific Ocean* |
| la **povertà** | *poverty* |
| **precedente** | *preceding, previous* |
| lo **spirito** | *spirit* |
| la **statua** | *statue* |
| il **titolo** | *title, name* |
| **toscano, a** | *Tuscan* |

## FRASI IDIOMATICHE

| | |
|---|---|
| **essere in cerca di** | *to be after, to be looking for* |
| **mettere in mostra** | *to exhibit* |
| **morire di fame** | *to die of starvation, starve to death* |
| **morire di noia** | *to be bored to death* |
| **non chiudere occhio** | *not to sleep a wink* |
| **prendere posto** | *to take a seat, sit down* |

# LESSON 19

| COMMUNICATION SKILLS | STRUCTURES | CULTURE |
|---|---|---|
| Using the infinitive | 1. The infinitive | Cars and traffic |
| Using passive constructions | 2. Passive voice | Catania |
| Using **lasciare** + infinitive | 3. **Fare** + infinitive construction | Women in Italian society |
| | 4. **Lasciare** | |
| | 5. **Metterci e volerci** | |
| | 6. **Passato remoto** of irregular verbs: II | |
| | 7. Idiomatic expressions | |

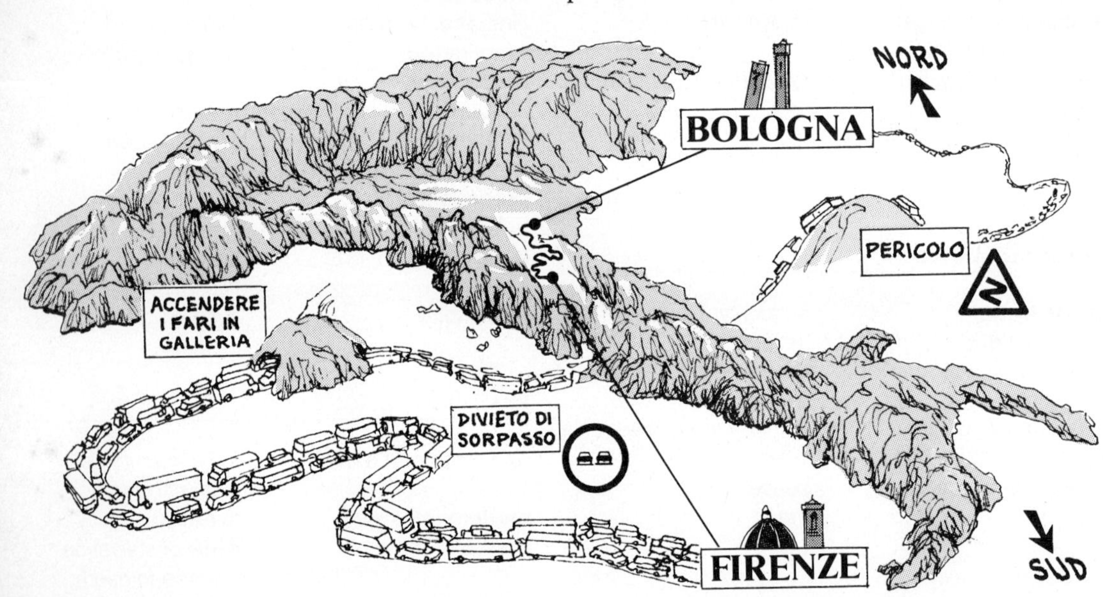


## PARTE NARRATIVA

***CONVIENE ESSER PRUDENTI***

Dopo che Ludovico ebbe cenato, aprì come sempre il giornale e vi lesse un trafiletto intitolato "Conviene esser prudenti" che gli piacque molto perchè esprimeva ciò che anche lui aveva tante volte pensato.

Un cartello stradale.

È noto che sul tratto dell'Autostrada del Sole che attraversa l'Appennino tosco-emiliano c'è sempre tanto traffico; automobili di ogni marca, furgoni grandi e piccoli, molti camion, e poi quegli enormi autotreni che sono chiamati da tutti "i bisonti della strada".

Dappertutto si vedono cartelli stradali. Su alcuni è scritto "Rallentare — Curva Pericolosa", su altri "Divieto di Sorpasso", altri invece ricordano a chi guida di accendere i fari prima di entrare nelle numerose gallerie che si seguono l'una all'altra. I cartelli quindi ci sono, ma quanta gente li osserva veramente?

Per percorrere i 105 chilometri che separano Bologna da Firenze ci vorrebbero almeno novanta minuti. Molti però ci mettono soltanto un'ora e forse anche meno.

| ENTRATA | USCITA | PORTA | ANNO E GIORNO | ORA E MINUTI | IDENTITÀ ESATTORE |
|---|---|---|---|---|---|
| | | | | | |

| CLASSE E CATEGORIA | PEDAGGIO | MODAL. PAGAM. | SALDO PRECEDENTE | CODICE TESSERA |
|---|---|---|---|---|
| | | | | |

**SCONTRINO DI PEDAGGIO**
Non è titolo valido per la detrazione I.V.A.
L'eventuale fattura va richiesta alla
**AUTOSTRADE S.p.A. - Fatturazione Contestuale**
Casella Postale 610 - 50100 Firenze.

***autostrade***
CONCESSIONI E COSTRUZIONI AUTOSTRADE S.p.A.
**- ROMA -**

Questo perchè parecchi individui, quando si siẹdono al volante della loro auto crẹdono di ẹssere diventati i padroni della strada e si mẹttono a cọrrere all'impazzata.

È diffịcile che chi ha una mạcchina veloce e potente lasci che il guidatore d'un'automọbile di cilindrata inferiore alla sua lo sorpassi impunemente! Molti incidenti avvẹngono appunto quando due conducenti fanno a gara nel superarsi a vicenda. Succede spesso, purtroppo, che uno dei due guidatori, desideroso di far mangiare la pọlvere all'altro, perde il controllo della propria vettura finendo poi per uscire di strada. Sarebbe certo più prudente e saggio lasciarsi sorpassare anzichè correre il rischio di farsi portare all'ospedale, o peggio ancora, al cimitero!

#### *DOMANDE*

1. Cosa ha fatto Ludovico dopo aver cenato?
2. Perchè gli è piaciuto quello che ha letto?
3. Cosa sono i bisonti della strada?
4. Bisogna accendere i fari quando ci sono delle curve pericolose?
5. Quanto è lunga l'autostrada Bologna-Firenze?
6. È vero che per andare da Bologna a Firenze in macchina sono necessarie almeno due ore?
7. Cosa succede quando due guidatori fanno a gara nel superarsi a vicenda?
8. In questo caso, cosa dovrebbe fare il conducente più prudente?

# STRUTTURA E FUNZIONE

Rallentare — Curva Pericolosa
Ricordano di **accẹndere** i fari prima di **entrare**.

## 1. L'Infinito dei Verbi Italiani

L'infinito ha due tempi: presente e passato.

### Formazione

1. L'infinito presente è la forma in **-are**, **-ere**, **-ire** del verbo.
2. L'infinito passato si forma invece aggiungendo all'infinito presente dell'ausiliare il participio passato del verbo.

Verbi transitivi e intransitivi coniugati con **avere**: **avere** + participio passato del verbo:

| INFINITO PRESENTE | INFINITO PASSATO |
|---|---|
| **amare** | **avere amato** |
| **credere** | **avere creduto** |
| **finire** | **avere finito** |
| **viaggiare** | **avere viaggiato** |
| **dormire** | **avere dormito** |

Tratto dell'Autostrada del Sole fra Bologna e Firenze nei pressi di Roncobilaccio.

Verbi intransitivi: essere + participio passato del verbo:

| INFINITO PRESENTE | INFINITO PASSATO |
|---|---|
| **andare** | **essere andato (a,i,e)** |
| **evadere** | **essere evaso (a,i,e)** |
| **partire** | **essere partito (a,i,e)** |

Essere e avere:

| INFINITO PRESENTE | INFINITO PASSATO |
|---|---|
| **essere** | **essere stato (a,i,e)** |
| **avere** | **avere avuto** |

### Usi dell'infinito presente e passato

L'infinito presente può essere usato:

1. Come soggetto d'una frase con valore di nome (Quindicẹsima Lezione, II).

2. Per esprimere un comando, un divieto *(prohibition)* o un avvertimento *(warning)* di carạttere generale.

| | |
|---|---|
| **Rallentare**—Curva Pericolosa. | *Slow Down—Dangerous Curve.* |
| Non **fumare.** | *Do not smoke* (No smoking). |
| **Spegnere** i fari | *Turn off your headlights.* |

3. Dopo un altro verbo coniugato nei vari tempi e modi.

| | |
|---|---|
| Abbiamo preferito **prendere** l'autostrada. | *We preferred taking the superhighway.* |
| Desidero **sorpassare** quella mạcchina. | *I want to pass that car.* |

4. Dopo le preposizioni (**per, di, a, da** e **in**) oppure con le parole **prima di** *(before),* **invece di** *(instead)* e **senza** *(without).*

| | |
|---|---|
| Sono venuto qui **per parlargli.** | *I came here to talk with him.* |
| Aveva molte cose **da raccontarmi.** | *He had a lot to tell me.* |
| Telẹfonale **prima di andare a** giocare a tennis! | *Call her before going to play tennis!* |
| Sorridi **invece di piangere!** | *Smile instead of crying!* |
| È difficile guadagnare **senza lavorare.** | *It's difficult to make money without working.* |

Multa per infrazione al codice stradale.

L'infinito passato può essere usato:

1. Dopo un altro verbo coniugato nei vari tempi e modi.

Preferirei **aver viaggiato** in treno. — *I would have preferred to have traveled by train.*

Potrebbe **aver mandato** un telegramma invece d'un espresso! — *He could have sent a telegram instead of a special delivery letter!*

Non è a casa; **dev'ẹssere** uscito! — *He is not home; he must have gone out!*

2. Dopo una preposizione o la coniugazione temporale **dopo, dopo di.**

Elena si è rallegrata con me **per aver superato** quel diffịcile esame. — *Elena congratulated me for having passed that difficult exam.*

Siamo contente **di ẹssere arrivate** in tempo alla tua festa. — *We are happy to have arrived at your party on time.*

**Dopo aver incassato** l'assegno, la mamma è andata a fare delle spese. — *After cashing (having cashed) the check, mother went shopping.*

**Dopo di aver lavorato** per otto ore siamo stanchi. — *After working (having worked) for eight hours, we are tired.*

Quando un pronome riflessivo oppure un pronome oggetto diretto o indiretto dipende dall'infinito passato d'un verbo, il pronome segue l'ausiliare al quale è attaccato. Il participo passato concorda[1] con il pronome riflessivo e con il pronome oggetto diretto.

Dopo ẹsser**si** vestit**a,** Giovanna andò alla stazione. — *After getting (having gotten) dressed, Giovanna went to the station.*

Crẹdono di aver**li** vist**i** ieri alle 2,50 del pomeriggio. — *They believe they saw them yesterday at 2:30 in the afternoon.*

Ti ringrazio di aver**gli** parlato. — *I thank you for having talked to him.*

### *ESERCIZI*

A. *Date l'infinito passato dei seguenti verbi:*

1. contribuire 2. nạscere 3. dormire 4. sapere 5. uscire 6. viaggiare 7. scẹgliere 8. trasferirsi 9. venire 10. ordinare 11. fare 12. traslocare 13. piacere 14. bere 15. rimanere 16. morire 17. dovere 18. spedire 19. mẹttere 20. addormentarsi

B. *Traducete le seguenti frasi usando i tempi indicati fra parẹntesi.*

1. We told (pass. rem.) him to go to bed right away.
2. Before leaving for Italy, we went (pass. pross.) to say good-bye to them.
3. She wasn't (pass. rem.) too happy to see us again.
4. I hope he wants to write to me often.
5. Playing tennis is not as easy as she thinks.
6. After drinking (having drunk) six beers, he fell asleep (pass. pross.).
7. We went out (pass. rem.) without saying a word.
8. Giacomo, wash your hands before eating.
9. They preferred (pass. rem.) to remain home instead of going to the theater with us.
10. There are many traffic signs along the superhighway between Florence and Bologna: Turn on the Lights, Slow Down, and Do Not Pass.

[1] **Concordare** vuol dire: *to agree.*

C. *Rispondete alle seguenti domande.*

1. Che cosa fece Giovanni dopo aver finito di leggere il romanzo?
2. Con chi andasti in Spagna l'anno scorso?
3. Che cosa ordinasti al ristorante "Via Veneto"?
4. Camminasti molto prima di prendere un tassì?
5. Chi venne a visitarti dopo che noi fummo partiti?
6. Tornarono prima delle sette i vostri parenti?

Sono **chiamati** da tutti "i bisonti della strada"
Su alcuni **è scritto** "Rallentare"

## 2. La Voce Passiva del Verbo

Una frase si trasforma da **attiva** in **passiva** quando il soggetto e l'oggetto della frase attiva diventano rispettivamente l'agente e il soggetto della frase passiva.

| FRASE ATTIVA | FRASE PASSIVA |
|---|---|
| **Mario** studia **la lezione.** | **La lezione** è studiata **da Mario.** |
| soggetto oggetto | soggetto agente |
| (Mario is studying the lesson) | (The lesson is studied by Mario) |

Qualsiasi verbo transitivo può diventare passivo. La voce passiva si forma con l'ausiliare ęssere, coniugato nei vari tempi e modi e il participio passato del verbo.

### Formazione

| INDICATIVO | | | comprare | ricẹvere | finire |
|---|---|---|---|---|---|
| *presente* | **sono** | + | **comprato, a** | **ricevuto, a** | **finito, a** |
| *imperfetto* | **ero** | | | | |
| *futuro* | **sarò** | | | | |
| *passato remoto* | **fui** | | | | |
| *passato prọssimo* | **sono stato, a** | | | | |
| *trapassato prọssimo* | **ero stato, a** | | | | |
| *trapassato remoto* | **fui stato, a** | | | | |
| *futuro passato* | **sarò stato, a** | | | | |
| CONDIZIONALE | | | | | |
| *presente* | **sarei** | + | **comprato, a** | **ricevuto, a** | **finito, a** |
| *passato* | **sarei stato, a** | | | | |
| CONGIUNTIVO | | | | | |
| *presente* | **sia** | + | **comprato, a** | **ricevuto, a** | **finito, a** |
| *imperfetto* | **fossi** | | | | |
| *passato* | **sia stato, a** | | | | |
| *trapassato* | **fossi stato, a** | | | | |
| GERUNDIO | | | | | |
| *presente* | **essendo** | + | **comprato, a** | **ricevuto, a** | **finito, a** |
| *passato* | **essendo stato, a** | | | | |
| INFINITO | | | | | |
| *presente* | **essere** | + | **comprato, a** | **ricevuto, a** | **finito, a** |
| *passato* | **essere stato, a** | | | | |

FRASI ATTIVE

Abbiamo comprato il pane.
*We bought the bread.*

Perchè tu hai spedito quella lettera?
*Why did you mail that letter?*

Io gli diedi il denaro.
*I gave him the money.*

Loro vedrẹbbero quel film domani.
*They would see that movie tomorrow.*

Alberto può scrịvere la lẹttera.
*Alberto can write the letter.*

Pensavo che lui conoscesse quel libro.
*I thought he knew that book.*

FRASI PASSIVE

Il pane **è stato comprato** da noi.
*The bread has been bought by us.*

Perchè quella lettera **è stata spedita** da te?
*Why has that letter been mailed by you?*

Il denaro gli **fu dato** da me.
*The money was given to him by me.*

Quel film **sarebbe visto** da loro domani.
*That movie would be seen by them tomorrow.*

La lettera può **essere scritta** da Alberto.
*The letter can be written by Alberto.*

Pensavo che quel libro **fosse conosciuto** da lui.
*I thought that book was known by him.*

Dappertutto **si vedono** cartelli.

## Usi del Passivo

Quando la persona dalla quale è fatta un'azione non è indicata o rimane indeterminata, è possịbile usare **si** + la terza persona singolare del verbo (se il soggetto della frase è singolare) o la terza persona plurale (se il soggetto è plurale). Anche se la frase sembra impersonale, il suo significato è in realtà passivo.

Qui **si pạrlano** tre lingue.
*Three languages are spoken here.*
*They speak three languages here.*

In quel ristorante **si mangiava** un'ọttima bistecca.
*An excellent steak was eaten in that restaurant.*
*One used to eat an excellent steak in that restaurant.*

**Si è visto** un bel film al cịnema «Astra».
*A beautiful film has been seen at the Astra movie theater.*
*They saw a beautiful film at the Astra movie theater.*

### *ESERCIZI*

D. *Cambiate le seguenti frasi dall'attivo al passivo.*

1. Un camion ha attraversato l'autostrada.
2. Noi facevamo trenta chilọmetri al giorno in bicicletta.
3. Chi aprirà le porte e le finestre dell'appartamento?
4. L'operaio mise molti cartelli lungo la strada.
5. Quella mạcchina aveva sorpassato un enorme autotreno.
6. Questo conducente non legge mai i cartelli stradali.
7. Pensavo che voi aveste mangiato un po' di frutta.
8. Perchè loro non nọtano quell'interessante trafiletto?
9. I miei amici prendẹvano spesso il caffè senza zụcchero.
10. La mamma farà la spesa domattina.
11. Loro direbbero molte cose.
12. Noi accendiamo la radio.
13. Gli studenti stranieri non avẹvano ancora scritto il cọmpito.
14. È vero che tu non lavi mai le lenzuola?
15. La moglie ha svegliato il marito alle sette.

**CATANIA.** Ai piedi dell'Etna, il maggior vulcano d'Europa, sorge Catania che con i suoi 371.000 abitanti è, e non solo per grandezza, la seconda città della Sicilia. Dopo essere stata per vari decenni rivale della vicina Siracusa (che ha oggi una popolazione di circa 120.000 abitanti), Catania cadde eventualmente in potere di Roma. Ricostruita dopo il terremoto del 1693, la città abbonda di insigni monumenti, palazzi e chiese in stile barocco. Grazie anche al suo porto, Catania è attualmente un importante centro commerciale, industriale e agricolo, con un sempre crescente movimento turistico. La città ha anche una vita culturale molto attiva, un'ottima Università e numerosi musei e pinacoteche. Fra i catanesi più illustri: Vincenzo Bellini, compositore di opere celebri come **La Sonnanbula** e **Norma** e Giovanni Verga, i cui romanzi **I Malavoglia** e **Mastro-don Gesualdo** sono considerati fra i capolavori della narrativa italiana.

E. *Completate le frasi che seguono dando l'equivalente italiano dei verbi inglesi.*

1. ______________ in centro ieri sera.
   *(She has been seen)*
2. Loro hanno capito soltanto la lezione che ______________ dal Professor Torrieri.
   *(had been explained)*
3. ______________ che tu eri partito.
   *(I had been told* or *It had been told me)*
4. ______________ sorpassare quella velocissima macchina sportiva.
   *(It would have been impossible)*
5. Ecco il giocattolo che ______________ a Teresa dalla nonna.
   *(has been given)*
6. In quel negozio ______________ giacche e camicie importate dall'Italia.
   *(one buys)*
7. Stia tranquilla, signora! Quest'espresso ______________ domattina.
   *(will be mailed)*
8. Credo che tutti quei libri ______________ da molti studenti.
   *(have been read)*
9. La notizia del vostro arrivo ______________ ai vostri genitori ieri mattina.
   *(had been announced)*
10. Nel ristorante del campeggio ______________ piatti italiani e francesi.
    *(one can order)*

Desideroso di **far mangiare** la polvere all'altro

## 3. Costruzione di *fare* + un Infinito

Il verbo fare + l'infinito è una costruzione molto usata in italiano. Corrisponde, secondo i casi, alle espressioni inglesi *to have something done* e *to make/have someone do something*. È importante notare che pronomi riflessivi e pronomi oggetto diretti e indiretti precẹdono o sẹguono il verbo **fare** secondo le rẹgole già studiate.

Le seguenti frasi illụstrano questo particolare uso del verbo **fare**.

### Fare + l'Infinito di un Verbo Intransitivo

| | |
|---|---|
| Marco **fa parlare** gli studenti.<br>(Marco li fa parlare) | *Marco is having the students talk.*<br>*(Marco makes them talk)* |
| **Ho fatto andare** Gina alla stazione.<br>(L'ho fatta andare alla stazione) | *I had Gina go to the station.*<br>*(I had her go to the station.)* |
| **Faceva partire** l'autobus alle sei.<br>(Lo faceva partire alle sei) | *He used to make the bus leave at six.*<br>*(He used to make it leave at six)* |
| Desịdero **far dormire** mio figlio.<br>(Desịdero farlo dormire) | *I want to make my son sleep.*<br>*(I want to make him sleep.)* |
| **Fate uscire** sụbito quell'uomo!<br>(Fạtelo uscire sụbito!) | *Have that man leave (go out) immediately!*<br>*(Have him leave (go out) immediately!* |

### Fare + l'Infinito di un Verbo Transitivo

| | |
|---|---|
| **Faccio scrịvere** la lẹttera.<br>(La faccio scrivere.) | *I'm having the letter written.*<br>*(I'm having it written.)* |
| **Faccio scrịvere** la lẹttera a Mario.<br>(Gliela faccio scrivere.) | *I'm having Mario write the letter.*<br>*(I'm having him write it.)* |
| **Faccio scrịvere** a Mario la lẹttera a Francesca.[2]<br>(Gliela faccio scrivere a Francesca.) | *I'm having Mario write the letter to Francesca.*<br>*(I'm having him write it to Francesca.)* |

È necessario notare che nel primo esempio la cosa scritta (la lẹttera) è l'oggetto diretto della frase. Negli altri due esempi la persona che scrive la lẹttera è invece l'oggetto indiretto delle due frasi (Mario).

L'infinito che segue **fare**, può anche essere l'infinito del verbo **fare**.

| | |
|---|---|
| Il maestro **ha fatto fare** il cọmpito ai suoi allievi. | *The teacher had his pupils do the homework.* |
| Non le **farò fare** nulla. | *I will not make her do anything.* |

### Farsi + un Infinito

Notate le seguenti frasi con **farsi** + l'infinito.

| | |
|---|---|
| Il babbo **si fa svegliare** alle sette dalla mamma. | *Father has mother wake him up at seven.* |
| Lui **si è fatto fare** un vestito nuovo dal sarto. | *He had the tailor make a new suit for him.* |
| Se lui potesse, **ci farebbe accompagnare** al cịnema da Giorgio. | *He would make Giorgio accompany us to the movies, if he could.* |
| Me li **faccio comprare** da mio padre. | *I am having my father buy them for me.* |

### *ESERCIZI*

F. *Cambiate le seguenti frasi, usando il verbo* **fare**.

ESEMPIO: Compro una penna. **Faccio comprare** una penna.

1. Scriviamo molte lettere.
2. Perchè tu leggi quel libro?

[2] In questo caso, per maggiore chiarezza si può anche dire: **Faccio scrivere da Mario la lettera a Francesca** *(I am having the letter written by Mario to Francesca).*

3. Traducete queste frasi adesso?
4. Quando avete aperto il negozio?
5. Le ragazze hanno pulito la casa.
6. Compreremmo dei braccialetti d'oro.
7. È vero che loro avẹvano visitato quel palazzo?
8. Pensavo che tu vedessi quel film.
9. Che cosa canteranno loro?
10. La donna lavò tutti i miei vestiti.

G. *Riscrivete le seguenti frasi; quindi date l'equivalente inglese della nuova frase.*

ESEMPIO: Mando il libro al babbo.
**Faccio mandare** il libro al babbo.
*I am having the book sent to dad.*

1. Spediamo un telegramma alla zia.
2. Dirẹbbero tutto a tutti.
3. Perchè hai dato quell'assegno al commesso?
4. Hanno portato al cuoco un chilo di carne.
5. Avevo mandato una raccomandata al direttore.
6. Guglielmo annunciò il nostro arrivo ai suoi amici.
7. Invieremo le stoffe alla sarta.
8. Date sụbito i documenti al dattilọgrafo.
9. Avẹvano scritto una bella lẹttera a papà Natale.
10. Non credevano che voi aveste ordinato al padrone del negozio venti bottiglie di vino.

H. *Riscrivete le seguenti frasi, sostituendo ai nomi i pronomi oggetto, diretti e indiretti.*

ESEMPIO: Faccio scrịvere due lettere a Anna.
**Gliene** faccio scrịvere **due**.
Mi farò portare quel libro.
**Me lo** farò portare.

1. Faremo mangiare molta carne ai bambini e alle bambine.
2. Ho fatto spedire il pacco a mio nipote.
3. Fẹcero pagare il caffè a Luisa.
4. Facẹvano sempre ripẹtere le stesse cose a quelle pọvere ragazze.
5. Mi ha fatto bere del latte.
6. Spero che non ci fạcciano studiare quella lezione.
7. Farei scrịvere quella lẹttera a mia moglie, ma lei non può.
8. Avrẹbbero fatto dare l'assegno a quella vecchia signora, ma lei era già morta.
9. Vi hanno fatto portare quei bei cappotti?
10. Fẹcero cucinare tre polli al cuoco.

I. *Rispondete alle seguenti domande usando le espressioni **fare** + infinito e **farsi** + infinito.*

1. Che cosa ti fai fare dalla sarta?
2. Che cosa hai fatto preparare al cuoco?
3. A che ora facevi partire tuo figlio la mattina?
4. Con che cosa si fanno aiutare questi ragazzi?
5. A che ora ci faremo svegliare domani?
6. Dove ha fatto portare la macchina tuo marito?

7. Perchè fate uscire vostra figlia a quest'ora?
8. Che cosa fai mangiare al bambino?

L. *Date l'equivalente italiano delle seguenti frasi inglesi.*

1. She had my brother stay home all day.
2. They make me eat too much.
3. Why are you having Marco wash your car?
4. Today she is having her hair washed and combed.
5. I had my father accompany me to the doctor's.
6. The teacher will have us listen to some music.
7. His grandmother used to make him drink milk all the time.
8. She had us go back home on foot.
9. I am having them answer this telegram.
10. We had Massimo cut our hair.

Lasci che il guidatore d'un'automobile

## 4. Il Verbo *lasciare:* Usi

Il verbo **lasciare** *(to let, allow, permit)* è spesso seguito dall'infinito di un altro verbo. In questo caso **lasciare** ha una costruzione simile a quella di **fare** + l'infinito. I pronomi riflessivi e pronomi oggetto diretti e indiretti sẹguono o precedono il verbo **lasciare**, così come sẹguono o precedono **fare**.

**Lasciate parlare** la mamma! — *Let mother talk!*
(**Lasciatela** parlare!) — *(Let her talk)*

Non **lascerò** mai **uscire** mia figlia da sola. — *I'll never allow my daughter to go out alone.*
(Non **la lascerò** mai **uscire** da sola) — *(I'll never allow her to go out alone.)*

**Ho lasciato** bere il cane. — *I let the dog drink.*
(**L'ho lasciato** bere.) — *(I let him drink.)*

**Ho lasciato** bere il latte al cane. — *I let the dog drink the milk.*
(**Gliel'ho** lasciato bere.) — *(I let him drink it.)*

Non **mi lasciavano giocare** a calcio. — *They did not let me play soccer.*

**Si era lasciato prendere** in giro da tutti. — *He had allowed himself to be made fun of by everybody.*

Queste frasi pọssono ẹssere espresse facendo seguire al verbo **lasciare**, la congiunzione **che** + il verbo al congiuntivo. Il significato delle frasi non cambia.

**Lasciate che parli** la mamma.
Non **lascerò** mai **che** mia figlia **esca** da sola.
**Ho lasciato che** il cane **bevesse** il latte.
Non **lasciavano che** io **giocassi** a calcio.
**Aveva lasciato che** tutti lo **prendessero in giro.**

### *ESERCIZI*

M. *Riscrịvere le seguenti frasi come indicato.*

ESEMPIO: Non ci lạsciano ascoltare la radio.
Non **lasciano che** noi **ascoltiamo** la radio.

1. Perchè non ci hai lasciato partire alle tre?
2. Lasceremo tradurre quel romanzo ad Antonio.
3. Loro lasciạvano riposare tutti.
4. Giorgio aveva lasciato partire sua moglie mentre fuori pioveva.
5. Perchè ti eri lasciato offrire un caffè da loro?
6. Non lasciare lẹggere quella lettera a nessuno!
7. Signora Macchi, mi lascerebbe telefonare a sua figlia, per favore?
8. Non ci lascia conọscere i nomi dei suoi amici.
9. Lasciateli piangere!
10. Qualche volta mi lasciavo guidare da lei.

N. *Traducete le seguenti frasi.*

1. We will not let them open the windows.
2. She allowed me to turn on the radio.
3. I would let him do it, if he had the time.
4. Dr. Poggi, don't let us go home too late, please!
5. She allows herself to be taken to a movie by a man she doesn't know.

**Ci vorrebbero** almeno novanta minuti.
Molti però **ci mettono** soltanto un'ora.

## 5. Costruzione di *mẹtterci* e *volerci*

Le espressioni formate da **ci** + i verbi **volere** e **mẹttere** hanno in italiano un loro speciale significato, come illụstrano le seguenti frasi.

| | |
|---|---|
| **Ci sono voluti** tre mesi per scrịvere quel libro. | *It took three months (three months were needed) to write that book.* |
| Quel romanziere **ci ha messo** tre mesi per scrịvere quel libro. | *It took that novelist three months to write that book.* |
| **Ci vogliono** dieci minuti per andare in centro in autobus. | *It takes ten minutes (ten minutes are needed) to go downtown by bus.* |
| Quest'autobus **ci mette** dieci minuti per andare in centro. | *It takes this bus ten minutes to go downtown.* |

**Mẹtterci** è usato quando il soggetto della frase (persona o cosa) è chiaramente indicato. **Volerci** è usato invece quando il soggetto della frase non è espresso.

Per andare da Firenze a Roma,
- **il rapido** ci mette tre ore.
- **io** ci metto quattro ore.
- **quest'aereo** ci mette meno di cinquanta minuti.

Per andare da Firenze a Roma,
- **in treno** ci vọgliono quasi quattro ore.
- **in mạcchina** ci vọgliono quattro o cinque ore.
- **in aẹreo** ci vuole forse un'ora.

***ESERCIZI***

O. *Completate le seguenti frasi.*

1. ______________ per finire in tempo quel lavoro.
*(It will take several hours)*

2. ______________ per imparare a cucire.
*(It has taken Isabella six months)*

3. ____________ *(It would take only a few hours)* per attraversare l'ocẹano in aereoplano.

4. ____________ *(It was taking me too long a time)* per tradurre quell'artịcolo dall'italiano all'inglese.

5. ____________ *(How many days does it take)* per ottenere quei documenti dall'Ufficio dell'Anagrafe.

6. ____________ *(It had taken them a year)* per preparare l'esame di tedesco.

7. Non prendete il diretto, ______ *(it takes)* tre ore per andare a Pisa!

8. Pensavamo che ____________ *(it would take us half an hour)*.

Gli **piacque** molto.

## 6. Passato Remoto di Altri Verbi Irregolari: Parte II

| | |
|---|---|
| **accendere** | accesi, accendesti, accese, accendemmo, accendeste, accẹsero. |
| **affliggere** | afflissi, affliggesti, afflisse, affliggemmo, affliggeste, afflissero. |
| **cadere** (**accadere:** *to happen*[3]) | caddi, cadesti, cadde, cademmo, cadeste, cạddero. |
| **cogliere** (**accogliere:** *to receive*)<br>(**raccogliere:** *to collect, pick up*) | colsi, cogliesti, colse, cogliemmo, coglieste, cọlsero. |
| **concludere** (**includere:** *to include*) | conclusi, concludesti, concluse, concludemmo, concludeste, conclụsero. |
| **condurre** (**introdurre:** *to introduce*)<br>(**produrre:** *to produce*)<br>(**tradurre:** *to translate*) | condussi, conducesti, condusse, conducemmo, conduceste, condụssero |
| **correre** (**percorrere:** *to run through, cover a distance*)<br>(**trascọrrere:** *to spend time*) | corsi, corresti, corse, corremmo, correste, cọrsero |
| **decidere** | decisi, decidesti, decise, decidemmo, decideste, decisero. |
| **difendere** | difesi, difendesti, difese, difendemmo, difendeste, difesero. |
| **dipendere** | dipesi, dipendesti, dipese, dipendemmo, dipendeste, dipesero. |
| **discutere** | discussi, discutesti, discusse, discutemmo, discuteste, discụssero. |
| **distinguere** | distinsi, distinguesti, distinse, distinguemmo, distingueste, distịnsero. |
| **divịdere** (**suddivịdere:** *to divide again, split*) | divisi, dividesti, divise, dividemmo, divideste, divịsero. |
| **esprimere** | espressi, esprimesti, espresse, esprimemmo, esprimeste, espressero. |
| **evadere** | evasi, evadesti, evase, evademmo, evadeste, evasero. |

[3] Si usa solo alla terza persona singolare e plurale.

**fingere** — finsi, fingesti, finse, fingemmo, fingeste, finsero.
**friggere** — frissi, friggesti, frisse, friggemmo, friggeste, frissero.
**giungere** (**aggiungere:** *to add*) (**raggiungere:** *to reach*) — giunsi, giungesti, giunse, giungemmo, giungeste, giunsero.
**mettere** (**ammettere:** *to admit*) (**permettere:** *to allow, permit*) (**promettere:** *to promise*) (**rimettere:** *to remit, place back*) (**trasmettere:** *to transmit*) — misi, mettesti, mise, mettemmo, metteste, misero.
**mordere** — morsi, mordesti, morse, mordemmo, mordeste, morsero.
**muovere** (**rimuovere:** *to remove*) — mossi, movesti, mosse, movemmo, moveste, mossero.

***ESERCIZI***

P. *Nelle seguenti frasi cambiate il verbo al passato remoto.*

1. I bambini cadono spesso.
2. Il treno correva perchè era in ritardo.
3. Quando lui è giunto, suo padre ha deciso di parlargli.
4. Nel giardino loro hanno colto delle mele e delle pere.
5. I soldati difendono la patria contro i nemici.
6. La mamma dividerà il dolce in tre parti uguali.
7. Fuori c'era tanta nebbia e così io non ho distinto nulla.
8. I prigionieri sono evasi all'alba.
9. Non raggiungerete mai il paese andando così piano.
10. La mamma ha fritto le uova.
11. Il dottor Magnifico ha discusso i problemi finanziari dell'università.
12. I suoi genitori hanno concluso la loro lettera inviando a tutti tanti saluti.
13. Quella frase esprimeva quello che loro pensavano.
14. Il Parlamento ha eletto il presidente della Repubblica.
15. Lui non ha ammesso niente.

Si mettono a **correre all'impazzata.**

## 7. Espressioni Idiomatiche

| | |
|---|---|
| **correre all'impazzata** | *to drive (run) at breakneck speed* |
| **correre il rischio di** | *to risk, be in danger of* |
| **finire per** + infinito | *to end up by* |
| **lasciar(e) correre** | *to let things slide* |
| **lasciar (e) da parte qualcosa** | *to put, leave something aside* |
| **uscire di strada** | *to go off the road* |

Quando si **corre all'impazzata,** spesso si muore.
Se un'altra macchina ti passa, **lascia correre** e non cercare di sorpassarla.
È necessario non perdere il controllo della propria auto se non si vuole **uscire di strada.**
Prima di mangiare tutto, **lasciate da parte** un po' di cibo per Enrico.
Lei **finì per** dirmi tutto.
Gli ho detto di sì perchè non volevo **correre il rischio di** farlo piangere.

### ESERCIZI

Q. *Completate il seguente brano usando le espressioni idiomatiche adatte.*

Mio cognato ha comprato una nuova macchina sportiva. Io però temo che lui ____________ di morire perchè spesso ____________. Qualche giorno ____________ per uccidersi! Tre settimane fa infatti, guidando al solito troppo velocemente, ha perso controllo e l'auto ____________. Io non voglio dire niente e allora ____________ ma sono molto preoccupata.

### ESERCIZI DI CONVERSAZIONE

*Rispondete alle seguenti domande di carattere personale.*

1. Tu sai guidare la macchina? Da quanti anni guidi?
2. Che tipo di macchina hai?
3. Quando l'hai comprata?
4. Di che colore è la tua macchina?
5. Ti piace correre all'impazzata oppure sei prudente quando guidi?
6. Quanti minuti ci metti per venire all'università con l'autobus?
7. Per andare a casa dei tuoi genitori, quante ore di macchina ci vogliono?
8. Ieri sera quanto tempo ci hai messo per preparare la lezione d'italiano?
9. Preferisci guidare di giorno oppure di notte?
10. Cosa fai quando davanti a te vedi un cartello che dice: "Rallentare—Curva Pericolosa"?
11. Quante miglia o chilometri ci sono da qui a casa tua?
12. L'ultima volta che sei andato(a) in vacanza, dove sei stato(a)?

# NONA LETTURA

### LA DONNA NELLA SOCIETÀ ITALIANA

La posizione sociale della donna, alla quale il fascismo negò il diritto di voto considerandola intellettualmente e socialmente inferiore all'uomo, è cambiata moltissimo durante gli ultimi trent'anni. Essa infatti gode oggi parità di diritti con l'uomo. La nuova legge che regola il diritto di famiglia,[4] approvata dal Parlamento italiano, garantisce[5] alla donna la possibilità di conservare il proprio nome dopo il matrimonio. Una legge del genere[6] sarebbe stata del tutto impensabile alcuni decenni or sono!

Questo è avvenuto perchè il ruolo tradizionalmente esercitato dalla donna nella famiglia italiana ha subito[7] con il passare degli anni una notevole trasformazione. Recenti indagini hanno infatti rivelato che la maggior parte delle donne non ritengono più il matrimono come la massima aspirazione della loro esistenza, come la meta sognata fino dagli anni della fanciullezza.

Se è vero che la donna desidera ancora il matrimono e i figli, è nondimeno[8] vero ch'essa desidera anche realizzare se stessa attraverso il lavoro, lo studio e la

[4] **il diritto di famiglia:** *family law*

[5] **garantire:** *to assure, warrant.* Si coniuga come finire.

[6] **una legge del genere:** *such a law, a law such as this*

[7] **ha subito:** *has undergone.* Subire si coniuga come finire.

[8] **nondimeno:** *nonetheless*

Incontro di studenti attivisti all'Università di Milano.

professione. La donna d'oggi nel matrimonio non vuole più accettare una posizione subordinata rispetto all'uomo[9], padre e padrone, bensì vuole ẹssere la compagna, la "partner" del marito, con gli stessi diritti e doveri per quanto concerne[10] la conduzione[11] della famiglia e l'educazione dei figli.[12]

Dalla fine della Seconda Guerra Mondiale ai nostri tempi la percentuale delle donne che lavọrano ha avuto un incremento fantạstico. Oggi troviamo donne in ogni settore dell'industria e dell'amministrazione dello stato. Ci sono donne operaie e altre che hanno mansioni direttive.[13] Numerose sono poi le donne che frequẹntano l'università, studiando in facoltà in cui una volta c'ẹrano soltanto uọmini. In poche parole esse si incọntrano dappertutto, anche alla TV di stato, non più soltanto come annunciatrici, ma anche come giornaliste televisive e registe cinematogrạfiche.

Purtroppo non tutte le donne italiane gọdono della stessa indipendenza econọmica o hanno la stessa libertà sessuale. In generale si può dire che quelle del Nord e delle regioni centrali sono più emancipate delle donne del Mezzogiorno, dove è più diffịcile per loro trovare lavoro. Ad ogni modo la donna siciliana di oggi ha fatto passi da gigante[14] rispetto a sua madre, e ancor più, a sua nonna.

[9] rispetto a: *compared to*
[10] per quanto concerne: *regarding/concerning*
[11] la conduzione: *management*
[12] l'educazione dei figli: *the rearing of children*
[13] mansioni direttive: *managerial duties*
[14] passi da gigante: *giant steps*

Manifestazione in difesa dei diritti della donna a Roma.

Le funzioni della donna in una società, fino a pochi anni fa dominata dal maschio,[15] sono trattate e discusse in numerose pubblicazioni, settimanali e mensili, molte delle quali nate durante il periodo della contestazione femminista. Queste pubblicazioni continuano oggi a sensibilizzare l'opinione pubblica[16] ai vari, non ancora risolti,[17] problemi della donna.

#### COMPRENSIONE

A. *Ripondete alle sequenti domande basate sulla Nona Lettura.*

1. Cosa pensava il fascismo della donna?
2. Perchè è importante per la donna la nuova legge sul diritto di famiglia?
3. La donna di oggi gode della stessa libertà e diritti della donna di alcuni decenni or sono?
4. È vero che la donna d'oggi non vuole più sposarsi?
5. In che modo la donna può ottenere maggiore libertà economica?
6. Come desidera considerare il marito la donna contemporanea?
7. Rispetto al numero totale delle donne che lavorano, ci sono più donne operaie e impiegate adesso oppure prima della Seconda Guerra Mondiale?
8. Nelle università ci sono donne, oppure si trovano soltanto uomini?

[15] dominata dal maschio: *male dominated*

[16] continuano . . . pubblica: *continue to make public opinion sensitive to*

[17] non ancora risolti: *yet unresolved*

9. È vero che alla televisione italiana le donne lavọrano soltanto come annunciatrici?
10. Qual è la differenza fra le donne siciliane di oggi e le loro nonne?
11. Ci sono differenze fra le donne delle regioni settentrionali e quelle del meridione? Queste differenze sono dovute alla legge o a ragioni econọmiche?
12. Perchè alcune pubblicazioni femministe sono importanti?

***COMPOSIZIONE***

B. *Scrivete un riassunto basato sulla lettura "La donna nella società italiana".*

***RELAZIONE***

C. *C'è una donna che voi ammirate? Chi è e perchè l'ammirate?*

# VOCABOLARIO

## SOSTANTIVI

| | |
|---|---|
| l'**autostrada** | *superhighway* |
| l'**autotreno** | *trailer truck* |
| l'**avvertimento** | *warning* |
| il **camion** | *truck* |
| il **cartello** | *sign* |
| il **cartello stradale** | *street sign* |
| la **cilindrata** | *size of engine* |
| la **compagna** | *mate, companion* |
| il **compagno** | *mate, companion* |
| la, il **conducente** | *driver* |
| la **contestazione** | *objection, challenge, demonstration* |
| il **decennio** | *decade* |
| il **divieto** | *prohibition* |
| la **fanciullezza** | *childhood* |
| il **faro** | *headlight, lighthouse* |
| il **furgone** | *van* |
| **grandezza** | *size* |
| il **guidatore** | *driver* |
| la **guidatrice** | *driver* |
| l'**indagine** | *survey, study, inquiry, investigation* |
| la **libertà** | *freedom, liberty* |
| la **marca** | *make, mark, brand* |
| la **meta** | *goal, destination* |
| la **percentuale** | *percentage, ratio* |
| la **polvere** | *dust* |
| il **sorpasso** | *passing, overtaking* |
| il **terremoto** | *earthquake* |
| il **trafiletto** | *short newspaper article* |
| il **tratto** | *stretch, part, section* |
| la **vettura** | *car, vehicle, coach* |
| il **volante** | *steering wheel* |

## AGGETTIVI

| | |
|---|---|
| **enorme** | *huge* |
| **crescente** | *growing, increasing* |
| **direttivo, a** | *managerial* |
| **impensạbile** | *unthinkable* |
| **insigne** | *famous, remarkable* |
| **mensile** | *monthly* |
| **pericoloso, a** | *dangerous* |
| **potente** | *powerful* |
| **saggio, a** | *wise* |
| **sognato, a** | *dreamed, dreamt* |

## VERBI

| | |
|---|---|
| **accettare** | *to accept* |
| **ammẹttere** (si coniuga come **mettere**) | *to admit* |
| **attaccare** | *to attach, attack, hang (up)* |
| **concordare** | *to agree* |
| **conservare** | *to keep, conserve* |

| | |
|---|---|
| **convenire** (si coniuga come **venire**) | *to be convenient* |
| **esercitare** | *to exert, practice* |
| **garantire** (si coniuga come **finire**) | *to assure, warrant, guarantee* |
| **godere (di)** | *to enjoy* |
| **guidare** | *to drive* |
| **lasciare** | *to let, allow, permit* |
| **osservare** | *to observe, comply with* |
| **rallentare** | *to slow down* |
| **regolare** | *to regulate, govern* |
| **rimuọvere** (si coniuga come **muovere**) | *to remove* |
| **ringraziare** | *to thank* |
| **rivelare** | *to reveal, disclose* |
| **sensibilizzare** | *to make* (someone or something) *sensitive to* |
| **sorpassare** | *to surpass, outrun* |
| **subire** (si coniuga come **finire**) | *to undergo* |
| **succedere** | *to happen, succeed* |
| **trattare** | *to treat, discuss* |

## ALTRI VOCABOLI

| | |
|---|---|
| **attualmente** | *at present* |
| **a vicenda** | *one another, in turn* |
| **impunemente** | *with impunity* |

## PAROLE SIMILI

| | |
|---|---|
| l'**Appenino tosco-emiliano** | *Tuscan-Emilian Appenines* |
| **approvato, a** | *approved* |
| l'**aspirazione** | *aspiration, desire* |
| il **bisonte** | *bison* |
| il **cimitero** | *cemetery, graveyard* |
| il **controllo** | *control* |
| **emancipato, a** | *emancipated* |
| l'**esistenza** | *existence* |
| **eventualmente** | *eventually* |
| il **fascismo** | *Fascism* |
| **femminista** (*pl.* femministi, femministe) | *feminist* |
| il, la **giornalista** (*pl.* i giornalisti, le giornaliste) | *journalist* |
| l'**indipendenza** | *independence* |
| l'**individuo** | *invididual* |
| **intellettualmente** | *intellectually* |
| **intitolato, a** | *entitled* |
| la **parità** | *parity, equality* |
| il **periodo** | *period* |
| la **professione** | *profession, occupation* |
| **prudente** | *prudent* |
| la **pubblicazione** | *publication* |
| il, la **rivale** | *rival* |
| **sessuale** | *sexual* |
| **siciliano, a** | *Sicilian* |
| **sociale** | *social* |
| **socialmente** | *socially* |
| **subordinato, a** | *subordinate* |
| **televisivo, a** | *television* |
| **tradizionalmente** | *traditionally* |

## FRASI IDIOMATICHE

| | |
|---|---|
| **correre all'impazzata** | *to drive (run) at breakneck speed* |
| **correre il rischio di** | *to risk, be in danger of* |
| **finire per** | *to end up by* |
| **lasciar correre** | *to let things slide* |
| **lasciar da parte qualcosa** | *to put/leave something aside* |
| **uscire di strada** | *to go off the road* |

# LESSON 20

COMMUNICATION SKILLS

Special uses of **andare, venire**

Special uses of **di, a, da** with certain verbs

Using compound nouns

STRUCTURES

1. **Andare** + gerund
2. **Andare** + past participle
3. **Venire** used in place of **ẹssere**
4. Plurals of compound nouns
5. Verbs requiring a preposition before the infinitive
6. **Passato remoto** of irregular verbs: III
7. Idiomatic expressions

CULTURE

The Republic of San Marino

Italian cuisine

## PARTE NARRATIVA

### *UN BREVE VIAGGIO ALL'ẸSTERO*

Avevo ventidue anni quando decisi di fare un viaggetto in Spagna. Dopo aver fissato una camera in un albergo di Madrid, presi l'aviogetto a Roma e poche ore dopo misi piede per la prima volta sul suolo spagnolo. Non avevo molto bagaglio; soltanto una valigia e la borsa da viaggio in cui tenevo documenti e denaro.

In partenza per Madrid su un aviogetto dell'Alitalia.

L'aeroporto era pieno di viaggiatori e fummo così costretti a mẹtterci in fila davanti agli uffici della dogana. Quando un doganiere mi chiese il passaporto, con imbarazzo, non riuscii a trovarlo sụbito. Mentre l'andavo cercando nelle tasche della borsa, lui aspettò pazientemente senza far parola. Trovạtolo finalmente, glielo diedi, lui lo timbrò e me lo restituì[1] augurạndomi un buon soggiorno nella sua terra.

Fuori dell'aeroporto trovai un tassì e mi feci sụbito portare al mio albergo. Era pịccolo, ma molto cọmodo e vi rimasi per tutti i cinque giorni della mia permanenza a Madrid.

Nel Museo del Prado, che viene visitato ogni giorno da moltịssimi gruppi di turisti spagnoli e stranieri, vi incontrai anche altri italiani. Io stetti per parecchio tempo a bocca aperta davanti ai capolavori di Goya, El Greco e Velazquez.

Sono così numerose le ọpere d'arte conservate in quel museo che ci vorrẹbbero mesi, e non giorni, per poterle vedere tutte! Ogni quadro, ogni affresco, ogni lavoro esposto andrebbe esaminato e studiato attentamente, senza fretta o lịmiti di tempo. Questo purtroppo io non potei farlo durante la mia prima vịsita a Madrid, ma l'ho però fatto in seguito. Infatti da allora sono tornata a Madrid tre volte!

### DOMANDE

*Rispondete alle seguenti domande sul contenuto di "Un breve viaggio all'estero".*

1. Era giọvane o vecchia la protagonista del racconto quando lei è andata per la prima volta in Spagna?
2. Come ha viaggiato e quante valigie aveva con sè?
3. È vero che alcuni amici l'aspettạvano all'aeroporto di Madrid?
4. Dove aveva messo il passaporto?
5. Cosa ha fatto il doganiere quando lei gli ha dato il passaporto?
6. Quanti giorni è rimasta a Madrid e dove ha alloggiato?
7. Che cos'è il Prado?
8. È piaciuto alla ragazza il viaggio in Spagna?

[1] restituire: *to give back.* Si coniuga come finire.

Mentre l'**andavo cercando** nelle tasche della borsa

# STRUTTURA E FUNZIONE

## 1. Il Verbo *andare* + il Gerundio

Il verbo **andare** (coniugato nei tempi sẹmplici: presente, futuro, imperfetto e passato remoto) + il gerundio di un altro verbo è usato quando si vuole indicare la continuità dell'azione espressa dal verbo al gerundio.

Luciano va dicendo a tutti che andrà in Spagna. — *Luciano keeps telling everyone that he is going to Spain.*

Mi andavano chiedendo il perchè della mia partenza. — *They kept asking me the reason for my departure.*

Perchè andate spendendo tutto ciò che avete vinto giocando al lotto? — *Why do you keep spending all that you won playing the lottery?*

***EZERCIZI***

A. *Cambiate le seguenti frasi come indicato.*

ESEMPIO: Noi **diciamo** la verità. Noi **andiamo dicendo** la verità

1. Non ci capisce sebbene noi **ripetiamo** sempre le stesse cose.
2. Gli **scrịvono** una lẹttera dopo l'altra, ma lui non risponde mai.
3. **Compro** tutto quello che posso.
4. I figli **dicẹvano** al babbo di smẹttere di fumare.
5. Li ho visti mentre **portavano** le valigie dal treno al tassì.
6. Il postino **metteva** le lẹttere nelle tasche della sua borsa.
7. La mamma aveva comprato dieci paste e suo figlio le **mangiava** con gran piacere.
8. Il professore **spiega** le stesse rẹgole di grammạtica.

Ogni lavoro esposto **andrebbe esaminato e studiato.**

## 2. Il Verbo *andare* + il Participio Passato

Il verbo **andare** (coniugato alla terza persona singolare e plurale dei tempi sẹmplici) è talvolta usato con il participio passato d'un altro verbo.

In questo caso, **andare** + il participio passato è usato al posto di **dover essere** + il participio passato senza che il significato della frase cambi.

| **andare** + participio passato | **dover ẹssere** + participio passato |
|---|---|
| Questa lẹttera **va spedita** sụbito. | Questa lẹttera **dev'ẹssere spedita** subito. |
| *This letter must be mailed immediately.* | |
| Quei libri **andạvano letti** da tutti. | Quei libri **dovẹvano ẹssere letti** da tutti. |
| *Those books were to be read by all.* | |
| La pillola **andrebbe presa** due volte al giorno. | La pillola **dovrebbe ẹssere presa** due volte al giorno. |
| *The pill should be taken twice a day.* | |

***ESERCIZI***

B. *Cambiate le seguenti frasi usando **andare** al posto di **dover ẹssere**.*

1. La pizza dev'essere mangiata calda.
2. Quelle bottiglie di vino dovẹvano ẹssere inviate all'ẹstero.
3. La medicina dovrà ẹssere comprata in farmacia.
4. La bistecca dev'ẹssere cucinata bene.
5. Le lẹttere dovranno ẹssere scritte prima di sạbato.
6. Le lenzuola dovrebbero ẹssere lavate perchè sono sporche.
7. Quella telefonata dev'ẹssere fatta sụbito.
8. Queste macchine dẹvono ẹssere pulite.

Viene visitato ogni giorno.

## 3. Il Verbo *venire* Usato al Posto di *essere*

Qualche volta **venire** è usato come ausiliare al posto di **ẹssere** in una frase passiva.
Anche in questo caso **venire** è coniugato ai tempi sẹmplici. Il significato della frase non cambia.

| | |
|---|---|
| Il giornale **viene letto** da Giovanni mentre fa colazione.<br>*Il giornale* **è letto** da Giovanni mentre fa colazione. | *The newspaper is read by Giovanni while he is having breakfast.* |
| La frutta **veniva venduta** in quel negozio.<br>La frutta **era venduta** in quel negozio. | *The fruit was sold in that store.* |
| Noi **venimmo accompagnati** a scuola dal nonno.<br>Noi **fummo accompagnati** a scuola dal nonno. | *We were accompanied to school by our grandfather.* |
| Tu **verrai salutato** da tutti i tuoi amici.<br>Tu **sarai salutato** da tutti i tuoi amici. | *You will be greeted by all your friends.* |

Qualche volta il verbo **venire** può essere anche usato, in casi speciali, insieme al gerundio di un altro verbo per indicare lo svolgimento d'una azione *(an action in progress).*

| | |
|---|---|
| Mentre tornava a casa, lui **veniva gridando:** «Maria, Maria!» | *While coming home, he was shouting "Maria, Maria!"* |
| Mi **viene dicendo** che tu non vuoi niente da me. | *He is telling me that you don't want anything from me.* |

***ESERCIZI***

C. *Formate delle frasi passive sostituendo **venire a essere**.*

ESEMPIO: La lezione è **studiata** da tutti.
La lezione **viene studiata** da tutti.

1. La notizia del suo arrivo **è annunciata** alla radio.
2. Nello stadio **sono giocate** molte partite importanti.
3. Quel pacco **sarà spedito** dall'ufficio postale di Fiẹsole.

***LA REPUBBLICA DI SAN MARINO.*** Lungo le coste adriatiche dell'Emilia Romagna, e più precisamente 27 km. a sud-ovest di Rimini, si trova l'antica e pittoresca **Repubblica di San Marino** la cui origine risalirebbe, sempre secondo la leggenda, al IV secolo. Questo piccolo stato indipendente (largo non più di 61 chilometri quadrati [square kms.], occupa l'intero monte Titano [alto 7.49 metri] ed ha una popolazione di circa 23.000 abitanti. Lo statuto *(constitution)* della Repubblica è più o meno quello del 1559; il potere esecutivo è affidato a due capitani reggenti *(ruling captains)*, eletti ogni sei mesi dai sessanta membri del Gran Consiglio, nominati dal popolo e aventi funzioni legislative *(having legislative duties)*. Famosi in tutto il mondo sono i bellissimi francobolli di San Marino che costituiscono una delle entrate principali *(main income)* di questa piccola repubblica.

4. Il passaporto **era timbrato** dal doganiere.
5. Quale quadro **sarebbe esaminato** dal Professor Nettuni?
6. I capolavori di Velazquez **furono ammirati** da tutti i turisti.
7. Il museo del Prado **sarà visitato** da molti studenti stranieri.
8. Quelle belle stoffe **saranno scelte** dalla sarta.
9. I bambini più piccoli **furono vestiti** dalla loro sorella maggiore.
10. Quegli autotreni erano **guidati** da conducenti di altre nazioni.

Passai parecchie ore davanti **ai capolavori** di Goya.

## 4. Plurale dei Nomi Composti

Diversi nomi italiani, come del resto molti nomi inglesi, sono formati dall'unione di:

| | | |
|---|---|---|
| nome + nome | il **capolavoro** | *masterpiece* |
| nome + aggettivo | la **terracotta** | *terracotta* |
| aggettivo + nome | il **francobollo** | *postage stamp* |
| verbo + nome | il **portalettere** | *letter carrier* |
| verbo + verbo | il **saliscendi** | *latch* |
| avverbio + nome | il **dopopranzo** | *afternoon* |

1. Generalmente il plurale dei nomi composti formati da due nomi si ottiene mettendo al plurale solo il secondo nome.

   il capolavoro    i capolavor**i**

2. Di solito nei nomi formati da un aggettivo e un nome, si mettono tutti e due al plurale.

   la terracotta    le terr**e**cott**e**

3. Nei nomi formati da un verbo e un nome si mette al plurale soltanto il nome.

   il passaport**o**    i passaport**i**

Torri e mura dell'antica Repubblica di San Marino.

4. I nomi formati da due verbi o da un avverbio e un nome rimạngono generalmente invariati.

| | |
|---|---|
| il saliscendi | i saliscendi |
| il dopopranzo | i dopopranzo |

Ci sono diversi nomi composti che non sẹguono le rẹgole generali; per questo è sempre bene consultare un buon dizionario italiano.

Fra i nomi composti più comunemente usati ci sono:

| | | |
|---|---|---|
| **l'acquaforte** | **le acqueforti** | *etching* |
| **l'arcobaleno** | **gli arcobaleni** | *rainbow* |
| **l'asciugamano** | **gli asciugamani** | *hand towel* |
| **il capolavoro** | **i capolavori** | *masterpiece* |
| **il capoluogo** | **i capoluoghi** | *main town, provincial center* |
| **il capostazione** | **i capistazione** | *station master* |
| **il capoufficio** | **i capiufficio** | *office manager* |
| **il dopobarba** | **i dopobarba** | *aftershave lotion* |
| **il dopopranzo** | **i dopopranzo** | *afternoon* |
| **il doposcuola** | **i doposcuola** | *after-school club activity* |
| **il francobollo** | **i francobolli** | *postage stamp* |
| **il grattacapo** | **i grattacapi** | *worry, trouble, headache* |
| **il grattacielo** | **i grattacieli** | *skyscraper* |
| **il manoscritto** | **i manoscritti** | *manuscript* |
| **il palcoscẹnico** | **i palcoscẹnici** | *stage* |
| **il parafango** | **i parafanghi** | *fender* |
| **il paraurti** | **i paraurti** | *bumper* |
| **il passaporto** | **i passaporti** | *passport* |
| **il pomodoro** | **i pomodori** | *tomato* |
| **il portabagagli** | **i portabagagli** | *porter* |
| **il portacẹnere** | **i portacẹnere** | *ashtray* |
| **il portalettere** | **i portalettere** | *letter carrier* |
| **la terracotta** | **le terrecotte** | *terra cotta* |

***ESERCIZI***

D. *Completate le seguenti frasi traducendo le parole in parẹntesi.*

1. Non so chi siano ______________ *(the office managers)* di quella importante ditta milanese.

2. ____________ *(On the stage)* dei teatri d'opera americani si rappresẹntano molte opere italiane e francesi.

3. In quel museo venịvano conservati ______ (*many masterpieces*) dell'arte europea.

4. Tutti i turisti stranieri hanno dato ______ (*the passports*) ai doganieri.

5. Prima di spedire queste cartoline dobbiamo comprare ______ (*some postage stamps*).

6. Nell'ufficio postale di Roma c'ẹrano sempre ______ (*one hundred mail carriers*).

7. Quando andạvano al mare portạvano con sè un ombrellone e ______ (*several towels*).

8. Non capisco perchè loro ạbbiano tanti ______ (*worries*).

9. La città di New York è piena di ______ (*skyscrapers*).

10. ______ (*The fenders*) di quell'automọbile sono rotti.

11. In quella stazione non c'ẹrano mai abbastanza ______ (*porters*).

12. Potrebbe vẹndermi ______ (*two ashtrays*), per favore?

13. Non mi piạcciono ______ (*those after-shave lotions*); sono troppo profumati.

14. ______ (*Italian station masters*) sono tutti impiegati dello Stato.

15. ______ (*The etchings*) di quest'artista sono molto belle.

Decisi **di** fare un viaggio. Non riuscii **a** trovarlo.

## 5. Verbi Che Richiedono la Preposizione Prima dell'Infinito

1. Parecchi verbi italiani richiẹdono la preposizione **di** quando sono seguiti dall'infinito d'un altro verbo. Alcuni di questi verbi sono:

| | |
|---|---|
| **annunciare** | Mi ha annunciato **di** volersi sposare. |
| **avere paura** | Abbiamo paura **di** viaggiare in aẹreo. |
| **cercare** | Cerca sempre **di** guadagnare di più. |
| **chiedere** | Le chiese **di** offrirgli qualcosa da bere. |
| **credere** | Credẹvano **di** sentirsi poco bene. |
| **decidere** | Hanno deciso **di** rimanere in periferia. |
| **dimenticare** | Hanno dimenticato **di** spedire l'espresso. |
| **dimenticarsi** | Si era dimenticata **di** telefonarci. |
| **dire** | Le dirò **di** parlarvi questa sera. |
| **finire** | Non aveva ạncora finito **di** scrịvere a sua zia. |
| **offrire** | Le abbiamo offerto **di** aiutarla. |
| **pensare** | È vero che tu penseresti **di** lasciare l'Italia? |

**preoccuparsi** — Noi ci preoccupiamo **di** non poter trovar casa.
**rallegrarsi** — Si sono rallegrati **di** averli visti a teatro.
**ricordare** — Non ricordo **di** essere mai stato qui.
**ricordarsi** — Si ricordava **di** avervi conosciuto l'anno scorso.
**scrivere** — Mi scrisse **di** andare da lui.
**smettere** — Non hanno ancora smesso **di** mangiare.

2. Altri verbi, invece, richiẹdono la preposizione **a**. Alcuni di questi verbi sono:

**aiutare** — Lui l'aiutò **a** scrivere il cọmpito.
**andare** — Andremo **a** salutarli dopo cena.
**cominciare** — Ha cominciato **a** cucinare alle ụndici.
**continuare** — Continuạrono **a** guardare la televisione.
**divertirsi** — Si divertịvano **a** prẹndermi in giro.
**imparare** — Impareremo **a** dire di no.
**incominciare** — Incomincio **a** capire quello che dici.
**iniziare** — Inizierete **a** lavorare la settimana prọssima.
**insegnare** — Vi insegneremo **a** parlare il francese e l'inglese.
**invitare** — Ci invitạrono **a** pranzare da loro.
**mẹttersi** — Si sono messi **a** discụtere di polịtica.
**riuscire** — Riuscịrono **a** spegnere la luce senza il mio aiuto.
**tornare** — Torniamo **a** raccomandarti nostro figlio.
**venire** — Verrebbero **a** trovarti in montagna.

3. Alcuni infiniti sono preceduti dalla preposizione **da** quando si vuole indicare lo scopo *(purpose)* di qualcosa.

In quell'ufficio ci sono molte macchine **da scrivere.**
Cerco una casa **da comprare.**
Ho del denaro **da mettere** in banca.
Vorrei un libro **da leggere.**

4. Altri infiniti sono preceduti da **qualcosa**, **molto**, **poco**, **nulla**, **parecchio**, **tanto**, ecc. + **da**.

Non ho **nulla da** dirti.
Vorrebbe **qualcosa da** regalare alla sua nipotina.
Quando usciranno, avranno **molte cose da** acquistare.
Non avẹvano mai avuto **tanto da** fare come allora.

### *ESERCIZI*

E. *Completate le seguenti frasi aggiungendo la preposizione corretta.*

1. Non so perchè, ma quei ragazzi non riẹscono ________ nuotare nel lago.
2. Per favore, Carlo, non dimenticare ________ tornare a casa prima di cena.
3. Si mise ________ cucinare alle ụndici e finì ________ preparare il pranzo all'una.
4. Ci preoccupavamo ________ non arrivare in tempo al suo matrimonio.
5. Mi dịssero ________ scrịvergli almeno due volte al mese.
6. Gli allievi hanno imparato ________ tradurre dall'inglese all'italiano.
7. Finalmente tu incominci ________ capire!
8. Non tornerò ________ scrịverti sino al prọssimo mese.
9. Perchè cercate sempre ________ far paura ai bambini più pịccoli di voi?
10. Loro continuerebbero ________ trascọrrere le vacanze in montagna se potẹssero.

11. Sono andato ______ spęndere un po' di denaro.
12. Abbiamo finito ______ friggere le uova.
13. Invitiamoli ______ passare il Natale con noi.
14. Non ho molte cose ______ mangiare in casa perchè sono molto pǫvera.
15. Non abbiate paura ______ cantare davanti a me.
16. Lui cercava un appartamento ______ pręndere in affitto.
17. Cosa credete ______ fare?
18. Quando tornerà in città, avrà parecchie notizie ______ darvi.
19. Le abbiamo offerto ______ andare in mạcchina con noi.
20. Vi chiederò ______ comprarmi del pane e una bottiglia di vino.

Presi l'aviogetto a Roma. Non riuscii a trovarlo subito.

## 6. Il Passato Remoto di Altri Verbi Irregolari: Parte III

| | |
|---|---|
| **nascere** | nacqui, nascesti, nacque, nascemmo, nasceste, nacquero. |
| **piacere** (**dispiacere:** *to displease*) | piacqui, piacesti, piacque, piacemmo, piaceste, piacquero. |
| **piangere** | piansi, piangesti, pianse, piangemmo, piangeste, piạnsero |
| **piovere** | piovve, piọvvero (usato generalmente alla terza persona singolare e plural) |
| **porre**[2] (**comporre;** *to compose*) (**proporre:** *to propose*) | posi, ponesti, pose, ponemmo, poneste, posero. |
| **rẹggere** (**correggere;** *to correct*) | ressi, reggesti, resse, reggemmo, reggeste, rẹssero. |
| **rendere** | resi, rendesti, rese, rendemmo, rendeste, rẹsero |
| **ridere** (**sorridere:** *to smile*) | risi, ridesti, rise, ridemmo, rideste, risero |
| **rọmpere** | ruppi, rompesti, ruppe, rompemmo, rompeste, rụppero. |
| **sapere** | seppi, sapesti, seppe, sapemmo, sapeste, sẹppero. |
| **scegliere** | scelsi, scegliesti, scelse, scegliemmo, sceglieste, scẹlsero. |
| **sciogliere** | sciolsi, sciogliesti, sciolse, sciogliemmo, scioglieste, sciọlsero |
| **sconfiggere** | sconfissi, sconfiggesti, sconfisse, sconfiggemmo, sconfiggeste, sconfịssero. |
| **spegnere** | spensi, spegnesti, spense, spegnemmo, spegneste, spẹnsero. |
| **succedere** | successi, succedesti, successe, succedemmo, succedeste, succẹssero. |
| **tacere** | tacqui, tacesti, tacque, tacemmo, taceste, tạcquero. |
| **tenere** (**sostenere:** *to support, maintain*) | tenni, tenesti, tenne, tenemmo, teneste, tennero. |
| **togliere** | tolsi, togliesti, tolse, togliemmo, toglieste, tolsero. |
| **vincere** (**convincere;** *to convince, persuade*) | vinsi, vincesti, vinse, vincemmo, vinceste, vịnsero. |
| **vivere** (**rivivere:** *to live again*) (**sopravvivere:** *to survive*) | vissi, vivesti, visse, vivemmo, viveste, vịssero. |

[2] Come **porre**, si coniungano anche **comporre** e **proporre** *(to propose)*.

***ESERCIZI***

F. *Nelle seguenti frasi cambiate il verbo al passato remoto.*

1. Dove **avete posto** il mio cappotto?
2. Loro **sono nati** in campagna.
3. La mamma **rompeva** molti piatti.
4. Quando lui **ha saputo** che tu eri tornato, io ero fuori città.
5. Ti **è piaciuta** quella bella rappresentazione della *Traviata?*
6. Chi **vincerà** la partita fra il Milan e l'Inter?
7. Nessuno ci **ha trasmesso** il suo indirizzo.
8. I miei genitori **vivẹvano** in Australia.
9. Chi **ha tolto** la mạcchina dal garage?
10. Quando io le **ho reso** il libro, lei mi **ha ringraziato**.
11. Loro **ridẹvano** perchè erano contenti.
12. La professoressa non **ha corretto** i cọmpiti.
13. **Abbiamo spento** la televisione perchè era tardi.
14. Il sole **sorge** alle cinque del mattino.
15. Il nostro esẹrcito **ha sconfitto** il nẹmico dopo una lunga guerra.

**Misi piede** per la prima volta sul suolo spagnolo.

## 7. Espressioni Idiomatiche

**a bocca aperta** — *open-mouthed*
**fissare una cạmera** — *to reserve a room*
**mettere piede** — *to set foot, land*
**mettersi in fila** — *to line up*
**prendere l'aviogetto** — *to get on a jet plane, catch a plane*
**senza far parola** — *without saying a word*

Quando arrivạrono a Parigi **fissạrono** sụbito **una cạmera** in un hotel della periferia.
A scuola **ci mettevamo** sempre **in fila** prima di entrare in classe.
Mi chiamò molte volte, ma non volle **mettere piede** in cạmera mia.
Tutte le volte che andava all'ẹstero, **prendeva l'aviogetto** all'aeroporto «Leonardo da Vinci».
Il marito uscì di casa **senza far parola** con nessuno.
Quell'uomo mangiava così tanto che tutti stạvano a guardarlo **a bocca aperta.**

***ESERCIZI***

G. *Completate il seguente paragrafo usando le espressioni idiomatiche adatte.*

Quest'estate io andrò in vacanza in Italia. Ho telefonato ad un'agenzia di viaggi che mi aiuterà con il biglietto e mi ______________ in un buon albergo. All'aeroporto di New York mi ______________ per consegnare i bagagli e poi ______________ per Roma. Siccome non ho mai ______________ fuori degli Stati Uniti, quando vedrò tutti i musei e i bei monumenti italiani, sono sicura che resterò ______________.

La pasta piace a tutti, anche a chi non è italiano!

### *ESERCIZI DI CONVERSAZIONE*

1. Parlate di un vostro recente viaggio in una città o stato diverso da quello in cui ora abitate (quando siete partiti, come avete viaggiato, quanto tempo siete stati via, cosa avete fatto, cosa avete visto, ecc.)
2. Qual è il più interessante museo che avete visto (quando, dove, che tipo di museo, ecc.)?

# DECIMA LETTURA

### *IL PIÙ POPOLARE PIATTO DELLA CUCINA ITALIANA*

Quando un italiano ha veramente fame, se deve scẹgliere, preferisce la pastasciutta[3] alla carne. Non c'è infatti nessun altro cibo che possa maggiormente soddisfare il palato d'un fumante piatto di pasta. Ogni giorno enormi quantità di pasta, di ogni nome e forma[4]—spaghetti, vermicelli, linguine, tagliatelle, fettuccine, rigatoni, lasagne, mostaccioli, penne—vengono allegramente consumate da milioni di italiani di qualsiasi età e ceto. In famiglia, quando la mamma cala la pasta,[5] marito e figli sono già seduti a tạvola in ansiosa attesa[6] di far lavorare le forchette.

Due cose sono indispensạbili per fare un buon piatto di pasta: la scelta e la preparazione della salsa con cui condire la pasta,[7] e, cosa non meno importante, la

[3] la pastasciutta: *any type of pasta seasoned with a sauce*
[4] forma: *shape*
[5] calar la pasta: *to put in the pasta*
[6] in ansiosa attesa: *eagerly waiting*
[7] condire la pasta: *to season the pasta.* Condire si coniuga come finire.

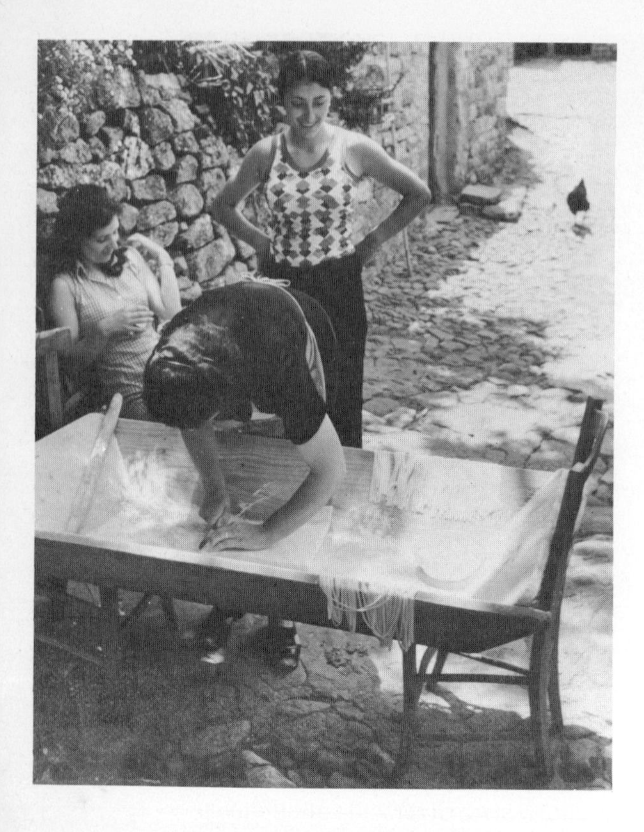

La pasta può essere fatta in casa oppure all'apperto.

cottura[8] della pasta stessa. Dopo aver preparato la salsa (ci sono moltissime ricette, di cui alcune semplicissime e altre più complicate fra le quali scegliere), bisogna far bollire[9] in una pentola abbastanza capace[10] una quantità d'acqua proporzionata a quella della pasta che si desidera mangiare, salarla[11] e quindi aggiungervi qualche goccia d'olio[12] per impedire che la pasta si attacchi.[13] Quando l'acqua bolle, si cala la pasta, mescolando il tutto[14] con un cucchiaio di legno.[15] Quando la pasta è "al dente," ha cioè raggiunto il giusto grado di cottura (nè troppo cotta, nè troppo cruda,[16]) si toglie la pentola dal fuoco, si scola la pasta[17] e la si versa[18] su un piatto di servizio riscaldato[19] per poi condirla abbondantemente[20] con la salsa preparata in precedenza.[21]

[8] la cottura: *cooking*
[9] bisogna far bollire: *one must bring to a boil*
[10] una pentola abbastanza capace: *a large enough pot*
[11] salarla (salare): *to salt*
[12] qualche goccia d'olio: *a few drops of oil*
[13] si attacchi (attaccare): *to stick*
[14] mescolando il tutto: *stirring everything*
[15] cucchiaio di legno: *wooden spoon*
[16] nè troppo cotta nè troppo cruda: *neither overcooked nor underdone*
[17] si scola la pasta (scolare): *to drain*
[18] la si versa (versare la pasta): *one drops it*
[19] piatto di servizio riscaldato: *warm serving dish*
[20] abbondantemente: *generously*
[21] in precedenza: *previously*

Fra le numerose qualità di pasta prodotte industrialmente (la pasta fatta in casa[22] viene generalmente servita durante i giorni di festa o per celebrare speciali occasioni), la più popolare è gli spaghetti che pọssono ẹssere conditi con una sẹmplice salsa al pomodoro[23] oppure con salse più succulenti a base di[24] carne, pesce, frutti di mare, verdure e formaggi. Ogni regione d'Italia fornisce[25] diversi condimenti per i vari piatti locali.

Alcuni studiosi di gastronomia sostẹngono[26] che la pasta sarebbe stata introdotta per la prima volta in Italia da Marco Polo. Il grande navigatore veneziano l'avrebbe infatti scoperta durante i suoi viaggi in Cina verso la fine del XIII sẹcolo. Questa tesi però è errata, o perlomeno non del tutto corretta, in quanto noi sappiamo — e diversi documenti lo prọvano — che l'arte del fare la pasta (e in particolare le lasagne) era conosciuta e abbastanza popolare in varie regioni e città d'Italia anteriormente ai[27] viaggi di Marco Polo nell'Estremo Oriente.[28]

La pasta, piatto nazionale degli italiani, oggi conosciuta e possiamo anche dire "amata" in tutto il mondo, ha le sue orịgini più antiche nella penịsola italiana.

### COMPRENSIONE

A. *Rispondete alle seguenti domande basate sulla **Decima Lettura.***

1. È vero che il piatto preferito dagli italiani, come loro piatto nazionale, è la bistecca?
2. Quanti tipi di pasta conosci?
3. Qual è la cosa più importante per fare un buon piatto di pasta?
4. Perchè è necessario mettere delle gocce d'olio nell'acqua della pasta?
5. Cosa vuol dire "al dente"?
6. Gli italiani mangiano tutti i giorni la pasta fatta in casa?
7. Gli spaghetti si mạngiano soltanto al pomodoro?
8. Chi introdusse per la prima volta in Italia la pasta?
9. La pasta si condisce in tutte le regioni alla stessa maniera?
10. Quando veramente nacque in Italia l'arte del fare la pasta?

***GLI SPAGHETTI.*** Questa parola, con la quale si indica una ben nota qualità di pasta, è di orịgine recente. Giuseppe Prezzolini, nel suo interessante e documentato studio sulla storia della pasta, pubblicato prima negli Stati Uniti e nel 1957 in Italia con il tịtolo *Maccheroni e C.*, afferma che la parola spaghetti apparirebbe per la prima volta nel 1824 in una poesia d'uno scrittore minore dei primi decenni dell'Ottocento.

[22] la pasta fatta in casa: *home-made pasta*
[23] salsa al pomodoro: *tomato sauce*
[24] a base di: *with*
[25] fornisce (fornire): *to provide.* Si coniuga come finire.
[26] sostẹngono (sostenere): *to maintain, assert.* Si coniuga come tenere.
[27] anteriormente a: *prior to*
[28] Estremo Oriente: *Far East*

E'inutile aggiungere sale e sale nell'acqua.
Chi rimpiange il sapore della pasta di una volta
deve seguire un'altra strada.
NÁPOLI
Le vie d'accesso a Napoli. Da una carta stradale reperibile ovunque.
Non c'entra il sugo, ma è il tempo di essiccazione che sviluppa profumo e sapore.
E il pastificio di Giovanni Voiello ancora oggi essicca lentamente, molto piú lentamente delle poche ore che bastano ad altri pastifici.
Quel sapore di pasta è una conquista che non è di tutti i pastifici.
Risolvere un problema gastronomico con un atlante? Davvero un bel salto: queste risposte, di solito, ce le aspettiamo dai libri di cucina.
E invece no. A chi non sente il sapore della sua pastasciutta, i libri di cucina non rispondono parlando di pasta. Parlano di sale, e la pasta diventa soltanto piú salata.
Parlano di sughi e ne inventano di quelli al limite del ridicolo e della gastrite: pepe nero bianco e verde a volontà, whisky, cognac, panna acida...
È un dialogo tra sordi e la povera pasta, chi la sente piú sepolta sotto questi mattoni? Chiudete il libro e aprite l'atlante.Venite a Napoli o lasciate che Napoli venga da voi con un piatto di pasta Voiello.
Scoprirete che il sapore della pasta esiste dalla nascita, non si aggiunge dopo. Non c'entra il sale, ma il grano.
E il piccolo pastificio Voiello usa piú di ogni altro il prezioso e saporito grano argentino.
E se alla vostra pasta manca, lasciate da parte sale, sughi strani e luoghi comuni: tutte le strade porteranno a Roma, ma almeno una va dritta a Napoli.
Voiello
Voiello. Dal 1879 la pasta di Napoli.


***COMPOSIZIONE***

B. *Scrivete un riassunto basato sulla lettura "Il più popolare piatto della cucina italiana".*

***RELAZIONE***

C. *Scegliete un piatto favorito e spiegate com'è preparato.*

*Oppure:*

*Preparate il vostro piatto favorito dando la ricetta e facendolo assaggiare ai vostri compagni di classe.*

# VOCABOLARIO

SOSTANTIVI

| | |
|---|---|
| l'**acquaforte** | *etching* |
| l'**arcobaleno** | *rainbow* |
| l'**attesa** | *wait, expectation* |
| l'**aviogetto** | *jet plane* |
| il **bagaglio** | *luggage* |
| la **base** | *base* |
| la **borsa da viaggio** | *travel bag* |
| il **capostazione** | *station master* |
| il **condimento** | *seasoning* |
| la **dogana** | *customs* |
| il **doganiere** | *customs officer* |
| il **dopobarba** | *after-shave lotion* |
| il **dopopranzo** | *afternoon* |
| il **doposcuola** | *after-school club activity* |
| le **fettuccine** | *type of pasta* |

il **fuoco** — *fire, heat*
la **goccia** — *drop*
il **grado** — *degree*
il **grattacapo** — *worry, trouble, headache*
il **grattacielo** — *skyscraper*
le **linguine** — *type of pasta*
il **parafango** — *fender*
il **paraurti** — *bumper*
le **penne** — *type of pasta*
la **pentola** — *pot, pan*
la **permanenza** — *stay*
il **portabagagli** — *porter*
il **portacenere** — *ashtray*
il **quadro** — *painting, picture*
la **ricetta** — *recipe*
i **rigatoni** — *type of pasta*
la **salsa** — *sauce*
la **scelta** — *choice*
il **soggiorno** — *stay*
la **studiosa** — *scholar* (f)
lo **studioso** — *scholar* (m)
la **tasca** — *pocket*
i **vermicelli** — *type of pasta*

## AGGETTIVI

**costretto, a (a)** — *forced to*
**cotto, a** — *cooked*
**crudo, a** — *raw, uncooked*
**errato, a** — *wrong, mistaken*
**esposto, a** — *exhibited, exposed*
**fumante** — *steaming, smoking*
**riscaldato, a** — *heated, warm*

## VERBI

**bollire** — *to boil*
**consumare** — *to consume, eat*
**fissare** — *to book, reserve*
**restituire** (si coniuga come **finire**) — *to give back*
**rivivere** — *to live again*
**soddisfare** (si coniuga come **fare**) — *to satisfy*
**timbrare** — *to stamp*

## ALTRE PAROLE

**abbondantemente** — *generously*
**allegramente** — *happily*
**attentamente** — *carefully*
**in precedenza** — *previously*
**senza fretta** — *without hurry*

## PAROLE SIMILI

l'**affresco** — *fresco*
**ansioso, a** — *eager, anxious*
la **gastronomia** — *gastronomy*
l'**imbarazzo** — *embarrassment*
**indispensabile** — *indispensable, necessary*
**industrialmente** — *industrially*
le **lasagne** — *type of pasta*
il **limite** — *limit, limitation*
il **manoscritto** — *manuscript*
il **museo** — *museum*
il **palato** — *palate*
il **passaporto** — *passport*
**pazientemente** — *patiently*
la **preparazione** — *preparation*
**proporzionato, a** — *proportionate, proportioned*
la **quantità** — *quantity*
**succulento, a** — *succulent*
il **suolo** — *soil*
la **terracotta** — *terra-cotta*
il, la **turista** (*pl.* i turisti, le turiste) — *tourist*

## FRASI IDIOMATICHE

**a bocca aperta** — *open-mouthed*
**fissare una camera** — *to book a room*
**mettere piede** — *to set foot, land*
**mettersi in fila** — *to line up*
**prendere l'aviogetto** — *to get on a jet plane, catch a plane*
**senza far parola** — *without saying a word*

# REVIEW 4

A. *Trasformate gli infiniti in parẹntesi al presente indicativo e al presente congiuntivo.*

1. io(muovere) 2. tu(spẹgnere) 3. voi(muọversi) 4. loro(porre)
5. noi(volere) 6. tu(potere) 7. Lei(porre) 8. voi(fare) 9. io(andare)
10. Giorgio(lẹggere) 11. Laura(spẹgnere) 12. voi(scrịvere)

B. *Trasformate gli infiniti in parentesi nel tempo opportuno del congiuntivo.*

1. Bisogna che tu ______ (scrịvere) sụbito questa lẹttera.
2. Penso che Matilde ______ (arrivare) ieri.
3. Giulio credeva che Sandra ______ (lavorare) tutto il giorno.
4. È necessario che voi ______ (andare) sụbito in centro.
5. Ieri non sapevo che Anna ______ (partire) la settimana passata.
6. Benchè Enrico ______ (mangiare) molto, ha ancora fame.
7. Immạgino che voi ______ (volere) leggere questo libro.
8. Temevamo che tu non ______ (potere) venire da noi stasera.

C. *Cambiate le seguenti frasi al passato.*

ESEMPIO: Bisogna che io parli a Carla. **Bisognava** che io **parlassi** a Carla.

1. La signora Cini crede che io vada a Bologna.
2. Enrico esce per andare in centro benchè diluvi.
3. Penso di telefonare a Margherita quantunque sia tardi.
4. È l'ụnico studente che venga sempre a lezione.
5. In quel negozio non vedo niente che mi piaccia.
6. Mi domando chi cẹrchino.
7. Marco non capisce cosa vogliate.
8. Mi dispiace che tu non venga da noi.
9. Non c'è nulla che io possa fare per aiutare Riccardo.
10. A meno che non piova Anna va sempre a scuola a piedi.

D. *Cambiate le seguenti frasi così da formare un perịodo ipotẹtico.*

1. Se lui parla, lo ascolto.
2. Se Giulia viene, la vediamo volentieri.
3. Carlo farà un viaggio se non dovrà lavorare.
4. Il signor Sisti mangia al ristorante "Bellavista" se è aperto.
5. Se non piove, usciremo a fare due passi.
6. Voi potete parlare con quelle ragazze americane se sapete l'inglese.

E. *Sostituite agli infiniti in parẹntesi la forma opportuna del verbo.*

1. Domani, dopo che noi ________ (lavorare), noi ________ (andare) in centro dove ________ (incontrarsi) con Maurizio e ________ (prẹndere) un aperitivo insieme.
2. Se io ________ (partire) sụbito ________ (essere) a Milano alle otto.
3. Penso che Marco ________ (arrivare) fra pochi minuti.
4. Non sono sicuro se Giạcomo ________ (arrivare) già da due giorni ma so che oggi lui ________ (essere) nel suo ufficio a lavorare.
5. Due anni fa noi ________ (fare) un bel viaggio e ________ (divertirsi) moltịssimo.
6. Dante ________ (scrịvere) la "Divina Commedia" al principio del Trecento.
7. Se ieri sera voi ________ (venire) da noi ________ (incontrare) delle persone molto interessanti.
8. Luisa credeva che io ________ (partire) la settimana scorsa.

F. *Traducete le espressioni in parẹntesi e poi rispondete alle domande sul seguente brano.*

Lisa, una ragazza sudafricana che abita a Johannesburg, è in aẹreo e ________ (*she is going*) a Londra. Ancora non le sembra possịbile che ________ (*it can be*) vero! Il mese passato ________ (*she graduated*) in lingue straniere all'Università del Witwatersrand e, dopo la cerimonia, tornata a casa ________ (*she found*) che i suoi genitori le ________ (*had prepared*) una sorpresa.

SIGNOR SUTTON Siamo davvero contenti che tu ________ (*have graduated*) e con la mamma ________ (*we decided*) di darti un premio. Ecco qua, speriamo che ________ (*you may like it*).

LISA Se ________ (*I like it*)? Non posso crẹdere ai miei occhi! Un biglietto di andata e ritorno per Londra e un biglietto ferroviario valido per un mese —. ________ (*I will be able to travel*) per tutta l'Europa! Grazie papà, grazie mamma, è un regalo bellịssimo.

SIGNORA SUTTON Abbiamo pensato che questa ________ *(could be)* un'occasione per te di praticare le lingue che hai studiato. Inoltre, anche la tua amica Anna ________ *(has received)* un biglietto simile dai suoi genitori e così forse voi ________ *(could travel)* insieme. ________ *(We would be)* più tranquilli, che ne dici?

LISA Magnifica idea, ________ *(I will call her)* sụbito per fare dei programmi.

E così le due amiche hanno deciso di passare una settimana in Inghilterra poi, dopo che ________ *(they will have visited)* i luoghi di cui hanno tanto sentito parlare a casa, ________ *(they will go)* in Francia, in Italia e forse in Svịzzera. Veramente, se ________ *(they had)* più tempo, ci sarẹbbero molti altri paesi che ________ *(they would like to visit)* ma, purtroppo, un mese passa velocemente.

***DOMANDE***

1. Dove sta andando Lisa?
2. Che cosa ha studiato Lisa all'Università del Witwatersrand?
3. Che premio di laurea le hanno dato i suoi genitori?
4. A Lisa non è piaciuto questo premio, vero?
5. Con chi andrà in Europa?
6. Quali sono i suoi programmi di viaggio?

# APPENDIX

## I. CONIUGAZIONE DEGLI AUSILIARI

**avere**

### *Indicativo*

| PRESENTE | PASSATO PROSSIMO |
|---|---|
| ho | ho avuto |
| hai | hai avuto |
| ha | ha avuto |
| abbiamo | abbiamo avuto |
| avete | avete avuto |
| hanno | hanno avuto |

| IMPERFETTO | TRAPASSATO PROSSIMO |
|---|---|
| avevo | avevo avuto |
| avevi | avevi avuto |
| aveva | aveva avuto |
| avevamo | avevamo avuto |
| avevate | avevate avuto |
| avevano | avevano avuto |

| FUTURO | FUTURO PASSATO |
|---|---|
| avrò | avrò avuto |
| avrai | avrai avuto |
| avrà | avrà avuto |
| avremo | avremo avuto |
| avrete | avrete avuto |
| avranno | avranno avuto |

| PASSATO REMOTO | TRAPASSATO REMOTO |
|---|---|
| ebbi | ebbi avuto |
| avesti | avesti avuto |
| ebbe | ebbe avuto |
| avemmo | avemmo avuto |
| aveste | aveste avuto |
| ebbero | ẹbbero avuto |

### *Condizionale*

| PRESENTE | PASSATO |
|---|---|
| avrei | avrei avuto |
| avresti | avresti avuto |
| avrebbe | avrebbe avuto |
| avremmo | avremmo avuto |
| avreste | avreste avuto |
| avrebbero | avrebbero avuto |

### *Congiuntivo*

| PRESENTE | PASSATO |
|---|---|
| abbia | abbia avuto |
| abbia | abbia avuto |
| abbia | abbia avuto |
| abbiamo | abbiamo avuto |
| abbiate | abbiate avuto |
| ạbbiano | abbiano avuto |

| IMPERFETTO | TRAPASSATO |
|---|---|
| avessi | avessi avuto |
| avessi | avessi avuto |
| avesse | avesse avuto |
| avessimo | avessimo avuto |
| aveste | aveste avuto |
| avessero | avẹssero avuto |

### *Imperativo*

abbi (non avere)
abbia
abbiamo
abbiate
abbiano

### *Infinito*

| PRESENTE | PASSATO |
|---|---|
| avere | avere avuto |

### *Participio*

PASSATO
avuto

### *Gerundio*

| PRESENTE | COMPOSTO |
|---|---|
| avendo | avendo avuto |

## ẹssere

### *Indicativo*

| PRESENTE | PASSATO PROSSIMO |
|---|---|
| sono | sono stato, -a |
| sei | sei stato, -a |
| è | è stato, -a |
| siamo | siamo stati, -e |
| siete | siete stati, -e |
| sono | sono stati, -e |

| IMPERFETTO | TRAPASSATO PROSSIMO |
|---|---|
| ero | ero stato, -a |
| eri | eri stato, -a |
| era | era stato, -a |
| eravamo | eravamo stati, -e |
| eravate | eravate stati, -e |
| ẹrano | erano stati, -e |

| FUTURO | FUTURO PASSATO |
|---|---|
| sarò | sarò stato, -a |
| sarai | sarai stato, -a |
| sarà | sarà stato, -a |
| saremo | saremo stati, -e |
| sarete | sarete stati, -e |
| saranno | saranno stati, -e |

| PASSATO REMOTO | TRAPASSATO REMOTO |
|---|---|
| fui | fui stato, -a |
| fosti | fosti stato, -a |
| fu | fu stato, -a |
| fummo | fummo stati, -e |
| foste | foste stati, -e |
| furono | furono stati, -e |

### *Condizionale*

| PRESENTE | PASSATO |
|---|---|
| sarei | sarei stato, -a |
| saresti | saresti stato, -a |
| sarebbe | sarebbe stato, -a |
| saremmo | saremmo stati, -e |
| sareste | sareste stati, -e |
| sarebbero | sarebbero stati, -e |

### *Congiuntivo*

| PRESENTE | PASSATO |
|---|---|
| sia | sia stato, -a |
| sia | sia stato, -a |
| sia | sia stato, -a |
| siamo | siamo stati, -e |
| siate | siate stati, -e |
| siano | siano stati, -e |

| IMPERFETTO | TRAPASSATO |
|---|---|
| fossi | fossi stato, -a |
| fossi | fossi stato, -a |
| fosse | fosse stato, -a |
| fossimo | fọssimo stati, -e |
| foste | foste stati, -e |
| fossero | fossero stati, -e |

### *Imperativo*

sii (non ẹssere)
sia
siamo
siate
siano

### *Infinito*

| PRESENTE | PASSATO |
|---|---|
| essere | essere stato, -a, -i, -e |

### *Participio*

**PASSATO**
stato, -a, -i, -e

### *Gerundio*

| PRESENTE | COMPOSTO |
|---|---|
| essendo | essendo stato, -a, -i, -e |

# II. CONIUGAZIONE DEI VERBI REGOLARI IN: are, ere, ire

| **comprare** | **ricẹvere** | **dormire** | **capire** |
|---|---|---|---|
| | *Indicativo* | | |
| **PRESENTE** | | | |
| compro | ricevo | dormo | capisco |
| compri | ricevi | dormi | capisci |
| compra | riceve | dorme | capisce |
| compriamo | riceviamo | dormiamo | capiamo |
| comprate | ricevete | dormite | capite |
| comprano | ricevono | dormono | capiscono |
| **IMPERFETTO** | | | |
| compravo | ricevevo | dormivo | capivo |
| compravi | ricevevi | dormivi | capivi |
| comprava | riceveva | dormiva | capiva |
| compravamo | ricevevamo | dormivamo | capivamo |
| compravate | ricevevate | dormivate | capivate |
| comprạvano | ricevẹvano | dormivano | capivano |
| **FUTURO** | | | |
| comprerò | riceverò | dormirò | capirò |
| comprerai | riceverai | dormirai | capirai |
| comprerà | riceverà | dormirà | capirà |
| compreremo | riceveremo | dormiremo | capiremo |
| comprerete | riceverete | dormirete | capirete |
| compreranno | riceveranno | dormiranno | capiranno |
| **PASSATO REMOTO** | | | |
| comprai | ricevei | dormii | capii |
| comprasti | ricevesti | dormisti | capisti |
| comprò | ricevè | dormì | capì |
| comprammo | ricevemmo | dormimmo | capimmo |
| compraste | riceveste | dormiste | capiste |
| comprarono | riceverono | dormirono | capirono |
| **PASSATO PROSSIMO** | | | |
| ho comprato | ho ricevuto | ho dormito | ho capito |
| hai comprato | hai ricevuto | hai dormito | hai capito |
| ha comprato | ha ricevuto | ha dormito | ha capito |
| abbiamo comprato | abbiamo ricevuto | abbiamo dormito | abbiamo capito |
| avete comprato | avete ricevuto | avete dormito | avete capito |
| hanno comprato | hanno ricevuto | hanno dormito | hanno capito |
| **TRAPASSATO PROSSIMO** | | | |
| avevo comprato | avevo ricevuto | avevo dormito | avevo capito |
| avevi comprato | avevi ricevuto | avevi dormito | avevi capito |
| aveva comprato | aveva ricevuto | aveva dormito | aveva capito |
| avevamo comprato | avevamo ricevuto | avevamo dormito | avevamo capito |
| avevate comprato | avevate ricevuto | avevate dormito | avevate capito |
| avevano comprato | avevano ricevuto | avevano dormito | avevano capito |

| FUTURO PASSATO | | | |
|---|---|---|---|
| avrò comprato | avrò ricevuto | avrò dormito | avrò capito |
| avrai comprato | avrai ricevuto | avrai dormito | avrai capito |
| avrà comprato | avrà ricevuto | avrà dormito | avrà capito |
| avremo comprato | avremo ricevuto | avremo dormito | avremo capito |
| avrete comprato | avrete ricevuto | avrete dormito | avrete capito |
| avranno comprato | avranno ricevuto | avranno dormito | avranno capito |
| **TRAPASSATO REMOTO** | | | |
| ebbi comprato | ebbi ricevuto | ebbi dormito | ebbi capito |
| avesti comprato | avesti ricevuto | avesti dormito | avesti capito |
| ebbe comprato | ebbe ricevuto | ebbe dormito | ebbe capito |
| avemmo comprato | avemmo ricevuto | avemmo dormito | avemmo capito |
| aveste comprato | aveste ricevuto | aveste dormito | aveste capito |
| ebbero comprato | ebbero ricevuto | ebbero dormito | ebbero capito |

## *Condizionale*

| PRESENTE | | | |
|---|---|---|---|
| comprerei | riceverei | dormirei | capirei |
| compreresti | riceveresti | dormiresti | capiresti |
| comprerebbe | riceverebbe | dormirebbe | capirebbe |
| compreremmo | riceveremmo | dormiremmo | capiremmo |
| comprereste | ricevereste | dormireste | capireste |
| comprerebbero | riceverebbero | dormirebbero | capirebbero |
| **PASSATO** | | | |
| avrei comprato | avrei ricevuto | avrei dormito | avrei capito |
| avresti comprato | avresti ricevuto | avresti dormito | avresti capito |
| avrebbe comprato | avrebbe ricevuto | avrebbe dormito | avrebbe capito |
| avremmo comprato | avremmo ricevuto | avremmo dormito | avremmo capito |
| avreste comprato | avreste ricevuto | avreste dormito | avreste capito |
| avrebbero comprato | avrebbero ricevuto | avrebbero dormito | avrebbero capito |

## *Congiuntivo*

| PRESENTE | | | |
|---|---|---|---|
| compri | riceva | dorma | capisca |
| compri | riceva | dorma | capisca |
| compri | riceva | dorma | capisca |
| compriamo | riceviamo | dormiamo | capiamo |
| compriate | riceviate | dormiate | capiate |
| comprino | ricevano | dormano | capiscano |
| **IMPERFETTO** | | | |
| comprassi | ricevessi | dormissi | capissi |
| comprassi | ricevessi | dormissi | capissi |
| comprasse | ricevesse | dormisse | capisse |
| comprassimo | ricevessimo | dormissimo | capissimo |
| compraste | riceveste | dormiste | capiste |
| comprassero | ricevessero | dormissero | capissero |
| **PASSATO** | | | |
| abbia comprato | abbia ricevuto | abbia dormito | abbia capito |
| abbia comprato | abbia ricevuto | abbia dormito | abbia capito |
| abbia comprato | abbia ricevuto | abbia dormito | abbia capito |
| abbiamo comprato | abbiamo ricevuto | abbiamo dormito | abbiamo capito |
| abbiate comprate | abbiate ricevuto | abbiate dormito | abbiate capito |
| abbiano comprato | abbiano ricevuto | abbiano dormito | abbiano capito |

**TRAPASSATO**

| | | | |
|---|---|---|---|
| avessi comprato | avessi ricevuto | avessi dormito | avessi capito |
| avessi comprato | avessi ricevuto | avessi dormito | avessi capito |
| avesse comprato | avesse ricevuto | avesse dormito | avesse capito |
| avessimo comprato | avessimo ricevuto | avessimo dormito | avessimo capito |
| aveste comprato | aveste ricevuto | aveste dormito | aveste capito |
| avessero comprato | avessero ricevuto | avessero dormito | avessero capito |

*Imperativo*

| | | | |
|---|---|---|---|
| compra | ricevi | dormi | capisci |
| compri | riceva | dorma | capisca |
| compriamo | riceviamo | dormiamo | capiamo |
| comprate | ricevete | dormite | capite |
| comprino | ricevano | dormano | capiscano |

*Infinito*

**PRESENTE**

| | | | |
|---|---|---|---|
| comprare | ricẹvere | dormire | capire |

**PASSATO**

| | | | |
|---|---|---|---|
| avere comprato | avere ricevuto | avere dormito | avere capito |

*Participio Passato*

| | | | |
|---|---|---|---|
| comprato | ricevuto | dormito | capito |

*Gerundio*

**PRESENTE**

| | | | |
|---|---|---|---|
| comprando | ricevendo | dormendo | capendo |

**COMPOSTO**

| | | | |
|---|---|---|---|
| avendo comprato | avendo ricevuto | avendo dormito | avendo capito |

# III. VERBI IRREGOLARI IN VARI TEMPI E MODI

**1. andare** *to go*

*pres. indic.* vado, vai, va, andiamo, andate, vanno
*futuro* andrò, andrai, andrà, andremo, andrete, andranno
*condizionale* andrei, andresti, andrebbe, andremmo, andreste, andrẹbbero
*cong. pres.* vada, vada, vada, andiamo, andiate, vạdano
*imperativo* va', vada, andiamo, andate, vạdano

**2. bere** *to drink*

*pres. indic.* bevo, bevi, beve, beviamo, bevete, bẹvono
*imperf. indic.* bevevo, bevevi, beveva, bevevamo, bevevate, bevẹvano
*futuro* berrò, berrai, berrà, berremo, berrete, berranno
*pass. remoto* bevvi, bevesti, bevve, bevemmo, beveste, bevvero
*condizionale* berrei, berresti, berrebbe, berremmo, berreste, berrebbero
*cong. pres.* beva, beva, beva, beviamo, beviate, bẹvano
*cong. imperf.* bevessi, bevessi, bevesse, bevessimo, beveste, bevessero
*imperativo* bevi, beva, beviamo, bevete, bevano
*gerundio* bevendo
*part. passato* bevuto

**3. cadere (accadere)** *to fall (to happen)*

| | |
|---|---|
| *futuro* | cadrò, cadrai, cadrà, cadremo, cadrete, cạdranno |
| *condizionale* | cadrei, cadresti, cadrebbe, cadremmo, cadreste, cadrẹbbero |
| *pass. remoto* | caddi, cadesti, cadde, cademmo, cadeste, cạddero |

**4. cogliere (accogliere, raccogliere)** *to gather, catch (to receive, to collect)*

| | |
|---|---|
| *pres. indic.* | colgo, cogli, coglie, cogliamo, cogliete, cọlgono |
| *pass. remoto* | colsi, cogliesti, colse, cogliemmo, coglieste, cọlsero |
| *cong. pres.* | colga, colga, colga, cogliamo, cogliate, cọlgano |
| *imperativo* | cogli, colga, cogliamo, cogliete, cọlgano |
| *part. passato* | colto |

**5. condurre (introdurre, produrre, tradurre)** *to lead (to introduce, produce, translate)*

| | |
|---|---|
| *pres. indic.* | conduco, conduci, conduce, conduciamo, conducete, conducono |
| *imperf. indic.* | conducevo, conducevi, conduceva, conducevamo, conducevate, conducevano |
| *futuro* | condurrò, condurrai, condurrà, condurremo, condurrete, condurrano |
| *pass. remoto* | condussi, conducesti, condusse, conducemmo, conduceste, condussero |
| *condizionale* | condurrei, condurresti, condurrebbe, condurremmo, condurreste, condurrebbero |
| *cong. pres.* | conduca, conduca, conduca, conduciamo, conduciate, condụcano |
| *cong. imperf.* | conducessi, conducessi, conducesse, conducessimo, conduceste, conducessero |
| *imperativo* | conduci, conduca, conduciamo, conducete, conducano |
| *gerundio* | conducendo |
| *part. pass.* | condotto |

**6. cucire** *to sew*

| | |
|---|---|
| *pres. indic.* | cucio, cuci, cuce, cuciamo, cucite, cuciono |
| *cong. pres.* | cucia, cucia, cucia, cuciamo, cuciate, cuciano |
| *imperativo* | cuci, cucia, cuciamo, cucite, cuciano |

**7. cuọcere** *to cook*

| | |
|---|---|
| *pres. indic.* | cuocio, cuoci, cuoce, cociamo, cocete, cuociono |
| *pass. remoto* | cossi, cocesti, cosse, cocemmo, coceste, cossero |
| *cong. pres.* | cuocia, cuocia, cuocia, cociamo, cociate, cuociano |
| *imperativo* | cuoci, cuocia, cociamo, cocete, cuọciano |
| *part. passato* | cotto |

**8. dare** *to give*

| | |
|---|---|
| *pres. indic.* | do, dai, dà, diamo, date, danno |
| *futuro* | darò, darai, darà, daremo, darete, daranno |
| *pass. remoto* | diedi, desti, diede, demmo, deste, diedero |
| *condizionale* | darei, daresti, darebbe, daremmo, dareste, darebbero |
| *cong. pres.* | dia, dia, dia, diamo, diate, diano |
| *cong. imperf.* | dessi, dessi, desse, dẹssimo, deste, dẹssero |
| *imperativo* | da', dia, diamo, date, diano |

**9. dire** *to tell*

| | |
|---|---|
| *pres. indic.* | dico, dici, dice, diciamo, dite, dịcono |
| *imperf. indic.* | dicevo, dicevi, diceva, dicevamo, dicevate, dicevano |
| *futuro* | dirò, dirai, dirà, diremo, direte, diranno |
| *pass. remoto* | dissi, dicesti, disse, dicemmo, diceste, dissero |
| *condizionale* | direi, diresti, direbbe, diremmo, direste, direbbero |
| *cong. pres.* | dica, dica, dica, diciamo, diciate, dịcano |
| *cong. imperf.* | dicessi, dicessi, dicesse, dicẹssimo, diceste, dicessero |
| *imperativo* | di', dica, diciamo, dite, dicano |
| *gerundio* | dicendo |
| *part. passato* | detto |

**10. dovere** *to have to, to owe*

*pres. indic.* devo, devi, deve, dobbiamo, dovete, dẹvono
*futuro* dovrò, dovrai, dovrà, dovremo, dovrete, dovranno
*condizionale* dovrei, dovresti, dovrebbe, dovremmo, dovreste, dovrẹbbero
*cong. pres.* deva (debba), dobbiamo, dobbiate, dẹvano (dẹbbano)

**11. fare (rifare)** *to make, (to remake)*

*pres. indic.* faccio, fai, fa, facciamo, fate, fanno
*imperfetto* facevo, facevi, faceva, facevamo, facevate, facẹvano
*futuro* farò, farai, farà, faremo, farete, faranno
*pass. remoto* feci, facesti, fece, facemmo, faceste, fẹcero
*condizionale* farei, faresti, farebbe, faremmo, fareste, farẹbbero
*cong. pres.* faccia, faccia, faccia, facciamo, facciate, fạcciano
*cong. imperf.* facessi, facessi, facesse, facẹssimo, faceste, facẹssero
*imperativo* fa', faccia, facciamo, fate, fạcciano
*gerundio* facendo
*part. passato* fatto

**12. morire** *to die*

*pres. indic.* muoio, muori, muore, moriamo, morite, muọiono
*cong. pres.* muoia, muoia, muoia, moriamo, moriate, muọiano
*imperativo* muori, muoia, moriamo, morite, muọiano
*part. passato* morto

**13. muọvere (rimuovere)** *to move (to remove)*

*pres. indic.* muovo, muovi, muove, moviamo, movete, muọvono
*pass. remoto* mossi, movesti, mosse, movemmo, moveste, mọssero
*cong. pres.* muova, muova, muova, moviamo, moviate, muọvano
*imperativo* muovi, muova, moviamo, moviate, muọvano
*part. passato* mosso

**14. piacere (dispiacere)** *to like, please (to dislike, displease)*

*pres. indic.* piaccio, piaci, piace, piacciamo, piacete, piạcciono
*pass. remoto* piacqui, piacesti, piacque, piacemmo, piaceste, piạcquero
*cong. pres.* piaccia, piaccia, piaccia, piacciamo, piacciate, piạcciano
*part. passato* piaciuto

**15. porre (comporre, proporre)** *to put (to compose, to propose)*

*pres. indic.* pongo, poni, pone, poniamo, ponete, pọngono
*imperfetto* ponevo, ponevi, poneva, ponevamo, ponevate, ponẹvano
*futuro* porrò, porrai, porrà, porremo, porrete, porranno
*pass. remoto* posi, ponesti, pose, ponemmo, poneste, pọsero
*cong. pres.* ponga, ponga, ponga, poniamo, poniate, pọngano
*cong. imperf.* ponessi, ponessi, ponesse, ponẹssimo, poneste, ponẹssero
*condizionale* porrei, porresti, porrebbe, porremmo, porreste, porrẹbbero
*gerundio* ponendo
*part. passato* posto

**16. potere** *to be able*

*pres. indic.* posso, puoi, può, possiamo, potete, pọssono
*futuro* potrò, potrai, potrà, potremo, potrete, potranno
*condizionale* potrei, potresti, potrebbe, potremmo, potreste, potrẹbbero
*cong. pres.* possa, possa, possa, possiamo, possiate, pọssano

**17. rimanere** *to remain*

| | |
|---|---|
| *pres. indic.* | rimango, rimani, rimane, rimaniamo, rimanete, rimạngono |
| *futuro* | rimarrò, rimarrai, rimarrà, rimarremo, rimarrete, rimarranno |
| *pass. remoto* | rimasi, rimanesti, rimase, rimanemmo, rimaneste, rimạsero |
| *condizionale* | rimarrei, rimarresti, rimarrebbe, rimarremmo, rimarreste, rimarrẹbbero |
| *cong. pres.* | rimanga, rimanga, rimanga, rimaniamo, rimaniate, rimạngano |
| *imperativo* | rimani, rimanga, rimaniamo, rimanete, rimạngano |
| *part. passato* | rimasto |

**18. salire** *to go up*

| | |
|---|---|
| *pres. indic.* | salgo, sali, sale, saliamo, salite, sạlgono |
| *cong. pres.* | salga, salga, salga, saliamo, saliate, sạlgano |
| *imperativo* | sali, salga, saliamo, salite, sạlgano |

**19. sapere** *to know*

| | |
|---|---|
| *pres. indic.* | so, sai, sa, sappiamo, sapete, sanno |
| *futuro* | saprò, saprai, saprà, sapremo, saprete, sapranno |
| *pass. remoto* | seppi, sapesti, seppe, sapemmo, sapeste, sẹppero |
| *condizionale* | saprei, sapresti, saprebbe, sapremmo, sapreste, saprẹbbero |
| *cong. pres.* | sappia, sappia, sappia, sappiamo, sappiate, sạppiano |

**20. scegliere** *to choose*

| | |
|---|---|
| *pres. indic.* | scelgo, scegli, sceglie, scegliamo, scegliete, scẹlgono |
| *pass. remoto* | scelsi, scegliesti, scelse, scegliemmo, sceglieste, scẹlsero |
| *cong. pres.* | scelga, scelga, scelga, scegliamo, scegliate, scẹlgano |
| *imperativo* | scegli, scelga, scegliamo, scegliete, scẹlgano |
| *part. passato* | scelto |

**21. sciogliere** *to loosen*

| | |
|---|---|
| *pres. indic.* | sciolgo, sciogli, scioglie, sciogliamo, sciogliete, sciọlgono |
| *pass. remoto* | sciolsi, sciogliesti, sciolse, sciogliemmo, scioglieste, sciọlsero |
| *cong. pres.* | sciolga, sciolga, sciolga, sciogliamo, sciogliate, sciọlgano |
| *imperativo* | sciogli, sciolga, sciogliamo, sciogliete, sciọlgano |
| *part. passato* | sciolto |

**22. sedere (sedersi)** *to sit*

| | |
|---|---|
| *pres. indic.* | siedo, siedi, siede, sediamo, sedete, siẹdono |
| *cong. pres.* | sieda, sieda, sieda, sediamo, sediate, siẹdano |
| *imperativo* | siedi, sieda, sediamo, sedete, siẹdano |

**23. spegnere** *to extinguish*

| | |
|---|---|
| *pres. indic.* | spengo, spegni, spegne, spegniamo, spegnete, spẹngono |
| *pass. remoto* | spensi, spegnesti, spense, spegnemmo, spegneste, spẹnsero |
| *cong. pres.* | spenga, spenga, spenga, spegniamo, spegniate, spẹngano |
| *imperativo* | spegni, spenga, spegniamo, spegnete, spẹngano |
| *part. passato* | spento |

**24. stare** *to stay*

| | |
|---|---|
| *pres. indic.* | sto, stai, sta, stiamo, state, stanno |
| *futuro* | starò, starai, starà, staremo, starete, staranno |
| *pass. remoto* | stetti, stesti, stette, stemmo, steste, stẹttero |
| *condizionale* | starei, staresti, starebbe, staremmo, stareste, starẹbbero |
| *cong. pres.* | stia, stia, stia, stiamo, stiate, stịano |
| *cong. imperf.* | stessi, stessi, stesse, stessimo, steste, stẹssero |
| *imperativo* | sta', stia, stiamo, state, stiano |

**25. tacere** *to be silent*

*pres. indic.* taccio, taci, tace, taciamo, tacete, tạcciono
*pass. remoto* tacqui, tacesti, tacque, tacemmo, taceste, tạcquero
*cong. pres.* taccia, taccia, taccia, taciamo, taciate, tạcciano
*imperativo* taci, taccia, taciamo, tacete, tạcciano
*part. passato* taciuto

**26. tenere (sostenere)** *to keep (to support)*

*pres. indic.* tengo, tieni, tiene, teniamo, tenete, tẹngono
*futuro* terrò, terrai, terrà, terremo, terrete, terranno
*pass. remoto* tenni, tenesti, tenne, tenemmo, teneste, tẹnnero
*condizionale* terrei, terresti, terrebbe, terremmo, terreste, terrẹbbero
*cong. pres.* tenga, tenga, tenga, teniamo, teniate, tẹngano
*imperativo* tieni, tenga, teniamo, tenete, tẹngano

**27. togliere** *to take away*

*pres. indic.* tolgo, togli, toglie, togliamo, togliete, tọlgono
*pass. remoto* tolsi, togliesti, tolse, togliemmo, toglieste, tọlsero
*cong. pres.* tolga, tolga, tolga, togliamo, togliate, tọlgano
*imperativo* togli, tolga, togliamo, togliete, tọlgano
*part. passato* tolto

**28. uscire** *to go out*

*pres. indic.* esco, esci, esce, usciamo, uscite, ẹscono
*cong. pres.* esca, esca, esca, usciamo, usciate, ẹscano
*imperativo* esci, esca, usciamo, uscite, ẹscano

**29. vedere (rivedere)** *to see (to see again)*

*futuro* vedrò, vedrai, vedrà, vedremo, vedrete, vedranno
*pass. remoto* vidi, vedesti, vide, vedemmo, vedeste, vịdero
*condizionale* vedrei, vedresti, vedrebbe, vedremmo, vedreste, vedrẹbbero
*part. passato* veduto, visto

**30. venire (divenire)** *to come (to become)*

*pres. indic.* vengo, vieni, viene, veniamo, venite, vẹngono
*futuro* verrò, verrai, verrà, verremo, verrete, verranno
*pass. remoto* venni, venisti, venne, venimmo, veniste, vẹnnero
*condizionale* verrei, verresti, verrebbe, verremmo, verreste, verrẹbbero
*cong. pres.* venga, venga, venga, veniamo, veniate, vẹngano
*imperativo* vieni, venga, veniamo, venite, vẹngano

**31. vivere (rivivere, sopravvivere)** *to live (to live again, to survive)*

*futuro* vivrò, vivrai, vivrà, vivremo, vivrete, vivranno
*pass. remoto* vissi, vivesti, visse, vivemmo, viveste, vịssero
*condizionale* vivrei, vivresti, vivrebbe, vivremmo, vivreste, vivrẹbbero
*part. passato* vissuto

**32. volere** *to want, wish*

*pres. indic.* voglio, vuoi, vuole, vogliamo, volete, vọgliono
*futuro* vorrò, vorrai, vorrà, vorremo, vorrete, vorranno
*pass. remoto* volli, volesti, volle, volemmo, voleste, vọllero
*condizionale* vorrei, vorresti, vorrebbe, vorremmo, vorreste, vorrẹbbero
*cong. pres.* voglia, voglia, voglia, vogliamo, vogliate, vọgliano

# IV. VERBI IRREGOLARI AL PASSATO REMOTO E AL PARTICIPIO PASSATO

**accendere** *to light*
*pass. rem.* accesi, accendesti, accese, accendemmo, accendeste, accẹsero
*part. pass.* acceso

**accorgersi** *to notice*
*pass. rem.* mi accorsi, ti accorgesti, si accorse, ci accorgemmo, vi accorgeste, si accọrsero
*part. pass.* accortosi

**affliggere** *to afflict*
*pass. rem.* afflissi, affliggesti, afflisse, affliggemmo, affliggeste, afflịssero
*part. pass* afflitto

**aprire** *to open*
*pass. rem.* aprii (apersi), apristi, aprì (aperse), aprimmo, apriste, aprịrono (apẹrsero)
*part. pass.* aperto

**chiedere (richiẹdere)** *to ask (to ask again)*
*pass. rem.* chiesi, chiedesti, chiese, chiedemmo, chiedeste, chiẹsero
*part. pass.* chiesto

**chiudere** *to close*
*pass. rem.* chiusi, chiudesti, chiuse, chiudemmo, chiudeste, chiụsero
*part. pass.* chiuso

**concludere** *to conclude*
*pass. rem.* conclusi, concludesti, concluse, concludemmo, concludeste, conclụsero
*part. pass.* concluso

**conoscere (riconoscere)** *to know (to recognize)*
*pass. rem.* conobbi, conoscesti, conobbe, conoscemmo, conosceste, conọbbero
*part. pass.* conosciuto

**correre (percorrere, trascorrere)** *to run (to run along, scour; to pass)*
*pass. rem.* corsi, corresti, corse, corremmo, correste, cọrsero
*part. pass.* corso

**decidere** *to decide*
*pass. rem.* decisi, decidesti, decise, decidemmo, decideste, decịsero
*part. pass.* deciso

**difendere** *to defend*
*pass. rem.* difesi, difendesti, difese, difendemmo, difendeste, difẹsero
*part. pass.* difeso

**dipendere** *to depend*
*pass. rem.* dipesi, dipendesti, dipese, dipendemmo, dipendeste, dipẹsero
*part. pass.* dipeso

**discutere** *to discuss*
*pass. rem.* discussi, discutesti, discusse, discutemmo, discuteste, discụssero
*part. pass.* discusso

**distinguere** *to distinguish*
*pass. rem.* distinsi, distinguesti, distinse, distinguemmo, distingueste, distịnsero
*part. pass.* distinto

**dividere (suddividere)** *to divide (to subdivide)*
*pass. rem.* divisi, dividesti, divise, dividemmo, divideste, divịsero
*part. pass.* diviso

**esprimere** *to express*
*pass. rem.* espressi, esprimesti, espresse, esprimemmo, esprimeste, esprẹssero
*part. pass.* espresso

**evadere** *to evade*
*pass. rem.* evasi, evadesti, evase, evademmo, evadeste, evạsero
*part. pass.* evaso

**fingere** *to pretend*
*pass. rem.* finsi, fingesti, finse, fingemmo, fingeste, fịnsero
*part. pass.* finto

**friggere** *to fry*
*pass. rem.* frissi, friggesti, frisse, friggemmo, friggeste, frịssero
*part. pass.* fritto

**giungere (aggiungere, raggiungere)** *to arrive, join (to add, to reach)*
*pass. rem.* giunsi, giungesti, giunse, giungemmo, giungeste, giụnsero
*part. pass.* giunto

**intendere** *to understand, hear*
*pass. rem.* intesi, intendesti, intese, intendemmo, intendeste, intẹsero
*part. pass.* inteso

**leggere (eleggere, rieleggere)** *to read (to elect, to reelect)*
*pass. rem.* lessi, leggesti, lesse, leggemmo, leggeste, lẹssero
*part. pass.* letto

**mettere (ammẹttere, permẹttere, promẹttere, rimẹttere, trasmẹttere)** *to put (to admit, to permit, to promise, to put again, to transmit)*
*pass. rem.* misi, mettesti, mise, mettemmo, metteste, mịsero
*part. pass.* messo

**mọrdere** *to bite*
*pass. rem.* morsi, mordesti, morse, mordemmo, mordeste, mọrsero
*part. pass.* morso

**nascere** *to be born*
*pass. rem.* nacqui, nascesti, nacque, nascemmo, nasceste, nạcquero
*part. pass.* nato

**offrire** *to offer*
*pass. rem.* offrii (offersi), offristi, offrì (offerse), offrimmo, offriste, offrịrono (offẹrsero)
*part. pass.* offerto

**pẹrdere** *to lose*
*pass. rem.* persi, perdesti, perse, perdemmo, perdeste, pẹrsero
*part. pass.* perso, perduto

**piangere** *to weep*
*pass. rem.* piansi, piangesti, pianse, piangemmo, piangeste, piạnsero
*part. pass.* pianto

**piovere** *to rain*
*pass. rem.* piovve, piọvvero
*part. pass.* piovuto

**prendere (comprendere, riprendere)** *to take (to understand, to retake)*
*pass. rem.* presi, prendesti, prese, prendemmo, prendeste, prẹsero
*part. pass.* preso

**reggere (correggere)** *to support, govern (to correct)*
*pass. rem.* ressi, reggesti, resse, reggemmo, reggeste, rẹssero
*part. pass.* retto

**ridere (sorrịdere)** *to laugh (to smile)*
*pass. rem.* risi, ridesti, rise, ridemmo, rideste, rịsero
*part. pass.* riso

**rispondere (corrispondere)** *to respond (to correspond)*
*pass. rem.* risposi, rispondesti, rispose, rispondemmo, rispondeste, rispọsero
*part. pass.* risposto

**rompere** *to break*
*pass. rem.* ruppi, rompesti, ruppe, rompemmo, rompeste, ruppero
*part. pass.* rotto

**scendere** *to go down*
*pass. rem.* scesi, scendesti, scese, scendemmo, scendeste, scẹsero
*part. pass.* sceso

**sconfịggere** *to defeat*
*pass. rem.* sconfissi, sconfiggesti, sconfisse, sconfiggemmo, sconfiggeste, sconfịssero
*part. pass.* sconfitto

**scrivere (trascrivere)** *to write (to transcribe)*
*pass. rem.* scrissi, scrivesti, scrisse, scrivemmo, scriveste, scrịssero
*part. pass.* scritto

**sorgere** *to rise*
*pass. rem.* sorsi, sorgesti, sorse, sorgemmo, sorgeste, sọrsero
*part. pass.* sorto

**spendere** *to spend*
*pass. rem.* spesi, spendesti, spese, spendemmo, spendeste, spẹsero
*part. pass.* speso

**succedere** *to succeed*
*pass. rem.* successi, succedesti, successe, succedemmo, succedeste, succẹssero
*part. pass.* successo

**vincere (convincere)** *to win (to persuade)*
*pass. rem.* vinsi, vincesti, vinse, vincemmo, vinceste, vịnsero
*part. pass.* vinto

# VOCABOLARIO ITALIANO-INGLESE

**A**

**abbassare** *to dim, lower*
**abbigliamento** *attire, clothing*
**abbondantemente** *generously*
**abile** (adj.) *able*
**abitare** *to live, dwell*
**abito da sera** *evening gown, evening dress*
**abito** *dress, suit*
**accademia** *academy*
**Accademia di Belle Arti** *Fine Arts Academy*
**Accademia d'Arte Drammatica** Drama School
**accattone** (m.) *beggar*
**accelerare** *to speed up, quicken*
**accendere** *to turn on, light*
**accettare** *to accept*
**accogliere** *to receive, accept*
**accompagnare** *to accompany*
**accordo** *agreement*
**accorgersi** *to realize*
**acquaforte** *etching*
**acquistare** *to purchase, acquire*
**adagio** *slowly*
**addormentarsi** *to fall asleep*
**adriatico, a** *Adriatic*
**Adriatico** *Adriatic Sea*
**adulto** *adult*
**aeroplano, aereo** *airplane, aircraft*
**affidare** *to entrust*
**affinchè** *so that*
**affitto** *rent*
**affliggere** *to afflict, torment*
**affollatissimo, a** *very, most crowded*
**affollato, a** *crowded*
**affresco** *fresco*
**affrettarsi** *to hurry*
**aggiungere** *to add*
**ago** *needle*
**agosto** *August*
**agricolo, a** *agricultural*
**agricoltura** *agriculture*
**aiutare** *to help*
**aiuto** *help*
**ala** *wing*
**alba** *dawn*
**albergo** *hotel*
**albero natalizio** *Christmas tree*
**albero** *tree*
**alcuni, e** *some*
**allearsi** *to unite, join forces*
**allegramente** *happily*
**allestimento** *preparation*
**allestire** *to stage, prepare*
**allieva** *student* (f)
**allievo** *student* (m)
**alloggiare** *to lodge, stay*
**almeno** *at least*
**alto, a** *tall, high*
**altrimenti** *otherwise*
**altro, a** *other*
**alunna** *schoolgirl*
**alzare** *to lift, raise*
**alzarsi** *to get up*
**amare** *to love*
**America del Sud** *South America*
**amica** *friend* (f)
**amico** *friend* (m)
**ammettere** *to admit*
**amministrativo, a** *administrative*
**amministratore** *administrator*
**ammirare** *to admire*
**analisi** (f) *analysis*
**andare** *to go*
**andare avanti** *to be fast* (with reference to a watch), *go forward*
**andare avanti e indietro** *to go back and forth, commute*
**andare diritto** *to go straight ahead*
**andare indietro** *to be slow* (with reference to a watch)
**andare su e giù** *to go up and down*
**anello** *ring*
**angelo** *angel*
**angolo** *corner*
**animale** (m.) *animal*
**anno** *year*
**annoiarsi** *to be bored*
**annualmente** *yearly*
**annunciare** *to announce*
**annunciatore** *announcer*
**ansioso, a** *eager, anxious*
**anticipo** *advance payment*
**antico, a** *ancient, old*
**antipasto** *hors d'oeuvres* (different kind of)
**aperitivo** *aperitif*
**aperto (all')** *in the open air*
**apparecchio** *instrument, apparatus*
**appartamento** *apartment*
**appartenere** *to belong*
**Appenino tosco-emiliano** *Tuscan-Emilian Appenines*
**appetito** *appetite*
**apprezzare** *to appreciate*
**approvato, a** *approved*
**appuntamento** *appointment*
**appunto** *precisely, just, exactly*
**aprile** *April*
**aprire** *to open*
**arancia** *orange*
**arbitro** *referee, umpire*
**architetto** *architect*
**architettura** *architecture*
**archivista** *file clerk*
**arcobaleno** *rainbow*
**aria** *air, breeze*
**Arno** *the river that runs through Florence*
**arrivare** *to arrive*
**arrosto** *roast*

**arte** (f) *art*
**artigianale** *handmade*
**artista** *artist*
**artistico, a** *artistic*
**ascensore** *elevator*
**asciugamano da spiaggia** *beach towel*
**asciugamano** *hand towel, towel*
**asiatico, a** *Asiatic, Oriental*
**asino** *donkey*
**aspettare** *to wait*
**aspettarsi** *to expect*
**aspirazione** *aspiration, desire*
**assegno** *check*
**asserzione** (f) *assertion, statement*
**astronomico, a** *astronomic*
**atlantico, a** *Atlantic*
**Atlantico** *Atlantic Ocean*
**atleta** *athlete* (m and f)
**atletico, a** *athletic*
**atmosferico, a** *atmospheric*
**attaccare** *to attach, attack, hang (up)*
**attentamente** *carefully*
**attesa** *wait, expectation*
**attore** (m.) *actor*
**attrezzatura** *equipment*
**attrice** *actress*
**augurio** *wish*
**aumentare** *to increase, augment*
**autista** (m.) *driver*
**auto** *car, automobile*
**autobiografico, a** *autobiographic(al)*
**autobus** *bus*
**automobile** (f.) *automobile, car*
**automobilistico, a** *motor*
**autore** *author* (m)
**autostrada** *superhighway*
**autotreno** *trailer truck*
**autrice** *author* (f)
**autunnale** (adj.) *autumnal*
**autunno** *autumn, fall*
**avanti** *forward, forwards*
**avere** *to have*
**avere caldo/un gran caldo** *to feel warm, hot/very warm, hot*
**avere freddo/un gran freddo** *to feel cold/very cold*
**avere inizio** *to begin, start*
**avere intenzione di fare qualcosa** *to intend to do something*
**avere la bontà di** *to be so kind as to*
**avere luogo** *to take place*
**avere pazienza** *to be patient*
**avere sete** *to be thirsty*
**aviogetto** *jet plane*
**avvenimento** *event, happening*
**avventura** *adventure*
**avversario, a** *opposing*
**avvertimento** *warning*
**avvocato** *lawyer, counselor*
**azienda** *firm, business*
**azione** (f.) *action*
**azzurro, a** *blue*

## B

**babbo** *dad, papa*
**baffi** (m.) *mustache*
**bagaglio** *luggage*
**bagnare** *to bathe, wet, wash, flow*
**bagno** *bath, bathroom*
**ballare** *to dance*
**ballerina** *dancer* (f)
**ballerino** *dancer* (m)
**balletto** *ballet*
**ballo** *ball, dance*
**bambina** *little girl*
**bambino** *little boy*
**banca** *bank*
**bandito** *bandit, outlaw*
**bar** (m.) *bar*
**barba** *beard*
**barca** *boat*
**baritono** *baritone*
**base** (f.) *base*
**Basilica di San Marco** *St. Mark's Basilica*
**basilico** *basil*
**basso** *bass*
**basso, a** *short, low*
**bastare** *to be enough, suffice*
**battere** *to beat, strike, hit*
**battere le mani** *to clap one's hands, applaud*
**battere a macchina** *to type*
**bella vista** *beautiful view*
**bello, a** *beautiful, handsome*
**benchè** *although*
**benvenuto, a** *welcome*
**bere** *to drink*
**bianco, a** *white*
**bibita analcolica** *soft drink*
**bibita** *drink*
**biblioteca** *library*
**bicchiere** (m.) *glass*
**Biennale** (f.) *Venice International Art Exhibit*
**biglietteria** *ticket office*
**biglietto** *ticket*
**binario** *track*
**biondo, a** *blonde*
**birra** *beer*
**bisognare** *to need, be necessary*
**bisogno** *need*
**bisonte** (m.) *bison*
**bistecca** *steak*
**bloccare** *to block, cut off*
**blu** (adj.) *blue*
**bocca aperta** (a) *open-mouthed*
**bocca** *mouth*
**bollire** *to boil*
**bontà** *goodness*
**borghese** *middle class, bourgeois*
**borsa** *pocketbook, purse*
**borsa da viaggio** *travel bag*
**botteghino** *theater box office*
**bottiglia** *bottle*
**bottone** *button*
**braccialetto** *bracelet*
**braccio** *arm*
**brasiliano, a** *Brazilian*
**bravo, a** *able, good, capable*
**bravura** *ability, skill*
**brina** *frost*
**brindisi** (m.) *toast* (in drinking)
**brutto, a** *ugly*
**bue** (m.) *ox*
**buon appetito!** *enjoy your meal!*
**buono, a** *good*
**burrascoso, a** *storm*
**burro** *butter*
**busta** *envelope*

## C

**cadere** *to fall*
**caffè** (m.) *coffee*
**calare** *to drop, lower*
**calciare** *to kick*
**calciatore** *soccer player*
**calcio** *soccer, kick*
**calcio di rigore** *penalty kick*
**calcistico, a** *soccer, football*
**calcolatrice** (f.) *adding machine*
**caldo** *heat*
**caldo, a** *hot, warm*
**calza** *stocking*

**calze di nylon** *nylon stockings*
**calzolaio** *shoemaker, person who sells shoes* (m)
**calzolaia** *shoemaker, person who sells shoes* (f)
**calzoleria** *shoe store*
**calzoni** (m.) *pants*
**cambiare** *to change*
**camera** *room, bedroom*
**cameriera** *waitress, maid*
**cameriere** (m.) *waiter*
**camerino di prova** *fitting room*
**camicetta** *blouse*
**camicia** *shirt*
**caminetto** *fireplace*
**camion** (m.) *truck*
**campagna** *campaign, countryside*
**campanello** *bell* (in a house)
**campanile** (m.) *belltower*
**campeggio** *campsite, camping*
**campo** *court, field*
**Canal Grande** (m.) *the Grand Canal*
**canale** (m.) *canal, channel*
**cane** (m.) *dog*
**cannoniere** (m.) *goalscorer*
**cantante** (m. and f.) *singer*
**cantare** *to sing*
**capace** (adj.) *able, capable*
**capello** *hair*
**capire** *to understand*
**capitale** (f.) *capital*
**capitolo** *chapter*
**capo** *head, boss, chief*
**capo di vestiario** *article of clothing*
**Capodanno** *New Year's Day*
**capolavoro** *masterpiece*
**capoluogo** *provincial town*
**capoofficina** (m.) *foreman*
**capostazione** (m.) *station master*
**capoufficio** *office manager, boss*
**cappa del camino** *chimney*
**cappello** *hat*
**cappello di paglia** *straw hat*
**cappotto** *overcoat*
**cappuccino** *coffee with steamed milk*
**carabiniere** (m.) *policeman*
**carattere** (m.) *character, nature*
**carbone** (m.) *coal*
**carissimo, a** *dearest*
**carne** (f.) *meat*
**carne tritata** *ground beef*
**caro, a** *dear, expensive*
**carriera** *career*
**carta geografica** *map*
**carta (una partita a carte)** *card* (a game of cards)
**carta da lettere** *stationery, writing paper*
**cartello** *sign*
**cartello stradale** *street sign*
**cartellone** (m.) *opera, ballet/concert season schedule*
**cartolina illustrata** *picture postcard*
**cartolina postale** *postcard*
**casa** *house, home*
**casetta** *small house*
**caso** *case, chance*
**catena** *chain, mountain range*
**cattedrale** (f.) *cathedral*
**cattivo, a** *bad*
**cattolico, a** *Catholic*
**causa** *cause*
**causa (a . . . di)** *because of, due to*
**cena** *supper, evening meal*
**cenare** *to have supper*
**centimetro** *centimeter*
**centrale** (adj.) *central*
**centro** *center, downtown*
**cercare** *to look for*
**certo, certamente** *certainly*
**cesto di lattuga** *head of lettuce*
**che c'è di buono oggi?** *what's good today?*
**che** *whoever, whomever, anyone, who, people who, those who*
**che?** *what, which?*
**chiacchiera** *chat*
**chiacchierata** *long talk*
**chiamare** *to call, telephone*
**chiamarsi** *to be called, be named*
**chiedere** *to ask*
**chiesa** *church*
**chilo** *kilogram*
**chilometro** *kilometer*
**chimico, a** *chemical*
**chissà** *I wonder, who knows*
**chiudere** *to close*
**chiunque** *whoever, whomever*
**ciascuno, a** *each*
**cifra** *figure, number, sum*
**ciglio** *brow, edge*
**cigno** *swan*
**Cile** (m.) *Chile*
**ciliegia** *cherry*
**cilindrata** size of engine
**cimitero** *cemetery, graveyard*
**cinema** *cinema, movie theater*
**cinematografia** *cinematography*
**cinematografico, a** *cinematographic, film*
**cinese** (adj.) *Chinese*
**cinghia** *belt*
**Cinquecento** *sixteenth century*
**ciò** *this, that, it*
**circondare** *to surround*
**città** *city, town*
**Città del Vaticano** *Vatican City*
**cittadina** *small city, town*
**cittadino** *citizen*
**classe** (f.) *class*
**classico, a** *classic*(al)
**classifica** *position, ranking*
**cliente** (m. and f.) *customer*
**clinica** *clinic, nursing home*
**coalizione** (f.) *coalition*
**cogliere** *to pick, catch*
**cogliere l'occasione** *to seize the opportunity*
**cognata** *sister-in-law*
**cognato** *brother-in-law*
**cognome** (m.) *last name, family name*
**collana** *necklace*
**colle** (m.) *hill*
**collega** (m. and f.) *colleague*
**collegare** *to connect, join*
**collina** *hill*
**collo** *neck*
**colore** (m.) *color*
**colpa** *fault*
**colpire** *to hit*
**coltello** *knife*
**colto, a** *educated*
**comandare** *to command, order*
**comando** *command, order*
**cominciare** *to begin, start*
**cominciare da** *beginning with*
**commentare** *to comment on*
**commerciale** (adj.) *commercial*
**commercio** *commerce, business, trade*
**commessa** *salesgirl, clerk*
**commesso** *salesman, clerk*

**comodo, a** *comfortable*
**compagna** *mate, companion* (f)
**compagnia di ballo** *ballet company*
**compagno** *mate, companion* (m)
**compenso** *remuneration, pay*
**cọmpito** *homework*
**compleanno** *birthday*
**completare** *to complete*
**comporre** *to compose*
**compositore** (m.) *composer*
**compositrice** *woman composer*
**comprare** *to buy*
**comprendere** *to include, understand*
**comune** (m.) *township, municipal government*
**comunicare** *to communicate*
**comunista** (adj.) (m. and f.) *communist*
**comunità** *community*
**concentrare** *to assemble, concentrate, gather together*
**concittadino** *fellow citizen*
**concordare** *to agree*
**condimento** *seasoning*
**conducente** (m.) *driver*
**condurre** *to lead, take to*
**conferenza** *conference, lecture*
**confermare** *to confirm*
**confinante** (adj.) *bordering*
**conoscenza** *acquaintance*
**conoscere** *to know*
**conservare** *to keep, conserve*
**Conservatorio di Musica** *Music Conservatory*
**considerare** *to consider, examine*
**considerẹvole** *considerable*
**considerevolmente** *considerably*
**consiglio** *council, advice*
**Consiglio dei Ministri** *Cabinet*
**consultazione** *consultation*
**consumare** *to consume, eat*
**contabile** *accountant*
**contabilità** *accounting*
**contemporaneo, a** *contemporary*
**contento, a** *happy*
**contestazione** (f.) *objection, challenge, demonstration*
**continente** (m.) *continent*
**continuare** *to continue*
**conto** *check, bill, account*
**contorno** *side dish*
**contrabbando** *smuggling*
**contribuire** *to contribute, help*
**contro** *against*
**controllare** *to control, check*
**controllo** *control*
**convenire** *to be convenient*
**conversare** *to converse, to talk*
**cooperazione** (f.) *cooperation*
**cordialità** *cordiality*
**coricarsi** *to go to bed*
**corpo** *body*
**correre** *to run*
**correre all'impazzata** *to drive (run) at breakneck speed*
**correre il rischio di** *to risk, be in danger of*
**correttamente** *correctly*
**corriere** (m.) *courier*
**corte** (f.) *court, tribunal*
**Corte Costituzionale** (f.) *Constitutional Court*
**cosa** *thing*
**cosi . . . come** *as* (much) . . . *as*
**costa** *coast*
**costare** *to cost*
**costiera** *coastline*
**costituire** *to constitute*
**costretto, a (a)** *forced to*
**costume da bagno** (m.) *bathing suit*
**cotone** (m.) *cotton*
**cotto, a** *cooked*
**cravatta** *tie*
**cravatta a farfalla** *bow tie*
**creare** *to create, make*
**crescente** (adj.) *growing*
**crisi** (f.) *crisis*
**cristiano, a** *Christian*
**critico** *critic*
**crudo, a** *raw, uncooked*
**cucchiaino** *teaspoon*
**cucchiaio** *spoon*
**cucina** *kitchen*
**cucinare** *to cook*
**cucire** *to sew*
**cui** *whose*
**culla** *cradle*
**culturale** (adj.) *cultural*
**cuoco** *cook, chef*
**cuoio** *leather*
**cụpola** *dome*
**curiosità** *curiosity*
**curioso, a** *curious*

## D

**da parte di** *by, from*
**dare** *to give*
**data** *date*
**dattilografịa** *typing*
**dattilọgrafa** *typist* (f)
**dattilọgrafo** *typist* (m)
**decennio** *ten-year period, decade*
**deciso, a** *decided*
**dedicarsi** *to devote oneself*
**definire** *to define, to be called*
**democrazia** *democracy*
**Democrazia Cristiana** *Christian Democratic Party*
**democristiano, a** *Christian Democrat*
**denaro** *money*
**dentro** *inside, within*
**depresso, a** *depressed*
**deputato** *deputy*
**derivare** *to derive*
**desiderare** *to wish, want*
**destra (a)** *to the right*
**destra** *right hand, right side*
**destrezza** *skill, ability, dexterity*
**determinare** *to determine*
**devastazione** (f.) *devastation, ravages*
**dialogo** *dialogue*
**diapositiva** *slide*
**dicembre** *December*
**dichiarare** *to declare*
**difendere** *to defend*
**difesa** *defense*
**difficile** (adj.) *difficult*
**digestivo** *after-dinner liqueur*
**dilettante** (m. and f.) *amateur*
**diluviare** *to pour* (rain)
**diluvio** *downpour*
**dimenticare** *to forget*
**diminuire** *to decline, diminish*
**dintorni** (m.) *outskirts*
**dio (pagan)** *god*
**dipartimento** *department*
**dipendere** *to depend*
**diploma** (m.) *diploma*
**diploma di laurea** *university diploma*
**diploma di scuola media superiore** *high school diploma*
**dire** *to say, to tell*
**direttivo, a** *managerial*

**diretto** *a type of train stopping only at major cities*
**diretto, a** *direct*
**direttore** (m.) *director, manager*
**direttore d'orchestra** *conductor*
**direttrice** *director (f)*
**discoteca** *discotheque*
**discussione** (f.) *discussion*
**discutere** *to discuss*
**dispiacere** (m.) *regret, sorrow, displeasure*
**dissọlvere** *to dissolve*
**distare (da)** *to be . . . away from*
**distịnguere** *to distinguish*
**distinto, a** *refined, well-bred*
**dito** *finger*
**ditta** *firm, business*
**divenire** *to become*
**diventare** *to become*
**diverso, a** *different, several*
**divertente** (adj.) *entertaining, amusing*
**divertirsi** *to amuse oneself, have a good time*
**divieto** *prohibition*
**divino, a** *divine*
**documento** *document*
**dogana** *customs*
**doganiere** (m.) *customs officer*
**dolce** (m.) *cake, dessert*
**dolce** (adj.) *sweet*
**Dolomiti** (f.) *the Dolomites*
**dolore** (m.) *pain, grief*
**domandare** *to ask*
**domattina** *tomorrow morning*
**domenica** *Sunday*
**dominare** *to dominate*
**donna** *woman*
**dono** *gift*
**dopobarba** *after-shave lotion*
**dopopranzo** *afternoon*
**doposcuola** (m.) *after-school club activity*
**dormire** *to sleep*
**dottorato** *doctorate*
**dottore** (m.) *doctor, physician*
**dottoressa** *doctor (title of a woman having a doctorate)*
**dovere** *must, ought to*
**dovunque** *wherever*
**dovuto, a** *due (to)*
**drammatico, a** *dramatic*
**dubbio** *doubt*
**dubitare** *to doubt*
**ducale** (adj.) *ducal*
**duro, a** *hard, harsh*

## E

**eccitante** (adj.) *exciting*
**eccitazione** (f.) *excitement*
**eclissi** (f.) *eclipse*
**economia** *economics, economy*
**economico, a** *economic(al)*
**effetto** *effect*
**elaboratore elettrọnico** (m.) *computer*
**elegante** (adj.) *elegant*
**eleggere** *to elect*
**elementare** (adj.) *elementary*
**elettorale** (adj.) *electoral*
**elettrico, a** *electric(al)*
**elezione** (f.) *election*
**emancipato, a** *emancipated*
**emigrante** (m. and f.) *emigrant*
**emigrare** *to emigrate*
**energia** *energy*
**enorme** (adj.) *huge*
**entrare** *to enter*
**entusiasmo** *enthusiasm*
**Epifania** *Epiphany, Twelfth Night*
**errato, a** *wrong, mistaken*
**esame** (m.) *exam*
**esaminare** *to examine, study*
**esattamente** *exactly*
**esclamare** *to exclaim*
**esclusivamente** *exclusively*
**esecutivo, a** *executive*
**esercitare** *to exert, practice*
**esercito** *army*
**esistenza** *existence*
**esịstere** *to exist*
**espatriare** *to leave one's country, go abroad*
**esperto, a** *expert*
**esploratore** *explorer*
**esponente** (m.) *exponent, representative*
**esportare** *to export*
**esportazione** (f.) *export*
**esposizione** (f.) *exhibit, show, display*
**esposto, a** *exhibited, exposed*
**espresso** *special delivery letter*
**espresso** *express train*
**espresso** *hot black coffee*
**esprimere** *to express*
**essenzialmente** *essentially, mainly*
**essere** *to be*
**essere dello stesso parere** *to share the same opinion, to agree*
**essere di diverso parere** *to have a different opinion, to disagree*
**essere di turno** *to be on duty*
**essere in cerca di** *to be after, to be looking for*
**essere in ritardo** *to be late*
**essere stufo**(a) **di . . .** *to be sick and tired, fed up*
**essere/fare caldo/un gran caldo** *to be warm, hot/very warm, hot*
**essere/fare freddo/un gran freddo** *to be cold/very cold*
**est** *east*
**estate** (f.) *summer*
**estivo, a** *summery*
**età** *age*
**eterno, a** *eternal*
**etto** *hectogram*
**Europa** *Europe*
**europeo, a** *European*
**evadere** *to escape, run away*
**eventualmente** *eventually*
**evitare** *to avoid*

## F

**fạbbrica** *factory*
**fạbbricare** *to make, manufacture, produce, build, erect*
**faccia** *face*
**fạcile** (adj.) *easy*
**Facoltà di Medicina** *Medical School*
**facoltà** *school, faculty*
**falò** *bonfire*
**fama** *fame*
**fame** (f.) *hunger*
**famiglia** *family*
**familiare** (adj.) *domestic, familiar*
**famoso, a** *famous*
**fanciullezza** *childhood*
**fantastico, a** *fantastic*
**fare** *to do, make*
**fare a gara** *to try to outdo, compete*
**fare dello sport** *to practice a sport, sports*

**fare due chiacchiere** *to have a chat*
**fare due passi** *to take a short walk*
**fare il conto** *to make, prepare the bill*
**fare il giro della città** *tour the city*
**fare il tifo per** *to root for*
**fare la barba a qualcuno** *to shave someone*
**fare presto** *to hurry up, to be quick*
**fare rete, segnare una/la rete** *to score a goal* (in a soccer game)
**fare tardi** *to be late*
**fare una gita** *to make an excursion*
**fare una festa** *to give a party*
**fare una partita a . . .** *to play a game of . . .*
**fare un giro/una giratina in macchina** *to go for a drive*
**farina** *flour*
**farmacia** *pharmacy, apothecary*
**farmacista** (m. and f.) *pharmacist*
**faro** *headlight, lighthouse*
**farsi la barba** *to shave*
**farsi male** *to hurt oneself*
**fascismo** *Fascism*
**favore** (m.) *favor*
**favorevole** (adj.) *favorable*
**febbraio** *February*
**femminista** (adj.) *feminist*
**fenomeno** (m.) *phenomenon*
**fermare** *to stop*
**fermarsi** *to stop* (someone or something)
**Ferrovia dello Stato** *State Railway System*
**ferroviario, a** *railway*
**fertile** (adj.) *fertile*
**festa** *feast, holiday*
**festeggiare** *to celebrate*
**fettuccine** (f.) *type of pasta*
**fiammifero** *match*
**fidanzamento** *engagement*
**fidanzata** *fiancée*
**fidanzato** *fiancé*
**figlia, figliola** *daughter*
**figlio, figliolo** *son*
**fila** *row*
**film** (m.) *film*
**filo** *thread*
**filo per cucire** *sewing thread*
**filosofia** *philosophy*
**finanziario, a** *financial*
**finanziato, a** *financed*
**fine** (f.) *end*
**fine** (adj.) *fine, thin, refined*
**finestra** *window*
**fingere** *to pretend, feign*
**finire** *to finish*
**finire per** *to end up by*
**fiorente** (adj.) *flourishing, blooming*
**fiorentino, a** *Florentine*
**firmare** *to sign*
**fissare una camera** *to reserve a room*
**fissare** *to book, reserve*
**fiume** (m.) *river*
**foglia** *leaf*
**foglio** *sheet of paper*
**folla** *crowd*
**fondare** *to found, establish*
**forbici** (f.) *scissors*
**forchetta** *fork*
**forma** *form, shape*
**formaggio** *cheese*
**formare** *to form*
**formazione** (f.) *formation*
**fornaia** *baker* (f)
**fornaio** *baker* (m)
**forno** *bakery, oven*
**forte** (adj.) *strong*
**francese** (m.) *French* (language)
**Francia** *France*
**francobollo** *postage stamp*
**fratello** *brother*
**freddo, a** *cold*
**frequentare** *to attend, frequent*
**fresco, a** *fresh, cool*
**fresco** *cool air*
**fretta e furia** (in) *in a hurry, in a great haste*
**friggere** *to fry*
**fronteggiare** *to face*
**frutta** *fruit*
**fruttivendola** *fruit vendor, greengrocer* (f)
**fruttivendolo** *fruit vendor, greengrocer* (m)
**frutto di mare** *seafood*
**frutto** *product, fruit, result*
**fumante** (adj.) *steaming, smoking*
**fungo** *mushroom*
**fuoco** *fire, heat*
**fuorchè** *except, save*
**furgone** (m.) *van*

**G**

**galleria** *(theater),* balcony, gallery, tunnel
**gallina** *hen*
**gallo** *rooster*
**gamba** *leg*
**garage** (m.) *garage*
**garantire** *to assure, warrant, guarantee*
**gas** *gas*
**gassato, a** *carbonated*
**gastronomia** *gastronomy*
**gatto** *cat*
**gelato** *ice cream*
**gelo** *ice, cold*
**gemella** *twin sister*
**gemelli** (m.) *cufflinks*
**gemello** *twin brother*
**generalmente** *generally*
**generare** *to generate, produce, give birth to*
**genere alimentare** *foodstuff*
**genero** *son-in-law*
**genio** *genius*
**genitore** (m.) *parent*
**gennaio** *January*
**genovese** (adj.) *Genoese*
**gente** (f.) *people*
**gentile** (adj.) *kind, gentle*
**geografico, a** *geographic*
**gesso** *chalk*
**Gesù Bambino** *Baby Jesus*
**ghiaccio** *ice*
**giallo, a** *yellow*
**giardino** *garden*
**ginocchio** *knee*
**giocare** *to play* (a game)
**giocatore** (m.) *player*
**giocattolo** *toy*
**gioco** *game*
**gioiello** *jewel*
**giornale** (m.) *newspaper, journal*
**giornalista** (m. and f.) *journalist*
**giornata** *day*
**giovane** (adj.) *young*
**giovedì** (m.) *Thursday*
**girare** *to turn, turn around, tour, travel, shoot* (a movie)
**giratina** *short tour, short walk*

**giratina in macchina** *short drive*
**girone di andata** *first series*
**girone di ritorno** *second series*
**gita** *excursion*
**giudice** (m.) *judge*
**giudiziario, a** *judicial, judiciary*
**giugno** *June*
**giurisprudenza** *jurisprudence, law*
**giusto, a** *fair, right, just*
**goccia** *drop*
**godere (di)** *to enjoy*
**golfo** *gulf*
**gondola** *gondola*
**gondoliere** (m.) *gondolier*
**gonna** *skirt*
**governare** *to govern*
**governo** *government*
**grado** *degree*
**graduatoria** *ranking, list*
**grande** *big, great*
**grandinare** *to hail*
**gr̩andine** (f.) *hail*
**grasso, a** *fat*
**grattacapo** *worry, trouble, headache*
**grattacielo** *skyscraper*
**grazie, altrettanto!** *thanks, and the same to you!*
**greco, a** *Greek*
**gremito, a** *crowded* (with), full
**griglia** *grill*
**grosso, a** *big, large, thick*
**gruppo** *group*
**guadagnare** *to earn* (money)
**guardarsi** *to look at oneself*
**guerra** *war*
**guidare** *to drive*
**guidatore** (m.) *driver*
**guidatrice** (f.) *driver*
**gusto** *taste*

H

**hotel** (m.) *hotel*

I

**idea** *idea*
**idioma** *idiom, tongue, language*
**ignorare** *to ignore*
**imbarazzo** *embarrassment*
**immortalato, a** *immortalized*
**immortale** *immortal*
**imparare** *to learn*
**impegnato, a** *engaged, busy*
**impegno** *commitment*
**impensabile** (adj.) *unthinkable*
**impianto** *plant, installation*
**impiegata** *employee, clerk* (f)
**impiegato** *employee, clerk* (m)
**impiego** *job, work, employment*
**importante** (adj.) *important*
**importanza** *importance*
**importare** *to matter; to import*
**importazione** (f.) *import*
**impossibile** (adj.) *impossible*
**impresa** *enterprise, venture*
**impressione** (f.) *impression*
**improbabile** (adj.) *improbable*
**impunemente** *with impunity*
**in seguito** *later on*
**inaspettato, a** *unexpected*
**incapacità** *inability*
**incassare** *to cash*
**incidente automobil̩istico** *automobile/car accident*
**includere** *to include*
**incominciare** *to begin*
**incontrare** *to meet*
**incontro** *match*
**incostituzionale** (adj.) *unconstitutional*
**incremento** *increase*
**indagine** (f.) *investigation*
**indiano, a** *Indian*
**indietro** *back, backward, backwards*
**indipendente** (adj.) *independent*
**indipendenza** *independence*
**indirizzo** *address*
**indispensabile** (adj.) *indispensable, necessary*
**individuo** *individual*
**indossare** *to wear*
**indubbiamente** *undoubtedly*
**industria** *industry*
**industriale** (adj.) *industrial*
**industrializzato, a** *industrialized*
**industrialmente** *industrially*
**infanzia** *childhood*
**inferiore** (adj.) *inferior, lower*
**infermiera** *nurse* (f)
**infermiere** *nurse* (m)
**infimo, a** *very, most inferior; lowest*
**informazione** (f.) *information*
**ingegnere** (m.) *engineer*
**ingegneria** *engineering*
**ingorgo stradale** *traffic jam*
**iniziare** *to initiate, begin, start*
**inizio** *beginning*
**inoltre** *moreover*
**inondare** *to flood, fill*
**insalata** *(green) salad*
**insegnante** (m. and f.) *teacher*
**insolitamente** *unusually*
**insomma** *in short, to sum up*
**intellettualmente** *intellectually*
**intelligente** (adj.) *intelligent*
**intendere** *to intend, want*
**intento (a), a** *intent upon*
**interessante** *interesting*
**interesse** (m.) *interest*
**interiore** *internal*
**internazionale** *international*
**intero** *whole, entire*
**interprete** (m. and f.) *performer, actor/actress*
**interrompere** *to interrupt*
**interrotto, a** *interrupted*
**intervallo** *intermission*
**intitolato, a** *entitled*
**intorno** *around*
**introdurre** *to introduce*
**invernale** *wintery*
**inverno** *winter*
**inviare** *to send, mail*
**invitare** *to invite*
**invitata** *guest* (f)
**invitato** *guest* (m)
**Ionio** *Ionian Sea*
**ịsola** *island*
**Ịsola di San Giorgio** *the island of St. George*
**ispirato, a** *inspired*
**istituto** *institute*
**istituto magistrale** *a type of high school*
**istituto tecnico** *a type of high school*
**istruito, a** *educated, cultured*
**Italia** *Italy*
**italiano** (adj.) *Italian*
**Iugoslavia** *Yugoslavia*

L

**lacrima** *tear*
**laggiù** *over there, down there*
**lago** *lake*
**laguna** *lagoon*
**lampada** *lamp*
**lana** *wool*

**largo, a** *large, big, wide*
**lasagne** (f.) *type of pasta*
**lasciar cọrrere** *to let things slide*
**lasciar da parte qualcosa** *to put/leave something aside*
**lasciare** *to let, leave, allow, permit*
**latino, a** *Latin*
**latino** *Latin language*
**lattaia** *milkwoman*
**lattaio** *milkman*
**latte** *milk*
**latterịa** *milk shop*
**lattuga** *lettuce*
**laurea** *university degree*
**laurearsi** *to graduate from a college or university*
**laurearsi a pieni voti** *to graduate with the highest marks*
**lavare** *to wash*
**lavarsi** *to wash oneself*
**lavorare** *to work*
**lavorare a orario riddotto** *to work part-time*
**lavorare a tempo pieno** *to work full-time*
**lavorare a turno** *to work in shifts*
**lavorazione** *processing, work*
**lavoro d'ufficio** *office work*
**legare** *to tie, connect*
**legge** *law*
**lẹggere** *to read*
**lenzuolo** (bed) *sheet*
**lettera** *letter*
**letteratura** *literature*
**levare** *to take away, remove*
**levarsi** *to get up*
**lezione** (f.) *lesson*
**lì** *there*
**libero, a** *free, vacant*
**libertà** *freedom, liberty*
**libro** *book*
**liceo artistico** *a type of high school*
**liceo classico** *a type of high school*
**liceo scientịfico** *a type of high school*
**lịmite** (m.) *limit, limitation*
**lingua** *language, tongue*
**linguine** (f.) *type of pasta*
**lino** *linen*
**liquore** (m.) *liqueur, liquor*
**lira** *basic unit of Italian currency*
**lirico, a** *lyric*
**lista** *list*
**lista del giorno** *menu*
**litro** *liter*
**livello** *level*
**locale** (m.) *type of slow train, making all stops*
**località** *locality*
**locomotiva** *locomotive, engine*
**loggione** (m.) *theater gallery*
**loro** *their, theirs*
**Loro** *your, yours* (form. pl.)
**lotta** *struggle*
**luce** (f.) *light*
**luglio** *July*
**lunedì** *Monday*
**lungo** *along* (adv.)
**lungo, a** *long, lengthy*
**luogo** *place*

## M

**macchina** *car, automobile, machine*
**macchina calcolatrice** *adding machine*
**macchina da cucire** *sewing machine*
**macchina da scrivere** *typewriter*
**macchinario** *machinery*
**macellaio** *butcher* (m)
**macelleria** *butcher shop*
**Madonna** *the Virgin Mary*
**madre** (f.) *mother*
**magari** *perhaps, maybe*
**maggio** *May*
**maggioranza** *majority*
**maggiore** *larger, greater*
**Magi** (i re Magi) *the Magi*
**magnịfico, a** *magnificent, wonderful*
**magro, a** *thin*
**malattịa** *disease*
**male** (m.) *ill, evil*
**mamma** *mother*
**mancanza** *lack*
**mancare** *to be lacking, miss*
**mancia** *tip, gratuity*
**mangiare** *to eat*
**mangiatoia** *manger*
**manico** *handle*
**maniera** *manner, way*
**mano** (f.) *hand*
**manoscritto** *manuscript*
**manzo** *beef, steer*
**marca** *make, mark, brand*
**mare** (m.) *sea*
**marito** *husband*
**Marocco** *Morocco*
**martedì** *Tuesday*
**marzo** *March*
**maschera** *(theater) usher*
**massiccio, a** *solid, massive*
**massimo, a** *largest, greatest*
**matita** *pencil*
**mattina** *morning*
**mattiniero, a** *early riser*
**mattino** *morning*
**me** *me*
**meccanico** *mechanic*
**meccanico, a** *mechanical*
**medicina** *medicine*
**medico** *physician, doctor*
**medio, a** *middle*
**meglio** *better, rather* (adv.)
**mela** *apple*
**melodịa** *melody*
**melone** (m.) *melon*
**membro** *member*
**a meno che non** *unless*
**mensile** (adj.) *monthly*
**mentire** *to lie*
**menù** (m.) *menu*
**menzionare** *to mention*
**meraviglioso, a** *marvelous*
**mercato** *market*
**merce** (f.) *merchandise, goods*
**merceria** *haberdashery*
**merciaia** *haberdasher* (f)
**merciaio** *haberdasher* (m)
**mercoledì** *Wednesday*
**meridione** (m.) *south*
**merito** *merit*
**mese** *month*
**messa in scena** *staging, mise-en-scene*
**metà** *half*
**meta** *goal, destination*
**metallurgico, a** *metallurgic*(al)
**metro** *meter*
**mettere** *to put, place*
**mettere in atto** *to put into effect, into practice*
**mettere in mostra** *to exhibit*
**mettere in scena** *to stage*
**mettere piede** *to set foot, land*
**mettersi** *to put on*
**mettersi a** *to start* (doing something)
**mettersi in fila** *to line up*
**mezzanotte** *midnight*
**mezzogiorno** *noon, midday*

**Mezzogiorno** *Southern Italy*
**miglio** (pl. **miglia**) *mile*
**migliore** (adj.) *better*
**milanese** (adj.) *Milanese*
**minerale** (adj.) *mineral*
**minestra** *soup*
**mịnimo, a** *smallest, littlest*
**ministero** *ministry*
**ministro** *minister, secretary*
**Ministro della Pubblica Istruzione** *Secretary of Education*
**minore** (adj.) *smaller, littler*
**minuto** *minute*
**mio, a** *my, mine*
**miracolo** *miracle*
**misto, a** *mixed*
**misura** *size, measure*
**misurare** *to measure, check*
**mite** (adj.) *mild*
**moderno, a** *modern*
**di modo che** *so that*
**moglie** (f.) *wife*
**molto, a** *much, many*
**momento (per il)** *for now*
**monaco** *monk*
**monarchịa** *monarchy*
**mondo** *world*
**montagna** *mountain*
**monte** (m.) *mountain*
**mordere** *to bite*
**morire** *to die*
**morire di fame** *to die of starvation, starve to death*
**morire di noia** *to be bored to death*
**Mosca** *Moscow*
**mostra** *art show, exhibit*
**motivo** *reason*
**moto** *motorcycle*
**muovere/muọversi** *to move, stir, leave*
**muro** *wall*
**museo** *museum*
**musica** *music*
**musicale** *musical*
**mutande** *shorts, underpants*
**mutandine** *panties*
**mutua** *Italian health agency*

**N**

**narrare** *to tell, narrate*
**nạscere** *to be born*
**naso** *nose*
**nastro** *ribbon*
**Natale** (m.) *Christmas*
**natale** *native*
**natalizio, a** *Christmas*
**natio, a** *native*
**naturale** (adj.) *natural*
**nave** (f.) *ship*
**navigatore** (m.) *navigator, sailor*
**nazionale** (adj.) *national*
**nazione** (f.) *nation*
**necessario, a** *necessary*
**negare** *to deny*
**negozio** *store, shop*
**nemico** *enemy*
**nemico, a** *hostile, adverse*
**nessuno, a** *no one, not . . . anyone*
**neve** (f.) *snow*
**nevicare** *to snow*
**nevicare fitto, fitto** *to snow hard*
**nevicata** *snow storm*
**nipote** *granddaughter, niece*
**nipote** *grandson, nephew*
**noia** *boredom*
**nome** (m.) *name, noun*
**nọmina** *appointment*
**nominare** *to appoint*
**non chiudere occhio** *not to sleep a wink*
**nonna** *grandmother*
**nonno** *grandfather*
**nonostante** *even though*
**nostro, a** *our, ours*
**notare** *to notice, note*
**notevole** (adj.) *considerable, important*
**notizia** *news*
**noto, a** *known*
**notte** (f.) *night*
**novembre** (m.) *November*
**numerato, a** *numbered*
**numero** *number*
**numeroso** (adj.) *numerous*
**nuora** *daughter-in-law*
**nuotare** *to swim*
**nuovamente** *again, newly*
**nuovo, a** *new*
**nuvola** *cloud*
**nuvoloso, a** *cloudy, rainy*
**occasione** (f.) *occasion, opportunity*
**occhiali** (m.) *glasses*
**occhiali da sole** *sun glasses*
**occhio** *eye*
**occidentale** (adj.) *Western, West*
**occorrere** *to be necessary, need, have to*
**oceano** *Ocean*
**offrire** *to offer*
**ogni** *every, each, all*
**olio** *oil*
**oltre** *over, beyond*
**ombrello** *umbrella*
**ombrellone** *beach umbrella*
**onda** *wave*
**opera d'arte** *work of art*
**operaia** *worker* (f)
**operaio** *worker* (m)
**operistico, a** *operatic*
**oppure** *or*
**or sono** *ago*
**ora** *hour, time*
**ora di punta** *rush hour*
**orario, a** *hourly*
**orario** *time schedule*
**orchestra** *orchestra*
**ordinare** *to order*
**orecchino** *earring*
**orecchio** *ear*
**oretta** *about an hour*
**organizzazione** *organization*
**orientale** (adj.) *Oriental, Eastern*
**originalità** *originality*
**ornamento** *ornament, Christmas decoration*
**oro** *gold*
**orologio** *watch, clock*
**orrore** *horror*
**ospedale** *hospital*
**osservare** *to observe, comply with*
**osso** *bone*
**ostilità** *hostility*
**ottenere** *to obtain*
**ọttimo, a** *excellent, best*
**ottobre** (m.) *October*

**P**

**pacchetto di sigarette** *pack of cigarettes*
**pacco** *package, parcel*
**Pacịfico** *Pacific Ocean*
**padre** (m.) *father*
**paese** (m.) *village, town, country*
**paga** *pay, wages*
**pagamento** *payment*
**pagare** *to pay*
**paglia** *straw*
**paio** *pair, couple*
**palato** *palate*
**Palazzo Ducale** *the Ducal Palace*

**palco** *box*
**palcoscenico** *stage*
**pallacanestro** *basketball*
**palla** *ball*
**pallanuoto** *waterpolo*
**pallavolo** *volleyball*
**pallido** *pale*
**pallone** (m.) *soccer ball*
**palo** *post, pole*
**pancia** *belly*
**pane** (m.) *bread*
**panetteria** *bakery*
**panorama** (m.) *panorama*
**pantaloni** (m.) *pants*
**papa** *pope*
**papà** *papa, dad*
**Papà Natale** *Santa Claus*
**parafango** *fender*
**paragonare** *to compare*
**paraurti** *bumper*
**parcheggiare** *to park*
**parco** *park*
**parecchio, a** *much, a good deal of*
**pareggio** *tie*
**parere** (m.) *opinion*
**parete** (f.) *wall*
**parità** *parity, equality*
**parlamentare** (adj.) *parliamentary*
**Parlamento** *Parliament*
**parlare** *to speak, to talk*
**parola** *word*
**parte** (f.) *part*
**partecipare a** *to participate in*
**particolarmente** *particularly*
**partire** *to leave*
**a partire da** *beginning with*
**partita di calcio** *soccermatch*
**partita** *game, match*
**partito** *party*
**passaporto** *passport*
**passare** *to spend, pass, pass by*
**nel passato** *in the past*
**passato** *past*
**passeggiare** *to walk, stroll*
**passo (di questo)** *at this rate, pace*
**passo** *step, rate, pace*
**pasta** *pastry, pasta*
**pasticceria** *pastry shop*
**pasticciera** *pastry cook* (f)
**pasticciere** *pastry cook* (m)
**pasticcino** (small) *pastry*
**pastore** (m.) *shepherd*
**paterno, a** *paternal, fatherly*
**patria** *fatherland, native land*
**a patto che** *on condition that*
**pazientemente** *patiently*
**pazienza** *patience*
**pazzo, a** *crazy, mad*
**pecora** *sheep*
**pediatra** (m. and f.) *pediatrician*
**peggiore** (adj.) *worse*
**pelliccia** *furcoat*
**pellicola** *film, movie*
**penetrazione** (f.) *penetration*
**penisola** *peninsula*
**penna** *pen*
**penne** (f.) *type of pasta*
**pennello** *brush*
**pensare** *to think*
**pensione** (f.) *boarding house*
**pentola** *pot, pan*
**pepe** *pepper*
**per contorno** *as a side dish*
**per primo piatto** *as first course*
**per secondo** (piatto) *as second course*
**percentuale** (f.) *percentage, ratio*
**perciò** *therefore, thus*
**percorrere** *to run through, cross*
**perdere** *to lose*
**perfetto, a** *perfect*
**pericoloso, a** *dangerous*
**periferia** *outskirts*
**periodo** *period*
**permanenza** *stay*
**persino** *even*
**persona** *person*
**personaggio** *personage, character*
**Perù** (m.) *Peru*
**pesare** *to weigh*
**pesce** (m.) *fish*
**pescheria** *fish shop*
**pescivendola** *fish vendor* (f)
**pescivendolo** *fish vendor* (m)
**peso** *weight*
**pessimo, a** *worst, most bad*
**pettinarsi** *to comb one's hair*
**petto** *chest, breast*
**pezzo** *piece*
**piacere** *to like, to be pleasing to*
**piacere** (m.) *pleasure*
**piacevole** (adj.) *pleasant*
**pianista** (m. and f.) *pianist*
**piano** *slowly, softly*
**piano** *floor*
**pianura Padana** *Po river valley*
**pianura** *plain*
**piattino** *saucer*
**piatto** *plate, dish*
**piazza** *square, plaza*
**piazzale** (m.) *square*
**piccolo** *the little one*
**piccolo, a** *small, little*
**piede** (m.) *foot*
**pieno, a** *full, filled*
**pillola** *pill*
**pilota** (m.) *pilot*
**pio, a** *pius, devout*
**pioggia** *rain*
**Piombi** (m.) *Venice dungeons*
**piovere** *to rain*
**pipa** *pipe*
**piscina** *swimming pool*
**pittore** (m.) *painter* (m)
**pittoresco, a** *picturesque*
**pittrice** *painter* (f)
**pitturarsi le labbra** *to make up one's lips*
**più a lungo** *longer, for a longer time*
**pizza** *pizza*
**pochi, poche** *some, a few*
**poco, a** *a bit of, a little*
**poeta** (m.) *poet*
**polacco, a** *Polish*
**polemica** *polemic, controversy*
**politico, a** *political*
**polizia** *police*
**pollaiola** *poulterer* (f)
**pollaiolo** *poultryman*
**polleria** *poultry shop*
**pollo** *chicken*
**polsino** *shirt cuff*
**polso** *wrist*
**poltrona** *seat, stall, armchair*
**polvere** (f.) *dust*
**pomeriggio** *afternoon*
**pomodoro** *tomato*
**ponte** (m.) *bridge*
**Ponte dei Sospiri** *the Bridge of Sighs*
**popolazione** *population*
**popolo** *people*
**porre** *to place, put, set*
**porre in evidenza** *to emphasize*
**porta** *goal area*
**porta** *front door*
**portabagagli** (m.) *porter*
**portacenere** (m.) *ashtray*
**portare** *to carry, bring, wear*
**portavoce** (m.) *spokesman*
**portiere** (m.) *goalkeeper*
**porto** *harbor*

**Portogallo** *Portugal*
**portone** (m.) *front gate, main door*
**possibile** (adj.) *possible*
**posta aerea** *air mail*
**posta** *mail*
**postale** (adj.) *postal*
**posteggio** *parking lot*
**postino** *letter carrier*
**posto** *seat, place*
**potente** (adj.) *powerful*
**potere** (m.) *power*
**potere** *to be able to, can*
**povero, a** *poor*
**povertà** *poverty*
**pranzare** *to dine, have dinner*
**pranzo** *dinner, main meal of the day*
**precedente** (adj.) *preceding, previous*
**in precedenza** *previously*
**precisione** (f.) *precision*
**preferenza** *preference*
**preferire** *to prefer*
**prefetto** *head of a province*
**pregiudizio** *prejudice, bias*
**prelevare** *to withdraw*
**prendere** *to take*
**prendere in giro qualcuno** *to make fun of someone*
**prendere l'aviogetto** *to get on a jet plane, catch a plane*
**prendere posto** *to take a seat, sit down*
**prendere un caffè** *to have a coffee*
**preoccuparsi** *to worry, to be worried*
**preparare** *to prepare*
**prepararsi** *to get ready, fix for oneself*
**preparazione** (f.) *preparation*
**prescrivere** *to prescribe*
**presentare** *to introduce*
**presepe** (m.) *nativity scene, crèche*
**presidente** (m.) *president*
**pressione** (f.) *pressure*
**pressione sanguigna** *blood pressure*
**presso** *at*
**prestigioso, a** *prestigious*
**prezzemolo** *parsley*
**prezzo** *price*
**prezzo di favore** *special price*
**prima che** *before*
**primario, a** *primary*
**primavera** *spring*
**primaverile** (adj.) *springlike, spring*
**primo, a** *first*
**primo ministro** *premier, prime minister*
**principale** (adj.) *principal*
**principalmente** *principally*
**privato, a** *private*
**problema** (m.) *problem*
**prodotto** *product, produce*
**produrre** *to produce*
**produzione** (f.) *production*
**professione** *profession, occupation*
**professionista** (m. and f.) *professional person*
**professionista** (adj.) *professional*
**professore** (m.) *professor*
**professoressa** *professor* (f)
**programma della serata** *evening program*
**promessa** *promise*
**promettere** *to promise*
**pronto, a** *ready*
**proporzionato, a** *proportionate, proportioned*
**proprietaria** *owner* (f)
**proprietario** *owner* (m)
**prosciutto** *ham*
**prossimo, a** *next*
**protagonista** (m. and f.) *protagonist*
**protestante** (adj.) *Protestant*
**prova** *trial, test, proof*
**provare** *to try, try on*
**proveniente** *coming from*
**provenire** *to originate, come from*
**provincia** *province*
**provocare** *to provoke, cause*
**prudente** *prudent*
**psicologo** *psychologist*
**pubblicazione** *publication*
**pubblico** *public*
**pubblico, a** *public*
**pugilato** *boxing*
**pulito, a** *clean*
**pulizia** *cleaning*
**punto** *point, period*
**in punto** *sharp*
**puntuale** (adj.) *punctual, ready*
**purchè** *provided that*
**puro, a** *pure, real*

## Q

**quaderno** *notebook*
**quadro** *painting, picture*
**qualche** *some, few*
**qualcosa** *something*
**qualcuno** *someone*
**quale** *which, what*
**qualità** *quality*
**qualora** *in case*
**qualsiasi** *any*
**qualunque, qualunque cosa** *whatever*
**quanto, a** *how much, how many*
**quantunque** *although*
**quassù** *up here*
**Quattrocento** *fifteenth century*
**quello, a** *that, those*
**questo, a** *this, those*
**quotidiano, a** *daily*

## R

**raccogliere** *to collect, pick up*
**raccomandata** *registered, certified mail or letter*
**radio** (f.) *radio*
**radiologo** *radiologist*
**raffinato, a** *refined*
**ragazza** *girl*
**raggiungere** *to reach*
**ragione** (f.) *reason*
**ragioniera** *accountant*
**rallegrarsi** *to rejoice*
**rallentare** *to slow down*
**rapido** *very fast express train between two cities*
**rappresentare** *to represent, perform*
**rappresentazione** (f.) *performance*
**re** (m.) *king*
**realizzare** *to materialize*
**recarsi** *to go*
**di recente** *recently*
**recente** *recent*
**recentemente** *recently*
**regalare** *to give as present*
**reggipetto** *brassière*
**regia** *direction*
**regionale** *regional*
**regione** (f.) *region*
**regista** (m. and f.) *movie (play) director*
**registrare** *to register, record*

**registro** *register, book*
**regola** *rule*
**regolare** *to regulate, govern*
**rendere** *to give back, render*
**rendersi conto** *to realize*
**reparto** *ward*
**repubblica** *republic*
**restare** *to stay, remain*
**restituire** *to give back*
**resto** *rest, remainder, change*
**rete** (f.) *goal*
**Rettore Magnifico** *University President*
**riaprire** *to open again*
**ricco, a** *rich*
**ricercare** *to look for, seek after*
**ricetta** *recipe*
**ricevere** *to receive*
**ricevuta** *receipt*
**richiedere** *to request, demand*
**richiesta** *demand, request*
**ricominciare di nuovo** *to start all over again*
**ricordare** *to remember*
**ricordo** *memory, souvenir, remembrance, recollection*
**ridere** *to laugh*
**ridotto** *foyer*
**rieleggere** *to reelect*
**riempire** *to fill* (up)
**riempirsi** *to fill oneself*
**rifare** *to remake, do again*
**riforma** *reform*
**riga** *line, row, stripe*
**rigatoni** (m.) *type of pasta*
**rigido, a** *very cold, rigid*
**rimanere** *to remain*
**rimanere a piedi** *to walk, be left walking*
**rimanere in carica** *to hold office*
**rimanere in piedi** *to stand, to be left standing*
**rimuovere** *to remove*
**Rinascimento** *Renaissance*
**ringraziare** *to thank*
**rinnovare** *to renew*
**rione** (m.) *city ward or district, neighborhood*
**riposarsi** *to take a rest, rest*
**riprẹndere** *to resume, take up again*
**a riprova di** *as a proof of*
**riscaldato, a** *heated, warm*
**rischiare** *to risk*
**riservato, a** *reserved*
**risotto** *a dish made with rice*
**rispondere** *to answer, reply*
**ristorante** (m.) *restaurant*
**risultato** *result*
**ritardo** *delay*
**ritornare** *to return*
**ritorno** *return*
**riuscire** *to succeed*
**riva** *bank, shore*
**rivale** (adj.) *rival, enemy*
**rivedere** *to see again, revise*
**rivelare** *to reveal, disclose*
**rivivere** *to live again*
**romanziera** *novelist* (f)
**romanziere** *novelist* (m)
**romanzo** *novel*
**rompere, rompersi** *to break*
**rosato** *rosé wine*
**rosso, a** *red*
**ruolo** *role*

## S

**sabato** *Saturday*
**sabbia** *sand*
**saggio, a** *wise*
**sala** *hall*
**salame** (m.) *salami*
**sale** (m.) *salt*
**salire** *to climb, get on, go up*
**salsa** *sauce*
**salumeria** *grocery*
**salumaia** *grocer* (f)
**salumaio** *grocer* (m)
**salutare** *to greet*
**salute** (f.) *health*
**sandalo** *sandal*
**sangue** (m.) *blood*
**sano, a** *healthy*
**santo, a** *saint*
**sapere** *to know a fact* (information)
**sarta** *seamstress, dressmaker*
**sarto** *tailor*
**sartoria** *tailor's workshop*
**sbaglio** *mistake*
**sbarcare** *to land, disembark*
**scala** *staircase*
**scale** (f.) *stairs*
**scambio** *exchange*
**scarpa** *shoe*
**scatola** *box*
**scatola di fiammiferi** *box of matches*
**scegliere** *to choose*
**scelta** *choice*
**schedina** (Totocalcio) *lottery ticket*
**sci** (m.) *ski*
**sciare** *to ski*
**scientifico, a** *scientific*
**scienza** *science*
**sciogliere** *to untie, loosen, set free*
**scivolare** *to slide, slip, fall*
**scodella** *soup plate, bowl*
**scolastico, a** *scholastic*
**sconfiggere** *to defeat*
**scoperta** *discovery*
**scopo** *purpose, aim*
**scorso, a** *last*
**scrittore** *writer* (m)
**scrittrice** *writer* (f)
**scrivere** *to write*
**scudetto** *championship*
**scultore** *sculptor* (m)
**scultrice** *sculptor* (f)
**scuola** *school*
**scuola elementare** *elementary school*
**scuola media superiore** *high school*
**scuola media (unificata)** *middle school*
**sebbene** *although*
**seccato, a** *annoyed*
**secolo** *century*
**secondo, a** *second*
**secondo** *according*
**sede** (f.) *seat*
**sedere** *to seat*
**sedersi** *to sit down, to be seated*
**segnare** *to score, mark*
**segretaria** *secretary*
**seguire** *to follow*
**sembrare** *to seem, appear, look like*
**senato** *senate*
**sensibilizzare** *to make* (someone or something) *sensitive to*
**sentire** *to hear*
**sentirsi** *to feel*
**sentirsi bene** *to feel well, feel fine*
**sentirsi male** *to feel badly, not to feel well*
**senza far parola** *without saying a word*
**senza fretta** *without hurry*
**separare** *to separate, divide*

**sera** *evening*
**serata** *evening*
**sereno, a** *clear*
**serie** (f.) *series, strip*
**serio, a** *serious, grave*
**servire di nuovo** *to be of help again*
**sessuale** (adj.) *sexual*
**seta** *silk*
**settembre** *September*
**settentrionale** *northern*
**settimana** *week*
**settore** (m.) *sector*
**sfuggire** (a) *to escape, avoid*
**siciliano, a** *Sicilian*
**sicuramente** *surely*
**sicuro, a** *sure*
**siderurgico, a** *iron* (relating to the iron and steel industry)
**sigaretta** *cigarette*
**sigaro** *cigar*
**signora** *Mrs., married woman, lady*
**signore** (m.) *Mr., sir, man, gentleman*
**silenzio** *silence*
**simpatico, a** *congenial, pleasant*
**sindaco** *mayor*
**singolo, a** *single, individual*
**sinistra** *left*
**sinistro** *left, sinister*
**sipario** *curtain*
**siringa** *syringe*
**situazione** (f.) *situation*
**smettere di** *to stop* (doing something)
**smoking** (m.) *tuxedo*
**sociale** (adj.) *social*
**socialista** (m. and f.) *socialist*
**socialmente** *socially*
**società** *society, company*
**soddisfare** *to satisfy*
**soffiare** *to blow*
**soffrire** *to suffer*
**soggiorno** *stay*
**sogliola** *(filet of) sole*
**sognato, a** *dreamed, dreamt*
**sole** (m.) *sun*
**solito, a** *usual, customary*
**soprano** *soprano*
**soprattutto** *above all*
**sopravvivere** *to survive*
**sorella** *sister*
**sorgere** *to rise, arise*
**sorpassare** *to surpass, outrun*
**sorpasso** *passing, overtaking*
**sorprendente** (adj.) *surprising*
**sorpresa** *surprise*
**sorridere** *to smile*
**sospiro** *sigh*
**sostegno** *support, backing*
**sottana** *petticoat, skirt*
**sovranità** *sovereignty*
**sovvenzione** (f.) *subsidy*
**spaghetti** (m.) *spaghetti*
**Spagna** *Spain*
**spagnolo** (adj.) *Spanish* (language)
**sparatoria** *shooting*
**sparire** *to disappear, vanish*
**specchio** *mirror*
**specialista** (m. and f.) *specialist*
**specie** (f.) *species, kind, sort*
**specie** *especially*
**spedire** *to mail, ship, send* (conjugates like **finire**)
**spegnere/spengere** *to turn off, extinguish*
**spendere** *to spend* (money)
**speranza** *hope*
**sperare** *to hope*
**sperare in bene** *to hope for the best*
**spesa** *purchase, expenditure, expense, cost*
**spettacolo** *performance, show*
**spiaggia** *beach*
**spiegare** *to explain*
**spillo** *pin*
**spillo di sicurezza** *safety pin*
**spina dorsale** *backbone*
**spirito** *spirit*
**splendente** (adj.) *shining*
**spopolare** *to depopulate*
**sporco, a** *dirty*
**sport** (m.) *sport*
**sportello** *window*
**sportina** (plastic) *shopping bag*
**sportiva** *sportswoman*
**sportivo** *sportsman*
**sposare** *to marry*
**squadra** *team*
**squillare** *to ring*
**stabilire** *to establish*
**stabilirsi** *to settle*
**stadio** *stadium*
**stagionale** (adj.) *seasonal*
**stagione** (f.) *season*
**stagione operistica** *opera season*
**stalla** *stable*
**stanco, a** *tired*
**stare per** + an infinitive *to be about to*
**stare** *to stay, be, feel*
**stare a pennello** *to fit like a glove*
**stasera** *tonight*
**statale** (adj.) *state, of the state, public*
**statistica** *statistics*
**stato** *state*
**statua** *statue*
**stazione** (f.) *station*
**stella cometa** *comet*
**stenografa** *stenographer* (f)
**stenografia** *shorthand*
**stenografo** *stenographer* (m)
**stesso, a** *same*
**stipendio** *stipend, salary, wages*
**stoffa** *cloth, fabric, material*
**stomaco** *stomach*
**storico, a** *historic(al)*
**strada** *street*
**straniero, a** *foreign*
**strano, a** *strange*
**stretto, a** *narrow, tight*
**studente** (m.) *student* (m)
**studentessa** *student* (f).
**studiare** *to study*
**studiosa** *scholar* (f)
**studioso** *scholar* (m)
**stufo, a** *sick and tired, fed up*
**subire** *to undergo*
**subordinato, a** *subordinate*
**succedere** *to happen, succeed*
**successo** *success*
**succulento, a** *succulent*
**succursale** (f.) *branch office*
**sud** *south*
**sudare** *to perspire*
**sugo** *sauce, gravy, juice*
**sugo di carne** *meat sauce*
**Suo, a** *your, yours* (form. sing.)
**suo, a** *his, her, hers, its*
**suocera** *mother-in-law*
**suocero** *father-in-law*
**suolo** *soil*
**superare** *to outnumber, to pass* (a test), *overcome*
**superficie** (f.) *surface*
**superiore** (adj.) *superior, higher, upper*
**supermercato** *supermarket*
**supremo** *supreme, highest, uppermost, survey, study, inquiry, investigation*
**sussidio** *subsidy*
**svantaggio** *disadvantage*

**svedese** (m. and f.) *Swedish*
**sveglia** *alarm clock*
**svegliare** *to awake*
**svegliarsi** *to wake up*
**svendita** *sale*
**in svendita** *on sale*
**sviluppo** *development*

T

**tabaccaio** *tobacconist*
**tabaccheria** *tobacconist shop*
**tabacco** *tobacco*
**tacere** *to be/become silent*
**tagliare** *to cut*
**tagliarsi** *to cut oneself*
**tagliatelle** (f.) *type of pasta, noodles*
**taglio** *length, cut, style*
**talvolta** *sometimes*
**tanto . . . quanto** *as (much) . . . as*
**tasca** *pocket*
**tassì** (m.) *taxi, cab*
**tavola** *table*
**teatro** *theater*
**teatro di prosa** *playhouse, theater*
**teatro d'opera** *opera house*
**tecnico, a** *technical*
**telefonare** *to call, telephone*
**telefonata** *telephone call*
**telefono** *telephone*
**telegrafo** *telegraph*
**telegramma** (m.) *telegram*
**televisivo, a** *television*
**tema** *theme, subject, topic*
**tempesta** *tempest*
**tempo** *time, weather*
**temporale** (m.) *thunderstorm*
**tenda** *tent*
**tenere** *to keep, hold, have*
**tenore** (m.) *tenor*
**teologo** *theologian*
**terminare** *to finish, complete, end*
**termine** (m.) *end*
**terra** *earth, land*
**terracotta** *terra-cotta*
**territorio** *territory*
**tesi** (f.) *thesis*
**tessile** (adj.) *textile*
**tessuto** *cloth, fabric, material*
**tessuto a maglia** *knitted fabric*
**tessuto a righe** *striped fabric*
**testa** *head*
**tetto** *roof*
**tifoso** *fan*
**timbrare** *to stamp*
**timore** (m.) *fear*
**tipo** *type*
**tirare** *to blow, pull*
**Tirreno** *Tyrrhenian Sea*
**titolo** *title*
**toccare** *to touch*
**tocco** *1:00 P.M.*
**togliere** *to remove, take away*
**tono** *tone*
**tornare** *to return, come back*
**torneo** *tournament*
**torta** *pie, cake*
**Toscana** *Tuscany*
**toscano, a** *Tuscan*
**tovagliolo** *table napkin*
**tradizionalmente** *traditionally*
**tradizione** (f.) *tradition*
**tradurre** *to translate*
**traffico** *traffic*
**trafiletto** *short newspaper article*
**tramite** *by, by means of, through*
**tramontare** *to set, go down*
**tramonto** *sunset*
**tranquillamente** *peacefully*
**tranquillo, a** *peaceful, calm*
**trasferimento** *transfer, move, removal*
**trasferire, trasferirsi** *to transfer, move, relocate*
**trasformare, trasformarsi** *to transform, change*
**trasformazione** (f.) *transformation*
**traslocare** *to move away*
**trasloco** *move, removal*
**trasmettere** *to broadcast*
**trattare** *to treat, discuss*
**tratto** *stretch, part, section*
**tratto (ad un)** *suddenly*
**trattoria** *restaurant*
**tremare** *to tremble, shake*
**treno** *train*
**trilogia** *trilogy*
**tritato, a** *ground, minced*
**troppo, a** *too much, too many*
**trovare** *to find*
**trovarsi** *to be, find oneself*
**tuo, a** *your, yours* (fam. sing.)
**tuonare, tonare** *to thunder*
**turista** *tourist*
**tutto, a** *all, whole*

U

**uccidere** *to kill*
**Ufficio dell'Anagrafe** *Office of Vital Statistics*
**ufficio postale** *post office*
**ufficio telegrafico** *telegraph office*
**ugualmente** *equally*
**ultimo, a** *last*
**umano, a** *human*
**umidità** *humidity*
**una** *one o'clock*
**unico, a** *unique, only*
**università** *university*
**universitario, a** *university*
**uomo** *man*
**uovo** *egg*
**uragano** *hurricane*
**urlare a squarciagola** *to scream at the top of one's lungs*
**urlare** *to scream*
**urlo** *shout, scream*
**usare** *to use*
**uscio** *door*
**uscire** *to go out, exit*
**uscire di strada** *to go off the road*
**utile** (adj.) *useful*
**utilizzazione** *utilization*

V

**vacanza** *vacation, holiday*
**vaglia** (m.) *money order*
**valigia** *suitcase*
**vantaggio** *advantage*
**vantare** *to boast*
**vaporetto** *steamer*
**vario, a** *various, several*
**vecchio, a** *old* (m)
**vedere** *to see*
**vedersi** *to see oneself*
**veduta** *view*
**vendere** *to sell*
**venerdì** (m.) *Friday*
**venire** *to come*
**vento** *wind*
**verde** (adj.) *green*
**verdura** *greens, vegetables*
**verità** *truth*
**vermicelli** (m.) *type of pasta*
**vero, a** *real, true*
**versatilità** *versatility*
**vestiario** *clothing*

**vestirsi** *to get dressed, dress oneself*
**vestito** *suit, dress*
**vetrina** *shop window*
**vetta** *top, peak, summit*
**vettura** *coach, car, vehicle*
**vi** *there*
**via** *street, road*
**viaggiatore** (m.) *traveler*
**viaggio** *trip, voyage*
**vicenda** *event*
**a vicenda** *one another, in turn*
**vigore** (m.) *vigor*
**villa** *villa*
**vincere** *to win*
**vino** *wine*
**viola** *purple*
**violinista** *violinist*
**virtù** (f.) *virtue*
**virtualmente** *virtually*
**visitare** *to visit*
**vita** *life*
**vivace** (adj.) *vivacious, lively*
**voce** *voice*
**volante** (adj.) *steering wheel*
**volentieri** *willingly, gladly*
**volere** *to want, wish*
**volontà** *will*
**volta** *time*
**voltare** *to turn*
**voltare a destra** *to turn right*
**voltare a sinistra** *to turn left*
**vostro, a** *your, yours* (fam. pl)
**votare** *to vote*

## Z

**zaino** *knapsack*
**zero** *zero*
**zia** *aunt*
**zio** *uncle*
**zoccolo** *wooden sandal, clog*
**zucchero** *sugar*
**zucchino** *squash*

## PHOTO CREDITS

**Gli Italiani** 1st Page: (top left) Richard Kalvar/Magnum Photos, (top right) Hugh Rogers/Monkmeyer Press Photo Service, (center) Woodfin Camp, (bottom) Josef Koudelka/Magnum Photos. 2nd Page: (top) Ira Berger/Woodfin Camp, (center left and bottom left) Stuart Cohen/Comstock, (bottom right) Hugh Rogers/Monkmeyer Press Photo Service.

**Introductory Lesson** Page 4: Shostal Associates. Page 8: Richard Kalvar/Magnum Photos. Page 13: Shostal Associates. Page 14: Scala/Art Resource.

**Lesson 1** Page 21: Helen Kolda/Monkmeyer Press Photo Service. Page 24: Peter Menzel. Page 29: Stuart Cohen/Comstock. Page 31: C. Santos/Rapho-Photo Researchers.

**Lesson 2** Page 40: Peter Menzel. Page 41: Stuart Cohen/Comstock. Page 42: (top) J. Allan Cash/Photo Researchers, (bottom) Richard Kalvar/Magnum Photos. Page 43: Barone/Monkmeyer Press Photo Service. Page 46: T. Sennett/Magnum Photos. Page 49: Peter Menzel. Page 50: Courtesy Sharp.

**Lesson 3** Page 60: Stuart Cohen/Comstock. Page 67: Paul Keel/Photo Researchers. Page 69: Jan Lukas/Photo Researchers. Page 71: Joe Viesti/Viesti Associates.

**Lesson 4** Page 80: Werner Müller/Peter Arnold. Page 90: Dorka Raynor.

**Lesson 5** Page 101: Marka/B. D. Picture Service. Page 103: Leo de Wys. Page 105: Peter Menzel. Page 110: Bobbie Kingsley/Photo Researchers. Page 111: (top) Bill Stanton/International Stock Photo, (bottom) Stuart Cohen/Comstock. Page 112: Elliot Erwitt/Magnum Photos.

**Lesson 6** Page 124: Stuart Cohen/Comstock. Page 125: Bruno Barbey/Magnum Photos. Page 132: Peter Menzel/Stock, Boston. Page 133: Peter Menzel.

**Lesson 7** Page 144: Billy Rose Theater Collection. The New York Public Library at Lincoln Center. Page 149: Francoise Viand/B. D. Picture Service. Page 150: Everett Johnson/Folio Inc. Page 154: Peter Menzel. Page 152: Sophie Ristelhueber/B.D. Picture Service.

**Lesson 8** Page 160: Hugh Rogers/Monkmeyer Press Photo Service. Page 169: Marka/B. D. Picture Service. Page 175: John Ross/Photo Researchers.

**Lesson 9** Page 179: Peter Menzel. Page 183: George Holton/Photo Researchers. Page 185: Leonard Speier. Page 186: Scianna/Magnum Photos. Page 194: Viesti Associates Inc.

**Lesson 10** Page 197: Bruno Barbey/Magnum Photos. Page 202: Stuart Cohen/Comstock.

**Lesson 11** Page 213: Stuart Cohen/Comstock.

**Lesson 12** Page 235: Burt Glinn/Magnum Photos. Page 249: J. Pavlovsky/Sygma.

**Lesson 13** Page 255: Peter Menzel. Page 269: (top) Peter Menzel/Stock, Boston, (bottom) Peter Menzel. Page 270: Peter Menzel.

**Lesson 14** Page 275: Henri-Cartier Bresson/Magnum Photos. Page 281: Reuters/Bettmann Newsphotos. Page 283: Stuart Cohen/Comstock. Page 288: Lelli & Masotti/Teatro Alla Scala.

**Lesson 15** Page 292: UPI Photos/Bettmann Newsphotos. Page 299: F. B. Grunzweig/Photo Researchers. Page 301: UPI/Bettmann Newsphotos. Page 306: Gamma-Liaison.

**Lesson 16** Page 313: Shostal Associates. Page 320: Fabio Ponzio/Photo Researchers. Page 327: Fabian/Sygma.

**Lesson 17** Page 333: Richard Kalvar/Magnum Photos. Page 335: Gianni Giansanti/Sygma. Page 342: Judy Pope/Photo Researchers. Page 344: Movie Star News. Page 345: UPI/Bettmann Newsphotos. Page 346: Tillie-Spooner/Gamma-Liaison.

**Lesson 18** Page 350: Judy Pope/Photo Researchers. Page 351: Stuart Cohen/Comstock. Page 362: Stella Kupferberg. Page 363: (top) Allan Tannenbaum/Sygma, (bottom) Jim Anderson/Stock, Boston.

**Lesson 19** Page 367: (top) Peter Menzel. Page 369: Paolo Koch/Photo Researchers. Page 370: Bernard Pierre Wolff/Photo Researchers. Page 382: Marka/B. D. Picture Service. Page 383: Stuart Cohen/Comstock.

**Lesson 20** Page 387: Courtesy Alitalia Airlines. Page 391: Sam Waagenaar/Photo Researchers. Page 397: Roberto Koch/Agenzia Contrasto/Photo Researchers. Page 398: Leonard Freed/Magnum Photos.

# INDEX